강은국 선생 한국어 연구와
한국어 교육 논총

2019. 1. 25

문화포장 수상

제자들과 함께

강은국 선생 한국어 연구와 한국어 교육 논총

발행일 1판 1쇄 2023년 8월 31일

엮은이 강은국 선생 한국어 연구와 한국어 교육 논총 간행위원회
펴낸이 박영호
기획팀 송인성, 김선명, 김선호
편집팀 박우진, 김영주, 김정아, 최미라, 전혜련
관리팀 임선희, 정철호, 김성언, 권주련

펴낸곳 (주)도서출판 하우
주소 서울시 중랑구 망우로68길 48
전화 (02)922-7090
팩스 (02)922-7092
홈페이지 http://www.hawoo.co.kr
e-mail hawoo@hawoo.co.kr
등록번호 제2016-000017호

값 30,000원

ISBN 979-11-6748-105-4 93710

강은국 선생 한국어 연구와 한국어 교육 논총

강은국 선생 한국어 연구와 한국어 교육 논총 간행위원회

도서
출판

| 머리말 |

　2022년 6월 3일, 강은국 선생님은 불치의 병으로 갑자기 우리 곁을 떠나셨다. 강은국 선생님의 타계 1주기를 맞아 후대양성에 혼신을 다하면서 한국어(조선어) 연구와 교육에서 커다란 기여를 하신 업적을 기리기 위하여 우리는 『강은국 선생 한국어 연구와 한국어 교육 논총』을 펴내기로 하였다.

　이 논총을 펴내면서 우리는 이런 저런 부담으로 고민이 많았다. 선생님의 허락 없이 이 논총을 펴낸다는 자체가 큰 부담이 아닐 수 없었다. 하지만 논총을 묶는 것으로 선생님에 대한 그리움을 달랜다는 마음에서 용기를 낼 수 있었다. 더욱이 선생님의 수많은 논문 중에서 20편을 고른다는 것이 고통이 아닐 수 없었다. 하지만 '적은 것이 오히려 더 많다(Less is More)'라는 논리로 선생님의 학문 업적을 기린다고 마음먹으니 더 큰 힘이 생겼다. 그리고 한국어와 중국조선어의 맞춤법 차이가 심히 걱정되었지만 독자의 편의를 도모하기 위해 한국어 표기법으로 통일하고 보니 그 고민도 사라졌다. 이 모든 것을 선생님께서 굽어보고 혜량해 주실 것이라 생각하니 마음이 편해지고 최선을 다할 수 있게 되었다.

　이 논총은 두 개 부분으로 나누어진다. 첫 부분에서는 강은국 선생님 약전과 추모의 글을 실었는데, 약전은 곽일성 박사가 정리를 하고 추모의 글은 김병민 선생님, 윤여탁 선생님, 김호웅 선생님 그리고 강보유 박사와 김광수 박사가 보내주셨다. 둘째 부분에서는 강은국 선생님의 학술 논문을 실었는데, 제1부에서는 한국어(조선어) 연구에 관한 논문 10편을 싣고 제2부에서는 한국어(조선어) 교육 연구에 관한 논문 10편을 실었다.

이 논총은 강은국 선생님의 단순한 논문 모음집이 아니다. 선생님의 인생철학을 다시금 새기고 선생님의 학문하는 정신과 방법을 읽을 수 있는 좋은 자료가 될 것이라 믿어 마지않는다.

이 논총이 나오기까지 많은 분들의 헌신적인 노고가 있었다. 논문 자료 수집에서 곽일성 박사와 강영 박사, 장영미 박사가 특히 많은 정성을 넣었고 복단대학과 연변대학 대학원생들이 논문 자료를 타이핑하느라 수고가 많았다. 논문 편집 과정에는 윤여탁 선생님께서 많은 조언을 주셨고 채옥자 박사와 최혜령 박사 또한 많은 심혈을 기울였다. 이상 모든 분들에게 머리 숙여 깊이 감사를 드린다. 이 책의 출판 비용을 흔쾌히 지원해 준 복단대학 외문학원과 한국어학과에게 고마움을 전한다. 어려운 여건에도 불구하고 이 책을 잘 꾸며준 도서출판 하우(夏雨) 박민우 사장님에게도 깊은 감사의 뜻을 전한다.

2023년 6월
『강은국 선생 한국어 연구와 한국어 교육 논총』 간행위원회
강보유, 강영, 락일성, 윤여탁, 장영미, 채옥자, 최혜령

| 감사의 말 |

아버지 모습이 보입니다.
웃으시고 계십니다…

아버지가 돌아가신 지 일 년이 다 되어 갑니다.
확진 후 돌아가시기까지 많은 일들이 있었던 것 같습니다.
어떤 일들이 있었던지를 생각하려고 하지 않는 내 자신이 이상한 것 같습니다.
폰에 저장되어 있는 진단서를 포함한 수많은 사진들을 아직 정리하지 않고 있습니다.
시간이 좀 더 많이 필요한 것 같습니다….

그래도 그동안 도움을 주신 많은 분들에게 지금 다시 한번 감사의 인사를 올려야 된다고 하십니다.
고맙고 수고하셨다고 꼭 전하라고 하십니다.

감사합니다.

2023년 6월
강진화 배상

| 강은국 선생 연보 및 연구 활동 |

1949년 2월 22일(음력) 中國 吉林省 安圖縣 松江에서 진주 강(姜)씨 하철(河哲)과 밀양 박(朴)씨 경숙(京淑)의 독자로 태어남.

전주 이(李)씨 상봉(尙鳳)과 진주 강(姜)씨 월복(月福)의 3남 4녀의 차녀인 화옥(花玉)과 1975년 10월 1일에 혼인하여 슬하에 진화(進華), 성화(盛華) 2남을 둠.

학력
1972 ～ 1975 연변대학교 조선언어문학학부 문학사
1979 ～ 1982 연변대학교 조선언어문학학부 문학석사
1988 ～ 1991 연변대학교 조선언어문학학부 문학박사

경력
1975.1 ～ 1979.8 연변교육학원 조선어문학과 학과장
1982.8 ～ 1995.7 연변대학교 조선어문학부 강사, 부교수, 교수, 부학부장, 학부장
1990.3 ～ 1990.11 김일성종합대학 초빙연구원
1992.3 ～ 1992.6 충북대학교 인문대학 연구교수
1995.8 ～ 2014.2 복단대학교 외문대학 한국어문학과 교수, 학과장, 박사지도교수
2001.8 ～ 2002.7 인천대학교 동북아통상대학 객좌교수
2002.8 ～ 2007.2 복단대학교 외문대학 부학장, 학술위원
2007.3 ～ 2008.2 전남대학교 국어국문학과 객좌교수
2008.3 ～ 2014.2 복단대학교 외문대학 중한비교문화연구소 소장
2013.6 ～ 2013.9 서울대학교 국어교육연구소 객좌교수

학회 및 사회 활동

2001.5 ～ 2002.9 중국한국(조선)어교육연구학회 준비위원회 위원

2002.10 ～ 2012.8 중국한국(조선)어교육연구학회 부회장

2012.8 ～ 2014.5 중국한국(조선)어교육연구학회 회장

2007.3 ～ 2013.3 교육부 대학교 외국어전공교육 지도위원회 비통용어종 분
과위원회 위원

2009.10 ～ 2022.6 교육부 외국어전공 4·8급시험 전문가소조 비통용어종 전
문가소조 부조장

2009.10 ～ 2014.5 교육부 한국어전공 4·8급시험 총괄 책임자, 출제위원장

1995.8 ～ 2015.8 중국조선어학회 상무이사

수상

1993 국가 우수교육성과 2등상

1993 길림성 우수교육성과 1등상

1995 길림성 사회과학우수성과 3등상

1999 상해시 육재상(育才奬)

2008 복단대학교 명교수상(教學名師)

2007 상해시 우수교재상(優秀敎材奬)

2009 복단대학교 우수대학원생지도교수(優秀研究生導師)

2009 한국우수학술도서

2010 와룡학술상

2012 대한민국 문화포장

2013 동숭학술상

저서

1982 『조선어 문장론 연구 참고서』, 연변대학출판사.

1986 『문장지식』(강은국·김기종 공저), 료녕민족출판사.

1987 『현대조선어』, 연변대학출판사.

1987 『조선어의 민족적특성 2』, 흑룡강조선민족출판사.

1987 『조선말토지식』(김기종·강은국 공저), 흑룡강조선민족출판사.

1989 『문장짜기요령』(최희수·강은국·김경암·박영애 공편), 동북조선민족교육
      출판사.

1993 『조선어 문형연구』, 서광학술자료사.

1993 『조선어 접미사의 통시적 연구』, 서광학술자료사.

1995 『조선어문법』(김동익·강은국 공편), 연변대학조문학부, 연변대학출판사.

2008 『남북한의 문법 연구』, 도서출판 박이정.

2015 『한국어 접미사 원류 고』, 복단대학출판사.

2015 『한국 언어학 연구와 한국어 교육』(강은국 외 공저), 도서출판 하우.

2023 『강은국 선생 한국어 연구와 한국어 교육 논총』, 도서출판 하우.

2023 『남과 북의 어휘론 연구』, 도서출판 하우.

한국어 교과서 및 사전

2005 『初級韓國語 (上)』(叢書主編 姜銀國, 姜銀國·姜寶有·蔡玉子 主編), 上海
      交通大學出版社.

2006 『初級韓國語 (下)』(叢書主編 姜銀國, 姜寶有·蔡玉子·黃賢玉 主編), 上海
      交通大學出版社.

2006 『商務韓國語』(叢書主編 姜銀國, 徐永彬·周玉波 編著), 上海交通大學出
      版社.

2006 『韓國現代文學作品選』(叢書主編 姜銀國, 尹允鎭·池水湧·全赫律 編
      著), 上海交通大學出版社.

2007 『韓國語泛讀教程 (上,中,下)』, (叢書主編 姜銀國, 文英子 主編), 上海交通
　　 大學出版社.

2008 『中級韓國語 (上)』(叢書主編 姜銀國, 蔡玉子·姜銀國 主編), 上海交通大
　　 學出版社.

2008 『韓國文學史』(叢書主編 姜銀國, 尹允鎮·池水湧·丁鳳熙·全赫律 主編),
　　 上海交通大學出版社.

2008 『韓國寫作教程』(叢書主編 姜銀國, 金迎喜·李光在·程蘭濤 主編), 上海
　　 交通大學出版社.

2010 『新編韓中詞典』(姜銀國主編, 姜寶有副主編), 世界圖書出版公司.

논문

1981 「단위명사를 바로 쓰려면」, 『교수연구』 제12호, 길림성교육학원.

1981 「류희와 언문지」, 『조선어문통신』 제7-8호.

1982 「술어와 문장구조의 상호관계에 대하여」, 『연변대학학보』 1982년 특집호.

1984 「불완전명사의 특성에 대하여」, 『조선어학론문집』, 중국조선어학회, 민족
　　 출판사.

1986 「현대조선어의 형용사와 명사 술어 문형」, 『연변대학학보』 1986년 증간호.

1987 「동사술어와 단일문의 문장구조류형」, 『조선어문석사론문집』, 료녕민족
　　 출판사.

1987 「조선어 어순의 특성」, 『조선어학론문집』, 연변대학출판사.

1990 「조선어 동사의 의미론적 특성과 문장론적 기능에 대하여」, 『조선학연구』
　　 제3권, 연변대학출판사.

1991 「문형 연구에서 제기되는 몇 가지 문제에 대하여」, 『언어문학학술론문
　　 집』, 연변인민출판사.

1992 「명사조성의 [m]계 접미사 고」, 『중국조선족 소장학자 조선학연구 론문

집」, 민족출판사.

1992 「명사조성의 [-k/-g]계 접미사 고」, 『연변대학교 제2차 조선학 국제학술 토론회 논문집』, 연변대학출판사.

1993 「현대조선어 학과건설에 관하여」, 『연변대학학보』 제2호.

1995 「[-ㅂ(다)/브(다)]계 접미사 고」, 『국제고려학』 제2호, 국제고려학회.

1995 「[-답, -롭]계 접미사 고」, 『조선학』, 민족출판사.

1996 「조선어의 규정어에 대하여」, 『코리아학연구』, 민족출판사.

1999 「상해 조선족 사회의 변혁」, 『코리아학연구』, 민족출판사.

2000 「타민족에 대한 우리말 교육에서 언어의 민족적 특성을 살릴 문제에 관하여(1)」, 『중국에서의 한국어교육』, 연변과학기술대학 한국학연구소, 태학사.

2000 「중국에서의 한국어 교과과정 연구」, 『중국에서의 한국어교육』, 연변과학기술대학 한국학연구소, 태학사.

2000 「한반도의 통일에 관한 소견」, 『제1회 국제한민족포럼 학술대회 논문집』, 국제한민족재단, 2000년 5월.

2001 「한중 기본수사의 민족문화의미 비교연구」, 『세계속의 조선어(한국어) 대비연구』, 료녕민족출판사.

2001 「개혁개방 후 중국 조선족사회의 변동과 공동체의 형성」, 『제2회 국제한민족포럼 학술대회 논문집』, 국제한민족재단, 2001년 9월.

2002 「한국어 교육에서의 문법교육의 과업에 대하여」, 『중국에서의 한국어 교육Ⅲ』, 연변과학기술대학 한국학연구소, 태학사.

2002 「한중 조류명칭의 민족문화의미 비교연구」, 『중국조선어문』 제2호.

2002 「사대주의 사상과 한반도의 통일」, 『제3회 국제한민족포럼 학술대회 논문집』, 2002년 5월.

2003 「남과 북의 어휘사용의 이질화에 대한 소고」, 『세계속의 조선어(한국어) 어휘구성의 특징과 어휘사용 실태에 관한 연구』, 민족출판사.

2003 「문법교과서 편찬에서 제기되는 리론 및 실천적 문제에 대하여」, 『세계속의 한국(조선)언어문학 교양과 교재편찬 연구』, 민족출판사.

2003 「한중 민족문화의미 비교연구」, 『우리 民族語의 硏究와 傳播』, 도서출판역락.

2003 「한중 숫자어의 민족문화의미 비교 연구」, 『중국어권 학습자를 위한 한국어 교육의 언어문화적 접근』, 국제한국언어문화학회 제3차 해외 한국언어문화 워크숍 논문집.

2003 「중국에서의 한국어 교육과정에 대한 고찰」, 『국제한국어교육학회 국제학술대회 논문집』, 국제한국어교육학회.

2004 「《한국어》(연세대 편)를 교과서로 문법지식을 전수할 때 유의하여야 할 문제」, 『한국(조선)어교육연구』 제2호. 중국한국(조선)어교육연구학회.

2004 「한국어 의성-의태어의 특성」, 『복단외국언어문학논총』 2004년 봄호. 복단대학출판사.

2005 「〈한중 기본 숫자어의 민족문화의미 비교연구」, 『세계 속의 한국(조선)어 연구』, 민족출판사.

2006 「품사 분류에서 제기되는 이중적 성격을 띠고 있는 단어들에 대하여」, 『조선-한국학 연구』, 중앙민족대학교 조선-한국학연구소, 민족출판사.

2006 「국학과 한국학」, 『아시아 한국학 국제학술 토론회(북경) 논문집』, 2006년 11월.

2007 「국속의미론 연구와 한국어 교육」, 『국어교육연구』 제20집, 서울대학교 국어교육연구소.

2007 「중국에서의 한국어 교육의 발전을 위한 한국어 교사 양성」, 『세계 한국어 교사현황 연구 국제학술대회 논문집』, 2007년 11월, 한국 부산.

2009 「남과 북의 문장성분론 연구」, 『동방학술논단』 제4호, 한국학술정보(주).

2009 「남과 북의 품사론 연구」, 『세계속의 한국(조선)학연구 국제학술토론회

논문집」, 민족출판사.

2009 「중국 상해 지역 동포 사회에서의 한국어 교육의 현황과 과제」, 『외국에 서의 한국어교육 I」, 이화여자대학교 다문화연구소.

2010 「남과 북의 형태론 연구 1-조사를 중심으로」, 『동방학술논단』 제4호, 한 국학술정보(주).

2011 「남과 북의 형태론 연구 2-어미를 중심으로」, 『동방학술논단』 제1호, 한 국학술정보(주).

2012 「한국어문법교육의 리론과 실제」, 『조선어연구』 제6호, 연변언어연구소, 연변대학교언어연구소, 흑룡강조선민족출판사.

2012 「중국에서의 한국어 문법교육의 특성과 과업」, 『국어교육연구』 제30집, 서울대학교 국어교육연구소.

2013 「새로운 목표, 새로운 과업-대학교 본과 학과소개 解讀」, 『한국(조선)어 교육연구』 제8호, 중국한국(조선)어교육연구학회.

2013 「중국 민족어문 정책과 조선어문 교육」, 『새국어 생활』, 2013년 제23-4 호.

2013 「다문화의 시각으로부터 본 중국조선어의 발전」, 『중국조선어문』 제2호.

2015 「한국어 어휘체계에 관한 연구」, 강은국 외 『한국 언어학 연구와 한국어 교육』, 도서출판 하우.

2015 「중국 조선어문 규범화에 대하여」, 『중국조선어문』 제1호.

2017 「언어학의 새로운 분과 국속의미론 연구」, 『중국조선어문』 제1호.

2017 「조선어 전공 4·8급(TKM4·8) 시험 실행 상황에 대한 고찰-2015년에 실 시된 조선어 전공시험을 중심으로」, 『한국(조선)어교육연구』 제12호, 중 국한국(조선)어교육연구학회.

2020 「중국에서의 조선어문법 연구의 현황과 과제」, 『개혁개방이래 중국 조선 어 연구』, 중국조선어문잡지사, 연변인민출판사.

강은국 선생님 약전

곽일성 정리 (복단대학 한국어과 교수)

　복단대학교 외문학원 교수이며 중국 조선어학계의 거목인 강은국 선생님이 2022년 6월 3일 4시 23분에 향년 73세로 타계하였다. 그의 서거는 복단대학교와 중국 조선어학계의 크나큰 손실로 된다.

　선생님은 1949년 2월 22일 길림성 안도현 송강진에서 출생하였다. 그는 1971년 중국공산당에 가입하였다. 1975년 1월부터 연변교육학원에서 교편을 잡았고 1979년 연변대학교의 첫 석사연구생과정에 입학하였으며 1982년부터 연변대학교 조문학부 전임강사로 일했다. 1988년 10월 조선족의 첫 언어학박사과정에 입학하고 1990년에 부교수, 1994년에 교수로 진급하였다. 그 기간에 김일성종합대학교에 가서 연수하였다. 1992년 한국 충북대학교에 가서 연수, 강의하고 돌아와 연변대학교 조문학부 학부장을 맡았다. 1995년 9월 복단대학교 외문학부에 전근되어 선후로 한국어문학과 학과장, 외문학원 공회주석, 부학장, 복단대학교 공회 위원, 민족연합회 부회장 등 직책을 맡고 일하다가 2014년 2월에 정년퇴직하였다.

　선생님은 복단대학교 한국어문학과의 기틀을 마련한 개척자로서 학과목건설, 교사대오건설, 인재양성 등 학과건설에서 걸출한 기여를 함으로써 국가교수성과 2등상, 상해시 육재상(育才賞) 등을 수상했다. 선생님의 노

력으로 복단대학교 한국어문학과는 무(無)에서 유(有)로, 발 빠른 성장을
하였다. 한국어 인재양성에서 본과, 석사, 박사 3단계 양성체계를 구축하
였으며 조선어(한국어) 본체론 연구에서 전국 여러 대학교의 앞자리를 차
지하였다.

선생님은 조선어(한국어)문법 연구영역에서 중국에서는 물론이요, 조선
과 한국에서도 모두 인정하는 석학이다. 선후로《현대조선어》,《조선어의
민족적 특성》,《조선어 문형연구》,《조선어 접미사의 통시적 연구》,《남북
한의 문법연구》,《한국어 접미사 원류 고》등 12부의 학술저서와 100여 편
의 학술논문을 발표함으로써 길림성사회과학우수성과 3등상, 연변대학교
와룡학술상, 한국의 동승학술상, 대한민국 문화포장 등 영예를 받았다.

선생님은 국제학술교류를 통해 국내외의 저명한 학자들과 깊이 사귀었
고 선후로 조선 김일성종합대학 객좌연구원, 한국 인천대학교 교환교수,
전남대학교 교환교수, 서울대학교 국어교육연구소 객좌연구원 등으로 활
약하였다.

선생님은 당과 국가의 교육사업에 충성하고 일심전력으로 교수사업에
투입하여 수많은 창신형, 복합형의 조선어(한국어)고급인재를 양성하여 나
라의 외교, 경제, 문화 부문에 보냈으며 10여 편의 한국어 교과서와 사전
을 편찬하였다.《초급한국어》는 상해시보통고등학교 우수교재상,《신편한
중사전》은 중국비통용어교수연구회 우수학술성과 사전류 1등상을 수상하
였다.

선생님은 중국한국(조선)어교육연구학회 부회장, 회장, 중국조선어학
회 상무이사, 중국 교육부 고등학교 외국어전공 교육지도위원회 비통용어
종 분과위원회 위원, 교육부 외국어전공 4·8급시험 전문가소조 비통용어
종 전문가소조 부조장, 한국어전공 4·8급시험 총괄 책임자 등 직책을 맡
고 눈부신 활약을 하면서 대학교 조선어전공 4·8급시험을 전국에 보급하

였다.

선생님은 중국 조선어(한국어)학계의 원로교수로서 중국조선어규범과 그 발전을 위하여 동분서주하면서 커다란 기여를 하였다. 퇴직하여 고향에 돌아와서도 쉬지 않고《중국조선어문》심사위원을 맡고 중국의 유일한 조선어(한국어)학 학술지의 질을 향상시키고 발전시키는 데 큰 힘을 이바지하였다.

선생님은 애증이 분명하고 언제나 정의를 주장하며 명리를 따지지 않고 자신이 옳다고 판단하는 일은 대담하게 추진하였다. 성격이 호방하고 동료들과의 의리를 중히 여기고 허례허식이 없고 후배들을 사심 없이 가르치고 이끌어주었다.

선생님은 평생 부인 리화옥 여사와 동고동락하면서 엄격하면서도 따뜻한 부성애로 자식들을 훌륭하게 키워냈고 손녀와 손자를 끔찍하게 사랑하였다.

우뚝 솟은 장백산맥과 도도히 흐르는 황포강에는 선생님의 사랑과 업적이 영원히 깃들어 있으리라 믿어마지 않는다.

-2022년 6월 8일

姜银國 교수를 哭하노라

寧海 金柄珉 (연변대학 전임 총장)

　　2022년 6월 3일 이른 새벽 4시, 강은국 교수가 연변병원에서 치료를 받던 중에 호전을 보지 못하고 불행하게 타계했다. 그는 강직한 사나이요, 훌륭한 학자이다. 그의 서거는 가정의 큰 불행이요, 우리 학계의 큰 손실이 아닐 수 없다. 슬픔을 이길 수 없어 몇 글자 적어 그의 명복을 빈다.

> 端午날 이른 새벽 전화벨 요란터니
> 강교수 별세했다 訃告가 날아오네
> 알겠다 屈原을 따르니 참선비의 뜻인가
>
> 총명이 빼어나서 최우등을 석권했고
> 將軍별 어깨에 달고 동갑또래 통솔했네
> 옳거니 될성부른 나무는 떡잎부터 달랐네
>
> 文革의 칼바람에 배움의 꿈 접어두고
> 歸鄉해 농부 되어 마을살림 도맡았네
> 두어라 온 몸의 흙냄새 그 까닭을 알겠네

대학에 입학해서 학문을 연찬하고
은사님 신변 지켜 앞장서서 抗辯했네
장하다 의로운 대학생들 正音문자 지켰네

비켜라 함성소리 축구장이 떠나간다
키작은 방어수가 좌충우돌 막아낸다
알겠다 축구의 정체성은 민족의 氣魄

구들에 배 붙이고 論文을 집필하니
생성문법 리론으로 큰학자가 되었구나
학문도 넓고 깊거니와 강의 또한 청산류수

煙集강 천렵놀이 술맛 또한 일품인데
너도나도 알몸으로 물 속에 뛰어드네
어즈버 호남아는 강박사 스승들이 놀라네

復旦大 자리잡고 삼십년 긴긴 세월
延邊大 뒤바라지 熱과 誠 다하였네
그대의 고향사랑 민족사랑 변할 줄이 있으랴

대학의 말단벼슬 한 마음 다바쳤네
어학회 어른으로 후배들을 키웠다네
멋지다 榮耀를 뒤로하고 평교수로 돌아왔네

네온등 불빛 밝은 아빠트 오층 집에
구수한 보신탕에 술맛 더욱 좋을시구
지극한 내외의 정성 연변의 마음일세

姜太公의 낚시질에 고향정을 만끽하네
중병을 지니고도 만리 길을 날아왔네
그대의 마음 가는곳 그 누군들 막을가

두 아들 보지 못해 두 눈을 못 감았네
오늘도 연변땅에 구슬프게 비내리네
이 땅은 兄弟들이 지키나니 시름놓고 떠나소서

2022년 6월 3일 저녁 10시, 寧海書齋에서 쓰다

강은국 선생님을 추모하여_姜银國 교수를 맞하노라

서역 가는 먼길 편안하게 가소서

윤여탁 (서울대학교 명예교수)

강은국 선생님, 아니 형님!
서역에 그리 급한 일이 있으셨나요?

지난 6월 3일 단오 명절 새벽에 당신이 세상을 떠났다는, 아니 사모님 말씀으로는 당신을 보냈다는 황망한 소식을 접했습니다. 그리고 당신의 반쪽과 통화를 하면서 나는 울음을 참을 수 없었습니다. 어린 시절 이후로는 울 일이 없었다가, 재작년 저희 부친의 타계 이후에 다시 눈물을 훔칠 수밖에 없었습니다.

부고를 받은 이후 곧바로 선생님의 부음을 한국의 몇몇 분들에게 전했습니다. 선생님의 별세를 안타까워하는 그분들의 마음, 선생님을 추억하며 기리는 한결같은 마음을 받아서 전달했는데 잘 받으셨는지요?

아 결국……
결국 떠나셨군요……
아니 무슨 소식인가?
참으로 안타까운 일입니다.

뜻밖입니다. 어쩐 일이신가요?
천의무봉의 학자 강 교수님이 떠나셨다니.....
가슴이 먹먹합니다.

모두들 선생님의 서거 소식을 믿기 어렵다고 제게 되물었고, 상황 파악을 위해 제게 전화하면서도 믿으려 하지도 않았습니다. 그렇기에 오늘의 이 추도사는 저만의 것이 아니고 한국에 있는 많은 선생님의 친구들이 전해주는 고별의 인사이기도 합니다. 그래서 먼저 그분들의 간절한 마음도 같이 전달합니다.

강은국 선생님, 아니 형님!
연변대 농과대학에 다시 입학하여 제대로 배워서 농사를 지어보겠다는 포부는 이제 이룰 수 없는 것인가요? 형님의 손이 더 많이 필요한 숭명도 농장이며 연변의 텃밭을 어떻게 버려두고 서둘러 가셨나요? 형님의 고향인 백두산 자락의 안도현을 떠날 수 없어서 저승길을 재촉하신 것인가요? 당신을 그렇게 사랑하고 보살펴준 이화옥 여사, 당신의 아들 진화와 성화, 그리고 두 며느리, 눈에 넣어도 아프지 않았던 손녀 빈빈이와 손자 문빈이를 두고 왜 그리 급하게 서역으로 가셨나요?

참으로 원망스럽고, 안타깝고, 슬프고, 믿기까지.....
지금 저에게는 여러 마음들이 교차합니다.

이제 형님과 제 이야기입니다. 공적으로는 2000년대 초반 중국 한국어 교육학회 일로 만난 이후로 있었던 너무 많은 이야기와 사건들이 주마등처럼 스쳐 지나갑니다. 북으로는 내몽고 울란호터로부터 남쪽으로는 귀주의 귀양까지, 동으로는 백두산이 있는 연길에서 서로는 중경까지, 중국 각지를 봄, 여름, 가을, 겨울 가리지 않고 같이 돌아다녔지요. 지금 보면 그리 목숨 걸고 다닐 일도 아니었는데 말입니다.

　사적으로는 우리 둘이 형제처럼 지냈다고 생각합니다. 형님과 같은 종 씨인 저의 아내를 일가 동생으로 삼아 살뜰하게도 챙기셨지요. 어떻든지 우리 둘은 중국의 상해와 백두산, 그리고 한국의 서울과 제주도 등에서 같이한 날들이 많았습니다. 특히 저희 가족과 같이 여행을 갔던 가을 눈 이 내린 백두산 천지, 제주도의 돌고래 떼가 새삼스럽게 생각이 납니다. 이 제는 같이, 다시 볼 수 없으니 말입니다.

　형님이나 제가 좋아했던 소주, 형님이 평생 끊지 못한 담배(작년에 원격 으로 연결된 제 퇴임식 화면에서도 연거푸 피셨던 독한 중남해 담배). 이 런 것들 때문에 형님이 우리 곁을 급히 떠나신 것 같아 원망스럽기도 합니 다. 더구나 그렇게 좋아하시던 낚시도 못 하는데 앞으로 무엇을 하시려고 이렇게 서둘러 우리 곁을 떠나셨나요? 이제는 술잔을 주고받기는커녕 저 보다 낚시도 못 하는 어부라는 농담과 핀잔도 주고받을 수 없으니 어찌하 면 좋을까요?

　우리 모두는 당신을 잊지 못할 것입니다.
　짧은 추도사로 이 마음을 다 전달할 수는 없습니다.
　다만 당신은 많은 사람들의 마음 속에 영원히 있을 것입니다.
　우리 모두 당신을 좋아했고 사랑했습니다.
　부디 서역 만리 먼길 편안하게 가소서.......

　또 다시 그 이름을 간절하게 불러봅니다.
　강은국 선생님, 아니 형님!

2022년 6월 7일
서울에서 윤여탁 삼가 합장

정애와 의리의 사나이 – 강은국 선생

김호웅 (연변대학 석좌교수)

지난 6월 2일 오후 김병민, 김영수 선생과 함께 연변병원 12층 병실에 가서 중병으로 입원한 강은국 선생을 방문하였다. 코로나 세월이라 한 번에 문병객을 세 명 안으로 제한하는 바람에 내가 번번이 끼이지 못해 너무 늦게 찾아간 것 같다. 연변병원 로비에 있는 가게에서 우유와 망과 음료, 생수 한 박스씩 사서 들고 들어가니 침상에 누워있던 강은국 선생은 잠간 커다란 눈만 멀거니 뜨고 있을 뿐 말이 없다. 사모님이 빗으로 곱게 빗어 준 까닭일가, 새하얀 머리는 머리카락 한 오리 흩어진 게 없다. 하지만 안색은 말이 아니다. 두 눈이 우멍하게 들어갔고 얼굴이 부석부석하다. 김병민 선생이

"강선생은 워낙 스포츠맨이고 강단이 있으니까 밥만 잘 드시면 얼마든지 살 수 있을 거요."

하면서

"내가 누구지요?"

하고 물으니 강 선생은 가볍게 고개를 끄덕인다. 며칠 전에 두부를 먹고 싶다고 해서 영수 선생이 사가지고 간 두부를 몇 숟가락 드는 모습을 화면으로 본 적 있다. 그런데 요즘은 도무지 밥은 넘길 수 없어 영양 죽을 콧

구멍으로 주입해 넣는다고 한다. 그런데 피가 섞인 죽이 파이프로 역류한다고 하면서 사모님은 눈물을 주체하지 못하고 남편의 배만 살살 어루만진다. 배가 홀쭉하게 들어갔다. 환자복 바짓가랑이로 비죽이 나온 새하얀 두 다리를 보니 그야말로 피골이 상접하다. 옛날 축구장에서 좌충우돌하던 미드필더의 쇠기둥같은 다리가 아니다.

화양호텔에 격리 중인 두 아드님은 언제 나오느냐고 사모님께 물었더니 6일 저녁에야 나온다고 한다. 오늘이 2일이니 아직도 나흘은 기다려야 한다. 열흘 전 아버님이 위독하다는 소식을 듣고 상해에서 두 형제가 서로 핸들을 바꾸어 잡고 30시간 자가용을 달려 연길에 도착했지만 코로나방역 규정에 따라 연변대학 앞에 있는 화양호텔에 두 주일간 격리를 당하게 된 것이다. 코로나 세월이라 하지만 세상에 이렇게 답답하고 원통한 일이 어디에 또 있을까? 두 아드님의 손을 잡을 때까지 살아야 하겠는데 이를 어쩌는가? 그야말로 일일천추(一日千秋)에 학수고대(鶴首苦待)란 말이 실감이 난다.

3일 새벽 5시 경, 쌍봉 산장에 가있는데 문득 핸드폰이 울린다. 민덕선생의 명함이 뜬다. 불길한 예감이 든다.

"강 선생이 돌아갔수다! 우린 병원에 있는데 여길 올 필요는 없어요."

일단 김영수, 려문호 등 교수들과 함께 장의사(葬仪师)를 불러 시신을 수습해 영안실에 모셨고 두 아드님이 격리상태에서 풀려 나오기를 기다려 장례를 치르기로 했다고 한다.

어제 병문안을 한 게 얼마나 다행스러운지 모르겠다. 말은 나누지 못했지만 강 선생 생전에 얼굴을 보고 손이라도 잡아보았으니 말이다.

강 선생을 알게 된 것은 1978년, 강 선생은 나보다 4년 선배다. 대학입시제도가 회복된 후 강 선생은 연변대학의 첫 조선어 석사연구생으로 입학했고 나는 조문학부 본과에 입학했다. 이때 그와 함께 공부한 류은종,

강은국 선생 한국어 연구와 한국어 교육 논총

전학석, 최희수 등이 열심히 공부해서 연변대학의 명교수, 어학계의 거목으로 되였음은 세상이 다 아는 이야기이다.

강 선생을 가까이 모시고 일하게 된 것은 1990년 초반. 먼저는 김병민 선생이 학부장, 강 선생이 부학부장, 내가 당총지서기였다가 김병민선생이 교무처 처장으로 발탁된 후에는 강 선생이 학부장, 내가 여전히 당총지서 기였다. 교학과 연구를 중심으로 학과건설을 하면서 국제학술회의를 만들고 자습대학을 꾸리고 외자를 유치해 민족문화교육원 건물을 일떠세우면서 정말 신명나게 일했다.

강 선생은 안도현 송강 출신이요, 대학에 오기 전에 생산대 회계로 일했기에 계산이 빠르고 천부적인 경영 노하우를 가지고 있었다. 그런데 일은 하지 않고 뒷소리를 하거나 위인이 칠칠하지 못하고 엄살을 부리면 선배든 후배든 가리지 않고 호되게 까주거나 훈계했다. 그래서 일부 선배교수들이 앙앙불락이고 학교 지도부에서도 강선생의 "군중관점이 좋지 못하다"고 한두 번 데려다 담화를 한 적 있다. 하지만 언제나 확고한 신념과 목표를 가지고 모든 일을 치밀하게 기획하고 강력하게 추진하는 그의 남다른 파워에 대해서는 다들 높이 사 주고 있었다. 한마디로 그는 진짜 쇠쪽같이 강한 사나이고 학문은 물론이요, 뛰어난 행정능력도 갖춘 교수였다.

그 무렵 외국손님들도 많이 왔지만 중요한 일들을 성과 있게 마무리하고 나면 우리는 공원다리 너머 서시장 부근에 있는 식당에 가서 생활개선을 하였다. 그때 연변대학 부근에는 좋은 식당이 없어서 공원다리 너머에 있는 식당에 가면 체면이 좀 서는 것 같았다. 우리는 술 한 잔 거나하게 되면 무조건 노래방으로 쳐들어가군 했다. 그 무렵 나는 일본 와세다대학교 객원연구원으로 1년 반, 한국에도 두어 번 다녀왔기에 노래방에 들어가면 마이크를 잡고 나훈아의 〈사랑〉과 같은 노래를 열창하고 아가씨들을 껴안고 춤을 추었다. 그런데 강 선생은 아가씨를 물색해 옆에 앉혀주어도 무대에 데리고 나가 노래를 부르거나 춤을 추지 않고 언제나 꿔온 보리자루처럼 저만치 앉아서 아가씨들을 하나씩 차지하고 춤을 추는 후배들을 시무룩하게 건너다 볼 뿐이었다.

한번은 내가 한바탕 춤을 추고 나서 아가씨와 함께 자리로 돌아오니 강 선생이 자기 옆에 앉은 아가씨와 나의 옆에 앉은 아가씨를 삐딱한 눈길로 번갈아 보더니

"모두 곱게들 생기고 노래도 잘 부르고 춤도 잘 추는군. 그런데 평생 이런 소도둑 같은 사내들을 모시고 노래나 하고 춤이나 춰야 하겠소? 아직 나이들이 어린 것 같은데 공부를 해야지 공부를!"

하고 훈계한다. 그래서 내가 강 선생을 흘겨보면서

"아니 내가 소도둑이란 말씀이시요? 귀한 돈을 팔아가지고 노래방에 들어왔으면 실컷 노래도 부르고 춤도 출 것이지 괜히 아가씨들에게 사상교육을 하고 앉았구면."

하니까 강 선생은 "그래 내 말이 틀렸소?" 하고 조금은 노기를 띠고 나를 쏘아보았다.

강 선생은 분명 머리가 안 도는 "안도 촌놈"이었다. 그는 여자를 다루는 재간도 없거니와 여자들의 특별한 사정을 헤아릴 줄도 모르는 것 같았다. 물론 후에는 기말총화 같은 때 여성교원들에게 끌려 나가 마지못해 춤을 추기는 했지만 마이크를 잡고 노래를 부르는 것을 나는 단 한 번도 본 적 없다.

어느 날 연변대학 정문 옆에 있는 장수보신탕집에서 연회를 할 때 젊은 이들에게 끌려 나가 전인복선생과 함께 춤을 추었다. 깃발을 쳐들듯이 한 손으로 인복선생의 오른 손을 추켜잡고 다른 한 손으로 그녀의 허리를 잡고 돌아가는데 인복선생의 몸이 특별히 무겁게 느껴지더란다. 그래서

"인복씨, 몸이 좀 난 것 같구만."

하고 아닌 밤중에 홍두깨 같은 소리를 했다. 인복선생이 생글생글 웃으면서

"학부장님은 아들 둘이나 어떻게 보셨지요? 그렇게 눈치코치가 없고서야 사모님이 좋아하시겠어요!"

하는데 그래도 눈치를 채지 못하고 강 선생은

"아무튼 몸이 좀 난 것 같으니 한번 체중을 체크하고 다이어트를 해야겠어."

하고 정색하고 말하더란다. 그런데 사흘 후 인복선생이 학부장실로 조용히 찾아올 줄이야! 며칠 후 출산을 하게 되니 청가를 주세요, 하더란다. 그제야 깨도가 된 강 선생이 "아차, 실수를 했구나!" 하고 자신을 크게 뉘우쳤음은 더 말할 것 없다. 실례지만 나는 가끔은 이 일화를 거들어 강 선생을 보고 "뚱뚱한 여자와 임신한 여자를 갈라볼 줄도 모른다면 이건 숙맥불변이지요!" 하고 놀려대군 했다.

강 선생은 여자는 잘 모르지만 축구는 물론이요, 추렴과 낚시질 역시 프로이다. 1990년대 강 선생네 댁은 연변대학 서문 옆에 있었다. 연변대학은 옛날 관동군사령부였고 서쪽에 일본군 장교 가족들이 살던 단층연립주택들이 있었는데 모두 구들을 놓고 석탄을 땠다. 반백년이 지난 집은 좀 허름했지만 부엌에 큰 솥이 걸려있고 집 앞에 널찍한 텃밭이 있어서 추렴을 하기 안성맞춤이었다. 그 무렵 조문학부의 추렴은 대체로 강선생네 댁에서 하기 마련인데, 개를 사다가 볏짚에 불을 질러 가죽을 그슬리고 각을 뜨고 물에 여러 번 씻어 솥에 넣는 일은 물론이요, "개장즙"이라고 하는 양념도 강 선생이 도맡아 만들었다. 사모님도 리화옥(李花玉)이라는 예쁜 명함 그대로 무척 사람을 좋아하고 인품이 좋은 분이라 군말 없이 채소를 다듬고 반찬을 만들어 내놓았다. 우리 술꾼들은 점심부터 저녁까지 코가 비뚤어지게 술을 마시고 보신탕에 밥을 말아먹고는 밤늦게까지 바가지를

강은국 선생님을 추모하여_정애와 의리의 사나이 – 강은국 선생

엎어놓고 젓가락장단을 치면서 놀았다. 이튿날 아침이면 술꾼들이 또 눈치를 채고 기신기신 찾아와서 뼈를 우린 물까지 다 퍼마시고야 자리를 떴다. 그런데 이 추렴에는 대체로 중년교수 이상이나 나 같은 간부는 참가할 수 있지만 새파랗게 젊은 교원들은 끼어들 수 없었다. 그래서 리광재라고 지금은 청도해양대학 교수지만 그때는 이마빡에 피도 마르지 않은 20대 중반의 신규교원이었다. 그는 추렴에 끼어들지 못해 심통이 터지는 바람에 강 선생네 울바자에다 목탄으로 "개장집"이라고 대문짝만하게 휘갈겨 놓았다. 그래서 강선생네 댁은 한때 "개장집"으로 통했다.

강 선생의 흉을 한두 가지만 더 보기로 하자. 이름난 골초요, 술꾼이다. 담배는 중남해표 담배만 피우고 낚시터에 앉으면 하루 두세 갑을 피운다. 술은 52도 이상의 배갈만 마시는데 벌컥벌컥 맥주만 마시는 사람들을 아주 경멸하고 아예 상대를 하지 않는다. 술자리에서 먼저 나앉는 법이 없다. 죄송하지만 덩치 큰 나 같은 주성이나 서울대학교 윤여탁선생과 같은 주신과도 끝까지 버티고 앉아 술을 마신다. 출장을 나가면 호텔 밥상에서도 반주로 두어 냥 해야 식사를 한다.

강 선생은 중한수교 이후 중국 전역에서 한국어 붐이 일자 1995년 복단대학 한국어학과 주임교수로 초빙되어 갔다. 나는 어학자가 아니라 잘은 모르지만 그 동안 강 선생은 복단대학을 비롯한 남방 여러 대학의 한국어교육을 일으켜 세우는데 중심적인 역할을 했다. 그리고 중국 조선어학회 상무리사, 중국한국(조선)어교육연구학회 회장 등 직책을 맡고 중한문화교류의 물고를 틀고 다양한 학술활동을 벌리면서 뛰어난 리더십을 보여주었다.

뿐만 아니라 상해 연변대학 학우회 초대회장으로 활약했다. 복단대학에 연수하러 가는 많은 연변대학 젊은 교원들을 여러 학과에 추천하고 숙소를 잡아주고 하면서 스폰서로 성심성의로 일했으며, 연변대학의 많은 교원 또는 가족들이 상해에 가서 진단을 받고 입원하려고 할 때마다 현지 명의의 진찰을 받고 입원할 수 있도록 결정적인 도움을 주었다. 그야말로 월급을 받지 않고 일하는 연변대학의 특명전권대사인 셈이었다.

강 선생이 상해로 간 후에는 별로 만날 기회가 없었는데 2015년 4월 중앙민족대학의 리암 교수와 함께 대학본과평가 차 상해외국어대학에 갔을 때 뜻밖에 강 선생 내외의 따뜻한 환대를 받게 되였다. 상해에 도착한지 여러 날이 되도록 전화로 인사도 드리지 못했는데 리암 선생과 내가 상해에 왔다는 소식을 듣고 특별히 자리를 마련한 것이다. 그것도 말로만 듣던 숭명도(崇明島) 산장에서 말이다. 숭명도는 우리나라에서 대만과 해남도 다음으로 큰 섬인데 장강 하구에 자리를 잡은 명승지가 아니던가.

상해외국어대학 리춘호 선생의 자가용을 타고 한 시간 반쯤 달려 강 선생네 산장에 도착해 한 바퀴 둘러보고 나는 깜짝 놀라지 않을 수 없었다. 낡은 컨테이너 두 개를 사다가 알뜰하게 내부 장식을 하였는데 집 뒤로 5백 미터 되는 거리에 고속도로가 놓여 있었고 집 옆으로는 강폭이 10여 미터 되는 운하가 넘실넘실 흐르고 있었다. 산에 있는 산장이 아니라 물을 낀 전형적인 강남 수향(水乡)에 자리를 잡은 집이였다. 나도 팔도 쌍봉촌에 농갓집을 짓고 주말이면 전원생활을 하고 있지만 우리 산장의 규모는 아무것도 아니다. 강 선생네 산장은 적어도 6천 평은 되는 것 같았다. 왼편에는 채마밭이요, 중간에는 못을 두개 조성했는데 하나는 민물 게(河蟹)를 키우고 다른 하나는 물고기를 키운다고 했다. 제일 오른 편에 그물을 둘러치고 뽕나무를 심었는데 울긋불긋한 토종닭을 100여 마리나 치고 있었다. 안도에서 나서 자라 연변대학 교수를 거쳐 상해의 시민이 되고 명문대학의 교수로 되였지만 "안도 촌놈"의 본성은 변할 줄 모르는구나 하는 생각이 들었다.

토종닭 두 마리를 잡아 닭곰을 하고 잉어를 넙죽넙죽 썰어 매콤한 매운탕을 했는데 우리는 금시 주흥이 도도해졌다. 내가 강 선생과 사모님을

보고

"이솝우화에 나오는 당나귀는 황금보다 짚을 더 좋아한다더니 이게 무슨 짓입니까? 복단대학의 명교수가 농장을 만들어가지고 닭을 치고 고기를 기르고 농사를 짓다니요."

했더니 강 선생이 나를 보고 "에끼 이 사람아!" 하고 웃는데 사모님이 남편을 곱게 흘겨보더니 한 마디 한다.

"촌놈은 어디 가나 촌티를 벗지 못하는 법이지요. 우리 두 아들도 제 아버지를 닮아 이 산장을 무척 좋아하거든요. 이 잉어는 지난 주말에 우리 큰아들이 잡아서 냉동한 것이랍니다."

돌아오는 길에 강 선생과 함께 상해로 온 강보유 선생의 말을 듣자니 강 선생은 65세 되는 해에 정년을 했는데 아무리 연장초빙을 하려고 해도 말을 듣지 않았다고 한다. 이유는 오직 하나—

"늙은이가 자리를 내지 않으면 젊은이들이 크지 못해!"

그래서 중국조선어학회 상무이사, 중국한국(조선)어교육연구학회 회장도 한 임기씩만 하고 후배들에게 넘겨주고 이 농장을 꾸렸다는 것이다. 그리고 이 농장은 상해 여러 대학에서 일하는 조선족 젊은이들의 아지트요, 향수를 달래고 우정을 나누는 "큰집"이 된 것이다.

강 선생이 고향이 그립고 친구들이 그리워서 연길에 아파트를 마련하고 겨울은 상해에서, 봄과 여름과 가을은 연길에서 지낸 지도 어언 5년 철을 잡는다. 주석 자리에 앉아 연변대학의 박사학위논문심사도 하고 중국조선어문잡지사 고문으로 원고심사도 하지만 많은 경우 아파트단지에 텃밭을 일구고 화룡 숭선에 가서 버들치를 낚는 일로 소일한다. 우리는 강 선생이 잡아오고 사모님이 만든 버들치매운탕에 술 한 잔 하는 게 큰 낙이었다. 그런데 이제 더는 먹을 수 없게 된 것 같다. 큰 나무에 기대듯이 강 선생과 버릇없이 농담을 주고받고 늘 이러저런 고충을 털어놓고 가르침을 받았는데, 이제는 강 선생의 사내다운 구레나룻도, 강태공처럼 낚시대를 드리우고 강변에 앉아 세월을 낚는 그의 모습도 볼 수 없게 되었으니 이게 웬일인가? 무엇이 그리 급해서 사모님을 두고 두 아드님과 작별도 하지 않고 총총히 떠난단 말씀이시오? 실은 작년부터 병원신세를 진 후 단칼에 담배와 술을 끊었을 뿐만 아니라 가뿐하게 틀니도 하고 상해와 연변을 오가면서 만년을 즐기고자 했지만 병마는 끝내 강 선생의 생명을 앗아간 것이다.

강 선생, 어제 저녁 댁에 찾아가 선생의 유상 앞에 술 한 잔 올리면서 약속을 드렸지만 인명은 재천이요, 누구나 다 가는 법이니 조만간에 우리 모두 하늘나라에서 다시 만납시다. 아무쪼록 고기를 많이 잡아 어죽을 끓여놓고 우리를 기다려 주십시오…

이 몇 년간 강 선생과 함께 연변의 여러 명소들을 답사했는데 지난 4월 29일 조양천 태동촌에 갔을 때 쓴 〈진달래〉라는 연시조에다 한 수 더 얹어 이 글을 마무리해야 하겠다. 사모님께도 조금은 위로가 되었으면 좋겠다.

코로나 시끄러운 도심을 빠져나와
아늑한 호숫가에 친구들 모였구나
옳거니 연변의 유서 깊은 태동촌이 아닌가

강형은 호숫가에 낚싯대 드리우고
아우들 술잔 들고 우정을 나누는데
에루화 고기 굽는 누이들 꽃보다 더 곱구나

강은국 선생님을 추모하여_정애와 의리의 사나이 – 강은국 선생

태동의 산과 들에 봄빛이 넘치는데
강교수 내외가 멋진 포즈 취했구나
아서라 진달래는 영감이 부인께 드려야지

아무나 좌상 되고 아무나 어른 되나
어죽을 끓여놓고 아우들을 기다리네
오호라 털보 형님께서 학을 타고 가셨나

−2022년 6월 5일, 강은국 선생의 명복을 빌며

* 이 글은 『연변문학』 제11호(연변인민출판사, 2022년, 154~162쪽)에서 옮겨온 것임.

중국 조선어학계의 거목 - 강은국 선생님

강보유 (복단대학 한국어과 교수)

2022년 6월 3일 단옷날 아침 4시 20분, 다급한 전화벨소리에 벌떡 일어났다. 강은국 선생님의 부인-리화옥 여사의 영상전화였다. 가슴이 덜컥했다. 핸드폰을 드니 강은국 선생님의 숨가쁜 마지막 호흡 소리가 들려왔다. 나는 "강선생님, 강선생님!" 하고 목이 터지도록 고함을 질렀다. 하건만 선생님은 아무 대답이 없었다. 억장이 무너진다. 눈앞이 새까매진다. 하늘나라로 가시는 선생님의 길은 험악하기도 했다.

분통이 터진다. 신종코로나바이러스 확산 때문에 선생님은 심한 고통에 시달려야 했다. 상해로 진입하는 모든 교통이 차단되는 바람에 상해에서 양질의 치료를 받을 수 있는 절호의 기회를 놓친 것이다.

안타깝다. 억울하다. 강선생님의 두 아들 진화와 성화는 열흘 전에 어렵사리 핸들을 잡고 2392 킬로를 30시간 달려 연길에 겨우 도착했건만 방역규제 때문에 두 주일간 호텔에 격리되어야 했다. 그래서 아버님의 임종을 지켜드릴 수 없었다. 우리는 당신께서 두 아들의 손을 꼭 잡아주기를 얼마나 애타게 기다렸던가. 참으로 한이 맺힐 일이다.

건강에 누구보다 자신 있다고 했던 선생님께서 갑자기 가시니 인생이 더욱 허무해짐을 느낀다. 술과 담배를 둘 다 하면 어느 누구처럼 90세까지는 절대 문제없다고 장담했던 당신이었다. 참으로 아까운 나이에 승천을 하셨으니 더 슬프다.

지난 2월 말, 당신께서는 연변에 이십여 일간 다녀오신다고 사모님과 함께 떠났다. 칠순이 지난지라 차 운전면허증도 다시 등록해야 하고 더욱이 글을 써야 하는데 두고 온 원고와 자료들이 필요하다고 했다. 그도 그럴 것이 지난해 9월에 연길에서 상해에 잠깐 오신 거였으니까.

상해에 오자마자 체중이 갑자기 줄어든 아버지의 모습을 보고 진화, 성화는 무작정 건강검진을 해보자고 하였다. 그때 받은 진단이 폐암 말기였다. 모두에게 청천벽력이었다. 누구도 믿을 수 없었다.

지난해 7월 중순, 청도 중국해양대학교에서 열린 학회 연례학술대회에서 뵈었을 때 너무 여윈 걸 보고 어디 아프신 거 아닌가고 물었다. 하나도 아픈 데가 없다고 하시는지라 그저 낚시하러 다니면서 살이 많이 빠지셨나 보다 했다.

지난해 10월부터 상해에서의 병 치료는 만족할 정도로 호전되어 모두들 기뻤다. 올해 3월 24일이면 선생님의 73세 생신이다. 3월 초에 연변에서 돌아오면 상해에서 생신 파티와 더불어 건강 회복을 위해 축배를 들면서 덕담을 나누는 시간을 가지기로 상해외국어대학 리춘호 선생과 상해해양대학 전룡화 선생 그리고 학과 여러 선생들과 약속까지 해놓았다. 상해 지인들은 그 날을 고대하였지만 이젠 영원한 아쉬움으로 남게 되었다.

5월에 들어 닷새에 한 번씩 선생님과 영상통화를 할 때마다 나는 공기 좋고 물 맑은 연변에 가 계시니 천만 다행이라고 했다. 그때마다 선생님께서는 기분 좋게 웃으면서 "자네들은 방에 갇혀 답답해 어떻게 사느냐?" 하며 상해에 있는 우리들을 걱정했다. 3월 말부터 코로나로 2600만 시민이 살고 있는 도시 전체가 두 달 동안 봉쇄되는 바람에 바깥출입을 할 수 없어 시민들 마음은 공포에 꽁꽁 얼어붙었다. 6월 1일부터 쨍하고 해 뜬 날을 맞이했지만 마음의 치유가 안 되어 아직도 어리둥절하다. 그래서 나는 선생님에게는 공포의 상해보다 자유의 연변이 좋았다고 했다.

낙엽귀근(落叶归根)이라고 당신께서 고향이 좋아 연변을 선택한 것이라 짐작한다. 마지막 드시고 싶은 음식도 연변의 두부였다고 하니 선생님은 연변이 그렇게 좋을 수밖에 없었다. 그래서 그런지 선생님은 강단에서는 한국식 표준말을 쓰더라도 사석에서는 연변말을 놓지 않는다. 그 실례 들어볼까.

주선(酒仙)이신 선생님은 '술을 즐기다', '술을 좋아하다'보다 연변에서 잘 쓰는 '술을 반가워하다'가 더 좋다고 하였다. 지인을 만나 술로 정을 나누니 그 술이 사람과 더불어 반갑지 않을 수 없다는 것이다. 선생님은 '술 한 잔 듭시다.'가 아니라 '술 한 잔 쭉 냅시다.'이다. 손님이 오면 방을 비워 편히 하룻밤 묵어가게 한다는 데서 비롯된 말인 '방을 비우다'를 연변에서는 '방을 내다'라고 한다. 당신은 술을 드는 양도 방을 비우듯이 스케일이 컸다. 평소 둘이 앉아 술잔을 기울일 때면 늘 연변 이야기가 주선율이었으니 선생님은 몸은 상해에 있었어도 마냥 연변에 대한 향수에 젖어 있었다.

내친 김에 연변말투 때문에 한국에서 봉변을 당한 이야기 하나 더 하자.

30년 전인 1992년 한중 수교 무렵이다. 강선생님은 충북대학교 임동철 교무처장(후임 총장)의 초청으로 충북대학교에 방문학자로 가 계셨는데 교수아파트에서 자취하고 있었다. 때마침 연변언어연구소 김기종 소장님이 서울에 회의 차 갔다가 청주로 내려갔다. 두 분이 재래시장에 가서 저녁 찬거리 사다가 재수 사납게 간첩신고에 걸려 청주경찰서에 '압송'되었다. 웬 두 남자가 쑥덕거리던 것이 남새를 사면서 값을 묻지도 않고 연변말투로 "불기(상추) 하구 염지(부추) 하구 콩길금(콩나물) 줍소." 했다나. 처음 들어보는 연변 사투리라 장사꾼들은 말은 한국말 같은데 뭔가 수상하다고 여겼다. 더구나 김기종 선생님은 키가 큰데다가 바짝 마른 형상이고 강

선생님은 구레나룻이 덥수룩한 털보인지라 두 사람의 거동만 보아도 북쪽에서 온 사람임이 분명했다. 사이렌 경보소리와 함께 '간첩'으로 경찰차 신세를 지게 됐다. 경찰서에서 강은국 선생은 중국말을 했더라면 간첩으로까지 몰리지 않았을 테고 왜 같은 우리말을 했는데 간첩이냐고 항변했다. 분단의 아픔을 빵빵 호소했다. 결국 임동철 선생님께서 보증인으로 나서고 신분 확인이 되고서야 '간첩 사건'은 해명되었다. 그 후로 충북대학교 교수들은 강은국 선생의 날카롭고 대쪽 같은 성미를 두고 북쪽보다 더 북쪽에서 온 여진족 같다고들 하였다.

선생님을 처음 알게 된 것은 내가 연변대학 조문학부에 입학한 1981년부터이다. 70명 되는 조문 81년급에 학생당지부가 섰는데, 그때 석사를 갓 졸업한 선생님이 당지부서기 직을 맡았다. 선생님과 마찬가지로 나도 축구를 즐기는지라 선생님에게 더 쉽게 다가갈 수 있었다. 졸업을 반년 앞두고 선생님의 소개로 입당까지 하게 되었다. 1991년에 선생님과 전학석 선생님이 연변대학에서 첫 패로 조선어연구로 박사학위를 따게 되던 그 해에 렴광호 선생과 나는 두 번째 패로 조선어연구 박사 연구생으로 입학하게 되었다. 나는 석사에서 박사에 이르는 과정에 선생님으로부터 학문하는 자세와 연구하는 방법을 배웠다.

선생님께서는 나를 직접 제자로 받아 가르치지는 않았지만 나를 가장 아꼈던 것 같다. 내가 막 박사를 졸업하던 1995년에 당신께서 복단대학교에 한국어학과를 신설하면서 무작정 나를 이끌고 상해로 왔다. 나는 운명적으로 선생님의 궤적을 따라 움직였다. 우리는 복단대학교에서 서로 믿고 의지하면서 20여 년을 함께 사이좋게 지냈다. 그래서 나는 선생님이 더욱 원망스럽다. 그간의 회포를 풀고 덕담을 나눌 기회조차 남겨두지 않고 총망히 떠났으니.

선생님은 1949년 음력 2월 22일 하늘 아래 첫 동네 안도현(安圖縣) 송강(松江)에서 태어났다. 그때가 바로 중화인민공화국 탄생이 예언되던 해인지라 만백성이 모두 잘 사는 나라를 바라는 마음에서 부모님이 돈 은(銀) 자에 나라 국(國)자를 따서 '강은국'이라고 이름을 지었을 것으로 예상해 본다.

강은국 선생님의 교직 생활은 40여 년을 기록했는데, 전반기 20년은 연변대학에서 모어로서의 조선어 교육과 연구에 종사하고 후반기 20여 년은 복단대학에서 외국어로서의 한국어 교육과 연구에 종사하였다. 오늘날 선생님은 중국 강남땅에서 한국어 밭을 개척하고 한글의 꽃을 피운 선구자로 우뚝 서 계신다.

선생님은 항상 학문은 교육실천을 위해 연구되어야 함을 강조했고 또 이를 실천에 옮겼다. 연변대학과 복단대학을 넘나들면서 대학 내에서는 학과장, 학부장, 부학장, 연구소장, 공회주석 등 중요 보직을 맡았고 대학 밖에서는 중국조선어학회 상무이사, 중국한국(조선)어교육연구학회 부회장, 회장 그리고 교육부 대학교 외국어전공교육 지도위원 비통용어종분과위원회 위원, 교육부 외국어전공 4·8급 시험 전문가 소조 비통용어종 전문가 소조 부조장, 교육부 한국어전공 4·8급시험 총괄 책임자 등 중임을 맡으면서 교육현장을 한시도 떠난 적이 없었다.

중국한국(조선)어교육연구학회 설립자의 한 사람으로 2012년에 학회 창립 10주년이 되는 해에 선생님은 제3대 학회장으로 추대 받아 학회를 이끌었다. 여러 공적 가운데서 가장 돋보이는 것 중의 하나를 뽑으라면 강선생님은 한국어전공 4·8급시험(TKM4·8)의 산모(産母)라는 것이다. 선생님의 담대함과 용기가 있었기에 그 열악한 환경에서 누구도 감히 엄두도 내지 못했을 거사를 이루어낼 수 있었다. 중국의 90여 개 비통용어(非通用語) 중 유일하게 한국어가 4·8급시험이 전국에 보급되었으니 그 공적은 천추만대에 길이 빛날 일이다.

강은국 선생님을 추모하여_중국 조선어학계의 거목 – 강은국 선생님

선생님은 대학 내외의 업무를 성실히 수행하면서도 학문연구에서 괄목할 만한 업적을 남겼다. 한국 언어학 연구에서는 《한국어 접미사 원류고》,《조선어 접미사의 통시적 연구》,《남북한의 문법연구》,《조선어 문형연구》,《조선어의 민족적 특성》등 12부의 저서와 논문 100여 편이 있다. 외국어로서의 한국어 교육을 위해서는 21세기 대학교 한국어전공교재 시리즈 총편집장을 직접 맡고 《초급한국어》,《중급한국어》,《한국어읽기》등 10여 부의 교과서와 《신편 한중사전》을 펴내기도 하였다.

사람이 세상에 태어나서 70평생을 깨끗하게 살아가기란 참으로 쉬운 일이 아니다. 선생님은 진실로 자랑스럽고 아름다웠다. 선생님은 그간 학문에서 쌓은 업적이 인정받아 중국으로부터는 국가우수교육성과 2등상, 길림성 우수교육성과 1등상, 와룡학술상 등을 수상했다. 한국으로부터는 한국어와 한글 그리고 한국문화세계화에 기여한 공적이 인정되어 2012년 10월 9일 한글날에 《대한민국문화포장》을 수상하였고 2013년에는 동숭학술상을 수상하였다.

선생님은 천성이 직설적이면서도 은근히 깊은 정을 간직하고 있어서 학생들이 가장 존경하는 교수로 평가되어 복단대학의 명강의교수상, 우수대학원생 지도교수상, 상해시 육재상(育才賞) 등 영예를 지녔다. 중국과 한국의 문화 창달을 위해 교육과 학문에 기여하신 선생님의 공로는 역사의 한 페이지를 찬란히 수놓았다.

평소의 학덕과 인품으로 하여 당신의 주변에는 항상 지인들로 붐볐다. 중국의 류은종, 김병민, 김호웅, 최웅권, 김기석, 김영수 등 호걸들이 선생님과 인연이 깊었고 한국의 임동철, 윤여탁, 권재일, 송철의, 윤평현, 박창원, 이삼형, 남기탁, 민현식, 송향근, 최호철, 송진한, 최정순 등 학자들이 선생님과 교분이 깊었다.

상해에서는 강선생님을 중심으로 학문과 더불어 축구를 많이 했다. 선생님은 대학원 학위논문 답변장에서는 얼굴을 붉히며 열띤 토론을 하다가도 축구장에서는 땀을 흘리며 여러 사람들과 어울려 축구를 했다. 축구를 즐기는 리춘호, 전룡화, 장연호, 강보유, 곽일성 등은 선생님을 골키퍼로 모시고 한 팀을 구성해서는 선생님의 아들네 팀과 경기를 많이 했다. 기술력과 체력이 떨어진 늙은이 팀이 새파란 젊은이 팀과 겨룬다는 것은 미꾸라지가 용한테 덤비는 격이었지만 모여서 떠들고 뒤풀이를 하는 재미가 좋았다. 함께 놀아주는 젊은이들이 더욱 고마웠다. 어느 해는 서울대학교 윤여탁 선생이 복단대학 객원교수로 오셨는데, '국제재판'을 서준 덕분에 겨우 한두 번은 이길 수 있었다. 당신께서는 골키퍼 덕분이라고 하면서 흥이 나서 경기 해설에 열을 올렸다. 물론 그 날의 술맛은 배로 좋았다.

선생님은 청수하다. 마음이 맑으니 몸도 맑고 집안도 화목하다. 21세기의 핵가족 시대인데도 선생님 댁에는 명절만 되면 친척, 친우들이 30,40명 쉽게 모인다. 집안이 항상 즐거움으로 떠들썩하다.

선생님은 성격이 거칠고 엄숙하고 사나운 사람으로 각인되어 있다. 하지만 선생님은 자상하고 정이 넘치고 사랑스럽다. 그래서 학생들은 선생님을 호랑이같이 무서워하다가도 졸업해 학교 문을 나설 때에는 선생님의 인자한 모습을 보고 눈물로 헤어진다.

여기서 연변에서 상해로 이사 올 때 일을 떠올려 본다.

1995년 8월 20일, 기온이 40도를 넘기며 무더위가 극성을 부렸다. 강선생님의 노모와 부인, (큰 아들 진화는 군복무 중) 둘째 아들 성화 그리고 우리 부부와 딸애까지 연길역에서 야간열차를 타고 북경역에 도착했을 때는 새벽이었다. 친구 리춘일이 차 두 대로 마중을 나왔다. 춘일의 어머님과 동창 남복실이 푸짐히 차려주는 아침과 점심을 배불리 먹고 편히 쉬다가 저녁에 북경에서 남행열차를 타고 상해까지 오게 되었다. 촌닭이 서울 행차를 하는 격이라 서로 흩어지면 절대 안 되었다. 열차에서 오르고 내릴 때마다 성화는 칠순 할머니를 돌보고, 강선생님은 세 살 반 되나마나 하는 우리 딸애 리나를 돌보기로 했다. 사모님 리화옥 여사와 나 그리고 나의 아내 황현옥은 이삿짐들을 챙겼다. 강선생님이 자상히 리나를 돌보고 또 조심스레 리나를 안고 차에 오르고 내리고 하는 장면을 보고 사모님은 강선생님이 애를 안아주는 모습을 처음 본다고 하면서 너무 보기 좋다고 소녀처럼 박수까지 쳤다. 두 아들을 키우면서 단 한 번도 이런 모습을 본 적이 없었다나.

훗날이 더 신기했다. 아들 진화와 성화가 성가하여 손녀 빈빈이와 손자 문빈이를 안겨주자 마침내 선생님의 참마음이 드러났다. 일 년에 세 번밖에 웃지 않는다던 선생님은 손군들의 재롱에 매일같이 싱글벙글했다. 할 아버지라는 계급장을 달고부터는 격세 사랑이 각별했다.

선생님은 청백하다. 마음이 깨끗하니 과욕이 없고 과분함이 없었다. 하지만 선생님은 너무 매정했다. 선생님의 정년을 앞두고 5년을 더해서 칠십세까지 학과가 더 탄탄해지도록 키워달라고 거듭 청을 들었건만 선생님은 단연코 뿌리쳤다. 사람 아닌 자연을 가꾸러 숭명도(崇明島)로 떠났다. 나무는 큰 나무의 덕을 못 보지만 사람은 큰사람의 덕을 본다고 했건만. 지금 와서 생각해 보면 당신이 계시면 젊은이들이 선배의 그늘 속에서 햇볕을 볼 날이 적어진다고 판단해서 그랬을지도 모른다. 상해탄에서 한국어 밭을 일구고 한글의 꽃을 피웠으니 이제는 숭명도에서 남새밭을 가꾸어 유기 농사를 짓겠다고 다짐했다. 삿갓 쓰고 고추 따고 오이순을 주는 당신의 일거수일투족이 학자보다도 농사꾼에 더 어울리는 것 같았다. 학문이란 외곬을 걷다가 농사란 외곬을 걸으면서 수확한 농산품을 가끔씩 학과 선생님들에게 배달해 주었다. 여유 있게 베풀면서 자연과 더불어 여생을 즐겼다.

선생님은 가식이 없는 것만큼 말수도 적었다. 말수가 적다 못해 생략이 너무 많았다. 한번은 선생님과 같이 회의 차 북경으로 출장을 가게 되었는데, 선생님 댁과 가까운 곳에 매표소가 있다고 하면서 당신께서 북경행 열차표를 끊었다. 열차 출발 시간을 여쭈니 9시 반이라고 하였다. 그래서 나는 이튿날 아침 일찍 일어나 두세 번 버스를 갈아타면서 상해역에 도착했다. 열차 출발시간이 다 되어도 선생님은 그림자도 보이지 않았다. 전화를 해서 어디 계시냐고 물었더니 집에 있다고 했다. 아니, 왜 아직도 안 떠나셨느냐고 하니, 저녁 9시 반 출발인데 왜 벌써 나가냐고 했다. 나는 너무나 억울했다. '저녁'이라는 두 자를 생략하는 바람에 나는 한나절이나 상해역에서 헤맸다.

선생님은 무뚝뚝하면서도 농담은 제법 잘 받아주셨다. 십년 선배인 선생님 앞에서 나는 버릇없이 굴고 스스럼없이 농담을 할 때가 많았다.

선생님은 술자리에만 앉으면 당신이 안도 사람임을 자랑하는지라 내가 불쑥 "안도 사람은 머리가 안 돈대요." 했더니 분위기가 살짝 심각해졌다. 아뿔싸, 엉겁결에 나의 입에서 "머리가 돌아버리면 정상이 아니잖아요."라는 말이 튕겨 나왔다. 선생님이 곧바로 "옳아, 옳아, 네 말이 맞다. 머리가 돌아버리면 제정신이 아니지, 그렇지."라고 하며 하하 웃어 넘겼다. 그리고는 "나는 머리가 안 도는 사람이라 술잔을 빼먹는 일 없어." 하고 사나이답게 술잔마다 굽을 내고는 다른 사람들의 술잔이 비워졌는가 하나하나 감독하는 것이었다. 그 때로부터 '안도 사람'은 가식이 없는 '진국'으로 통했고 '진국'은 또 '은국'의 별칭이 되었다.

또 한 번은 선생님이 운전하는 차를 타고 상해공상외국어대학 개교 10주년 기념행사에 가게 되었다. 도착하니 안내하는 학생이 나를 대회장으로 안내를 하고 선생님한테는 식권 한 장을 주면서 휴게실 쪽을 가리켰다. 선생님은 시물시물 웃으면서 "저 자식 나를 너의 기사인 줄로 안다야."라고 하였다. 그러니 내가 높이 계신 사람이 되고 선생님은 나를 모시는 시중꾼

이 된 셈이다. 내가 웃음을 참지 못하고 "그렇다고 칩시다."고 했더니 선생님은 "오늘만큼은 그래야겠지." 하고 너그럽게 웃었다.

중국조선어문잡지사 행사로 편집위원들은 일 년에 서너 번 행사를 가지게 되는데, 중앙민족대학의 강용택 선생과 나는 강선생님을 '가문의 영광'이라고 치켜세운다. 그때마다 당신은 그 호칭이 너무나 좋다고 흐뭇해 하셨다.

이 대목에 또 내가 선생님 면전에서 한 '실수'를 두 가지 말해야 하겠다.

몇 해 전 여름의 어느 하루, 연길에서 선생님을 모시고 연변대학의 김영수 선생과 김광수 선생, 나 넷이서 점심식사를 하는 자리였다. 항상 그렇듯이 술상에서는 건강이 화제였다. 김영수선생이 "백세시대라고 하지만 90세까지 살면 만족해요."라고 하자 내가 아무 생각 없이 "제정신으로 사는 게 70세까지 아닌가?!"고 하였다. 그랬더니 선생님이 "내년이면 내 나이 70이야." 하고 천진하게 웃는 것이었다. "너희들 웬 말이냐, 70이라도 아직 소년의 마음인데."라고 하는 듯싶었다. 당신께서는 신체 나이보다 훨씬 건강한 어린 마음을 가지고 항상 젊게 사셨다. 나이와 건강의 잣대가 남보다 훨씬 더 길었다는 말이다.

또 한 번은 상해 홍교공항에서였다. 선생님과 상해외국어대학 김충실 선생 그리고 나까지 셋이서 3시간이나 연발되는 비행기를 기다리고 있었다. 골초(애연가)인 선생님이 부지런히 흡연실을 들락거리는 걸 보고 김충실 선생이 "리춘호 선생과 장연호 선생이 담배를 끊었다던데요."라고 하였다. 그 때도 역시 아무 생각 없이 "그 사람들 어른이 다 됐네."라고 했더니, 선생님이 "그럼 나는 뭐냐?"라고 하였다. 연변에서는 '담배를 끊다'를 '담배를 떼다'라고 한다. 어린애가 젖을 떼듯이 말이다. 선생님은 "그래 내가 아직 젖을 떼지 아니한 어린애와 같단 말이냐?"라는 뜻으로 이렇게 말씀하신 것이다. 당신은 아마 아직도 소년의 마음으로 젊게 사신다는 것을 보여주고 싶었을 것이다.

당신께서 담배를 끊으려고 무지하게 애를 썼던 이야기 하나 더 하자. 우리 두 집은 상해로 금방 이사를 와서는 한동안 점심이면 학교와 가까운 우리 집에서 점식식사를 하군 했다. 당시 황선생에겐 시부모님을 어떻게 하면 상해로 모셔올 수 있을까 하는 것이 가장 큰 걱정거리였고 리선생에 겐 어떻게 하면 남편더러 담배를 끊게 할 수 있을까가 큰 관심사였다. 거듭된 고민 끝에 하루는 황선생이 〈금연 계약서〉를 작성하였다. 〈금연 계약서〉에는 욕할 때 곁들이는 동물의 이름을 담아 "누구는 시부모님을 모시고 누구는 담배를 끊기로 약속을 한다. 이 약속을 어기는 자는 X다." 라고 적고 거기에 강선생님과 황선생은 당사자로 사인하였다. 그 때 마침 복단대학에 연수를 왔던 연변대학 영문과 장정애 선생님이 보증인으로 사인을 했다. 결국 우리네는 부모님을 모셔왔지만 강선생님은 끝까지 담배를 끊지 못했다. 당신께서는 담배를 끊으려고 석 달 동안 무진 애를 썼지만 혈압이 갑자기 오르고 몸이 살찌는 것이 하루가 새롭게 느껴질 정도라고 하였다. 당신보다 곁 사람들이 덜컥 겁이 나서 결국 투항을 하고 말았다. 후에야 알게 된 일이지만 금연을 하려면 누구나 다 그런 증상을 겪게 된다고 한다. 진작 알았더라면 끝까지 엄하게 관리, 감독했을 텐데 그렇게 하지 못한 것이 후회막급이다.

선생님은 은근히 사모님에 대한 사랑과 자랑을 아끼지 않았다. 선생님은 왜 그랬는지 식당에만 가면 '싱겁다, 짜다, 맵다'고 하면서 '음식 타발'을 하군 했다. 하지만 집에만 가면 음식상에서 잔소리 한번 하지 않았다. 사모님의 음식 솜씨가 '천하일품'이라는 것은 댁을 방문해 본 사람은 다 안다. 아내의 음식 맛은 남편의 잔소리에서 비롯된다고 들었는데, 사모님은 왜 음식을 그렇게 맛있게 잘 하는가 넌지시 물으면 선생님은 반찬이 맛없으면 거기에 젓가락을 대지 않으면 된다고 했다. 사모님이 당신의 눈치를 살펴 음식 맛을 낸다고 하면서 은근히 아내의 음식 솜씨를 자랑했다.

선생님에게서 낚시 이야기를 빼놓을 수 없다. 낚시 솜씨는 그야말로 강태공의 후손답다. 한번은 선생님과 성화 그리고 나 셋이서 무석(無錫)의 태호(太湖)에 낚시하러 갔다. 낚시에 재미를 붙이지 못한 나로서는 낚싯대를 쥐고 앉아있는 자체가 고역이었다. 선생님은 고기도 낚지 못하면서 미끼만 낭비하지 말라는 식으로 나에게 식초와 설탕을 사오라는 심부름을 시켰다. 멋없이 멍하니 답답하게 앉아있느니 나도 그 심부름이 더 좋았다. 오늘 고기맛을 보기나 할까 하고 조금은 걱정하면서 잠깐 심부름을 갔다왔는데, 웬걸, 그 사이 팔뚝만한 붕어 대여섯 마리 낚아놓고 붕어회를 칠 준비까지 다 해놓았다. 식초와 설탕이 오기를 기다리고 있었다. 붕어회 무치는 솜씨 또한 이만저만이 아니었다. 경치 좋은 태호가에 앉아 붕어회에다 고량주 한 병을 비우니 그야말로 신선이 다된 기분이었다.

이제는 술잔을 기울이면서 선생님에게 학문도 묻고 인생도 물을 수 없게 되었다. 인생이란 원래 아쉬움으로 끝나는 법. 인생은 짧고 추억은 영원하다. 선생님과 맺은 깊은 인연을 추억에 맡긴다.

선생님은 조선어(한국어) 학계의 혜성적인 존재로 영원히 기억될 것이다.

선생님의 올곧은 성품과 학문하는 정신은 우리의 귀감이 된다.

－2022년 6월 3일 자정에 상해에서

---

* 이 글은 『연변문학』 제11호(연변인민출판사, 2022년, 142~153쪽)에서 옮겨오면서 보완한 것임.

마음으로 되새기는 그대의 존함

김광수 (연변대학 조선언어문학과 교수)

머리 이야기

2022년 6월 3일(단오날) 중국 조선어학계의 거목인 강은국 교수님이 타계하였다. 평생 몸과 마음을 연변대학과 복단대학 그리고 조선어학계에 고스란히 바친 강교수님은 후학들에게는 배움의 귀감을, 제자들에게는 자애로운 사랑을 남기고 힘들다는 말씀 한마디 없이 조용히 그리고 영원히 우리 곁을 떠나셨다.

서울대학교 윤여탁 교수는 "부고를 받은 후 곧바로 선생님의 부음을 한국의 몇몇 분들에게 전했습니다. 선생님의 별세를 안타까워하는 그분들의 마음, 선생님을 추억하며 기리는 한결같은 마음을 받아서 전달합니다. 참으로 안타까운 일입니다. 당신은 많은 사람들의 마음 속에 영원히 살아있을 것입니다. 우리 모두 당신을 좋아했고 사랑했습니다. 부디 서역 만리 먼 길을 편안하게 가소서… 또다시 그 이름을 간절하게 불러 봅니다. 강선생님, 아니 형님!" 하고 애통함을 금치 못했다.

연변대학 조문학부 김호웅 교수도 "큰 나무에 기대듯이 강선생님과 버릇없이 농담을 주고받고 늘 이러 저런 고충을 털어놓고 가르침을 받았는데, 이제는 강선생님의 멋진 구레나룻도, 강태공처럼 낚싯대를 드리우고 강변에 앉은 그의 모습도 볼 수 없게 되었으니 이게 웬 일인가요?!" 하고 강교수님을 떠나보내는 섭섭한 마음을 글로 남겼다.

"건강에 그 누구보다도 자신이 있다고 했던 당신께서 갑자기 가시니 인생이 더욱 허무하게 느껴집니다. 술과 담배 둘 다 하면 저 중앙의 어느 분처럼 90세까지는 절대 문제 없다고 장담하시던 당신이었습니다. 참으로 아까운 나이에 승천을 하셨으니 더욱더 슬픕니다…" 이는 복단대학 강보유 교수의 애절한 마음이다.

강교수님은 연변대학과 복단대학의 명교수였고 저명한 학자이며 고상한 품성과 인격적 매력으로 주위 여러 사람들을 늘 감동시켰다. 또한 언제나 학생들의 마음속에서는 경애하는 선생님이고 친구들의 가슴 속에서는 진솔한 인격자이었다.

여기서 강교수님의 후대양성, 학술연구, 한국어 교육에서 이룩한 업적을 되돌아보고자 한다.

1. 후대양성에 마음과 열의를 다 바치다

강교수님은 1949년 2월 길림성 안도현 송강에서 태어났다. 어린 시절부터 장백산 기슭의 두메산골에 살면서 극심한 생활고에 시달렸고 청년시절부터는 지식인에 대해 각박했던 시대를 살아왔다. 강교수님은 1975년 1월에 연변대학 조문학부를 졸업하고 연변교육학원에서 교편을 잡기 시작하였고, 1982년부터 1995년까지 연변대학 조문학부에서 강사, 부교수, 교수로 지냈으며 2014년 하반년 복단대학 외문학원에서 퇴임하기까지 장장 40성상을 대학의 조선어 교수사업과 학술연구에 열과 성을 다 바쳤다.

강교수님은 평생 가족보다 학생들과 함께 하는 시간을 더 많이 가졌다. 1980년대 초 어려운 생활고를 겪을 때 학생들은 늘 줄을 지어 강교수님네 댁을 찾았고 그때마다 강교수님은 말씀 없이 늘 따뜻한 마음으로 맞아주고 맥주 한 잔 나누며 학생들과 함께 지내는 시간을 더없는 행복으로 느꼈다. 그 학생들이 커서 지금은 국내외 여러 분야에서 핵심적 역할을 하고 있는데 그들은 학창시절을 회억할 때면 가장 잊을 수 없는 분이 강교수님이라고 입을 모아 이야기한다. 겉으로는 무뚝뚝하지만 군사부일체(君师父一体)라고 강교수님은 학생들에게는 후더운 삼촌이자 자애로운 아버지 같은 존재였다. 강교수님네 가정의 가난은 그 뿌리가 깊었다. 빈손으로 석, 박사공부를 해야 했고 졸업한 후에도 바닥이 난 부모님의 살림을 물려받아 단칸방에서 두 아들을 낳아 키우고 양가 어머님을 모셨다. 하지만 어린 시절부터 강직하고 끈질긴 성품을 가진 강교수님에게 가난은 오히려 삶의 동력으로 되었다. 교단에 올라선 강교수님의 모습은 언제나 당당하고 주변은 거침이 없었다. 언어학의 기초학과목인《조선어문법》을 강의하자면 좀 따분하기 마련이건만 강교수님은 이야기를 하듯이 알기 쉽게 상세히 가르쳤다. 마흔에 첫 보선이라고 강교수님은 중년에 석, 박사학위 공부를 하면서 학부생과 대학원생을 상대로 강의를 하였고 그의 제자 사랑은 더욱 뜨거워졌다. 그 사랑을 듬뿍 받은 우리 제자들은 "언어학 공부는 기초부터 잘 닦아야 하고 학술사업에서는 원칙과 주견이 있어야 하며 아무리 아득한 선배라 해도 그분의 사이비한 견해에는 절대 고개를 숙이지 말아야 한다."고 하시던 말씀을 영원히 잊을 수 없다.

강교수님은 석, 박사생이 제출한 소논문이나 학위논문을 심열할 때마다 잘못 쓴 단어나 구절들을 까근까근 바로잡아주었다. 강교수님은 저작

강은국 선생님을 추모하여_마음으로 되새기는 그대의 존함

등신의 석학이었지만 성과 앞에서 언제나 겸허한 모습을 보였다. 뿐만 아니라 학술에 있어서 더없이 철저했던 강교수님은 제자들에 대한 칭찬에도 좀 인색한 편이었다. 평소에 좀처럼 웃음을 보이지 않지만 학술토론의 장에서는 더욱 엄격한 모습을 보였다. 강교수님은 늘 제자들을 보고 "겉보다도 내실을 갖추어야 학술계에서 살아갈 수 있어!" 하고 준엄하게 가르쳤다.

복단대학의 최혜령 박사는 다음과 같이 말한다. "제가 어려운 조선어문법사로 박사학위를 받고 지금 한국어교육에서 일정한 성과를 거두게 된 것은 강교수님의 가르침과 편달과 갈라놓을 수 없습니다. 지금 진행하고 있는 국가급 프로젝트 역시 강교수님의 가르침이 없었더라면 꿈도 꾸지 못했을 겁니다."

필자 역시 석사과정에 단독으로 강교수님을 모시고 《현대조선어문법리론》을 수료하였다. 강교수님이 복단대학에 전근한 후에도 생활상으로나 학술상으로 많은 사랑과 가르침을 받았다. 필자가 연변대학 조선언어학 교수, 박사생 지도교수로 성장할 수 있는 것은 강교수님의 엄격한 가르침과 따뜻한 지도와 갈라놓을 수 없다. 강교수님이 만들어주신 인맥으로 우리 제자들은 한국의 서울대학교, 고려대학교, 이화여자대학교, 조선의 김일성종합대학, 사회과학원 언어연구소 등에 갈 수 있었고 유명한 국어학 교수들과 교류하면서 많은 것을 배울 수 있었다.

강교수님은 40여 년간 연변대학과 복단대학에서 교편을 잡고 《현대조선어》, 《조선어문형리론》, 《국속의미론》, 《한국어읽기》, 《한국어문법》 등 학과목을 강의하면서 중국의 조선어와 제2언어로서의 한국어교육 과정체계를 확립하고 수천 명에 달하는 조선어 고급인재를 양성했다. 현재 그들은 국내외 여러 조선어문 관련 사업과 교육부문에서 맹활약을 하고 있는데 그중에는 이미 국내 여러 대학 조선어학과의 인솔자로, 뛰어난 학술업적을 이룩한 학자로 성장한 분들도 적지 않다. 강교수님은 복단대학에서 사업하는 동안에 국내 한국어교육과 연구의 주력으로 될 수 있는 언어문학 박사 8명 양성하였는데 그들이 바로 한국어교육학계에서 활약하고 있는 곽일성, 강영, 심미화, 최혜령, 류적, 한태화, 황갑선, 전명희 등이다.

강교수님은 고등학교 교과서로 《현대조선어》, 《초급한국어》, 《중급한국어》, 《한국어읽기》 등 10여 부를 펴냈고 공구서로 《신편 한중사전》을 펴냈다.

2. 학술연구의 풍성한 결실

강교수님이 내놓은 많은 가치 있는 연구업적은 젊은 시절부터의 지속적인 연구작업을 한 것과 갈라놓을 수 없다. 강교수님은 1979년 연변대학의 첫 석사연구생으로 되였고 1988년9월부터 1991년 7월까지 정판룡교수를 모시고 연변대학에서 첫 박사학위공부를 하였다. 다년간의 연구과정에서 자신의 연구방향을 명확히 설정하고 시대적인 특징을 갖춘 교차적인 연구영역을 개척함으로써 교수연구와 조선어 전문연구 성과가 하나의 계통성을 이루게 하였다.

강교수님은 저서 12부를 내놓고 어학 논문 100여 편을 국내외 학술간행물에 발표하였다. 그는 최윤갑 교수의 뒤를 이어 중국에서 "조선어문법" 이라는 조선어본체론의 문법체계를 확립하였다. 강교수님은 의자에 앉아 책을 읽고 글을 쓰는 게 오히려 불편하다고 하면서 늘 베개를 가슴에 깔고 중요한 내용을 카드에 적군 하였다. 강교수님의 《문장지식》(1984), 《현대조선어》(1987), 《조선어의 민족적 특성》(2)(1987), 《글짖기요령》(1989), 《조선어토지식》(1989), 《조선어문형연구》(1993), 《조선어접미사의 통시적 연구》(1993), 《남북한문법비교연구》(2008) 등 학술저서, 그리고 〈국속의미론연구와 한국어교육〉(2007), 〈한국어 의성의태어 특성〉(2004) 등 론문으로 길림성사회과학우수성과3등상, 상해시육재상, 와룡학술상, 동숭학술상, 대한민국문화포상 등을 수상했다.

강교수님의 과학연구업적을 아래와 같은 몇 가지로 나누어볼 수 있다.

우선, 《현대조선어》는 1987년 3월 연변대학출판사에서 출판되었다. 이 책은 연변대학 조문학부 학생용 교과서로 될 뿐만 아니라 조선어문 사업 일군과 연구일군, 중소학교 조선어문 교원들의 참고서로도 리용될 수 있게 편찬하였다. 이 교과서는 '형태론'과 '문장론'으로 나누어 서술하였고, 형태론'에서는 주로 단어의 구성, 품사의 분류, 품사들의 단어 조성, 문법적 형태와 그 의미, 문법적 범주 등을 다루었으며 '문장론'에서는 주로 문장과 문장의 구성요소, 문장의 구성요소들의 문법적 연결, 문장의 성분화, 문장의 분류, 담화법 등에 대해 기술하였다. 그 특징은 다음과 같다.

첫째, 다년간의 교수경험을 총화하고 국내외의 새로운 학술연구성과와 재래의 문법서들의 우수한 점을 받아들이기에 노력하였다.

둘째, 조선족의 실제생활에 맞게끔 새로운 연구방법을 받아들여 우리 말 단어의 구조와 문장구성요소들의 문법적 연결에 대해 새롭게 구명하였다.

셋째, 우리말의 민족적 특성에 알맞는 동명사, 형명사, 양면동사 등 단어의 부류를 새롭게 설정하고 상징사의 특성을 품사분류의 기준에 기대여 구체적으로 밝혔다. 그리고 복합문을 우리말 특성에 맞게 새롭게 분류하고 우리말 어순의 특성과 기능을 구체적으로 밝혔다.

넷째, 학생들의 실제생활과 언어현실에 입각하여 문법적 범주와 문법적 형태를 종합하여 서술함으로써 문법학습에 편의를 주려 하였으며 문장의 논리적 성분화를 다룸으로써 언어실천을 지도하려 하였다.

다음으로, 강교수님의 박사학위논문은 《조선어접미사의 통시적 연구》(1993)이다. 이 논문에서는 통시언어학과 공시언어학의 연구방법을 결합하고 대량의 문헌자료와 방언자료에 대한 분석을 통하여 15세기에서 19세기까지의 조선어 접미사의 발전, 변화의 과정을 밝히고 접미사의 생성과정도 보여주었다. 이 연구작업은 다음과 같은 의미를 가진다.

첫째, 조선어문법에 대한 개척적인 연구성과라고 할 수 있다. 당시 접미사 연구는 공시적 연구방법에 묶여있었고 통시적 연구에는 주의를 돌리지 못하였다. 이러한 의미에서 강교수님의 연구는 조선어의 모든 접미사를 하나하나 통시적 방법으로 연구하였는데 이는 조선어 접미사 연구에서 그 선례가 없는 최초의 연구였다.

둘째, 언어학, 어원학, 문헌학, 민속언어학 등 다양한 연구방법을 결합하여 새로운 연구를 진행하고 대량의 문헌자료와 방언자료로써 조선어 어휘의 문법화과정을 구명하였다. 이 연구성과의 이론가치와 응용가치가 인정되어 강교수님은 1995년 길림성정부 제3기 사회과학상을 수상하게 되었다.

《남북한문법연구》(2008) 역시 강교수님의 과학연구 성과를 대표할 수 있는 저서이다. 이 저서는 어휘연구, 형태연구, 문장연구 등 3개 부분으로 구성되었고 조선과 한국의 문법학 연구성과를 전면적이고도 계통적으로 소개함과 아울러 남북한 문법연구에서 해결하지 못한 여러 이론과 실천문제를 분석하고 조선과 한국의 언어현실에 적합하고 현대언어학 이론에 부합되는 문법체계를 확립하는 데 이론적 근거를 제공하였다.

이 저서는 무엇보다 먼저 선인들이 연구를 하지 못한 새로운 학술연구과제로서 그 새로운 연구시각과 연구성과는 조선어문법연구의 일부 공백을 미봉하였고 조선어문법사 연구의 기초를 마련했다.

다음으로, 연구방법과 연구방향이 과학적이고 선진적이라 할 수 있다. 대비언어학, 인지언어학, 력사언어학, 문화언어학 등 여러 인접학과의 현대적인 연구 이론과 방법을 종합적으로 응용하여 계통적으로 조선과 한국의 문법연구성과를 소개하였으며 조선어문법연구의 새로운 길을 열어

놓았다.

마지막으로 이 저서는 현대언어학의 이론에 입각하여 조선어학계에서 해결하지 못한 여러 가지 사항에 대해 분석, 연구하였으며 새로운 언어학 이론을 대표할 수 있는 새로운 견해를 제기함으로써 과학적인 조선어문법 체계를 수립하는 데 이론적 기초를 닦아놓았다.

이 연구의 이론적 의의와 응용가치는 국내외 조선어 학계의 충분한 긍정을 받았으며 2009년 한국학술원에서 수여하는 "우수학술도서상"을 수상하게 되었다.

물론 강교수님의 학술연구는 성급하게 진행되거나 다산(多产)이 아니다. 자신만이 가지고 있는 연구방법과 연구방향을 차근차근 그리고 꾸준히 지켜왔을 뿐이다. 강교수님은 1980년대, 1990년대, 그리고 2000년대 각각 학술 저서 한 부씩 펴냈다. 그러나 이러한 묵직한 성과는 세상에 나올 때마다 조선언어학계의 경탄을 자아내게 하였다. 강교수님이 조선어학계의 거목이라는 사실은 국내외의 물론이요, 세계의 조선언어학계가 모두 공인하는 바이다.

"학술연구는 단순히 개인적인 연구 작업으로 그쳐서는 안 된다. 나의 학술연구 논리에 따라 중요한 과학연구 항목을 통하여 학술연구의 가치를 명확히 제시하고 학과의 젊은 교수들과 석, 박사생들을 이끌어야 한다." 이는 강교수님의 신조요, 철학이었다. 국가과학연구 프로젝트 "백년 한국(조선)어 문법학 연구"가 바로 그러한 신조와 철학의 산물이라 하겠다. 강교수님의 말씀을 들어보자.

"세계 조선어(한국어)문법학 연구는 100여 년의 역사를 가지고 있다. 그 사이에 이론연구와 응용은 점차적으로 깊고 넓어졌으며 문법학 발전속도도 빨라지고 일부 새로운 돌파와 창신도 있었다. 이러한 연구업적을 정리한 전문저서도 100여 편이나 되는데 이러한 전문저서를 통하여 100여 년의 문법학 연구성과를 종합한 것은 조선, 한국, 중국의 조선언어학계에서 처음으로 된다. 이는 매우 큰 이론적 가치와 응용가치가 있고 조선어(한국어) 문법연구 영역의 공백을 미봉하는 것이다."

이 연구는 지금까지 다루지 못했던 새로운 과제로서 그 연구내용이 새롭고 남북한의 문법학계의 공백을 미봉할 수 있으며 150여 권이나 되는 전문저서를 연구함으로써 문법연구를 위해 빅데이터를 구축한 셈이었다. 따라서 이 연구는 소수민족언어로서의 조선민족언어연구 방법이 다른 중국의 기타 민족들에게도 도움을 줄 수 있게 하였다.

이 연구는 품사론, 형태론, 문장론에서 지금까지 해결하지 못한 것들, 이를테면 "우리말 문장에 대한 개념 확정, 품사 분류에 대한 새로운 표준 제정, 품사의 문법기능에 대한 새로운 탐구' 등은 조선어 문법체계에 대해 새로운 이론적 근거를 제공해 주었다.

강교수님의 박사이고 복단대학의 교수인 곽일성 박사는 "강교수님께서 지도한 하나하나의 과학연구 프로젝트는 함께 진행할 때는 힘들었지만 한국어(조선어)문법체계에 대한 새로운 인식을 가지게 하였으며 다양한 연구방법과 세심한 학술연구 태도는 우리 후배들의 교수와 학술연구에 많은 도움이 되었습니다."라고 말하였다.

3. 한국어교육의 선봉장

강교수님의 학술전공분야는 현대조선어문법연구라고 할 수 있다. 강교수님은 제2언어로서의 한국어교육을 1995년 8월 복단대학으로 전근한 후부터 시작하였다. 강교수님은 당과 정부의 교육사업에 충성하고 일심전력으로 교수사업에 투신하였기에 그 어려운 환경에 처음으로 걸어가는 길에서 김종태, 강보유, 황현옥, 채옥자 등 교수들과 손잡고 복단대학 외문학원에 한국어학과를 창립하고 이끌고 나갔으며 제2언어로서의 한국어교육의 선두에 서서 학과건설에 모를 박고 수많은 창신형, 복합형의 고급한국어인재를 양성하여 외사, 경제, 문화 부문에 보냈다.

강교수님은 10여 부의 한국어교과서와 사전들도 편찬하였다. 그중 《초급한국어》는 상해시 대학교 우수교재상을, 《신편 한중사전》은 중국비통용어교수연구회의 우수학술성과 사전류 1등상을 수상했다. 강교수님은 교육부 외국어지도위원회 위원, 외국어전업교수시험전문가소조 부조장, 중국조선(한국어)교육연구학회 회장, 조선어시험소조 조장 등을 겸직하고 대학과 전문학교 조선어전공 4·8급 시험을 제안하고 추진하였다. 조선어전공 4·8급 시험은 중국 국내 여러 대학 한국어학과에서 목표설정과 기준이 없이 한국어를 가르치고 배우던 상태를 극복한 아주 중요한 실천이라고 하겠다.

강교수님은 복단대학 조선어학부의 기틀을 세운 개척자로서 과목건설, 교원대오건설, 인재양성 등 학과건설에서 걸출한 기여를 하여 국가교육성과 2등상, 상해시육재상 등을 수상하였다. 강교수님의 노력으로 복단대학 조선어학부는 없던 데로부터 있게 되고, 약한 데로부터 강한 데로 발전하였다. 또한 본과, 석사, 박사 양성체계를 갖추었으며 조선어 본체론 연구에서도 국내에서 앞자리를 차지하게 되었다.

강교수님은 인재양성이나 학술연구는 국제교류를 떠나서는 절대 이루어질 수 없고 공담에 지나지 않는다고 하면서 서울대학교와 김일성종합대학은 물론이요, 미국, 대만, 일본 등 여러 나라와 지역의 조선어연구 부문과 대학과의 교류를 중히 여겼다. 특히 제1회부터 제8회까지 "중국한국(조선)어교육연구학회 및 한국어 교육국제학술연구회"(2003-2010)를 개최했는데 강교수님은 학술회의의 조직자로 참여하였다. 또한 서울대학교에서 열린 "제9기 한국어교육 국제학술회의"(2007)에 참가해 한국어학계에서 처음으로 "국속의미론"이라는 연구를 한국어교육에 적용하려고 시도하기도 했다. 이외에도 "21세기 한국어전업 계렬 교재 편찬연구회의"(2004) 등 학술회의를 조직하여 국내 한국어전업 교재개혁에 대한 좋은 발상을 내놓기도 하였다.

이와 같이 제2언어로서의 한국어교육에 대한 연구에서 국내 여러 대학에서 열린 학술대회는 물론 외국에서 열린 학술회의에 반드시 참가해 자신의 연구성과와 학술적인 견해를 발표하고 선진적인 연구성과를 받아들임으로써 국내외 학계에서의 연변대학과 복단대학의 지명도를 높이는데 크게 기여하였다.

맺는 말

평생의 정열과 지혜를 조선어문 교육과 연구사업에 고스란히 바친 강교수님, 그의 교육종사 40성상은 학부생 교육, 석, 박사 양성, 과학연구가 전부였다. 강교수님은 늘 연변대학 조문학부와 상해 복단대학의 인재양성과 과학연구에 모든 심열을 기울였다.

연변대학 전임 교장 김병민 교수님은 "복단대 자리잡고 삼십년 긴긴 세월/ 연변대 뒤바라지 熱과 誠 다하였네/ 그대의 고향사랑이여 변할 줄이 있으랴!" 라고 시조를 지어 노래한 바 있다.

연변대학 김영수 교수는 "강교수님은 우리들에게 당신을 잊으라는 말씀도, 기억하라는 말씀도 안 남기고 그대로 조용히 가셨습니다! 그러나 많은 걸 그대로 두고 가셨고 또한 모든 걸 가지고 떠나셨습니다. 조금만 더 우리 곁에 계셨더라면, 조금만 시간적 여유가 있었더라면 강교수님의 학문적 지식을 우리 후학들에게 물려줄 수 있었으련만…" 하고 아쉬움을 표하였다.

강은국 선생님을 추모하여_마음으로 되새기는 그대의 존함

"항상 나는 하면 된다는 생각을 가지고 학술에서 기가 죽지 말아야 한다."고 말씀하신 강교수님, 암이라는 무서운 병으로 쓰러진 선생님, "나는 여기까지…" 라고 하면서도 마음의 탕개를 놓지 않았던 강교수님, 강교수님은 그야말로 낚싯대로 고기도 낚고 세상도 낚으셨습니다.

숭선의 紅旗河라 긴 버들에 낚시 매고
不求功名 그대 몸이 碧波로 내려가네
옳거니 事無閑身은 강교수님 뿐이네

강교수님! 학을 타고 하늘나라에 가셨으니 은하수에 낚싯대를 드리우고 편히 쉬십시오!

−2022년 6월 21일, 연길에서

* 이 글은 「연변문학」 제11호(연변인민출판사, 2022년, 163~171쪽)에서 옮겨온 것임.

| 차례 |

강은국 선생님을 추모하여

제1부 강은국 선생의 한국어(조선어) 연구

제2부 강은국 선생의 한국어(조선어) 교육 연구

1부

강은국 선생의
한국어(조선어) 연구

문형연구에서 제기되는
몇 가지 문제들에 대하여

0. 서론

0.1 본 논문에서는 우리말 문형연구에서 지금까지 계속 논의되고 있는 문제들 가운데서 주로 기본문형의 변형, 기본문형의 확대, 기본문형의 배합 등 기본적인 이론문제들에 대해 토론하려 한다.

0.2 기본문형의 개념과 기본문형의 선정기준에 대해서도 응당 진일보 검토해야 하겠지만 이 문제들에 대해서는 이미 전에 발표된 필자의 논문 《동사술어와 단일문의 문장구조 유형》(《조선어문석사론문집》, 료녕민족출판사, 1987)에서 어느 정도 논의된 바 있기에 본 논문에서는 지면상의 제한으로 필자의 견해를 다음과 같이 간단히 요약해서 제기하는 것으로 그치기로 한다.

0.2.1 기본문형이란 수많은 개개의 구체적인 문장 가운데서 추상해 낸

구체적인 같은 종류의 문장을 대표할 수 있고 또 생성해 낼 수 있는 필수적 구성요소만으로 이루어진 문장유형을 공식화한 틀이다.

0.2.2 우리말에서는 술어로 되는 단어들의 의미론적 특성에 따라 문장구조가 제약되는 것만큼 반드시 술어로 되는 단어들의 의미론적 특성을 주로 고려해서 그 술어의 문법적 지배를 받고 있는 필수적 구성요소들의 부동한 연결관계의 성격에 따라 기본문형을 설정해야 한다.

0.2.3 이제 이 기준에 따라 우리말 기본문형을 설정한다면 우선 동사술어 기본문형, 형용사술어 기본문형, 명사술어 기본문형 등이 대별될 것이며 이런 각이한 술어문형들은 술어로 되는 단어들의 의미론적 특성에 따라 다시 더 약간의 유형으로 하위분류될 것이다. (구체적인 기본문형은 《부록》에 예시하기로 한다.)

1. 기본문형의 변형에 대하여

1.1 기본문형의 변형에 대한 일반적 개념

1.1.1 그 어떤 기본문형이든지 실제 언어행위에서 다시 구체적인 문장으로 쓰일 경우에는 그 기본구조는 아무런 변화도 가져오지 않는다 하더라도 표현양식만은 필연적으로 일정한 변화를 가져오게 된다. 그것은 동일한 기본구조에 동일한 기본내용을 가진 문장이라도 실제 언어행위에서는 화자의 의도, 화자와 청자의 사회적 관계, 이야기의 시간이나 환경의 변화 등등에 따라 그 표현양식도 자연히 달라지게 되기 때문이다. 예를 들면 《무엇이 무엇을 어찌한다》라는 기본문형도 실제 언어행위에서 구체적인 문장으로 쓰일 때에는 화자의 의도에 따라서는 《영수는 책을 본다.》(전달), 《영수는 책을 보니?》(물음), 《영수는 책을 보아라.》(시킴), 《영수는 책을 보

자.》(권고) 등과 같이 그 표현양식을 달리하게 되며 화자와 청자와의 사회적 관계에 따라서는 《영수는 책을 본다.》(화자가 청자를 낮춤), 《영수는 책을 봅니다.》(화자가 청자를 높임), 《영수는 책을 보오.》(화자가 청자를 대등하게 대함) 등과 같이 그 표현양식을 달리하게 된다.

이와 같이 한 기본문형이 실제 언어행위에서 구체적인 문장으로 쓰일 때 기본구조나 기본내용은 변화시키지 않고 다만 그 표현양식만 달리하는 현상을 기본문형의 변형이라 한다. 다시 말하면 기본문형의 변형이란 어느 한 기본문형이 실제 언어행위에서 구체적인 문장으로 쓰일 때 필연적으로 갖게 되는 이러저러한 양태 상의 변화를 가리킨다.

1.1.2 기본문형의 변형에 대한 우리의 견해를 보다 더 똑똑히 천명하기 위해서는 다음과 같은 두 가지 문제를 더 지적해 둘 필요가 있다.

첫째, 우리가 여기서 말하는 《변형》과 변형생성문법에서 말하는 《변형》은 그 개념이 서로 다르다.

변형생성문법에서 말하는 《변형》, 즉 《TRANSFORMATION》 혹은 《转换》이란 것은 일부 성분들의 증감, 어순 바꿈 등 일련의 변형 규칙에 따라 기본구조와 기본내용을 변화시키는 것을 가리키지만 우리가 여기서 말하는 《변형》은 서술어에 나타나는 문법적 형태나 어조 등을 변화시키거나 서술어에 보조어를 첨가시키는 등의 수법에 의해 기본구조나 기본내용은 변화시키지 않고 다만 양태 상의 변화만을 가져오는 것을 가리킨다.

둘째, 기본문형의 변형은 어떤 방식과 수법에 의해 이루어지는가와는 무관계하다.

그런데 지금 적지 않은 학자들은 서술어의 문법적 형태의 변화에 의한 양태 상의 변화만을 기본문형의 변형으로 보아야 한다고 주장하고 있다. 예를 들면 《비가 온다.》가 《비가 오겠다.》로 변화된 것은 기본문형의 변형에 속하지만 《비가 올 것 같다.》, 《비가 올 듯하다.》로 변화된 것은 기본문형의 변형이 아니라 기본문형의 확대라는 것이다. 왜 그러냐 하면 전자는 시칭형태의 변화에 의한 것이지만 후자는 보조어의 첨가에 의한 것이기 때문이라는 것이다.

그렇다면 《비가 오겠다.》와 《비가 올 것 같다.》와의 사이에 과연 변형에서 확대로 넘나들어야 할 엄청난 차이가 있는가? 이것들은 다같이 《추측》이라는 양태적 의미를 나타내는 바 기본구조나 기본의미의 변화와는 모두 무관계하다. 그러니 전자가 기본문형의 변형으로 인정될 수 있으면 후자도 기본문형의 변형으로 인정되어야 한다.

기본문형은 실제 언어행위에서 그것이 어떤 방식과 수법에 의한 것인가와는 무관계하게 양태 상의 변화만을 가져오면 모두 기본문형의 변형으로 인정된다.

1.2 기본문형의 변형방식

1.2.1 우리말 기본문형은 서술어에서의 문법적 형태의 변화와 어조의 변화 그리고 보조어의 첨가 등 수법에 의해 각이한 변형을 가져오게 된다.

1.2.2 문법적 형태의 변화에 의한 기본문형의 변형

첫째, 식형태의 변화에 의한 기본문형의 변형

우리말에서 식의 문법적 의미를 나타내는 문법적 형태는 서술식 형태, 의문식 형태, 명령식 형태, 권유식 형태, 약속식 형태, 감탄식 형태 등 여섯 가지로 대별될 수 있는 바 이에 따라 우리말 기본문형은 여섯 가지의 변형을 가져올 수 있다. 그런데 이 여섯 가지의 변형은 동사술어 기본문형에서는 원칙적으로 모든 경우에 다 이루어지나 형용사술어 기본문형과 명사술어 기본문형에서는 서술식 형태, 의문식 형태, 감탄식 형태의 변화에 의한 변형만이 원칙적으로 가능하다.

① 동사술어 기본문형
  • 영수는 간다. (서술)

- 영수는 가느냐? (의문)
- 영수는 가라. (명령)
- 영수는 가자. (권유)
- 영수는 가는구나! (감탄)
- 나도 가마. (약속)

② 형용사술어 기본문형
- 꽃이 곱다. (서술)
- 꽃이 곱니? (의문)
- 꽃이 곱구나! (감탄)

③ 명사술어 기본문형
- 여기가 고향이다. (서술)
- 여기가 고향이냐? (의문)
- 여기가 고향이구나! (감탄)

둘째, 계칭형태의 변화에 의한 기본문형의 변형

우리말에서 계칭의 문법적 의미를 나타내는 문법적 형태는 우선 크게 존대계칭 형태, 대등계칭 형태, 하대계칭 형태로 나뉠 수 있고 이것들은 다시 존대계칭 형태는 《하십시오》계열과 《해요》계열로, 대등계칭 형태는 《하오》계열과 《하게》계열로, 하대계칭 형태는 《해라》계열과 《해》계열로 나뉠 수 있다. 이리하여 계칭형태의 변화에 의해서는 기본문형이 여섯 가지의 변형을 가져올 수 있는데 그 어떤 술어의 기본문형에서나 모두 원칙적으로 이루어질수 있다.

- 꽃이 핍니다. (붉습니다. 식물입니다)
- 꽃이 피어요. (붉어요. 식물이에요)
- 꽃이 피오. (붉소. 식물이요)
- 꽃이 피네. (붉네. 식물이네)
- 꽃이 핀다. (붉다. 식물이다)
- 꽃이 피지. (붉지. 식물이지)

셋째, 법형태의 변화에 의한 기본문형의 변형

우리말에서 법의 문법적 의미를 나타내는 문법적 형태는 직설법 형태, 목격법 형태, 추측법 형태 등으로 대별될 수 있는 바 이에 따라 기본문형은 세 가지 변형을 가져올 수 있는데 그 어떤 술어의 기본문형에서나 모두 원칙적으로 이루어질 수 있다.

- 꽃이 핀다. (붉다. 식물이다)(직설)
- 꽃이 피더라. (붉더라. 식물이더라)(목격)
- 꽃이 피리라. (붉으리라. 식물이리라)(추측)

넷째, 시칭형태의 변화에 의한 기본문형의 변형

우리말에서 시칭의 문법적 의미를 나타내는 문법적 형태는 일반적으로 현재시칭 형태, 과거시칭 형태, 미래시칭 형태 등으로 대별되는 바 이에 따라 기본문형은 세 가지 변형을 가져올 수 있다.

시칭형태에 의한 기본문형의 변형도 그 어떤 술어의 기본문형에서나 모두 원칙적으로 이루어질 수 있는데 명사술어 기본문형의 경우에는 언제나 양태적 의미가 더 첨가된다.

a. · 꽃이 핀다. (붉다) (현재)
   · 꽃이 피었다. (붉었다) (과거)
   · 꽃이 피겠다. (붉겠다) (추측)

b. · 그것이 꽃이다. (현재사실에 대한 단정)
   · 그것이 꽃이었다. (과거사실에 대한 단정)
   · 그것이 꽃이겠다. (추측, 미래사실에 대한 단정)

다섯째, 존칭형태의 변화에 의한 기본문형의 변형

우리말에서 존칭의 문법적 의미를 나타내는 문법적 형태는 존칭형태와 비존칭형태로 나뉠 수 있는 바 이에 따라 기본문형은 두 가지 변형을 가져올 수 있다.

존칭에 의한 기본문형의 변형은 그 어떤 술어의 기본문형에서나 다 이루어질 수 있는데 원칙적으로 술어가 인물의 행동, 상태, 성질, 신분, 자격 등을 나타내는 문장구조에서 이루어지는 것이 특징적이다.

- 그분이 오신다. (용감하시다. 학부장이시다)(존칭)
- 그가 온다. (용감하다. 학부장이다)(비존칭)

1.2.3 전달의 어조의 변화에 의한 기본문형의 변형

우리말에서 전달의 어조는 서술의 어조, 의문의 어조, 명령의 어조, 권유의 어조, 감탄의 어조 등으로 대별될 수 있는 바 이에 따라 기본문형은 다섯 가지의 변형을 가져올 수 있는데 동사술어 기본문형에서는 이 다섯 가지의 변형이 원칙적으로 다 이루어질 수 있으나 형용사술어 기본문형과 명사술어 기본문형에서 서술의 어조, 의문의 어조, 감탄의 어조에 의한 변형만이 원칙적으로 가능하다.

a. • 새가 **가요**. (서술)
   • 새가 **가요**? (의문)
   • 새가 **가요**! (감탄)
   • 동무는 **가요**. (명령)
   • 우리도 **가요**. (권유)

b. • 여기가 좋소. (백두산이요)(서술)
   • 여기가 좋소. (백두산이요)(의문)
   • 여기가 좋소. (백두산이요)(감탄)

1.2.4 보조어의 첨가에 의한 기본문형의 변형

첫째, 보조어의 첨가에 의한 동사술어 기본문형의 변형

동사술어 기본문형의 경우에는 동사술어에 《행동의 지속》, 《행동의 주기적 반복》, 《완료》, 《시작》, 《시행》, 《의도》, 《소원》, 《추측》, 《가능성》, 《당위성》, 《부정》, 《금지》, 《자정》, 《강조》 등의 양태적 의미를 나타내는 보조어를 첨가할 수 있기에 이에 따라 각이한 변형이 이루어질 수 있다.

- 자동차가 달린다 ➡ 달리고 있다 (지속)
- 나는 여섯 시에 깨어난다 ➡ 깨어나곤 한다 (주기적 반복)
- 우리는 밭일을 끝냈다 ➡ 끝내 놓았다 (완료)
- 바람이 분다 ➡ 불기 시작한다 (시작)
- 철수가 책을 읽는다 ➡ 읽어 본다 (시행)
- 비가 온다 ➡ 올 것 같다 (추측)

둘째, 보조어의 첨가에 의한 형용사술어 기본문형의 변형

형용사술어 기본문형의 경우에는 형용사술어에 《상태의 지속》, 《상태의 주기적 반복》, 《시작》, 《형성》, 《추측》, 《부정》, 《소원》, 《당위성》, 《가능성》, 《강조》 등의 양태적 의미를 나타내는 보조어를 첨가할 수 있기에 이에 따라 각이한 변형이 이루어질 수 있다.

- 꽃이 붉다 ➡ 붉어 있다. (지속)
- 날씨가 흐리다 ➡ 흐리곤 하다 (주기적 반복)
- 꽃이 붉다 ➡ 붉을 것이다 (추측)
- 물이 깊다 ➡ 깊지 않다 (부정)
- 노루가 많다 ➡ 많을 수 있다 (가능성)

셋째, 보조어의 첨가에 의한 명사술어 기본문형의 변형

명사술어 기본문형은 보조어의 첨가에 의한 변형이 그리 발달되어 있지 않는 바 명사술어의 경우에는 《추측》, 《부정》, 《가정》, 《강조》 등 몇 가지 양태적 의미를 나타내는 보조어를 첨가시킬 수 있을 뿐이다.

- 그것은 노루이다. ➡ 노루일 것이다. (추측)
- 그것은 노루이다. ➡ 노루가 아니다. (부정)
- 네가 형이다. ➡ 형인 셈 치다. (가정)
- 영수가 일등이다. ➡ 일등이고말고. (강조)

2. 기본문형의 확대에 대하여

2.1 기본문형의 확대에 대한 일반적 개념

2.1.1 우리는 앞에서 필수적 구성요소만으로 이루어진 문장구조를 가본문형으로 인정한다고 말한 바 있다. 그런데 실제 언어행위에서는 이런 필수적 구성요소만으로 이루어진 문장구조가 그대로 쓰이는 경우는 퍽 드물고 흔히는 하나 또는 그 이상의 수의적 구성요소들이 더 첨가되어 보다 긴 문장구조로 쓰이는 것이 보통이다.

- 꽃이 피었다.
  - 붉은 꽃이 곱게 피었다.
  - 화단의 붉은 꽃이 곱게 활짝 피었다.

이와 같이 필수적 구성요소에 수의적 구성요소가 이러저러하게 더 첨가되어 이루어진 문장구조 유형을 기본문형의 확대라 한다.

기본문형의 확대는 한 문장구조 속에 수의적 구성요소가 있는가 없는가에만 관계될 뿐 문장이 얼마나 많은 단어들의 문법적 연결에 의해 이루어졌는가와는 무관계하다. 때문에 한 문장구조가 아무리 많은 단어들의 법칙적 연결에 의해 이루어졌다 하더라도 거기에 수의적 구성요소가 하나도 없다면 그것은 하나의 기본문형으로 될 수 있을 뿐 기본문형의 확대로는 되지 못한다. 반대로 아무리 적은 수의 단어들의 법칙적 연결에 의해 이루어진 문장구조라 하더라도 거기에 수의적 구성요소가 단 하나만이라도 있다면 그것은 기본문형의 확대로 된다.

2.1.2 기본문형의 확대에 대한 올바른 이해를 위해서는 문장구조의 확대와 문장 구성요소의 확대와의 계선을 옳게 가르는 문제가 중요한 문제의 하나로 제기된다.

문장구조의 확대란 전일적인 문장구조 속에서 서로 다른 기능적 단위로 되는 각이한 문장구성 요소들이 우리말 문장구성 요소들의 문법적 연결의 단계적 성격에 따라 서로 연결되면서 보다 긴 문장구조로 확대되어 나가는 것을 가리키고, 문장 구성요소의 확대란 전일적인 문장구조 속에서 하나의 기능적 단위로 되는 그 어떤 문장 구성요소가 우리말 문장 구성요소들의 문법적 연결의 단계적 성격에 따라 전개된 것을 가리킨다.

이와 같이 문장구조의 확대와 문장 구성요소의 확대는 서로 다른 질서의 문장 구성요소들의 문법적 연결에 속하는데 우리는 여기서 문장구조의 확대에 속하는 것만 기본문형의 확대로 인정한다. 물론 학자에 따라서는 문장 구성요소의 확대에 속하는 것들도 기본문형의 확대로 보자고 주장하는 이들도 있으나 이 주장에 따르기 어려운 것은 이 견해가 우리의 기본문형의 개념에 어긋나고 또 실천적으로 기본문형과 기본문형의 확대의 계선을 긋기 어려운 문제에 종종 부딪칠 수 있기 때문이다. 예를 들면 이 둘의 견해에 따르면《이 꽃은 향기가 짙지 못한 것이 흠이다》와 같은 문장구조는 기본문형의 확대로 보아야 하는데 그렇다면 이 문장구조는 어떤 기본문형에서 확대된 것인가를 밝혀낼 방법이 전혀 없게 된다. 기실 이 문장구조는 기본문형의 확대가 아니라 기본문형에 속한다. 왜냐하면《흠》과 같은 명사는 술어로 될 때 주로 확대된 문장 구성요소와만 직접 결합될 수 있다는 의미론적 특성을 갖고 있기 때문이다.

2.2 기본문형의 확대방식

2.2.1 우리말 기본문형의 확대는 기본 문장구조에 더 첨가되는 수의적 구성요소들의 성격에 따라 크게 규정적 확대와 수식적 확대 두 가지로 나눌 수 있다.

2.2.2 규정적 확대

규정적 확대란 체언으로 된 필수적 구성요소를 규정, 제한해 주는 수의적 구성요소가 더 첨가되어 이루어지는 기본문형의 확대를 가리키는 데 체언으로 된 모든 구성요소와의 관계에서 이루어질 수 있다.

첫째, 1차적 규정적 확대

① 《관형사 + 체언 구성요소》
- 온갖 새가 날아옌다.

② 《체언의 절대격형 + 체언 구성요소》
- 우리 생활 꽃펴가네.

③ 《체언의 속격형 + 체언 구성요소》
- 조국의 미래는 너희들의 것이다.

④ 《용언의 규정형 + 체언 구성요소》
- 푸른 밀밭이 설레인다.

⑤ 《상징사 + 체언 구성요소》
- 뜨락또르가 꼬부랑 밭고랑을 보기 좋게 편다.

⑥ 《〈체언 + 보조적 단어〉 + 체언 구성요소》
- 나는 삶에 대한 의의를 깨달았다.

둘째, 2차적 규정적 확대

① 《용언의 규정형 + 관형사 + 체언 구성요소》 또는 《관형사 + 용언의 규정형 + 체언 구성요소》
- 아름다운 온갖 꽃들이 피었다.
  - 온갖 아름다운 꽃들이 피었다.

② 《체언의 속격형 + 관형사 + 체언 구성요소》
- 교실의 새 걸상이 파손되었다.

③ 《체언의 속격형 + 용언의 규정형 + 체언 구성요소》
- 이 글을 나의 사랑하는 벗들에게 남긴다.

④ 《용언의 규정형 + 용언의 규정형 + 체언 구성요소》
- 쟁반같은 밝은 달이 솟아오른다.

⑤ 《체언의 속격형 + 체언의 속격형 + 체언 구성요소》
- 너의 몇 년간의 구학생활은 참으로 어려웠구나.

⑥ 《용언의 규정형 + 체언의 속격형 + 체언 구성요소》
- 이것이 철이가 보낸 당신의 구두에요.

⑦ 《체언의 속격형/용언의 규정형 + 상징사 + 체언 구성요소》
  - 환락의 둥둥 북소리 광장에 흘러넘치네.
  - 요란한 쾅쾅 발파소리에 천지가 진동한다.

2.2.3 수식적 확대

수식적 확대란 술어로 되는 필수적 구성요소를 수식해 주는 수의적 구성요소가 더 첨가되어 이루어지는 기본문형의 확대를 가리킨다.

첫째, 1차적 수식확대
① 《부사 + 용언술어》
  - 말이 빨리 뛴다.
② 《용언의 수식형 + 용언술어》
  - 너는 단장을 곱게 하는구나.
③ 《상징사 + 용언술어》
  - 봄바람이 산들산들 불어온다.
④ 《체언의 절대격형 + 용언술어》
  - 철이가 북경 간다.
⑤ 《체언의 상황형 + 용언술어》
  - 아이들이 운동장에서 뛰논다.
⑥ 《〈체언 + 보조적 단어〉 + 용언술어》
  - 그는 실패로 인하여 고민한다.
⑦ 《부사 + 체언술어》
  - 여기는 벌써 봄이다.
⑧ 《체언의 상황형 + 체언술어》
  - 영수가 우리 반에서 으뜸이다.

둘째, 2차적 수직적 확대
① 《부사 + 부사 + 용언술어》
  - 꽃이 모두 활짝 피었다.

② 《용언의 수식형 + 부사 + 용언술어》

 • 굴뚝이 높게 우뚝 솟았다.

③ 《용언의 수식형 + 상징사 + 용언술어》

 • 종소리가 야무지게 땡땡 울린다.

④ 《부사 + 상징사 + 용언술어》

 • 눈보라가 벌써 왱왱 휘몰아친다.

⑤ 《체언의 상황형 + 부사 + 용언술어》

 • 피리소리가 버드나무 숲속에서 은은히 들려온다.

⑥ 《체언의 상황형 + 용언의 수식형 + 용언술어》

 • 종달새가 하늘에서 구성지게 노래부른다.

⑦ 《체언의 상황형 + 상징사 + 용언술어》

 • 노루가 산등성이로 껑충껑충 뛰어간다.

⑧ 《체언의 상황형 + 체언의 상황형 + 용언술어》

 • 그들은 공연차로 상해로 갔다.

⑨ 《체언의 상황형 + 부사 + 체언술어》

 • 이곳에서는 어린이들이 제일 왕이다.

3. 기본문형의 배합에 대하여

3.1 기본문형의 배합에 대한 일반적 개념

3.1.1 기본문형이 실제 언어행위에서 구체적인 문장으로 쓰일 경우에는 일정하게 변형되고 확대되면서 쓰일 수 있을 뿐만 아니라 일정한 문법적 수단에 의해 서로 연결되어 하나의 문장구조를 이루면서 쓰일 수도 있다.

 예를 들면 《봄이 온다.》와 《꽃이 핀다.》란 두 개의 기본 문장구조는 실제 언어행위에서 그 각각으로 쓰일 수 있을 뿐만 아니라 일정한 문법적 수단에 의해 서로 연결되어 《봄이 오니 꽃이 핀다.》, 《봄이 오면 꽃이 핀다.》 등과 같이 하나의 복합문 구조를 이루면서 쓰일 수도 있다. 뿐만 아니라 셋 또는 그 이상의 기본문형들도 실제 언어행위에서 구체적인 문장으로 쓰일 경우에는 서로 연결되어 하나의 복합문 구조를 이루면서 쓰일 수 있다. 예를 들면 《겨울이 간다.》, 《봄이 온다.》, 《꽃이 핀다.》, 《만물이 소생한다.》란 네 개의 기본 문장구조는 《겨울이 가고 봄이 오면 꽃이 피고 만물이 소생한다.》와 같은 복합문 구조로 쓰일 수 있다.

이와 같이 우리말에서는 둘 또는 그 이상의 기본문형들이 실제 언어행위에서 구체적인 문장으로 쓰일 때에 일정한 문법적 수단에 의해 서로 연결되어 하나의 복합문 구조를 이룰 수 있는데 이것을 우리는 기본문형의 배합이라 한다. 다시 말하면 기본문형의 배합이란 일정한 문법적 수단에 의해 둘 또는 그 이상의 기본문형이 합성된 것을 가리킨다.

3.1.2 기본문형의 배합은 둘 또는 그 이상의 기본문형이 하나의 복합문 구조로 합성된 것인 것만큼 그 어떤 복합문 구조든지 모두 둘 또는 그 이상의 기본문형으로 다시 환원될 수 있다. 예를 들면 《봄바람이 불어야 초목이 눈을 뜬다.》란 복합문 구조는 《봄바람이 분다.》, 《초목이 눈을 뜬다.》로, 《번개가 치고 우뢰가 울더니 소낙비가 퍼붓기 시작했다.》란 복합문구조는 《번개가 친다.》, 《우뢰가 운다.》, 《소낙비가 퍼붓기 시작했다.》로 작게 다시 환원될 수 있다.

이로부터 우리는 한 문장구조가 기본문형의 배합으로 된 것인가 아닌가를 판정하려면 그것을 다시 둘 또는 그 이상의 기본문형으로 환원시킬 수 있는가 없는가를 보아야 한다는 것을 알 수 있다. 이 기준에 따라 보면 일부 학자들이 기본문형의 배합으로 인정하고 있는 《나는 네가 숙제공부를 끝내기를 기다리겠다.》와 같은 문장구조는 기본문형의 배합으로 인정될 수 없다. 만약 이 문장구조를 억지로 《네가 숙제공부를 끝냈다.》와 《나는 기다리겠다.》와 같은 두개의 문장구조로 나눈다 하더라도 《나는 기다리겠다.》와 같은 기본문형은 성립될 수 없기에 (《기다리다》는 타동사이기에 《무엇이 무엇을 어찌한다》란 기본문형을 이룰 수 있을 뿐이다.)이 문장구조는 두 개의 기본문형의 배합으로 볼 수 없다.

3.2 기본문형의 배합방식

3.2.1 우리말 기본문형의 배합방식을 옳게 규명하기 위해서는 상당히 많은 자료에 대한 분석과 검토를 전제로 해야 하는 것만큼 아직까지는 이 방면에 대한 연구가 거의 공백이나 다름없다.

3.2.2 아래에 필자가 지금까지 수집 정리한 자료에 근거하여 우리말 기본문형의 배합방식에 대해 힘껏 밝혀 보려 한다.

3.2.3 우리말 기본문형은 접속토, 보조적 단어, 접속의 어조 등 문법적 수단과 수법에 의해 배합될 수 있다.

3.2.4 접속토에 의한 기본문형의 배합

첫째, 합동적 관계를 나타내는 접속토에 의한 기본문형의 배합

합동적 관계를 나타내는 접속토에는 《-고, -며, -고서, -면서, -다가, -거니와, -려니와, -어니와, -는데/-ㄴ데, -는바/-ㄴ바, -ㄹ뿐더러, -요》등이 있는데 이런 접속토에 의해서는 《CS + CS》, 《CS + AS》, 《CS + NS》, 《AS + AS》, 《AS + CS》, 《AS + NS》, 《NS + NS》, 《NS + CS》, 《NS + AS》등과 같은 기본문형의 배합이 가능하다. (서술의 편의를 위하여 동사술어 기본문형을 CS로, 형용사술어 기본문형을 AS로, 명사술어 기본문형을 NS로 기호화하기로 한다.)

- 바람이 불며 비가 온다. (CS + CS)
- 이 텔레비전은 우리 공장에서 만들었는데 그 질이 매우 좋습니다. (CS + AS)
- 나는 오늘 아주 귀중한 도리를 깨달았는데 그것은 바로 시간은 생명이라는 것이다. (CS + NS)
- 질이 좋고 값이 싸다. (AS + AS)
- 천산은 산마다 붉고 층층수림 숲마다 물들었네. (AS + CS)
- 성적이 아주 높은 바 그것은 모두가 일심협력하여 노력한 결과이다. (AS + NS)

- 이것은 노루요, 저것은 사슴이다. (NS + NS)
- 그도 신병이었는데 아주 용감히 싸웠다. (NS + CS)
- 사과배는 연변의 특산인데 맛이 아주 좋다. (NS + AS)

둘째, 분리적 관계를 나타내는 접속토에 의한 기본문형의 배합

분리적 관계를 나타내는 접속토에는 《-거나, -든가, -든지, -든, -나》등이 있는데 이런 접속토에 의해서는 《CS + CS》, 《AS + AS》와 같은 기본문형의 배합만이 가능하다.

- 철이를 보내든지 용수를 보내라. (CS + CS)
- 꽃이 곱거나 향기가 짙겠다. (AS + AS)

셋째, 대립적 관계를 나타내는 접속토에 의한 기본문형의 배합

대립적 관계를 나타내는 접속토에는 《-나, -건만, -련만, -지만, -언만, -되, -아도/-어도/-여도, -나마, -거늘, -거니와, -려니와, -는데, -면서》등이 있는데 이런 접속토에 의해서는《CS + CS》, 《CS + AS》, 《AS + AS》, 《AS + CS》, 《NS + CS》, 《NS + AS》등과 같은 기본문형의 배합이 가능하다.

- 우뢰는 울되 비는 오지 않는다. (CS+CS)
- 바람은 부나 날씨는 푸근하다. (CS + AS)
- 꽃은 고우나 향기는 없다. (AS + AS)
- 상처자리가 보기는 흉해도 뼈는 다치지 않았다. (AS + CS)
- 벼랑에 얼음 백길이건만 꽃가지는 어여쁘구나. (NS + AS)
- 그 애는 이제 겨우 다섯살인데 당시까지 줄줄 외웠다. (NS + CS)

넷째, 원인의 관계를 나타내는 접속토에 의한 기본문형의 배합

원인의 관계를 나타내는 접속토에는 《-므로, -기에, -길래, -ㄴ즉, -ㄴ지라, -니, -니까, -라, -더니, -거니, -나니, -자, -느라고, -아서/-어서/-여서》 등이 있는데 이런 접속토에 의해서는 《CS + CS》, 《CS +

AS》, 《AS + AS》, 《AS + CS》, 《NS + CS》, 《NS + AS》와 같은 기본문형의 배합이 가능하다.

- 비가 오기에 우산을 들고 떠났다. (CS + CS)
- 골물이 터져 강물이 흐렸다. (CS +AS)
- 성품이 정직하기에 거짓이 없다. (AS + AS)
- 꽃이 하도 곱기에 나도 한 송이 샀다. (AS + CS)
- 그도 학생이므로 이번 운동회에 참가할 수 있다. (NS + CS)
- 그는 동생이기에 나보다 어리다. (NS + AS)

다섯째, 조건의 관계를 나타내는 접속토에 의한 기본문형의 배합

조건의 관계를 나타내는 접속토에는 《-면, -거든, -ㄴ들, -던들, -더라도, -ㄹ망정, -ㄹ지언정, -아야/-어야/-여야, -았자/-었자/-였자》등이 있는데 이런 접속토에 의해서는 《CS + CS》, 《CS + AS》, 《AS + AS》, 《AS + CS》, 《NS + NS》, 《NS + CS》, 《NS + AS》와 같은 기본문형의 배합이 가능하다.

- 북경에 가거든 고궁을 참관하시오. (CS + CS)
- 네가 대학에 붙으면 나도 기쁘겠다. (CS + AS)
- 산이 높아야 그림자가 크다. (AS + AS)
- 물이 얕으면 배를 띄우지 말라. (AS + CS)
- 이것이 노루라면 저것은 사슴일 것이다. (NS + NS)
- 여기는 가을이면 바람이 몹시 분다. (NS + CS)
- 여기는 가을이면 바람이 세차다. (NS + AS)

여섯째, 목적과 의도의 관계를 나타내는 접속토에 의한 기본문형의 배합

목적과 의도의 관계를 나타내는 접속토에는 《-러, -려, -려고, -고저》등이 있는데 이런 접속토에 의해서는 《CS + CS》와 같은 기본문형의 배합만이 가능하다.

- 그는 공부하러 열람실에 갔다.

일곱째, 방식과 정도의 관계를 나타내는 접속토에 의한 기본문형의 배합

방식과 정도의 관계를 나타내는 접속토에는 《-아/-어/-여, -아서/-어서/-여서, -ㄹ수록, -고서, -면서》 등이 있는데 이런 접속토에 의해서는 《CS + CS》, 《CS + AS》, 《AS + AS》, 《AS + CS》와 같은 기본문형의 배합이 가능하다.

- 내가 그 애를 타이를수록 그 애는 점점 더 큰 소리로 울었다. (CS + CS)
- 산은 들어갈수록 길은 험했다. (CS + AS)
- 물이 깊을수록 고기가 많다. (AS + AS)
- 난관이 첩첩할수록 우리는 더 용감히 뚫고 나가야 한다. (AS + CS)

3.2.5 보조어에 의한 기본문형의 배합

우리말 기본문형은 《동시에, 한편, -뿐 아니라, 가하면, 반면에, 대신에, 불구하고, 고사하고, 때문에, 통에, 바람에, 관계로, -로 하여, -로 인하여, -로 말미암아, 한, 이상, -다 손쳐도(-다 손치더라도), -다 한들(-다 하더라도)》 등과 같은 보조어에 의해서도 배합될 수 있는데 이런 보조어에 의한 기본문형의 배합의 경우에서는 이런 보조어가 어떤 문법적 의미를 나타내는가에 따라 해당 문법적 의미를 나타내는 접속토의 경우와 같은 배합관계를 이루는 것이 원칙이다.

이제 보조어에 의한 기본문형의 배합정형을 대표적으로 몇 개 들어보기로 하자.

- 이미 출현된 모순이 해결되는 한편 새로운 모순이 출현된다. (CS + CS)
- 하늘에서 비행기가 나는가 하면 땅에서는 땅크가 우릉우릉한다. (CS+AS)
- 꽃이 곱기는 고사하고 향기도 없다. (AS + AS)
- 시간은 금보다 귀중한고로 제군은 모름지기 분초를 아껴 학업에 면려할지어다. (AS + CS)
- 이것이 노루인 이상 저것은 틀림없이 사슴일 것이다. (NS + NS)
- 이론의 기초는 실천인 동시에 이론은 다시 실천을 위해 복무한다. (NS + CS)

3.2.6 접속의 어조에 의한 기본문형의 배합

우리말 기본문형은 접속의 어조에 의해서도 배합될 수 있는데 각이한 기본문형의 배합이 원칙상에서는 다 가능하나 실제상에서는 같은 기본문형끼리의 배합이 비교적 활발히 쓰인다.

- 바람 들어온다, 문 닫아라. (CS + CS)
- 이 꽃이 곱니, 저 꽃이 곱니? (AS + AS)
- 나는 학생, 너는 병사. (NS + NS)

현대조선어 기본문형표

(1) 동사술어 기본문형

	도식	예문
제1형	N이 + V	새가 운다.
제2형	N이 + N에 + V	그는 무명도에 정착했다.
제3형	N이 + N로 + V	그는 반장으로 선거되었다.
제4형	N이 + N와 + V	나는 영수와 다투었다.
제5형	N이 + N에서 + V	그는 어학회에서 탈퇴했다.
제6형	N이1 + N이2 + V	나는 그가 근심된다.
제7형	N이 + N를 위해 + V	그들은 삶을 위해 싸운다.
제8형	N이 + N에 의해 + V	운동대회는 학생회에 의해 주최되었다.
제9형	N이 +AD+ V	영옥이는 귀엽게 생겼다.
제10형	N이1 + N와 + N이2 + V	나는 성수와 마음이 맞는다.
제11형	N이 + N를 + V	토끼가 풀을 먹는다.
제12형	N이 + N에 + N를 + V	꽃분이가 꽃에 물을 준다.
제13형	N이 + N를 + N로 + V	우리는 밭을 논으로 만들었다.
제14형	N이 + N와 + N를 + V	나는 영수와 집을 바꾸었다.
제15형	N이 + N에서 + N를 + V	나는 그에게서 책을 빌렸다.
제16형	N이 + N를 + N라고 + V	나는 그를 형님이라고 부른다.
제17형	N이 + N를 +AD +V	그는 사람을 우습게 본다.
제18형	N이 + N에 + N와 + N를 + V	우리는 밭에 콩과 옥수수를 혼작했다.
제19형	N이 + N와 + N에 대해 + N를 + V	우리는 그와 언어의 기원에 대해 의견을 나누었다.
제20형	N이 + N에 (N와) + V	고동하는 송화강에(송화강과) 합수된다.
제21형	N이 + N에 (N와) + N를+ V	그는 자동차에(자동차와) 머리를 맞찧었다.

(2) 형용사술어 기본문형

	도식	예문
제1형	N이 + A	꽃이 아름답다.
제2형	N이 + N에 +A	문제는 우리에게 유리하다.
제3형	N이 + N와 +A	희기가 눈과 같다.

	도식	예문
제4형	N이 + N보다 +A	동생이 형보다 낫다.
제5형	N이1 + N이2 +A	나는 범이 무섭다.
제6형	N이 + N로 +A	그는 아동작가로 유명하다.
제7형	N이1 + N로 + N이2 +A	그는 희곡가로 소문이 자자하다.
제8형	N이1 + N와 + N이2 +A	그는 형과 사이가 나쁘다.

(3) 명사술어 기본문형

	도식	예문
제1형	N이 + N이다	노루는 산짐승이다.
제2형	N이 + N에+ N이다	나는 그 의견에 찬성이다.
제3형	N이 + N와 + N이다	그는 형과 정반대이다.
제4형	N이 + N보다 + N이다	그는 나보다 선생이다.
제5형	N이1 + N이2 + N이다	나는 네가 근심이다.

∗ 이 논문은 연변대학 조선언어문학학부 『언어문학 학술논문집』(연변인민출판사, 1991년, 44~68쪽)에 실려 있음.

현대조선어의 형용사와
명사술어 문형

한 민족어의 문형에 대한 연구는 타 민족의 언어학습을 위해서뿐만 아니라 본 민족의 언어습득을 위해서도 매우 필요한 과업의 하나로 나서고 있다. 특히 기계번역이 날따라 광범위하게 응용되고 있는 오늘 문형연구는 더욱 중요한 이론 및 실천적 의의를 갖게 된다.

이런 요구에 적으나마 이바지하고저 필자는 현대조선어 문형연구의 한 부분인 동사술어 문형에 대해 연구한 바가 있다[※]. 본 논문에서는 동사술어 문형연구를 뒤이어 학계에서 덜 연구된 형용사술어 문형과 명사술어 문형에 대해 토론하려 한다.

※ 문형에 대한 일반적 개념, 기본문형의 설정기준, 기본문형의 확대와 변형 등 이론적인 문제와 동사술어 문형에 대해서는 필자의 《동사술어와 단일문의 기본 문장구조 유형》(연변대학 석사학위논문, 1982)을 참조하기 바란다.

1. 형용사술어 문형

1.0. 형용사술어 기본문형표

	도식	예문
제1형	N이 + A	꽃이 아름답다.
제2형	N이 + N에 +A	문제는 우리에게 유리하다.
제3형	N이 + N와 +A	희기가 눈과 같다.
제4형	N이 + N보다 +A	동생이 형보다 낫다.
제5형	N이① + N이② +A	나는 범이 무섭다.
제6형	N이 + N로 +A	그는 아동작가로 유명하다.
제7형	N이① + N로 + N이② +A	그는 희곡가로 소문이 자자하다.
제8형	N이① + N와 + N이② +A	그는 형과 사이가 나쁘다.

1.1. 제1형 《N이 + A》

1.1.1. 제1형은 《누가/무엇이》 등의 물음에 대답할 수 있는 구성요소 《N이》와 《어떠하냐》의 물음에 대답할 수 있는 구성요소 《A》만을 필수로 하여 이루어진 문장구조이다.

- 꽃이 아름답다.
- 사과가 붉다.
- 연기가 자옥하다.
- 나무가 많다.
- 그는 용감하다.
- 굴뚝이 삐뚜름하다.

1.1.2. 제1형의 문장구조를 이루는 형용사들은 술어로 될 수 있는 형용사 총수의 약 65%가량 된다.

1.1.3. 제1형은 그것이 어떤 부류의 형용사가 술어로 된 문장구조든지

관계없이 모두 정도부사로 된 수의적 구성요소를 더 첨가하여 확대시킬 수 있다.

- 꽃이 <u>매우</u> 아름답다.
- 사과가 <u>아주</u> 붉다.
- 굴뚝이 <u>몹시</u> 삐뚜름하다.

그리고 제1형은 술어로 된 형용사들이 전체와 부분의 관계로 특징지어지는 단어 및 숫자어와 관련될 때에는 이른바 《이중주어》 문장구조로 확대될 수도 있다.

- <u>나무가</u> <u>가지가</u> 크다.
- <u>사과가</u> <u>여러 개가</u> 붉다.
- <u>시계가</u> <u>10분이</u> 빠르다.

1.1.4. 제1형은 《밝다, 붉다, 크다, 찌르르하다》 등과 같은 어떤 상태의 변화를 나타낼 수 있는 형용사들이 술어로 될 경우에는 정도부사로 된 수의적 구성요소와 시간이나 방식을 나타내는 부사로 된 수의적 구성요소를 호상 교체하여 확대시킬 수 있다.

- 사과가 <u>매우</u> 붉습니다. ↔ 사과가 <u>벌써</u> 붉습니다.
- 소가 <u>매우</u> 큽니다. ↔ 소가 <u>빨리</u> 큽니다.

이렇게 될 수 있는 것은 술어로 된 이 부류의 형용사들이 형용사와 동사의 이중적 성격을 띠고 있기 때문이다. 이런 이중적 성격을 띤 단어들을 《형동사》라 부를 수도 있다.

1.1.5. 제1형은 《자욱하다, 글썽하다, 총총하다, 가득하다》 등과 같은 어떤 사물이 일정한 장소에 존재해 있는 상태를 나타내는 형용사가 술어로 될 경우에는 《어디에》라는 물음에 대답할 수 있는 수의적 구성요소를 더 첨가하여 확대시킬 수 있다.

- 집안에 연기가 자옥하다.
- 눈에 눈물이 글썽하다.

1.1.6. 제1형은 《삐뚜름하다, 휘우듬하다, 꾸부정하다, 꺄우듬하다》 등과 같은 어떤 사물이 일정한 방향에로 향한 상태를 나타내는 형용사들이 술어로 된 경우에는 《어디로》라는 물음에 대답할 수 있는 수의적 구성요소를 더 첨가하여 확대시킬 수 있다.

- 굴뚝이 서쪽으로 삐뚜름했다.
- 나무가 강가로 꾸부정했다.

1.1.7. 제1형은 《용감하다, 영용하다, 치열하다, 격렬하다》 등과 같은 어떤 행동의 성격적 특징을 나타내는 형용사들이 술어로 될 경우에는 《어디에서》라는 물음에 대답할 수 있는 수의적 구성요소를 더 첨가하여 확대시킬 수 있다.

- 그는 전투에서 매우 용감했다.
- 쟁론은 휴식실에서 더 치열했다.

1.1.8. 제1형은 《가분가분하다, 널찍널찍하다, 나직나직하다, 넓죽넓죽하다》 등과 같은 개개의 같은 종류의 사물이 어떤 동일한 성격적 특징을 갖고 있음을 나타내는 형용사들이 술어로 될 경우에는 그 상태나 성질의 주체임을 나타내는 필수적 구성요소 《N이》가 복수형태를 취하게 된다.

- 짐들이 가분가분하다.
- 방들이 널찍널찍하다.

물론 이 경우 상태의 주체임을 나타내는 필수적 구성요소 《N이》가 문법적으로는 복수형태를 취하지 않을 수도 있으나 의미적으로는 《N이》가 반드시 복수임을 나타내야 한다.

- 짐이 가분가분하다.
- 방이 널찍널찍하다.

이렇게 될 수 있는 것은 우리말 복수형태가 다른 문법적 형태들처럼 해당 단어에 특정된 문법적 의미를 새롭게 부여하기 위하여 사용되는 것이 아니라 주로는 어떤 대상이 복수임을 더 뚜렷이 나타내기 위하여 사용된다는 특이한 성격을 갖고 있다는 사정과 관련된다.

《가분가분하다, 널찍널찍하다》와 같이 개개의 같은 종류의 사물이 어떤 동일한 성격적 특징을 갖고 있음을 나타내는 형용사들이 술어로 된 문장구조는 상태나 성질의 주체임을 나타내는 필수적 구성요소 《이》가 복수형태를 취했든 취하지 않았든 관계없이 모두 《다》나 《모두》와 같은 부사를 더 첨가하여 확대시킬 수 있다.

- 짐(들)이 <u>다</u> 가분가분하다.
- 방(들)이 <u>모두</u> 널찍널찍하다.

그리고 우리말에서는 《많다, 푸술하다, 허다하다, 적다》 등과 같은 둘 이상의 대상의 양적 특성을 나타내는 형용사들이 술어로 될 경우에도 상태나 성질의 주체임을 나타내는 필수적 구성요소 《이》가 복수형태를 직접 취하거나 의미적으로 복수임을 나타내게 된다.

- 사람들이 많다.
- 사람이 많다.

이 점에서 이 부류의 형용사들도 앞 부류의 형용사들과 같은 성격적 특징을 갖고 있다고 말할 수도 있다. 그러나 이 두 부류의 형용사들은 그것들이 술어로 될 경우 어떤 수의적 구성요소를 더 첨가하여 문장구조를 확대시킬 수 있는가 하는 점에서는 서로 다른 특성을 보이고 있다. 앞 부류의 형용사들은 위에서 본 바와 같이 술어로 될 때 《다》나 《모두》와 같은 부사로 된 수의적 구성요소를 더 첨가하여 문장구조를 확대시킬 수 있는 데 반하여 이 부류의 형용사들은 술어로 될 때 《어디에》라는 물음에 대답할 수 있는 수의적 구성요소를 더 첨가하여 문장구조를 확대시킬 수 있다.

- 공원에 사람(들)이 많다.

1.2. 제2형 《N이 + N에 + A》

1.2.1. 제2형은 제1형의 구성요소에 《누구에게/무엇에》 등의 물음에 대답할 수 있는 필수적 구성요소 《N에》를 더하여 이루어진 문장구조이다.

- 사태의 발전은 우리에게 유리하다.
- 그는 외국어에 능통하다.
- 영애의 모습이 눈에 삼삼하다.
- 그는 논문집필에 골똘했다.
- 그는 교육사업에 충성했다.

1.2.2. 제2형의 문장구조를 이루는 형용사들로는 첫째, 《유리하다, 불리하다, 편리하다, 유익하다》 등과 같은 어떤 이해관계를 나타내는 형용사, 둘째, 《능통하다, 능하다, 알맞다, 적합하다》 등과 같은 어떤 기능적 표준이나 양적 표준에 달한 정도를 나타내는 형용사, 셋째, 《골똘하다, 골몰하다, 갈골하다》 등과 같은 어떤 일에 몰두하고 있는 상태를 나타내는 형용사, 넷째, 《충성하다, 충실하다, 충직하다》 등과 같은 어떤 대상이나 일을 대하는 태도를 나타내는 형용사, 다섯째, 《삼삼하다, 선하다, 명명하다, 쟁쟁하다》 등과 같은 눈이나 귀에 나타나는 어떤 영상을 나타내는 형용사 등이 있다.

1.2.3. 제2형은 그것이 어떤 부류의 형용사가 술어로 되었든 모두 정도 부사로 된 수의적 구성요소를 더 첨가하여 확대시킬 수 있는 것은 물론 《이미, 벌써, 아직》 등과 같은 시간을 나타내는 부사로 된 수의적 구성요소를 더 첨가하여 확대시킬 수 있다.

- 사태의 발전은 <u>이미</u> 우리에게 유리하오.
- 그는 <u>벌써</u> 외국어에 능통했다.
- 영애의 모습이 <u>아직</u> 눈에 삼삼하다.

이렇게 될 수 있는 것은 제2형의 문장구조에서 술어로 된 이 부류의 형용사들도 모두 형용사와 동사의 이중적 성격을 소유하고 있기 때문이다.

1.2.4. 제2형은 《골똘하다》와 같은 어떤 일에 몰두하고 있는 상태를 나타내는 형용사가 술어로 될 경우에는 《어디에서》라는 물음에 대답할 수 있는 수의적 구성요소를 더 첨가하여 확대시킬 수 있다.

- 그는 아직도 <u>교실에서</u> 논문집필에 골똘했다.

1.2.5. 우리말에서는 《어둡다, 벌겋다》 등과 같이 특정된 단어 《눈》과 어울려 성구론적으로 쓰이면서 어떤 일에 빠져 이성을 잃은 상태를 나타내는 형용사들도 그 특성이 앞에서 본 형용사들과는 좀 다르기는 하지만 제2형의 문장구조를 이룰 수 있다.

- 그는 돈에 눈이 어두웠다.
- 그는 돈벌이에 눈이 벌겋다.

1.3. 제3형 《N이 + N와 + A》

1.3.1. 제3형은 제1형의 구성요소에 《누구와/무엇과》 등의 물음에 대답할 수 있는 필수적 구성요소 《N와》를 더하여 이루어진 문장구조이다.

- 희기가 눈과 같다.
- 동생은 형과 다르다.

1.3.2. 제3형의 문장구조를 이룰 수 있는 형용사들로는 첫째, 《같다, 동

일하다, 근사하다, 유사하다》 등과 같은 어떤 같거나 유사한 상태의 비교를 나타내는 형용사, 둘째, 《다르다, 따다, 부동하다, 상이하다》 등과 같은 어떤 서로 다른 상태의 비교를 나타내는 형용사 등이 있다.

1.3.3. 제3형의 문장구조를 이루는 형용사들은 그것이 지배하는 두 비교되는 대상이 어순바꿈의 수법에 의해 하나의 성분적 단위로 되거나 하나의 복수형태로 개괄될 수 있을 경우에는 제3형을 제1형의 구조로 변형시킬 수 있다.

- 동생은 형과 다르다. ➔ 형과 동생은 다르다. ➔ <u>형제간이</u> 다르다.
- 이것은 그것과 같다. ➔ 그것과 이것은 같다. ➔ <u>그것들은</u> 같다.

이렇게 변형된 문장구조는 《서로》 또는 《상호》 등과 같은 수의적 구성요소를 더 첨가하여 확대시킬 수 있다.

- 형제간이 <u>서로</u> 다르다.
- 그것들은 <u>상호</u> 같다.

1.3.4. 그리고 《친하다, 성기다》 등과 같은 두 대상이 서로 사귀는 정도를 나타내는 형용사들도 그 성격이 좀 다르기는 하지만 제3형의 문장구조를 이룰 수 있다.

- 그는 나와 친하다.

이 부류의 형용사들은 앞에서 본 어떤 상태의 비교를 나타내는 형용사들과는 달리 술어로 될 경우 행동의 방식 또는 시간을 나타내는 부사로 된 수의적 구성요소를 더 첨가하여 문장구조를 확대시킬 수 있다.

- 그는 나와 <u>도로</u> 친했다.
- 그는 나와 <u>이미</u> 친했다.

이렇게 될 수 있는 것은 이 부류의 형용사들도 동사의 성격을 동반하고 있기 때문이다.

1.4. 제4형 《N이 + N보다 + A》

1.4.1. 제4형은 제1형의 구성요소에 《누구보다/무엇보다》 등의 물음에 대답할 수 있는 필수적 구성요소 《N보다》를 더하여 이루어진 문장구조이다.

- 동생이 형보다 낫다.
- 우리 반이 1반보다 못하다.

1.4.2. 제4형의 문장구조를 이룰 수 있는 형용사들로는 《낫다, 우월하다, 우세하다, 못하다, 차하다》 등과 같은 어떤 대상들의 우열의 정도를 비교하는 뜻을 나타내는 형용사들이다.

1.4.3. 제4형의 문장구조를 이루는 어떤 정도의 비교를 나타내는 형용사들은 제3형의 문장구조를 이루는 어떤 상태의 비교를 나타내는 형용사들과는 달리 술어로 될 경우 그것이 지배하는 두 비교의 대상을 그 어떤 수법에 의해서도 하나의 성분적 단위나 하나의 복수형태로 변형시키지 못하는 것이 특징적이다. 따라서 제4형의 문장구조는 그 어떤 경우에나를 물론하고 제1형의 문장구조로 변형되지 못한다.

1.5. 제5형 《N이① +N이② + A》

1.5.1. 제5형은 제1형의 구성요소에 다시 《누가/무엇이》 등의 물음에 대답할 수 있는 필수적 구성요소 《N이②》를 더하여 이루어진 문장구조이다.

- 나는 범이 무섭다.
- 영수는 눈이 가슴츠레했다.
- 나는 목이 칼칼하다.
- 그는 의지가 굳다.
- 나는 사정이 곤난하다.

1.5.2. 제5형의 문장구조를 이룰 수 있는 형용사들로는 첫째, 《무섭다, 징그럽다, 밉살스럽다, 부럽다》 등과 같은 어떤 사물에 대한 느낌을 나타내는 형용사, 둘째, 《가슴츠레하다, 가마무트름하다, 날씬하다, 떼꾼하다》 등과 같은 어떤 사물의 생김새를 나타내는 형용사, 셋째, 《갑갑하다, 칼칼하다, 가렵다, 저리다》 등과 같은 신체의 어느 한 부분이 받게 되는 감촉을 나타내는 형용사, 넷째, 《굳다, 굳세다, 고약하다, 걸직하다》 등과 같은 어떤 대상의 성격적 특징을 나타내는 형용사, 다섯째, 《곤난하다, 극빈하다, 기구하다, 기박하다》 등과 같은 어떤 형편이나 처지를 나타내는 형용사 등이 있다.

1.5.3. 제5형의 문장구조를 이루는 형용사들 가운데서 《무섭다, 밉살스럽다》 등과 같은 어떤 사물에 대한 느낌을 나타내는 형용사들은 술어로 될 경우 《N이①》과 《N이②》를 서로 다른 대상으로 지배할 수도 있지만

- 나는 영수가 밉살스러웠다.

기타 부류의 형용사들은 술어로 될 경우 언제나 《N이②》를 《N이①》의 한 부분으로 지배할 수 있을 뿐이다.

- 나는 가슴이 갑갑하다.
- 그는 눈이 떼꾼했다.

1.5.4. 우리말에서는 《겸전하다, 양전하다, 쌍전하다, 쌍절하다》 등과 같은 어떤 두 가지 특징을 겸한 상태를 나타내는 형용사들도 제5형의 문장

구조를 이룰 수 있다.

- 그는 문무가 겸전했다.
- 그는 충효가 양전했다.

이 부류의 형용사들은 위의 예문에서 볼 수 있는 바와 같이 술어로 될 경우 그가 지배하는 《N이②》를 어떤 두 가지 사실을 나타내는 대상적 단어로 되게끔 한다.

1.5.5. 그리고 《발록하다, 수긋하다, 빼딱하다, 다소곳하다, 꺄웃하다》 등과 같은 형용사들도 그 특성이 좀 다르기는 하지만 제5형의 문장구조를 이룰 수 있다.

- 토끼는 귀가 발록했다.
- 그는 머리가 수긋했다.

그런데 이 부류의 형용사들은 앞에서 본 형용사들과는 달리 술어로 될 경우 《N이②》를 《N를》로 바꾸어 표현할 수 있다.

- 토끼는 귀를 발록했다.
- 그는 머리를 수긋했다.

이렇게 될 수 있는 것은 이 부류의 형용사들이 타동사의 성격을 겸하고 있기 때문이다.

1.6. 제6형 《N이 + N로 + A》

1.6.1. 제6형은 제1형의 구성요소에 《무엇으로》라는 물음에 대답할 수 있는 필수적 구성요소 《N로》를 더하여 이루어진 문장구조이다.

- 그는 아동작가로 유명하다.

- 그는 이웃 간에 쌀 한말을 팔지 않는 구두쇠로 유명짜하다.

1.6.2. 제6형의 문장구조를 이룰 수 있는 형용사는 위의 예문에 쓰인 몇 개의 단어에 한정되어 있는데 이런 단어들은 모두 어떤 자격의 대상으로 이름이 있음을 나타낸다.

1.6.3. 제6형은 《어디에서》라는 물음에 대답할 수 있는 수의적 구성요소를 더 첨가하여 확대시킬 수 있다.

- 그는 우리 연변에서 아동작가로 유명하다.

1.7. 제7형 《N이① + N로 + N이② + A》

1.7.1. 제7형은 제1형의 구성요소에 《무엇으로》라는 물음에 대답할 수 있는 필수적 구성요소 《N로》와 《무엇이》라는 물음에 대답할 수 있는 필수적 구성요소 《N이②》를 더하여 이루어진 문장구조이다.

- 연변은 사과배 산지로 소문이 짜하다.
- 그는 닭치기 전문가로 소문이 자자하다.

1.7.2. 제7형의 문장구조를 이룰 수 있는 형용사들로는 《자자하다, 과다하다, 왜자하다, 짜하다, 짜짜하다》 등과 같은 어떤 소문이나 이름이 널리 퍼진 상태를 나타내는 형용사들이다.

1.7.3. 제7형은 《어디에》라는 물음에 대답할 수 있는 수의적 구성요소를 더 첨가하여 확대시킬 수 있다.

- 연변은 사과배 산지로 전국에 소문이 짜하다.

1.8. 제8형 《N이① + N와 + N이② + A》

1.8.1. 제8형은 제1형의 구성요소에 《누구와/무엇과》라는 물음에 대답할 수 있는 필수적 구성요소 《N와》와 《무엇이》라는 물음에 대답할 수 있는 필수적 구성요소 《N이②》를 더하여 이루어진 문장구조이다.

- 그는 영수와 사이가 좋다.
- 이 문제도 그 문제와 관계가 있다.

1.8.2. 제8형의 문장구조를 이룰 수 있는 형용사들로는 《좋다, 나쁘다, 있다, 없다》 등과 같은 《사이》 또는 《관계》 등과 관련된 단어와 결합되어 쓰이면서 두 개의 대상 또는 사물 사이의 관계가 어떠함을 나타내는 형용사들이다.

1.8.3. 제8형은 경우에 따라 시간을 나타내는 부사로 된 수의적 구성요소를 더 첨가하여 확대시킬 수 있다.

- 그는 <u>벌써</u> 영수와 사이가 나쁩니다.

2. 명사술어 문형

2.0. 명사술어 기본문형표[※]

도식		예문
제1형	N이 + N이다	노루는 산짐승이다.
제2형	N이 + N에+ N이다	나는 그 의견에 찬성이다.
제3형	N이 + N와 + N이다	그는 형과 정반대이다.
제4형	N이 + N보다 + N이다	그는 나보다 선생이다.
제5형	N이^① + N이^② + N이다	나는 네가 근심이다.

2.1. 제1형 《N이 + N이다》

2.1.1. 제1형은 《누가/무엇이》 등의 물음에 대답할 수 있는 구성요소 《N이》와 《무엇이냐》의 물음에 대답할 수 있는 구성요소 《N이다》만을 필수로 하여 이루어진 문장구조이다.

- 노루가 산짐승이다.
- 영수가 으뜸이다.
- 여기는 가을이다.
- 설명이 구체적이다.
- 옷 모양이 가지각색이다.

※ 명사술어 기본형에서는 동명사, 형명사가 토 없이 직접 술어로 쓰일 경우의 문형에 대해서도 마땅히 언급해야 하겠지만 동명사, 형명사가 토 없이 직접 술어로 쓰일 경우의 기본문형은 해당 명사를 어근으로 하여 이루어진 동사나 형용사가 술어로 쓰일 경우의 기본문형과 기본상 비슷하기에 (例 ·그는 무명도에 정착했다. [동사술어 기본문형] ·그는 무명도에 정착. [동명사술어 기본문형] ·사태의 발전은 우리에게 유리하다. [형용사술어 기본문형] ·사태의 발전은 우리에게 유리. [형명사술어 기본문형]) 본 논문에서는 편폭상의 제한으로 동명사, 형명사가 토 없이 직접 술어로 된 명사문형에 대해서는 토론하지 않고 《-이다》가 붙어 술어로 된 명사문형에 대해서만 토론하기로 한다.

2.1.2. 제1형의 문장구조를 이루는 명사들은 술어로 될 수 있는 명사 총수의 약 80%가량 된다.

2.1.3. 제1형은 상당한 수량의 《-적》자형 명사들이 술어로 될 경우 《아주, 매우》 등과 같은 정도부사로 된 수의적 구성요소를 더 첨가하여 확대시킬 수 있다.

- 그는 <u>아주</u> 진보적이었다.
- 그의 설명은 <u>매우</u> 구체적이었다.

2.1.4. 제1형은 《가을, 국경절, 식전, 아침》 등과 같은 어떤 계절, 명절, 시간 등을 나타내는 명사가 술어로 될 경우에는 《벌써, 이미, 아직》 등과 같은 시간을 나타내는 부사로 된 수의적 구성요소를 더 첨가하여 확대시킬 수 있다.

- 여기는 <u>벌써</u> 가을이다.
- 나는 <u>아직</u> 식전이다.

2.1.5. 제1형은 《으뜸, 왕, 좌상》 등과 같은 일정한 표징으로 보아 여럿 가운데서 첫째로 간다는 뜻을 나타내는 명사들이 술어로 될 경우에는 《어디에서》라는 물음에 대답할 수 있는 수의적 구성요소를 더 첨가하여 확대시킬 수 있다.

- 우리 <u>반에서는</u> 영수가 으뜸이다.
- 우리 <u>나라에서는</u> 어린이들이 왕이다.

2.1.6. 제1형은 《가지각색, 각양각색》 등과 같은 여러 가지의 서로 다른 특징을 겸하고 있다는 뜻을 나타내는 명사가 술어로 될 경우에는 《N이》가 복수형태를 취하거나 의미상에서 복수임을 나타내는 단어로 한정된다.

- 옷 모양들이 가지각색이다.

- 옷 모양이 가지각색이다.

2.1.7. 명사술어 문형에서 특징적인 현상의 하나는 술어로 된 명사가 어떤 추상적인 대상을 나타내거나 어떤 개괄적인 대상을 나타낼 때에는 주어로 되는 《N이》가 하나의 그 어떤 명사적 단어로도 될 수 있지만

- 노루는 산짐승이다.
- 중국은 사회주의국가이다.

술어로 된 명사가 어떤 구체적인 대상을 나타낼 때에는 주어로 되는 《N이》가 반드시 대명사로 표현되거나 어떤 다른 말의 규정을 받아야 한다.

- <u>그는</u> 영수였다.
- <u>어제 북경에 간</u> 사람은 영수였다.
  → 사람은 영수였다. (X)

2.2. 제2형은 《N이 + N에 + N이다》

2.2.1. 제2형은 제1형의 구성요소에 《누구에게/무엇에》 등의 물음에 대답할 수 있는 필수적 구성요소 《N에》를 더하여 이루어 진 문장구조이다.

- 나는 그 의견에 찬성이다.
- 나는 네 견해에 반대다.

2.2.2. 제2형의 문장구조를 이룰 수 있는 명사들로는 《찬성, 찬동, 동의, 반대, 거부》 등과 같은 어떤 사실에 대한 찬동여부를 나타내는 명사들이다.

2.2.3. 제2형은 이상의 명사들이 술어로 될 경우 《N에》를 《N를》로 바꾸어 표현할 수 있다.

- 나는 그 의견을 찬성이다.
- 나는 네 견해를 반대다.

　이렇게 될 수 있는 것은 이 부류의 명사들이 모두 《-하다》와 합성되어 타동사를 조성할 수 있는 동명사들이라는 사정과 관련된다.

　2.2.4. 제2형은 이상의 명사가 술어로 될 경우에는 《매우, 좀》 등과 같은 정도부사로 된 수의적 구성요소를 더 첨가하여 확대시킬 수 있다.

- 나는 그 의견에 **매우** 찬성이다.
- 나는 네 견해에 **좀** 반대다.

　2.2.5. 우리말에서는 《말대답질, 대꾸질, 고자질》 등과 같은 다른 대상에게 어떤 말을 하는 행동과 관련된 뜻을 나타내는 명사나 《구박질, 발길질, 주먹질, 손찌검질》 등과 같은 다른 대상에게 어떤 행패질을 하는 행동과 관련된 뜻을 나타내는 명사 등도 제2형의 문장구조를 이룰 수 있다.

- 그는 형에게 말대답질이다.
- 그는 어린애에게 구박질이다.

　그런데 이 두 부류의 명사들 가운데서 두 번째 부류의 명사들은 앞에서 본 명사들과 마찬가지로 술어로 될 경우 《N에》를 《N를》로 바꾸어 지배할 수 있지만 첫 번째 부류의 명사들은 그렇지 못하다.

- 그는 **형을** 말대답질이다. (X)

　그리고 이 두 부류의 명사들은 모두 앞에서 본 명사들과는 달리 술어로 될 경우 정도부사로 된 수의적 구성요소를 더 첨가하여 문장구조를 확대시키지 못하는 반면에 행동의 방식을 나타내는 부사 《자주, 늘》 등과 같은 수의적 구성요소를 더 첨가하여 문장구조를 확대시킬 수 있다.

- 그는 **늘** 형에게 말대답질이다.

- 그는 자주 어린애에게 구박질이다.

2.3. 제3형 《N이 + N와 + N이다》

2.3.1. 제3형은 제1형의 구성요소에 《누구와/무엇과》 등의 물음에 대답할 수 있는 필수적 구성요소 《N와》를 더하여 이루어진 문장구조이다.

- 그는 형과 정반대이다.
- 그는 나와 사촌이다.
- 그는 동무들과 말다툼질이다.

2.3.2. 제3형의 문장구조를 이룰 수 있는 명사들로는 첫째, 《한가지, 마찬가지, 반대, 정반대, 동갑, 동창》 등과 같은 서로 같은 부류거나 서로 상반되는 부류임을 나타내는 명사, 둘째, 《사촌, 구촌, 친척, 남매간, 형제간》 등과 같은 어떤 둘 사이의 친족관계를 나타내는 명사, 셋째, 《말다툼질, 맞담배질, 맞상, 겸상》 등과 같은 서로 마주하는 행동성을 나타내는 명사 등이다.

2.3.3. 제3형은 《마찬가지, 정반대》 등과 같은 서로 같거나 상반되는 부류임을 나타내는 명사가 술어로 될 때에는 경우에 따라 일부 정도부사로 된 수의적 구성요소를 더 첨가하여 확대시킬 수 있다.

- 그의 성격은 형과는 전혀 반대이다.

2.3.4. 제3형은 《말다툼질, 맞상》 등과 같은 서로 마주하는 행동성을 나타내는 명사가 술어로 될 경우에는 일부 행동의 방식을 나타내는 부사로 된 수의적 구성요소를 더 첨가하여 확대시킬 수 있다.

- 그는 늘 동무들과 말다툼질이다.

그리고 《어디에서》라는 물음에 대답할 수 있는 수의적 구성요소를 더 첨가하여 확대시킬 수도 있다.

- 그는 <u>공장에서</u> 늘 동무들과 말다툼질이다.

2.3.5. 제3형은 어떤 친족관계를 나타내는 명사가운데서 《사촌, 구촌, 친척》 등의 명사가 술어로 될 경우에는 《N와》를 《N의》로 바꾸어 표현할 수 있다.

- 그는 <u>나와</u> 사촌이다. ➡ 그는 <u>나의</u> 사촌이다.

이렇게 될 수 있는 것은 이 부류의 명사들이 친족관계에서 두 대상 사이의 단순한 어떤 관계만을 나타낼 수도 있고 친족관계에서의 어느 한 대상의 신분을 나타낼 수도 있기 때문이다. 이리하여 《N와》가 《N의》로 바뀔 경우에는 의미의 변화를 초래하게 되는데 《N와》로 표현될 경우에는 친족관계에서의 두 대상의 관계를 나타내게 되고 《N의》로 표현될 경우에는 친족관계에서의 어느 한 대상의 신분을 나타내게 된다.

친족관계를 나타내는 명사들 가운데서 《남매간, 형제간》 등의 명사가 술어로 될 경우에는 《N와》를 《N의》로 바꾸어 표현하지 못하는 원인도 바로 이런 명사들은 친족관계에서의 두 대상 사이의 관계만 나타내기 때문이다. 따라서 《사촌, 구촌, 친척》 등 명사에 《-간》이 첨가될 경우에는 친족관계에서의 어느 한 대상의 신분을 나타낸다는 의미가 없어지게 되므로 《N와》를 《N의》로 바꾸어 표현하지 못하게 된다.

- 그는 나와 사촌간이다. ➡ 그는 나의 사촌간이다. (X)

2.3.6. 제3형은 《N이》와 《N와》가 어순바꿈의 수법에 의해 하나의 성분적 단위로 되거나 하나의 복수형태로 개괄될 수 있을 경우에는 제1형의 문장구조로 변형될 수 있다.

- 동생은 형과 정반대이다. ➡ 형과 동생은 정반대이다. ➡ <u>형제간이</u> 정반대이다.
- 그는 나와 사촌간이다. ➡ 나와 그는 사촌간이다. ➡ <u>우리들은</u> 사촌간이다.

2.4. 제4형 《N이 + N보다 + N이다》

2.4.1. 제4형은 제1형의 구성요소에 《누구보다/무엇보다》 등의 물음에 대답할 수 있는 필수적 구성요소 《N보다》를 더하여 이루어진 문장구조이다.

- 그는 나보다 선생이다.
- 그 동무는 저보다 이상입니다.

2.4.2. 제4형의 문장구조를 이룰 수 있는 명사들로는 《선생, 선배, 어른, 이상, 위, 아래》 등과 같은 학식, 재주, 나이 등의 일정한 기준적 측면에서의 차이를 나타내는 명사들이다.

2.4.3. 제4형은 《훨씬, 퍽, 썩》 등과 같은 양적 정도를 나타내는 부사로 된 수의적 구성요소를 더 첨가하여 확대시킬 수 있다.

- 그는 나보다 **훨씬** 선생이다.
- 그 동무는 저보다 **퍽** 이상입니다.

2.4.4. 제4형의 문장구조를 이루는 명사들은 제3형의 문장구조를 이루는 명사들과는 달리 술어로 될 경우 그 어떤 수법에 의해서도 서로 비교되는 두 대상을 하나의 성분적 단위나 하나의 복수형태로 변형시키지 못하는 것이 특징적이다. 따라서 제4형은 제1형으로 변형되지 못한다.

2.5. 제5형 《N이① + N이② + N이다》

2.5.1. 제5형은 제1형의 구성요소에 《누가/무엇이》라는 물음에 대답할 수 있는 필수적 구성요소 《N이②》를 더하여 이루어진 문장구조이다.

- 나는 네가 근심이다.
- 우리는 식량이 부족이다.
- 너는 모르면서도 아는 체 하는 것이 탈이다.
- 우리는 진퇴가 양난이다.

2.5.2. 제5형의 문장구조를 이룰 수 있는 명사들로는 첫째, 《근심, 걱정, 우려, 시름》등과 같은 어떤 대상에 대한 우려의 심정을 나타내는 명사, 둘째, 《부족, 태부족, 곤난, 극난》등과 같은 어떤 기준보다 차이남을 나타내는 명사, 셋째, 《탈, 특색, 허물, 병》등과 같은 어떤 대상의 특징을 나타내는 명사, 넷째, 《양난, 겸전, 쌍전, 쌍절》등과 같은 어떤 서로 다른 특징을 겸하고 있음을 나타내는 명사 등이다.

2.5.3. 제5형은 어떤 부류의 명사가 술어로 되든 모두 정도부사로 된 수의적 구성요소를 더 첨가하여 확대시킬 수 있다.

- 나는 네가 매우 근심이다.
- 우리는 식량이 좀 부족이다.

2.5.4. 제5형은 《근심, 걱정》등과 같은 어떤 대상에 대한 우려의 심정을 나타내는 명사가 술어로 될 경우에는 《늘, 항상, 자주》등과 같은 행동의 방식을 나타내는 부사로 된 수의적 구성요소를 더 첨가하여 확대시킬 수 있다.

- 나는 늘 네가 근심이다.

2.5.5. 제5형은 《탈, 흠》등과 같은 대상의 어떤 특징을 나타내는 명사

가 술어로 될 경우에는 《N이②》가 보통 구로 확대된 구성요소로 되는 것이 특징이다.

- 이 꽃은 <u>향기가 짙지 못한 것이</u> 흠이다.

2.5.6. 제5형은 《양난, 겸전》 등과 같은 두 가지 서로 다른 특징을 겸하고 있음을 나타내는 명사가 술어로 될 경우에는 《N이②》가 서로 다른 두 가지 사실을 나타내는 명사적 단어로 한정된다.

- 그는 <u>문무가</u> 겸전이다.

* 이 논문은 『연변대학학보』(1986년 증간호, 46–60쪽)에 실려 있음.

품사 분류에서 제기되는 이중적 성격을 띠고 있는 단어들에 대하여

1. 서론

이른바 이중적 성격을 띠고 있는 단어란 한 언어에서 어느 한 부류의 품사에 소속되면서도 의미-기능적 측면에서는 서로 다른 두 개 이상의 품사적 특성을 갖고 쓰이는 단어들의 부류를 가리킨다. 예컨대 영어의 'to think', 'to imagine', 프랑스어의 'lire', 'parler' 등과 같이 동사에 소속되면서도 문법적 기능에 있어서는 명사적으로 쓰일 수 있는 이른바 동명사나 일본어의 'おだやか', 'いだい' 등과 같이 형용사에 소속되면서도 동사적 특성도 소유하고 있는 이른바 형동사, 그리고 러시아어의 'читв ший', 영어의 'sleeping' 등과 같이 동사의 일종으로서 동사와 형용사의 특징을 동시에 소유하고 있는 이른바 동형사(어떤 학자들은 동형사를 '형동사'라고 부르기도 하는데 일본어의 형동사와는 다르다.) 등과 같은 단어들이 바로 이

중적 성격을 띠고 있는 단어들이다. 한국어에도 이런 부류의 단어들이 상당히 발달되어 있다. 예를 들면 명사 '개막'은 "인민대표대회의 개막을 열렬히 환호한다.", "인민대표대회 인민대회당에서 성대히 개막."에서와 같이 일정한 격형태를 취하고 명사로 쓰일 수 있을 뿐만 아니라 아무런 형태도 취하지 않고 술어로 쓰이면서 동사처럼 장소나 정도를 나타내는 상황어를 취할 수 있다. 그런데 다 같은 명사에 속하는 '부족'은 '개막'과는 달리 "그들은 생활에서나 학습에서 아무런 부족도 없이 행복하게 자라고 있다.", "어린애들의 성장에 영양이 대단히 부족."에서와 같이 명사의 성격과 형용사의 성격을 동시에 갖고 쓰인다.

다음으로 형용사 '밝다'는 "방이 매우 밝다."에서처럼 정적인 상태를 나타내면서 형용사로 쓰일 수 있을 뿐만 아니라 "방이 점점 밝는다."에서처럼 과정적인 행동을 나타내면서 동사로도 쓰일 수 있다. 그 다음으로 동사 '거물거물하다'는 "불빛이 거물거물하다가 힘없이 스러졌다."에서와 같이 어떤 과정적 행동을 나타내면서 동사로 쓰일 수 있을 뿐만 아니라 "거물거물하게 멀리 보이는 불빛"에서처럼 어떤 정적인 상태를 나타내면서 형용사적으로도 쓰인다. 그런데 다 같이 동사에 속하는 '집결하다'와 같은 단어들은 위의 동사와는 다른 이중적 성격을 보이고 있는데 "대오가 강가에 집결했다.", "소대장은 [대오를] 강가에 집결했다."에서와 같이 동사의 성격을 그대로 유지하면서 대격형태를 취할 수 있는가 없는가에 따라 자동–타동성만을 달리하고 있다.

이상의 고찰에서 볼 수 있는 바와 같이 이중적 성격을 띠고 있는 단어들의 부류는 각이한 민족어에 거의 정도 부동하게 발달되어 있으며 또 많은 부류의 품사들에서 이런 부류의 단어들이 발견되고 있다. 그러므로 이런 단어들에 대한 연구는 한 언어의 품사. 분류에서는 물론 언어 사용과 언어 교육에 있어서도 매우 중요한 의의를 갖게 된다. 그런데 아직까지 이 방면의 논의는 깊이 있게 진행되지 못하고 있다. 이리하여 본 논문에서는 한국어에 발달되어 있는 이중적 성격을 띠고 있는 단어들의 특성을 유형

강은국 선생 한국어 연구와 한국어 교육 논총

별로 밝히는 것을 주요 과업으로 삼는다.

2. 이중적 성격을 띠고 있는 단어들의 산생 원인

한국어에서 이중적 성격을 띠고 있는 단어들이 갖고 있는 일련의 특성을 옳게 밝히기 위해서는 무엇보다도 이런 이중적 성격을 띠고 있는 단어들의 산생 원인에 대해 살펴볼 필요가 있다. 그것은 한 단어의 어휘-문법적 특성은 그 단어의 변화 발전의 역사와 밀접한 관계를 갖고 있기 때문이다.

이중적 성격을 띠고 있는 단어들의 산생 원인과 그 발달 도경은 언어에 따라 부동할 수 있는데 한국어의 경우에는 다음과 같은 것들이 주되는 요인이라 생각된다.

첫째, 다른 언어, 특히는 한어(漢語)에서 많은 단어들을 차용해 들여오는 가운데서 이중적 성격을 띤 단어들이 많이 산생되었다.

주지하는 바와 같이 한국어 어휘 구성 속에서 한자어가 차지하는 비중은 상당히 높은데 그중의 절대다수가 한어에서 직접 차용해서 들여 온 것들이다. 이리하여 만약 단어 차용이 이중적 성격을 띠고 있는 단어들의 산생과 발달에 영향을 주었다면 그것은 주로 한어의 영향이라고 말해야 할 것이다.

그러면 왜 단어 차용이 한 언어의 이중적 성격을 띠고 있는 단어들의 산생과 발달에 직접적인 영향을 주게 된다고 말하게 되는가?

주지하다시피 단어 차용에서 차용된 단어는 원 언어의 특성을 갖고 다른 언어에 들어가게 되는데 다른 언어에 차용된 후에는 그 언어의 특성에 맞게끔 자기의 성질을 개변시키면서 새롭게 적응되어야 한다. 이리하여 차용된 단어들은 '보존'과 '적응' 문제를 둘러싸고 치열한 '투쟁'을 벌이게 되며 이 투쟁의 결과에는 일반적으로 차용된 언어적 성분이 차용한 언어에 적응하게 된다. 그러나 이것은 절대적인 것이 아니다. 다시 말하면 모든 차용어들이 모든 경우에 자기의 원래의 특성을 깡그리 버리고 순순히 새 언어에 적응되는 것은 아니다. '적응'과 '보존'은 상대적인 것으로서 모든 차용어들은 새 언어에 적응될 때 언제나 자기의 원래의 일부 특성을 보존하면서 적응하게 된다. 예컨대 '태양(太陽)', '만(萬)' 등과 같은 차용어들은 한어에서는 형태 변화를 하지 않는 단어들이었지만 한국어에 차용된 후에는 형태 변화를 하게끔 되었다. 이것은 적응의 표현이다. 그러나 이런 차용어들은 단순히 한국어에 적응만 된 것이 아니다. 이런 차용어들은 한국어에 들어온 후에도 자기의 원래의 품사적 속성은 그대로 보존하고 있다. 즉 위에서 든 단어들은 한어에서 각각 명사, 수사였는데 한국어에 들어온 후에도 여전히 명사, 수사로 되고 있다. 이것은 보존의 표현이다.

이렇게 적응과 보존은 언제나 상대적일 뿐만 아니라 또한 조건적이다. 만약 차용어가 자기의 모든 언어적 특성을 그대로 보존할 것을 고집하면서 차용한 언어에 조금치도 적응하지 않을 때에는 이런 차용어들은 차용한 언어에서 밀려나게 되며 만약 적응의 요구가 차용어에 합리적일 경우에는 차용어는 새 언어에 기꺼이 순응하면서 차용한 언어의 단어체계를 충격하지 않지만 이와는 반대로 적응의 요구가 지나치게 무리할 경우에는 차용어는 강박에 못 이겨 순응할 수는 있지만 차용한 언어의 단어체계를 충격하는 수가 있다. 예컨대 한국어에서 한어의 명사와 같은 단어들을 차용할 때에는 이런 차용어들로 하여금 원래의 품사적 속성은 그대로 보존하면서 형태 변화에서만 한국어의 특성에 적응될 것을 요구한 결과 이런 차용어들은 이 요구에 기꺼이 순응하였으며 또 한국어의 명사체계에 아무런 영향도 끼치지 않았다. 그러나 한국어에서 한어의 동사와 형용사를 차용할 때에는 이런 차용어들의 품사적 속성마저 한국어의 명사로 적응될 것을 강요한 결과 이런 차용어들은 핍박에 못 이겨 이 요구에 따르긴 했지만 자기의 본질적 속성인 동사, 형용사로서의 의미-기능적 특성만은 완전히 한국어에 적응시키지는 않았다. (이것이 본질적 속성인 이상 완전히 적응된다는 것은 불가능한 일이다.) 그 결과 한국어 명사체계 속에는 명사로서의 특성과 동사로서의 특성을 다 같이 소유하고 있는 단어들의 부류와 명사로서의 특성과 형용사로서의 특성을 다 같이 소유하고 있는 단어들의 부류가 새롭게 나타나게 되었으며 또 이로 하여 원래의 한국어 명사체계는 새로운 변화를 가져오게 되었다.

이상의 사실에서 볼 수 있는 바와 같이 단어 차용에서 적응과 보존은 서로 대립되면서도 서로 통일되는 한 쌍의 모순체로서 이 양자의 모순투쟁은 불가피적으로 이중적 성격을 띠고 있는 일부의 단어들을 산생하게 된다. 한국어에서 명사로서의 특성과 동사로서의 특성을 다 같이 소유하고 있는 "거행(擧行), 건설(建設), 관심(關心), 달성(達成), 보위(保衛), 실천(實踐), 연습(練習), 완성(完成), 정돈(整頓), 토론(討論), 투쟁(鬪爭), 학습(學習)" 등의 단어, 명사로서의 특성과 형용사로서의 특성을 다 같이 소유하고 있는 "간고(艱苦), 고유(固有), 곤란(困難), 다양(多樣), 다행(多幸), 부족(不足), 우세(優勢), 필요 (必要)" 등의 단어들이 이렇게 산생된 것들이다.

둘째, 단어들의 의미의 변화에 의해서도 이중적 성격을 띠고 있는 단어들이 산생된다.

단어들의 의미라 할 때는 순수한 어휘적 의미만을 가리키는 것이 아니라 어휘-문법적 의미를 가리키는 것만큼 단어들의 의미 변화도 단어들의 어휘-문법적 의미의 변화를 가리키게 되는데 여기에는 주로 단어의 의미 축소와 확대 두 가지가 포함되게 된다. 언어의 전 역사적 발달행정에서 볼 때 단어들은 원래 가지고 있던 여러 가지 의미 중에서 어떤 것은 버리거나 원래 없던 어떤 새로운 의미를 더 획득하면서 부단히 변화 발전하고 있다. 단어의 의미의 이와 같은 부단한 변화 발전은 기필코 단어들의 속성의 변화에까지 일정한 영향을 미치게 된다. 예컨대 동사 '살다'는 15세기 문헌에서만 해도 "請드른 다대와 노니샤 바놀 아니 마치시면 어비 아두리 사루시리잇가", "請으로 온 예와 싸호샤 투구 아니 밧기시면 나랏 小民을 사루시리잇가"(용가: 52)에서 볼 수 있는 바와 같이 현대어의 '살다'와 '살리다' 의 두 뜻을 갖고 쓰였으나 현대어에 와서는 '살리다' 의 뜻으로는 쓰이지 않는다. 즉 '살다'의 의미는 원래보다 축소되었다. 그 결과 동사 '살다'의 품사적 속성도 변화되었는바 원래의 자동−타동성을 다 갖고 있던 즉 이중적 성격을 띠고 있던 단어로부터 자동성만 갖고 있는 단일한 성격을 띤 단어로 되었다. 또 예를 들어 현대어에서는 '몸에 살이 많다'의 뜻으로만 쓰이는 '살지다'는 고대어에서는 "솔진 아두른"(두해 4:5), "노픈 ᄀ올히 ᄆ리 솔지고" (중두해 4:12)에서 볼 수 있는 바와 같이 "몸에 살이 많다.", "몸에 살이 오르다."의 두 뜻으로 쓰이었다. 여기서도 '살지다' 는 그 의미가 축소되면서 원래 형용사−동사의 성질을 갖고 있던 이중적 성격을 띤 단어로부터 단일한 성격을 띤 형용사로 그 속성이 변했다. 이런 정형은 단어들의 의미의 확대에서도 보여지고 있다. 예를 들어 동사 '달리다'는 고대어에서는 "돌이ᄂᆫ 몰 투니"(두해 25:45), "두 性이 골 와 돌여"(두해 10:30)에서 볼 수 있는 바와 같이 언제나 "빠른 속도로 가거나 오거나 하다"의 한 뜻으로만 쓰였으나 현대어에 와서는 "말이 빨리 달린다.", "그는 채찍을 휘두르며 말을 달렸다."에서와 같이 "빠른 속도로 가거나 오거나 하다"와 "빠른 속도로 가거나 오게 하다"의 두 뜻으로 쓰이고 있다. 이렇게 '달리다'는 그 의미가 확대되면서 원래의 단일한 성격을 가진 자동사로부터 오늘의 자동성과 타동성을 가진 동사로 그 성질이 변했다.

이상의 사실에서 볼 수 있는 바와 같이 단어들의 의미의 변화에 의하여 일부 단어들의 성격도 변화될 수 있는데 의미의 축소에 의해서는 이중적 성격을 띠고 있던 단어들이 단일한 성격을 띤 단어로 그 성질이 변화될 수 있고 의미의 확대에 의해서는 단일한 성격을 갖고 있던 단어들이 이중적 성격을 띤 단어로 그 성질이 변화될 수 있다.

그런데 여기서 반드시 알아 둬야 할 것은 단어들의 의미의 확대에 의하여 모든 단어들의 성격이 변화되는 것은 아니며 모든 단어들의 성격이 반드시 이중적 성격을 띠게 되는 것은 아니라는 점이다. 단어의 의미 확대가 단어의 성격을 변화할 수 있는가 없는가 하는 것은 전적으로 이렇게 확대된 단어들의 의미의 분화 정도에 달렸다. 즉 단어들의 의미 분화가 일정한 정도로 된 전제 조건 하에서만 가능하게 된다. 그렇다 하여 의미 분화가 크면 클수록 좋다는 말이 아니다. 만약 의미 분화가 지나치게 되면 이런 분화된 의미는 독자적인 서로 다른 의미로 되어 버리기에 한 단어의 이중적 성격을 논할 수 없게 된다.

셋째, 한국어 고유의 단어 조성의 수법에 의해 새로운 파생어나 합성어가 산생되는 과정에서도 일부 이중적 성격을 띠고 있는 단어들이 산생된다.

한국어 단어 조성 수법에서 가장 특징적인 것은 접사법과 합성법인데 이중적 성격을 띠고 있는 단어들 중의 일부는 특수한 접사나 특수한 어근의 합성에 의해서 이루어진 것들이다. 예컨대 "기계화, 지식화"와 같은 명사나 "회칠하다, 인두질하다"와 같은 동사의 산생이 바로 이런 경로를 거쳤다. 주지하는 바와 같이 '기계'나 '지식'과 같은 단어들은 대상성의 뜻만을 갖고 있는 단어로서 그 자체만으로는 절대 행동성의 의미를 나타낼 수 없다. 그러나 이런 단어에 대상화된 행동성의 의미를 부여해 주는 접미사 '-화'가 붙으면 대상적 의미와 함께 행동성의 의미도 나타내는 단어로 그 성질이 바뀌게 된다.

① '기계화'
- 농업의 기계화를 다그친다. (명사적으로 쓰이었음)
- 이 마을에서는 밭갈이부터 가을걷이에 이르기까지 모든 작업을 전부 기계화. (동사적으로 쓰이었음)

② '지식화'
- 노동계급은 마땅히 지식화를 해야 한다. (명사적으로 쓰이었음)
- 간부들은 물론 일반 군중도 마땅히 지식화. (동사적으로 쓰이었음)

한국어에서는 대상성만 나타내던 적지 않은 순수한 명사들이 접미사

'–화'의 첨가에 의해 대상성과 함께 행동성도 나타내는 이중적 성격을 띤 단어로 발달되었다.

동사 '회칠하다'는 현대어에서 자동성과 타동성을 다 같이 소유하고 있는 단어들인데 ("우리는 벽에 회칠했다." [자동성], "우리는 벽을 회칠했다." [타동성]) 이 동사가 이중적 성격을 갖게 된 것은 앞에서 본 '지식화'나 '기계화'가 이중적 성격을 띤 것과는 좀 다른 발달 경로를 보이고 있다. '회칠하다'는 처음부터 하나의 동사로 존재한 것이 아니라 근대에 와서 하나의 단어로 된 것이다. 이 동사는 지난날에는 '회를 칠하다'와 같은 두 개의 단어, 즉 직접보어와 타동사의 연결로 된 단어결합이었었다. 이 경위의 '칠하다'는 고대에도 그랬거니와 지금도 타동사로 특징지어진다. 그러던 것이 이 단어결합체가 언어 발달 행정에서 하나의 단어로 융합되어 동사로 된 후에는 원래 갖고 있던 타동사의 성격을 그대로 보존함과 동시에 자동사의 성격을 더 획득하게 된 것이다. 그런데 이것들이 무엇 때문에 이중적 성격을 띠게 되었느냐 하는 데 대해서는 딱히 찍어 말하기는 어렵지만 대개는 원 동사의 품사적 특성과 문장구조의 특성을 다 같이 보존해 보려는 지나친 의욕에서 기인된 것이 아닌가 생각된다. 왜냐하면 이 단어들이 원 품사적 특성과 문장구조의 특성을 동시에 보존하기 위해서는 반드시 "우리는 벽에 회를 칠했다."에서와 같이 대격 형태로 된 직접보어와 함께 여격 형태로 된 간접보어도 함께 가질 수 있어야 하겠는데 합성어로 변화된 오늘에 와서는 한 문장구조 속에서 이와 같은 두 개의 보어를 동시에 가질 수 없게 되니 경우에 따라서는 대격 형태로 된 보어만을 가지게 되는데 이것은 전적으로 이 단어들이 자체의 고유의 특성을 어떻게 하나 보존하려는 의욕에서 온 것이라 생각되기 때문이다. 아무튼 이 부류의 단어들이 이중적 성격을 띠게 된 것은 단어조성 과정에서 이루어진 것만은 틀림없다.

이상의 사실들에서 볼 수 있는 바와 같이 한국어에서는 한국어 고유의 단어조성 수법에 의해 새로운 단어가 조성되는 과정에서도 일부의 단어들이 이중적 성격을 띠게 된다.

3. 이중적 성격을 띠고 있는 단어들의 부류와 그 특성

한국어에서 이중적 성격을 띠고 있는 단어들은 그 이중적 성격에 따라 다음과 같은 몇 가지 부류로 나뉠 수 있다.

1) 동명사

이른바 동명사란 대상성의 의미와 함께 행동성의 의미도 나타내면서 문장 속에서 명사로서의 기능과 동사로서의 기능을 다 수행할 수 있는 명사의 한 부류를 가리킨다.

한국어 동명사는 다른 일련의 품사들과는 다른 자체의 고유의 특성을 갖고 있는데 이런 제 특성을 밝히기에 앞서 한국어의 동명사는 명칭상에서는 영어나 프랑스어에서 말하는 동명사와 꼭 같지만 실질상에 있어서는 다르다는 데 대해 먼저 언급하고 지나갈 필요가 있다. 이들의 차이는 영어나 프랑스어의 동명사는 동사의 일종으로서 동사적 성격을 전면에 내세우고 있는 데 반하여 한국어 동명사는 명사의 일종으로서 명사적 성격을 전면에 내세우고 있다는 데 있다. 즉 영어나 프랑스어의 동명사는 어근이 나타내는 어휘적 의미는 '동작(또는 행동)'이나 그 기능에 있어서는 이 '동작'을 명물화해서 명사적으로 쓰는 동사의 특수한 한 부류이나 한국어 동명사는 어근이 나타내는 어휘적 의미 자체가 대상성과 행동성으로 동시에 특징지어지면서 문장 속에서 동사와 비슷한 기능을 수행할 수 있는 명사의 한 특수한 부류이다.

그럼 아래에 한국어 동명사의 특성에 대한 고찰로부터 한국어 동명사가 다른 언어에서 말하는 동명사와 구별되는 점들에 대해서 진일보 밝혀보기로 하자.

첫째, 한국어 동명사는 의미론적 측면에서 대상성과 행동성을 동시에 나타내고 있다. 이 점은 한국어 동명사가 다른 언어의 동명사와 구별되는 가장 뚜렷한 표지의 하나이다. 한국어 동명사는 다른 언어에서처럼 의미론적 측면에서는 행동성으로 특징지어지다가 문법적 측면에서 대상화되는 것도 아니며 또 의미론적 측면에서는 대상성으로 특징지어지다가 문법적 측면에서 행동화하는 그런 단어의 부류가 아니라 의미론적 측면에서 우선이 양자를 겸하여 나타내고 있는 특수한 단어의 부류이다. 이와 같은 의미론적 제 특성은 사전 올림말에서의 의미 주석에서 잘 표현되고 있다. 예를 들면 동명사 '보도'에 대한 사전들의 의미 주석은 대체로 "어떤 소식을 일반에게 전하여 알림, 또는 그 소식"으로 되어 있다. 사전 올림말의 의미 주석이 이러할 뿐만 아니라 문장 속에서 쓰일 때에도 그 어음 외피를 달리하지 않고서도 이런 두 가지의 의미를 동시에 나타내고 있다.

- 너 신문사에서 요구하던 보도를 다 썼니? (소식)
- 기자들이 어제 노동자문화궁전에서 5·1 기념보고회가 있었다고 보도. (알림)

여기서 우리는 한국어 동명사는 의미론적 측면에서 대상성의 의미와 행동성의 의미를 동시에 갖고 있다는 것을 알 수 있다. 그러나 동명사가 나타내는 이런 대상적 의미와 행동적 의미를 모든 동명사가 균등하게 갖고 있는 것은 아니다. 예컨대 앞에서 살펴본 '보도'에서는 대상적 의미와 행동적 의미가 모두 뚜렷이 드러나고 있지만 '건립'과 같은 단어에서는 그렇지 못하다. '건립'의 사전 의미 주석은 대체로 "① (탑, 동상 등을) 만들어 세움. ② (기관, 조직체 등을) 새로 조직함."과 같이 되어 있는 바 대상성의 의미보다는 행동성의 의미를 더 뚜렷이 나타내고 있다. 이런 단어들은 문장구조 속에서만이 그 대상적 의미가 파악되게 된다. (과학원의 건립을 열렬히 축하한다.)

이리하여 한국어 동명사들은 의미론적 측면에서 대상성과 '행동성의 의미를 보다 뚜렷이 나타내는 한 부류와 대상성의 의미보다는 행동성의 의미를 더 뚜렷이 나타내는 다른 한 부류로 나뉘게 된다.

둘째, 한국어 동명사들은 형태론적 측면에서 명사와 마찬가지로 격형태나 기타의 체언 형태들은 취할 수 있으나 동사와 같이 용언 형태는 직접 취하지 못한다.

- 토론이, 토론의, 토론을, 토론에 대하여, 토론은 (O)
- 토론다, 토론습니다, 토론던, 토론며, 토론었으며 (X)

이와 같은 사실은 동명사가 행동성을 띠고 있는 단어이기는 하나 동사적 성격을 전면에 내세운 동사의 한 부류가 아니라 명사적 성격을 전면에 내세운 명사의 한 부류라는 것을 단적으로 설명해 준다.

한국어 동명사는 위에서 본 것처럼 기타의 명사들과 마찬가지로 격 형태를 비롯한 기타의 체언 형태를 취할 수 있는 것은 사실이나 모든 동명사가 '토론'처럼 격형태나 기타의 체언 형태들을 자유롭게 취할 수 있는 것은 아니다. 예를 들면 '건립'과 같은 동명사는 '건립의 과학원'에서처럼 속격 형태를 취하지 못한다. 이리하여 한국어 동명사들은 형태론적 측면에서도 '토론' 등과 같이 격 형태나 기타의 체언 형태들을 비교적 자유롭게 취할 수 있는 한 부류와 '건립' 등과 같이 그렇지 못한 다른 한 부류로 나뉘게 된다. 일반적으로 대상적 의미나 행동적 의미를 다 같이 뚜렷이 나타내는 동명사들은 격 형태나 기타의 체언 형태들을 자유롭게 취할 수 있고 행동적 의미가 보다 뚜렷한 동명사들은 그렇지 못하다.

셋째, 한국어 동명사들은 문장론적 측면에서 기타의 명사들과 마찬가지로 격 형태를 취하고 비교적 자유롭게 주어, 보어, 상황어, 규정어 등으로 될 수 있으며 아무런 형태도 취하지 않고 술어로 되면서 동사와 마찬가지로 보어나 상황어를 취할 수 있다.

- 대회의 성공을 열렬히 축하.
  　　　 보어　 상황어 술어
- 박동수 영광스럽게도 인민대표로 피선.
  　　　 상황어　　 보어　 술어

이렇게 한국어 동명사는 아무런 형태도 취하지 않고 술어로 되면서 보어나 상황어를 취할 수는 있다. 그러나 보어를 취함에 있어서는 일정한 제약성을 받는다. 우선 접미사 '-하다'를 덧붙여 타동사를 이룰 수 있는 동명사는 대격 형태를 취한 보어를 가질 수 있지만(달성 ➡ 달성하다: 소기의 목적을 달성; 거행 ➡ 거행하다: 만여 명 노동자들 시위를 거행.) 그렇지 못한 동명사는 대격 형태를 취한 보어를 가지지 못한다. (당선 ➡ 당선하다: 영수의 그림이 전국청년 미술전람회에서 일등으로 당선.) 다음으로 '-하다', '-되다'를 덧붙여 '미침', '바꿈', '상대', '합침', '명명', '여김', '시발' 등의 뜻을 나타내는 동사를 이룰 수 있는 동명사들은 기타의 보어를 가질 수 있고 기타의 동명사들은 상황어만 취할 수 있다.

- 할아버지께서 이번 토론회에 친히 참석. (참석 ➡ 참석하다 [미침])
- 옥이가 반장으로 피선. (피선 ➡ 피선되다 [바꿈]) ·
- 이번 경연대회에서 옥이가 명가수로 인정. (인정 ➡ 인정하다, 인정되다 [여김])
- 나어린 소년들이 적들과 박투. (박투 ➡ 박투하다 [상대])
- 이번 전투에서 놈들은 여지없이 패배. (패배 ➡ 패배되다, 패배하다)
- 이재민들 사처로 피란. (피란 ➡ 피란하다)

동명사의 이러한 특성은 다 같은 행동성의 의미를 나타내면서도 동명사에 속하지 않는 기타의 명사들과 구별되는 본질적 특성의 하나이다. 예컨대 '노래'나 '체조' 등과 같은 명사들도 어떤 행동적 의미를 나타내는 것만은 사실이나 아무런 형태도 취하지 않고 술어로 쓰일 수 없으며 또 보어나 상황어를 가지지 못하므로 동명사와 구별된다.

넷째, 한국어 동명사들은 단어조성의 측면에서도 일련의 특성을 보이고 있는데 거의 대부분이 한어 동사 기원의 2음절 한자어 어근으로 이루어졌다. 파생어거나 고유어 어근으로 이루어진 동명사들은 그 수가 극히 적다.

- 건설, 달성, 보위, 실현, 연습, 완성, 정돈, 준공, 토론, 투쟁, 학습... (한자어)
- 시운전, 차별시, 급강하, 기계화, 간부화 (파생어)
- 걱정, 근심, 마련 (고유어)

그리고 이 동명사들은 단어조성의 요소로 쓰일 때에는 주로 '-하다' 나 '-되다'와 어울리어 '건설하다', '건설되다' 등과 같이 새로운 동사를 조성한다. 이 점에서 동명사는 '행실'이나 '행위' 등과 같은 행동성의 의미를 갖고 있는 한자어 명사들과도 구별된다. (행실 ➡ 행실하다, 행실되다 [X], 행위 ➡ 행위하다, 행위되다 [X])

이상의 제 사실들에서 볼 수 있는 바와 같이 한국어 동명사들은 다른 언어의 동명사들과는 다른 일련의 특성을 갖고 있을 뿐만 아니라 한국어의 기타 명사들과도 다른 일련의 독특한 특성을 갖고 있는 바 한국어 품사 체계에서 명사의 독특한 한 부류로 설정되어야 할 것이다.

2) 형명사

이른바 형명사란 대상적 의미와 함께 상태, 성질 등의 의미도 나타내면서 명사로서의 기능과 형용사로서의 기능을 다 같이 수행할 수 있는 명사의 한 부류를 가리킨다.

형명사는 한국어에만 고유한 단어의 한 부류인데 그 특성은 대체로 동명사와 비슷하나 다음과 같은 일련의 차이점들을 갖고 있다.

첫째, 의미론적 측면에서 형명사는 대상적 의미를 나타낸다는 점에서는 동명사와 비슷하나 동명사가 나타내는 행동의 의미를 나타내는 것이 아니라 상태나 성질의 의미를 나타낸다는 점에서 서로 구별된다. 바로 이러한 이유로 형명사라는 이름도 얻게 되는 것이다. 예를 들면 '곤란'은 "정작 일을 하자고 보니 곤란이 막심합니다.", "두 척의 배에 발을 들여놓은 영수의 처지 실로 곤란."에서 볼 수 있는 바와 같이 "몹시 딱하고 어려운 일" 또는 "몹시 딱하고 어려움"의 두 가지 뜻을 나타내고 있다. 즉 대상적 의미와 상

1부 | 품사 분류에서 제기되는 이중적 성격을 띠고 있는 단어들에 대하여

태나 성질의 의미를 비교적 균등하게 나타내고 있다. 그러나 형명사도 동명사와 마찬가지로 이런 이중적 의미가 모든 단어에서 다 균등하게 나타나는 것은 아니다. 예를 들면 '부족'은 "오늘에 와서는 자금의 부족을 더욱 절실히 느끼게 되었다.", "신공장 기술 역량이 대단히 부족."에서 볼 수 있는 바와 같이 두 문장에서 모두 "어떤 표준이나 한도에 모자람"의 뜻을 나타내고 있다. 다시 말하면 이 단어는 대상적 의미보다도 상태, 성질 등의 의미를 더 두드러지게 나타내고 있다.

이렇게 형명사는 그 정도의 차이는 있으나 대상적 의미와 상태나 성질의 의미를 다 같이 나타내는 것으로 특징지어지는데 거의 대부분의 형명사는 '부족'에서와 같이 상태나 성질의 의미를 전면에 내세우고 있다. 이 점에서도 형명사는 약 반수 이상이 대상적 의미와 행동적 의미 두 가지를 비교적 균등하게 나타낼 수 있는 동명사와 구별된다.

둘째, 형태론적 측면에서도 형명사는 동명사와 다른 일련의 특성을 갖고 있다. 동명사의 경우에는 대상적 의미와 행동적 의미를 비교적 균등하게 나타낼 수 있는 것들은 격 형태를 비교적 자유롭게 취할 수 있지만 형명사에서는 그렇지 못하다. 여격 형태나 위격 형태를 취함에 있어서 적지 않은 형명사들은 많은 제약을 받으며 (다행에, 다행에서; 고유에, 고유에서; 간고에, 간고에서; 다양에, 다양에서 [X]), 속격 형태는 일반적으로 취하지 못한다. (곤란의, 필요의, 부족의, 간고의, 다행의, 우세의 [X]) '고유'나 '특유'와 같은 극히 개별적인 형명사들만 속격 형태를 취하는 경우가 있다. (고유의 특성; 특유의 매력)

셋째, 문장론적 측면에서 많은 동명사가 격 형태를 비교적 자유롭게 취하면서 주어, 보어, 상황어, 규정어로 될 수 있는 데 반하여 형명사는 극히 적은 것들이 격 형태를 이러저러하게 취하면서 주어, 보어, 상황어로 될 수 있을 뿐이다.

① '곤란'
  • 그 어떤 곤란도 우리를 놀래우지는 못할 것입니다. (주어)

- 곤란을 전승하고 승리를 쟁취합시다. (보어)

② '부족'
- 기술 역량의 부족을 심심히 느꼈다. (보어)
- 우리 애는 칼슘의 부족으로 돌이 지나도록 서지도 못했다. (상황어)

③ '다행'
- 그만큼 된 것도 다행으로 생각해라. (상황어)

'고유'나 '특유' 등과 같은 몇 개의 형명사가 규정어로 쓰일 뿐 기타의 형명사가 규정어로 쓰이는 경우는 거의 발견되지 않는다.

- 우리말 형명사는 자체의 고유의 민족적 특성을 갖고 있다.
- 순실이는 부끄러우면 부끄러울수록 일층 더 태연자약해지는 정숙한 여성 특유의 걸음걸이로 걸어온다.

다음 형명사도 동명사와 마찬가지로 아무런 문법적 형태도 취하지 않고 술어로 쓰일 수 있는데 동명사와는 달리 상황어만 가질 수 있다.

- 현 사태 아주 긴박(상황어)
- 새 산품 구입에 자금이 매우 부족(상황어)

위의 예문들에서 볼 수 있는 바와 같이 형명사가 아무런 문법적 형태도 취하지 않고 술어로 될 때에는 부사나 부사형으로 된 정도의 상황어를 비교적 자유롭게 가질 수 있는데 그것은 이 형명사가 술어로 쓰일 경우에는 형용사와 비슷한 기능을 수행한다는 사정과 관련된다.

넷째, 단어조성의 측면에서 형명사는 기본상에서 동명사와 같은 수법에 의해 이루어진다. 형명사 중에는 한어 형용사 기원의 2음절 한자어로 된 것이 대부분인데 양적으로는 동명사의 3분의 1 좌우밖에 되지 않는다. 그리고 형명사가 단어조성의 요소로 쓰일 경우에는 '−하다'와 합하여 형용사를 이룬다. (곤란 ➡ 곤란하다, 다행 ➡ 다행하다, 부족 ➡ 부족하다, 우세

→ 우세하다, 중요 → 중요하다, 필요 → 필요하다)

형명사는 이상에서 보아 온 바와 같은 그 의미–문법적 제 특성의 차이로 동명사와는 다른 독자적인 단어의 한 부류로 되고 있다.

3) 형동사

이른바 형동사란 정적인 상태와 동적인 행동을 동시에 나타내면서 형용사로서의 기능과 동사로서의 기능을 다 수행할 수 있는 형용사의 한 부류를 가리킨다. 한국어의 형동사는 영어나 러시아어에서 형동사라고 일컫는 단어의 부류들과는 그 성질이 다르다.

한국어나 일본어의 형동사는 형용사의 일종으로서 형용사나 동사의 기능을 다 같이 수행하는 단어들의 부류이지만 영어나 러시아어에서 형동사라고 일컫는 단어의 부류들은 동사의 일종으로서 동사나 형용사의 기능을 다 같이 수행하는, 다시 말하면 형용사적으로 쓰일 수 있는 동사의 특수한 한 부류를 가리킨다.

주지하는 바와 같이 한국어에서는 형용사나 동사가 다 같이 체언을 규정해 줄 수 있지만 영어나 러시아어에서는 형용사가 자유롭게 체언을 규정해 주지 못하고 일부의 특수한 동사들만이 특정된 형태를 취하면서 체언을 규정해 줄 수 있다. 다시 말하면 일부의 특수한 동사들은 형용사처럼 쓰일 수 있다는 것이다. 바로 이러한 이유로 이 부류의 동사들은 형동사 또는 동형사라고 불리게 된 것이다. 예를 들면 영어 "China was a sleeping lion(중국은 자는 사자였었다.)"에서 형동사라고 하는 'Sleeping'(자는)은 동사 어간 'Sleep'(자다)에 접미사 'ing'이 붙어서 이루어진 동사의 일종 특수 형식인 동사의 현재분사인데 여기서는 형용사적으로 쓰이면서 명사 'lion'(사자)을 규정해 주고 있다. 러시아어의 형동사도 이와 마찬가지이다.

이렇게 한국어 형동사는 영어나 러시아어에서 말하는 형동사와는 질적으로 다른 차이를 보이고 있을 뿐만 아니라 한국어의 기타 품사들과도 구별되는 일련의 특성을 갖고 있다.

첫째, 의미론적 측면에서 형동사는 형용사나 동사와는 달리 정적인 상태나 성질도 나타내고 과정적인 행동도 나타낸다. 예를 들면 '밝다'는 "(어떤 물체가 내는 빛이) 어둠을 물리치고 환하다." (밝은 등불; 등불이 매우 밝다.)의 뜻과 "충분하게 환하게 되다." (밝는 날; 날이 점점 밝는다.)의 두 뜻으로 쓰이는 바 그 단어 자체 내에 성질이 판이한 두 가지 의미를 내포하고 문장 속에서 형용사로서의 기능과 동사로서의 기능을 다 같이 수행하고 있다.

그런데 지난날 일부 학자들은 형동사의 이런 의미론적 특성을 부인하고 단순히 형태 변화에 의한 형용사의 전용으로 인정해 왔다. 다시 말하면 '밝다'가 문장 속에서 동사로서의 기능을 수행하게 되는 것은 이런 단어가 동사가 취할 수 있는 문법적 형태, 즉 규정형 또는 종결형에서 동사만이 취할 수 있는 현재 시간을 나타내는 '–는'과 같은 문법적 형태를 취했기 때문이라고 설명하고 있다. 그러나 이런 해석은 한국어의 특성을 떠난 그릇된 해석이다. 교착어로서의 한국어는 주로 어근 또는 어간에 문법적 형태를 붙이는 방법으로 한 단어의 어휘–문법적 의미를 표현하는데 한 단어의 어휘–문법적 의미는 그 단어(형태단어를 가리킴)를 구성한 서로 다른 질서의 형태부들에 의해 표현된다. 즉 어휘적 의미는 어근이나 어간에 의해 표현되고 문법적 의미는 주로 문법적 형태에 의해 표현된다. 이리하여 한 단어의 어휘적 의미를 변화시키기 위해서는 어근이나 어간을 바꾸거나 어근에 접사를 첨가시켜야 하며 문법적 의미를 변화시키기 위해서는 문법적 형태를 바꾸거나 또 덧붙여야 한다. 어근을 바꾸는 방법으로 문법적 의미를 변화시킬 수도 없거니와 문법적 형태를 바꾸는 방법으로 어휘적 의미를 변화시킬 수도 없다. 물론 한국어에서는 문법적 형태의 변화에 의해서 일부 단어들의 어휘적 의미가 더 뚜렷이 드러날 수 있지만("꽃이 붉다." [붉은 상태], "꽃이 붉는다." [붉어지는 과정]) 문법적 형태의 변화에 의해 한 단어의 어휘적 의미가 결정되는 것은 아니다. 만약 우리가 문제를 이렇게

1부 | 품사 분류에서 제기되는 이중적 성격을 띠고 있는 단어들에 대하여

인식하지 않는다면 다음과 같은 경위의 단어의 의미 표현에 대해서는 해석할 수 없게 될 것이다.

- 꽃이 매우 붉습니다. (붉은 상태)
- 꽃이 점점 붉습니다. (붉어지는 과정)

위의 예문에서 '붉다'는 두 문장에서 모두 같은 형태로 표현되었음에도 불구하고 서로 다른 의미를 나타내고 있다. 그러니 문법적 형태의 변화가 어휘적 의미의 변화를 초래한 것이 아니라는 것이 너무나도 자명하다.

또 어떤 사람들은 '밝다'나 '붉다'가 나타낼 수 있는 과정적 행동의 의미는 특정된 문장 구조 속에서 갖게 되는 문맥적 의미라고 해석하고 있다. 다시 말하면 '밝다'나 '붉다'가 과정적 행동도 나타낼 수 있는 것은 '차차' 혹은 '점점' 등과 같은 시간부사의 수식을 받기 때문이라고 해석하고 있는데 이것도 그릇된 견해이다. 물론 "꽃이 매우 붉습니다."와 "꽃이 점점 붉습니다."에서 '붉다'가 나타내는 정적인 상태나 과정적인 행동의 의미가 정도부사 '매우'와 시간부사 '점점'에 의해 뚜렷하게 드러난 것만은 사실이나 그렇다 하여 이 두 부사에 의해 '붉다'의 서로 다른 의미가 결정된다고는 말할 수 없다. 일반적으로 한 단어의 문법적 기능은 그 단어의 의미를 결정해 주지는 못하지만 한 단어의 의미는 그 단어의 문법적 기능을 결정지어 주게 된다. 예컨대 "나는 영수와 싸웠다."에서 술어로 된 동사 '싸우다'가 '영수와'라는 이른바 '상대의 보어'를 가졌기 때문에 "서로 마주하는 행동"의 뜻을 나타내게 된 것이 아니라 이 동사가 "서로 마주하는 행동"의 의미를 갖고 있기에 이른바 '상대의 보어'도 가질 수 있는 문장론적 기능도 수행하게 된 것이다. '상대의 보어'의 유무는 '싸우다'의 어휘적 의미를 결정해 주는 데 아무런 작용도 일으키지 못하는바 "아이들이 싸운다.", "싸우는 애는 나쁜 애다."란 문장에서는 '상대의 보어'가 출현되지 않았지만 '싸우다'의 의미에는 아무런 변화도 나타나지 않았다.

'밝다'나 '붉다'의 경우에도 이와 마찬가지로 어떤 부사를 문장 구조 속에서 취할 수 있는가에 따라 이 단어들의 어휘적 의미가 결정되는 것이 아니라 이들 단어 자체가 갖고 있는 어휘적 의미의 속성에 의해 어떤 부사를 취할 수 있는가 하는 문법적 기능이 결정되게 된다. 지금까지 우리는 형동사는 성질이 판이한 이중적 의미를 갖고 있는 특수한 부류의 형용사라는 데 대해 보아왔다. 한국어에서 이런 의미론적 특성을 갖고 있는 단어들로는 "붉다, 검다, 밝다, 어둡다" 등과 같은 어떤 색깔이나 빛깔을 나타내는 단어, "늙다, 여위다, 크다, 무디다" 등과 같은 어떤 속성의 변화를 나타내는 단어, "기웃하다, 구부정하다, 무리하다, 격하다" 등과 같은 어떤 상태나 성질의 변화를 나타내는 것들이 있는데 그 수는 3백여 개에 불과하나 거의 전부가 고유어로 되었다는 것이 특징적이다.

둘째, 형태론적 측면에서 형동사들은 형용사가 취할 수 있는 문법적 형태는 비교적 자유롭게 취할 수 있지만 동사가 취할 수 있는 문법적 형태를 취함에 있어서는 많은 제약을 받는다. 우선 형동사는 규정형 '-ㄴ'을 취할 수는 있지만 이때 이 규정형이 나타내는 시간적 의미는 과거가 아니라 현재이다. 이 점에서 형동사가 비록 과정적 행동을 나타낸다고는 하지만 동사와는 구별되는 단어의 한 부류라는 것이 뚜렷이 드러난다.

[비교]
- 동사: 누운 사람, 읽은 책 (과거)
- 형동사: 붉은 꽃, 밝은 별 (현재)

다음으로 형동사는 동사와는 달리 권유와 명령을 나타내는 문법적 형태를 자유롭게 취하지 못하는데 이런 문법적 형태를 취할 수 있는 형동사들로는 "조용하다, 크다, 친하다, 늙다, 뚱뚱하다, 정숙하다" 등 몇몇 단어에 한정된다. ("동무들, 좀 조용합시다.", "동무들, 조용하십시오.") 그리고 이 부류의 단어들은 비교적 자유롭게 "-아라/-어라/-여라"를 취할 수 있는데 이 경우는 명령을 나타내는 것이 아니라 감탄을 나타낸다. (아이 어두워라!)

1부 l 품사 분류에서 제기되는 이중적 성격을 띠고 있는 단어들에 대하여 셋째, 문장론적 측면에서 형동사들은 형용사와 마찬가지로 정도부사의 수식을 받을 수도 있고 ("꽃이 매우 붉다.") 동사와 마찬가지로 상황부사의 수식을 받을 수도 있다. ("꽃이 점점 붉는다.") 그러나 상황부사의 수식을 받음에 있어서는 상당한 제약을 받는 바 어떤 상태의 변화를 나타낼 수 있는 일부 형동사들을 제외한 기타 대다수 형동사들은 "점점, 이미, 빨리" 등과 같은 부사들의 수식을 받음에서 이러저러한 제약을 받게 되는 데 (허리가 점점 시큰하다.) 이와 같은 사실도 한국어 형동사는 형용사의 일종이라는 것을 잘 설명해 준다.

넷째, 형동사는 형용사의 일종인 것만큼 단어조성의 측면에서 형용사와 비슷한 특성을 갖고 있는데 앞에서 간단히 언급한 바와 같이 거의 전부가 고유어로 이루어졌다는 것이 특징적이다. 이것은 형동사는 그 산생 역사가 오래며 또 그만큼 사용 빈도가 다른 부류의 단어들보다 높을 수 있다는 것을 시사해 준다. 형동사에 대한 참다운 연구의 필요성과 중요성도 바로 여기에 있는 것이다.

4) 양면동사

한국어에서는 전통적으로 동사를 그 행동이 다른 대상에 직접 미치느냐 미치지 않느냐에 따라 자동사와 타동사로 분류했는데 이런 분류는 동사의 자동-타동성 범주를 순수한 어휘-의미론적 범주도, 순수한 문법적 범주도 아닌 어휘-문법적 범주로 이해한 것이다. 동사의 자동-타동성을 이렇게 이해하는 것은 전적으로 정확한 것이다. 그런데 이로부터 동사를 자동사와 타동사로만 나누려는 데는 타당하지 못한 점들이 적지 않다. 왜냐하면 이런 자동-타동성의 기준에 따라서는 어느 한 부류에도 속할 수 없는 동사들이 현실적으로 상당히 많이 존재하기 때문이다. 예를 들면 "가슴이 들먹인다.", "가슴을 들먹인다."에서와 같이 동사 '들먹이다'는 자동성과 타동성의 두 특성을 동시에 소유하고 있기에 자동사에 소속시킬 수도 없고 타동사에 소속시킬 수도 없다. 그러므로 이런 동사들은 한국어 동사 체계에서 반드시 독자적인 자리를 차지해야 한다고 보면서 우리는 이런 부류의 동사들을 양면동사라 부르기로 한다. 즉 양면동사란 어휘-문법적으로 자동사의 성격과 타동사의 성격을 모두 소유하고 있는 동사의 한 부류를 가리킨다.

양면동사는 자동-타동성이라는 서로 다른 동사의 성격을 동시에 소유하고 있다는 점에서는 기타의 이중 성격을 띠고 있는 단어들의 부류와 비슷하나 그 이중적 성격이 성질이 완전히 판이한 두 품사의 특성이 아니라 동일한 한 품사 내에서의 서로 다른 부류의 단어들의 특성이라는 점에서는 기타의 이중적 성격을 띠고 있는 단어들의 부류와는 구별된다. 기타의 이중적 성격을 띠고 있는 단어들의 부류는 서로 다른 품사의 특성을 동시에 소유하고 어느 한 품사 체계에 소속되는 것만큼 어느 한 측면에서도 그가 소속된 품사와 특성을 꼭 같이 하고 있는 것은 없지만 양면동사는 같은 동사에 소속되는 두 부류의 단어들의 특성을 동시에 소유하고 있는 만큼 형태론적 측면에서거나 단어조성의 측면에서는 기타의 동사들과 그 특성을 완전히 같이 하고 있다. 다만 의미-기능적 측면에서 그 이중적 성격으로 말미암아 다른 동사들과는 다른 일련의 특성을 보이고 있을 따름이다.

이리하여 여기서는 양면동사의 의미-기능적 특성에 대해서만 토론하기로 한다. 양면동사의 의미-기능적 특성을 구체적으로 밝히기에 앞서 한 가지 언급해 둘 것은 동사의 자동-타동성이 어디까지나 어휘-문법적인 범주인 것만큼 자동-타동성으로 동시에 특징지어지는 양면동사들의 의미-기능적 특성은 서로 고립적으로 존재하며 따로 발현되는 것이 아니라 일정한 문장 구조 속에서 동시에 발현된다는 것이다. 이리하여 양면동사의 의미-기능적 특성은 부동한 문장의 구조적 유형을 밝히는 과정에서 비로소 명료해지게 된다. 그럼 아래에 양면동사들의 의미-기능적 특성에 대해 밝혀보기로 하자. 양면동사는 어휘-문법적 측면에서 자동사의 성격과 타동사의 성격을 동시에 소유하고 있는 단어들의 부류인 것만큼 의미론적 측면에서거나 기능적 측면에서 자동사로서의 특성과 타동사로서의 특성을 다 같이 나타내고 있다는 것은 두말할 것도 없다. 그러나 모든 양면동사가 이 두 특성을 균등하게 나타내는 것은 아니다.

[보기]
① '달리다'
- 말이 달린다.
- 그는 말을 달렸다.

② '만나다'
- 영수는 영옥이와 만났다.
- 영수는 영옥이를 만났다.

③ '앓다'
- 그는 앓는다.
- 그는 이를 앓는다.

여기에서 볼 수 있는 바와 같이 예 ①의 '달리다'는 동일한 단어 '말'을 성질이 판이한 두 성분, 즉 주어와 직접보어로 지배하여 성격이 완전히 판이한 문장을 이루면서 자동사로서의 성격과 타동사로서의 성격을 비교적 뚜렷하게 나타내고 있지만 예 ②의 '만나다'는 동일한 단어 '영옥이'를 성질이 완전히 판이한 두 성분으로 지배하여 완전히 다른 문장 구조를 이루는 것이 아니라 동일한 단어 '영옥이'를 성질이 비슷한 보어, 즉 직접 보어와 다른 보어와의 중간적 상태에 놓이는 그런 성분으로 지배하여 (물론 학교 문법과 같은 데서는 구격 형태를 취한 경우에는 상관의 보어로, 대격형태를 취한 경우에는 직접보어로 그 형태론적 표식에 의해 가를 수도 있겠지만 본질상에서는 그 어느 하나에도 속하지 않는 그런 중간적 상태에 놓이는 성분인 것만은 틀림없다.) 성질이 비슷한 문장 구조를 이루면서 자동사로서의 성격도 뚜렷이 나타내지 못하고 타동사로서의 성격도 뚜렷이 나타내지 못하고 있다. 그리고 예 ③의 '앓다'는 앞의 두 부류의 동사들과는 달리 직접보어 '이를'을 취하느냐 않느냐에 따라 자동사문을 구성할 수도 있고 타동사문을 구성할 수도 있다. 즉 이 동사의 자동-타동성이라는 이중적 성격은 화자의 이야기의 목적에 따라 결정되는 수의적인 현상이다. 가령 "나는 어제 앓았소."라는 문장이 있다고 할 때 이 문장에서는 반드시 직접보어를 넣어서 표현해야 한다고 주장할 이유도 없을 것이며 또 "나는 어제 이를 앓았소."라는 문장이 있다고 할 때 이 문장에서는 반드시 직접보어를 빼버려야 한다고 주장할 이유도 없을 것이다. 그러니 화자가 직접보어를 넣지 않은 한에서는 어디까지나 자동사문으로 될 것이다. 이렇게 예 ③의 '앓다'와 같은 동사들의 이중적 성격은 문맥 속에서 얻게 되는 수의적인 것이다.

이상의 고찰에서 볼 수 있는 바와 같이 양면동사들은 그 의미-기능적 특성의 차이에 따라 크게 세 개의 부류로 나뉘게 되는데 예 ①의 '달리다'와 같은 양면동사들을 '완전 양면동사'라 부르고 예 ②의 '만나다'와 같은 양면동사들을 '불완전 양면동사'라 부르며 예 ③의 '앓다'와 같은 양면 동사들을 '수의적 양면동사'라 부르기로 한다. 그런데 여기서 한 가지 지적해 둘 것은 예 ③의 '앓다'와 같은 수의적 양면동사들은 앞에서도 언급한 바와 같이 그 의미-기능적 특성이 문맥 속에서 화자의 이야기의 목적에 따라 발현되는 것만큼 그 이중적 성격이 온고하지 못하기 때문에 언어발전의 일정한 단계에 이르러서는 기필코 어느 한쪽으로 기울어지게 된다는 것이다.

4. 결론

지금까지 우리는 한국어 품사 체계에서 이중적 성격을 띠고 있는 단어들의 발달 행적과 그 특성에 대해 살펴보았다. 아래 지금까지 논의된 내용을 요약하는 것으로 결론을 대신하고자 한다.

첫째, 한국어에서 이중적 성격을 띠고 있는 단어들은 어휘-문법적 특성에 따라 동명사, 형명사, 형동사, 양면동사 등으로 대별될 수 있는데 이런 단어들은 다른 언어에서의 꼭같은 명칭으로 불리는 이중적 성격을 띠고 있는 단어들과 구별될 뿐만 아니라 한국어의 다른 품사들과는 다른 일련의 특성을 갖고 있는 바 마땅히 한국어 품사 체계에서 독자적인 부류로 설정되어야 할 것이다.

둘째, 단어의 차용, 단어의 의미의 확대, 단어조성의 수법 등은 한국어에서 이중적 성격을 띠고 있는 단어들을 산생시킨 주 요인으로 되고 있을 뿐만 아니라 그 어떤 언어의 경우를 물론하고 언어 발달의 주 요인으로 된다. 이와 같은 사실은 이중적 성격을 띤 단어들은 언어 발달의 어느 한 역사적 단계의 산물로서만 존재하는 것이 아니라 언어 발달의 전 행정에서 앞으로도 계속 산생될 수 있다는 것을 시사해 준다.

셋째, 이중적 성격을 띤 단어들에 대한 연구는 한국어 품사를 보다 과학적으로 분류함에 있어서는 물론 한국어의 민족적 특성을 옳게 밝히고 한국어를 바르게 사용함에 있어서 매우 중요한 의의를 갖고 있는 바 이에 대한 연구는 앞으로도 계속 활발히 진행되어야 할 것이다.

* 이 논문은 중앙민족대학교 조선-한국학연구소 편 『조선-한국학연구』(민족출판사, 2006년, 1~22쪽)에 실려 있음.

조선어 동사의 의미론적 특성과 문장론적 기능에 대하여

0

0·1 본 논문에서는 주로 우리말 동사의 의미론적 특성과 그 문장론적 기능에 대해 토론하려 한다.

0·2 본 논문의 집필을 위하여 우리는 《조선말사전》(전6권)에서 사용 빈도수가 비교적 높은 만여 개의 동사들을 추려서 좀 더 구체적으로 분석하면서 세심히 다루어 보기에 힘썼다.

1

1·0 우선 단어의 의미론적 특성과 문장론적 기능과의 상호관계에 대해 토론한 기초 상에서 조선어 동사의 의미론적 특성과 그 문장론적 기능에 대해 토론하기로 한다.

1·1 단어의 의미론적 특성이란 단어의 의미적 성분분석에서 분석되는 한 단어가 갖고 있는 일련의 의미적 성분의 특징을 가리킨다.

예를 들면 단어 《소녀》는 의미적 성분분석에서 《사람》, 《여성》, 《미성년》등등의 의미적 성분의 특징으로 분석될 수 있고 단어 《만들다》는 의미적 성분분석에서 《움직임》, 《타동성》, 《전성》 등등의 의미적 성분의 특징으로 분석될 수 있으며 단어 《낮다》는 《성질》, 《정도》, 《비교》 등등의 의미적 성분의 특징으로 분석될 수 있는데 이렇게 분석되는 의미적 성분의 특징이 바로 이상의 세 단어가 갖고 있는 의미론적 특성이다.

이렇게 대개 단어들은 모두 그 자체에 고유한 일정한 의미론적 특성 즉 일련의 의미적 성분의 특징을 갖고 있는데 단어의 의미적 성분 분석에서 한 단어가 다른 단어와 구별되는 의미론적 특성을 확정함에 있어서는 이 모든 의미적 성분의 특징들이 다 같이 중요시되는 것은 아니다. 왜냐하면 단어들이 갖고 있는 일련의 의미적 성분의 특징들 사이에는 차이점과 함께 일정한 공통점들도 존재할 수 있기 때문이다. (이런 공통점은 필연적으로 존재하게 된다.)

예를 들면 단어 《소녀》와 《소년》은 의미적 성분분석에서 다 같이 《사람》, 《미성년》이라는 의미적 성분의 특징으로 분석될 수 있는바 이 두 단어의 서로 다른 의미론적 특성을 확정함에 있어서 이 두 가지의 의미적 성분의 특징은 아무런 의의도 갖지 못한다. 이 두 단어의 서로 다른 의미론적 특성은 결국 《여성》인가 아니면 《남성》도 포괄하는가 하는 의미적 성분의 특징에 의해 결정된다.

또 예를 들면 단어 《낮다》와 《같다》는 의미적 성분 분석에서 다 같이 《성질》, 《비교》라는 의미적 성분의 특징으로 분석될 수 있는바 이 두 단어의 서로 다른 의미론적 특성을 확정함에 있어서는 이 두 가지 의미적 성분의 특징은 아무런 의의도 갖지 못한다. 이 두 단어의 서로 다른 의미론적 특성은 결국 《정도》라는 의미적 성분의 특징을 갖고 있는가 아니면 《상태》라는 의미적 성분의 특징을 갖고 있는가에 의해 결정된다.

이상의 사실에서 알 수 있는 바와 같이 단어의 의미적 성분분석에서 한 단어의 의미론적 특성을 확정함에 있어서는 주로 다른 단어의 의미적 성분의 특징과 구별되는 어느 한 의미적 성분의 특징을 밝혀 내는 데 특별히 힘을 기울여야 한다.

1·2 단어의 문장론적 기능이란 한 단어가 문장구조 속에서 일으키는 일련의 작용을 가리킨다. 즉 그 단어가 어떤 구성요소와는 결합될 수 있고 어떤 구성요소와는 결합될 수 없으며 어떤 구성요소와는 필수적으로 공존할 것을 요구하고 어떤 구성요소와는 수의적으로 공존할 것을 요구하며 또 어순이나 형태 변화에 의한 어떤 변형은 가능하고 어떤 변형은 불가능한가 하는 등의 일련의 서로 다른 특징을 가리킨다.

예를 들면 단어 《울다》는 문장구조 속에서 서술어로 될 때 《새가 운다.》에서와 같이 언제나 《누가 (무엇이)》라는 물음에 대답할 수 있는 구성요소를 필수로 하며 또 《새가 아침에 나무가지에서 구성지게 운다.》에서와 같이 《언제》, 《어디서》, 《어떻게》 라는 물음에 대답할 수 있는 구성요소들을 수의적으로 더 가질 수 있다.

그런데 단어 《다투다》는 《철이는 아침에 길가에서 영수와 몹시 다투었다》에서와 같이 《언제》, 《어디서》, 《어떻게》 라는 물음에 대답할 수 있는 구성요소를 수의적으로 더 가질 수 있다는 점에서는 《울다》와 그 문장론적 기능이 비슷하나 《누가(무엇이)》라는 물음에 대답할 수 있는 구성요소와 함께 《누구와(무엇과)》라는 물음에 대답할 수 있는 구성요소를 더 필수적으로 요구한다는 점에서는 《울다》와는 서로 다른 기능적 특성을 보이고 있다. 이것이 바로 《울다》와 《다투다》의 서로 다른 문장론적 기능이다.

단어들의 서로 다른 문장론적 기능은 어떤 구성요소를 필수적으로 요구하느냐에 의해서 규정될 수 있을 뿐만 아니라 어떤 수의적 구성요소를 더 가질 수 있느냐에 의해서도 규정될 수 있다.

예를 들면 단어 《치솟다》는 서술어로 될 때 어떤 구성요소를 필수적으로 요구하느냐 하는 점에서는 그 기능이 《울다》와 같다고 할 수 있다.

- 매가 치솟는다.

어떤 구성요소를 수의적으로 더 가질 수 있는가 하는 점에서는 서로 차이를 보이고 있다.

- 매가 방금 수풀 속에서 쏜살같이 하늘로 치솟았다.

여기서 볼 수 있는 바와 같이 《치솟다》는 《울다》보다 《어디로》 (하늘로) 라는 물음에 대답할 수 있는 구성요소를 수의적으로 더 가질 수 있는데 이것은 이 두 단어의 문장론적 기능이 완전히는 같은 것이 아님을 설명해 준다.

이밖에도 우리말에서는 서로 동일한 필수적 구성요소나 수의적 구성요소를 가질 수 있는 단어들이 어순이나 형태 변화에 의한 변형 규칙이 다름으로 하여 그 문장론적 기능에서의 섬세한 차이를 보이는 경우도 있다.

[보기]
- 우리는 제방을 튼튼히 다지었다.
- 우리는 제방을 튼튼히 하였다.

위의 예문의 동사 《다지다》와 《하다》는 모두 《누가 (무엇이)》라는 물음에 대답할 수 있는 구성요소와 《누구를(무엇을)》이라는 물음에 대답할 수 있는 구성요소를 필수적으로 요구하며 또 《언제》, 《어떻게》 등의 물음에 대답할 수 있는 구성요소들도 다같이 수의적으로 더 가질 수 있다. 그러

강은국 선생 한국어 연구와 한국어 교육 논총

나 이 두 단어는 어순에 의한 변형 규칙이 다름으로 해서 그 기능상의 차이를 보이고 있다. 즉 첫 번째 문장은 《우리는 튼튼히 제방을 다지었다.》로 그 어순을 바꿀 수 있지만 두 번째 문장은 《우리는 튼튼히 제방을 하였다.》로 그 어순을 바꿀 수 없다.

이상의 토론에서 볼 수 있는 바와 같이 한 단어의 문장론적 기능을 확정함에 있어서는 여러 가지 부동한 징표에 의거할 수 있다. 그러나 실제 작업에서 이 모든 징표가 다 같이 중요시되는 것은 아니다. 왜냐하면 한 단어가 문장구조 속에서 어떤 수의적 구성요소를 더 가질 수 있는가 또 어순이나 형태 변화에 의한 어떤 변형은 가능한가 하는 등의 징표는 우리 말에서는 품사에 따라 거의 비슷하게 적용되기 때문이다. 그러므로 우리 말에서는 한 단어의 문장론적 기능을 확정함에 있어서는 반드시 그 단어가 어떤 구성요소와 필수적으로 공존하는가 하는 것을 중요한 징표로 삼아야 한다. 이 징표는 부동한 품사에서는 물론 동일한 품사에 속하는 단어들에서도 서로 달리 적용되는 바 한 단어의 문장론적 기능을 규정함에 있어서 가장 기본적이며 또 가장 본질적인 징표로서 이 징표를 떠나서는 기타의 징표들은 작용하지 못하게 된다.

1·3 지금까지 우리는 단어의 의미론적 특성과 문장론적 기능의 일반적인 개념에 대해 토론했다. 그렇다면 단어의 의미론적 특성과 문장론적 기능은 어떤 관계를 갖고 있는가를 보기로 하자.

우리는 한 단어의 문장론적 기능은 그 단어가 갖고 있는 의미론적 특성에 의해 결정된다고 인정한다. 바꾸어 말하면 한 단어가 갖고 있는 의미론적 특성은 그 단어의 문장론적 기능을 규정지어 주는 결정적인 요인이라는 것이다.

그것은 우선 단어들의 의미론적 특성의 차이에 따라 그것과 공존하는 필수적 구성요소가 서로 달리된다는 사실에서 알 수 있다.

- 우리는 나무에 물을 주었다.

- 우리는 세멘트에(세멘트와) 모래를 혼합했다.
- 우리는 밭에 콩과(콩에) 옥수수를 혼작했다.

위의 예문에서 볼 수 있는 바와 같이 첫 번째 문장의 서술어로 된 동사 《주다》와 두 번째 문장의 서술어로 된 동사 《혼합하다》는 그 문장론적 기능에 있어서 《무엇에 (누구에게)》(나무에)라는 물음에 대답할 수 있는 구성요소와 필수적으로 공존할 것을 요구하는가 아니면 《무엇에 (누구에게)/무엇과 (누구와)》(세멘트에/세멘트와)라는 물음에 대답할 수 있는 구성요소와 필수적으로 공존할 것을 요구하는가 하는 점에서 서로 다른 특성을 보이고 있고, 세 번째 문장의 서술어로 된 동사 《혼작하다》는 그 문장론적 기능에 있어서 《주다》와 마찬가지로 《무엇에 (누구에게)》(밭에)라는 물음에 대답할 수 있는 구성요소와 필수적으로 공존할 것을 요구할 뿐만 아니라 《혼합하다》와 마찬가지로 《무엇에 (누구에게)/무엇과(누구와)》(콩과/콩에)라는 물음에 대답할 수 있는 구성요소와도 필수적으로 공존할 것을 요구한다는 점에서 앞의 두 단어와는 서로 다른 특성을 보이고 있다.

그러면 이 세 개의 단어들은 그 어떤 요인에 의해 이렇게 서로 다른 구성요소와 필수적으로 공존하게 되는가? 그것은 전적으로 이 단어들이 갖고 있는 의미론적 특성의 차이에 의해 결정되는바 《주다》는 《미침》이란 의미적 성분의 특징을 갖고 있는 데 반하여 《혼합하다》는 《합침》이란 의미적 성분의 특징을 갖고 있으며 《혼작하다》는 《미침》이란 의미적 성분의 특징과 《합침》이란 의미적 성분의 특징을 동시에 갖고 있기 때문이다. 이렇게 우리말에서는 단어들의 의미론적 특성의 차이에 따라 그것들과 공존하는 필수적 구성요소가 달리될 수 있다.

다음 우리말에서는 단어들의 의미론적 특성의 차이에 따라 그것과 필수적으로 공존하는 구성요소가 어떤 구조적 단위로 되어야 하는가도 결정될 수 있다.

- 우리는 자금이 부족이다.

- 우리는 진퇴가 양난이다.

위의 예문에서 볼 수 있는 바와 같이 서술어로 된 명사 《부족》과 《양난》은 다 같은 물음에 대답할 수 있는 구성요소와 필수적으로 공존할 것을 요구하고 있다. 그런데 《양난》은 《부족》과는 달리 그것과 필수적으로 공존할 것을 요구하는 《무엇이(누가)》②가 반드시 서로 상반되는 개념을 나타내는 합성어(진퇴가)로 되게끔 지배하고 있는데 이것은 전적으로 《부족》이 《단수》라는 의미적 성분의 특징을 갖고 있는 데 반하여 《양난》은 《복수》라는 의미적 성분의 특징을 갖고 있다는 의미론적 특성의 차이에 의해 결정된 것이다.

이상의 제 사실들은 우리말에서는 단어들의 의미론적 특성에 의해 그 단어들의 문장론적 기능이 결정된다는 것을 설명해 준다.

2

2·0 아래에 우리말 동사들의 의미론적 특성과 그 문장론적 기능에 대해 토론해 보기로 하자.　.

2·1 우리말 동사는 우선 《타동성》과 《자동성》이라는 의미적 성분의 특징에 의해 크게 타동사, 자동사, 양면동사로 나뉠 수 있다.

2·1·1 타동사란 《타동성》이란 의미적 성분의 특징을 갖고 있는 동사를 가리키는데 이 부류에 속하는 동사들은 모두 그 문장론적 기능에 있어서 언제나 《무엇을(누구를)》이라는 물음에 대답할 수 있는 구성요소를 필수적으로 요구하는 것이 특징적이다.

- 토끼가 풀을 먹는다.
- 영자가 널을 뛴다.

- 그는 <u>옥희를</u> 안해로 삼았다.

2·1·2 자동사란 《자동성》이란 의미적 성분의 특징을 갖고 있는 동사를 가리키는데 이 부류에 속하는 동사들은 모두 그 문장론적 기능에 있어서 언제나 《무엇을(누구를)》이라는 물음에 대답할 수 있는 구성요소를 필수적으로 요구하지 않는 것이 특징적이다.

- 꽃이 <u>핀다.</u>
- 창수는 사업에 <u>참가했다.</u>
- 그는 나와 벗이 <u>되었다.</u>

2·1·3 양면동사란 《타동성》과 《자동성》이란 의미적 성분의 특징을 동시에 소유하고 있는 동사 즉 타동사와 자동사의 의미론적 특성을 동시에 소유하고 있는 동사를 가리키는데 이 부류에 속하는 동사들은 그 문장론적 기능에 있어서도 타동사와 자동사의 특징을 동시에 소유하고 있다.

- 어린애가 <u>오또기를</u> 되똑되똑한다. (타동성)
- 오또기가 되똑되똑한다. (자동성)

2·2 지금까지 우리는 우리말 동사는 그 의미론적 특성의 대립에 의해 크게 타동사, 자동사, 양면동사 세 부류로 대별될 수 있다는데 대해 살펴보았다. 그럼 아래에 이 세 부류의 동사들의 의미론적 특성과 문장론적 기능에 대해 좀 더 구체적으로 살펴보기로 하자.

2·2·1 자동사의 의미론적 특성과 문장론적 기능

자동사에 속하는 단어들은 그 의미론적 특성의 대립에 따라 《기본자동사》, 《미침자동사》, 《바뀜자동사》, 《여김자동사》, 《상대자동사》, 《합침자동사》, 《시발자동사》, 《심리자동사》 등 여덟 가지의 부류로 다시 나뉠 수 있다.

2·2·1·1 기본자동사

기본자동사란 의미적 성분분석에서 다만 《움직임》, 《자동성》이란 가장 기본적인 의미적 성분의 특징으로 분석되는 동사를 가리킨다. 이 부류에 속하는 동사들은 그 문장론적 기능에 있어서 다만 《무엇이(누가)》라는 물음에 대답할 수 있는 구성요소만을 필수적 구성요소로 요구하는 것이 특징적이다.

- 새가 운다.
- 아이가 간다.
- 꽃이 핀다.

이 부류에 속하는 동사들은 그 수량이 비교적 많은 바 자동사 총수의 약 76%를 차지하고 있다.

2·2·1·2 미침자동사

미침자동사란 기본자동사가 갖고 있는 의미적 성분의 특징 외에 《미침》이란 의미적 성분의 특징을 더 갖고 있는 동사이다. 이 부류에 속하는 동사들은 그 문장론적 기능에 있어서 모두 《무엇에 (누구에게)》라는 물음에 대답할 수 있는 구성요소를 필수적으로 더 요구하는 것이 특징적이다.

- 그는 회의에 출석하였다.
- 옥이는 달빛에 매혹되었다.
- 철이는 공부에 열중했다.

이 부류에 속하는 동사들로는 《참가하다, 출석하다, 가입하다, 반하다, 매혹되다, 도취되다, 열중하다, 정착하다, 은신하다, 주둔하다, 속하다, 망라되다, 소속되다, 사례하다, 서명하다, 화풀이하다, 의거하다, 의뢰하다, 비기다, 중독되다, 속히우다, 달하다, 이르다…》 등등이 있다.

1부 | 조선어 동사의 의미론적 특성과 문장론적 기능에 대하여

2·2·1·3 바뀜자동사

바뀜자동사란 기본자동사가 갖고 있는 의미적 성분의 특징 외에 《바뀜》이란 의미적 성분의 특징을 더 갖고 있는 동사이다. 이 부류에 속하는 동사들은 그 문장론적 기능에 있어서 모두 《무엇으로(누구로)》라는 물음에 대답할 수 있는 구성요소를 필수적으로 더 요구하는 것이 특징적이다.

- 물이 얼음으로 되었다.
- 그는 반장으로 선거되었다.
- 누에가 번데기로 화하였다.

이 부류에 속하는 동사들로는 《되다, 선거되다, 전성되다, 추대되다, 당선되다, 화하다, 대체되다…》 등등이 있다.

2·2·1·4 여김자동사

여김자동사란 기본자동사가 갖고 있는 의미적 성분의 특징 외에 《여김》이란 의미적 성분의 특징을 더 갖고 있는 동사이다. 이 부류에 속하는 동사들은 그 문장론적 기능에 있어서 모두 《무엇으로(누구로)/무엇이라고(누구라고)》라는 물음에 대답할 수 있는 구성요소를 필수적으로 더 요구하는 것이 특징적이다.

- 이 옥들은 당대의 것으로(당대의 것이라고) 추정된다.
- 우리 연대는 《영웅연대》로(《영웅연대》라고) 명명되었다.
- 옥이는 명가수로(명가수라고) 인정되었다.

이 부류에 속하는 동사들로는 《인정되다, 간주되다, 추정되다, 명명되다, 공인되다, 짐작되다, 판정되다…》 등등이 있다.

2·2·1·5 상대자동사

상대자동사란 기본자동사가 갖고 있는 의미적 성분의 특징 외에 《상대》란 의미적 성분의 특징을 더 갖고 있는 동사이다. 이 부류에 속하는 동사들은 그 문장론적 기능에 있어서 모두 《무엇과 (누구와)》라는 물음에 대답할 수 있는 구성요소를 필수적으로 더 요구하는 것이 특징적이다.

- 철이는 영수와 다투었다.
- 아버지는 박서방과 맞상하였다.
- 첩이 어찌 귀주와 동련하리까?

이 부류에 속하는 동사들로는 《다투다, 싸우다, 씨름하다, 눈겨룸하다, 쟁론하다, 동련하다, 잠동무하다, 갈라지다, 절교하다…》 등등이 있다.

2·2·1·6 합침자동사

합침자동사란 기본자동사가 갖고 있는 의미적 성분의 특징 외에 《합침》이란 의미적 성분의 특징을 더 갖고 있는 동사이다. 이 부류에 속하는 동사들은 그 문장론적 기능에 있어서 모두 《무엇과(누구와)/무엇에 (누구에게)》라는 물음에 대답할 수 있는 구성요소를 필수적으로 더 요구하는 것이 특징적이다.

- 고동하는 송화강과(송화강에) 합수된다.
- 연변은 조선과(조선에) 접하였다.
- 주무랑마봉은 하늘과(하늘에) 맞닿았다.

이 부류에 속하는 동사들로는 《맞붙다, 맞닿다, 연결되다, 합수되다, 합설되다, 어울리다, 겹치다, 접하다, 이웃하다, 일치되다…》 등등이 있다.

2·2·1·7 시발자동사

시발자동사란 기본자동사가 갖고 있는 의미적 성분의 특징 외에 《시발》이란 의미적 성분의 특징을 더 갖고 있는 동사이다. 이 부류에 속하는 동사들은 그 문장론적 기능에 있어서 모두 《무엇에서(누구에게서)》라는 물음에 대답할 수 있는 구성요소를 필수적으로 더 요구하는 것이 특징적이다.

- 그는 어학회에서 탈회했다.
- 분쟁은 토지쟁탈 사건에서 야기되었다.
- 그들은 낡은 관습에서 해탈되었다.

이 부류에 속하는 동사들로는 《탈퇴하다, 탈회하다, 해탈되다, 퇴회하다, 기원하다, 유발되다, 발원하다, 야기되다…》 등등이 있다.

2·2·1·8 심리자동사

심리자동사란 기본자동사가 갖고 있는 의미적 성분의 특징 외에 《심리》라는 의미적 성분의 특징을 더 갖고 있는 동사이다. 이 부류에 속하는 동사들은 그 문장론적 기능에 있어서 모두 《무엇이(누가)》라는 물음에 대답할 수 있는 구성요소를 필수적으로 더 요구하는 것이 특징적이다.

- 나는 네가 근심된다.
- 나는 만년필이 욕심난다.

이 부류에 속하는 동사들로는 《근심되다, 걱정되다, 생각나다, 욕심나다…》 등이 있다.

2·2·2 타동사의 의미론적 특성과 문장론적 기능

타동사에 속하는 단어들은 그 의미론적 특성의 대립에 따라 《기본타동사》, 《미침타동사》, 《바꿈타동사》, 《여김타동사》, 《상대타동사》, 《합침타동사》, 《시발타동자》, 《명명타동사》, 《미침-합성타동사》 등 아홉 가지의 부류로 다시 나눌 수 있다.

2·2·2·1 기본타동사

기본타동사란 의미적 성분분석에서 다만 《움직임》, 《타동성》이란 가장 기본적인 의미적 성분의 특징으로 분석되는 동사를 가리킨다. 이 부류에 속하는 동사들은 그 문장론적 기능에 있어서 다만 《무엇이(누가)》라는 물음에 대답할 수 있는 구성요소와 《무엇을 (누구를)》이라는 물음에 대답할 수 있는 구성요소만을 필수적으로 요구하는 것이 특징적이다.

- 토끼가 풀을 먹는다.
- 학생이 책을 읽는다.
- 옥이가 널을 뛴다.

이 부류에 속하는 동사들도 기본자동사와 마찬가지로 그 수량이 비교적 많은바 타동사 총수의 약 71%를 차지하고 있다.

2·2·2·2 미침타동사

미침타동사란 기본타동사가 갖고 있는 의미적 성분의 특징 외에 《미침》이란 의미적 성분의 특징을 더 갖고 있는 동사이다. 이 부류에 속하는 동사들은 그 문장론적 기능에 있어서 모두 《무엇에 (누구에게)》라는 물음에 대답할 수 있는 구성요소를 필수적으로 더 요구하는 것이 특징적이다.

- 돌쇠는 낚시대에 비밀문건을 간직했다.
- 은숙이는 용식이에게 사랑을 고백했다.
- 아버지는 야학교에 딸애를 넣었다.

이 부류에 속하는 동사들로는 《주다, 드리다, 부탁하다, 기탁하다, 위탁하다, 부설하다, 가설하다, 탐문하다, 고백하다, 감추다, 시키다, 뜯기다…》 등등이 있다.

2·2·2·3 바꿈타동사

바꿈타동사란 기본타동사가 갖고 있는 의미적 성분의 특징 외에 《바꿈》이란 의미적 성분의 특징을 더 갖고 있는 동사이다. 이 부류에 속하는 동사들은 그 문장론적 기능에 있어서 모두 《무엇으로 (누구로)》라는 물음에 대답할 수 있는 구성요소를 필수적으로 더 요구하는 것이 특징적이다.

- 송노인은 옥녀를 며느리로 삼았다.

- 우리는 밭을 <u>논으로</u> 만들었다.
- 그들은 <u>김노인을</u> <u>윗어른으로</u> 추대했다.

이 부류에 속하는 동사들로는《만들다, 삼다, 갈음하다, 치환하다, 추대하다, 교체하다, 대치하다…》등등이 있다.

2·2·2·4 여김타동사

여김타동사란 기본타동사가 갖고 있는 의미적 성분의 특징 외에《여김》이란 의미적 성분의 특징을 더 갖고 있는 동사이다. 이 부류에 속하는 동사들은 그 문장론적 기능에 있어서 모두《무엇으로(누구로)/무엇이라고(누구라고)》라는 물음에 대답할 수 있는 구성요소를 필수적으로 더 요구하는 것이 특징적이다.

- 우리는 <u>실패를</u> <u>성공의 어머니로(성공의 어머니라고)</u> 간주한다.
- 나는 <u>영수를</u> <u>영철이로(영철이라고)</u> 뒤보았다.
- 의사는 내 <u>병을</u> <u>위암으로(위암이라고)</u> 오진했다.

이 부류에 속하는 동사들로는《여기다, 간주하다, 뒤보다, 오진하다, 오판하다, 인정하다, 단정하다, 잠정하다…》등등이 있다.

2·2·2·5 상대타동사

상대타동사란 기본타동사가 갖고 있는 의미적 성분의 특징 외에《상대》란 의미적 성분의 특징을 더 갖고 있는 동사이다. 이 부류에 속하는 동사들은 그 문장론적 기능에 있어서 모두《무엇과(누구와)》라는 물음에 대답할 수 있는 구성요소를 필수적으로 더 요구하는 것이 특징적이다.

- 나는 <u>박동무와</u> 장기를 맞두었다.
- 나는 <u>영수와</u> 승부를 겨루었다.
- 총각은 <u>처녀와</u> 아름다운 내일을 약속했다.

이 부류에 속하는 동사들로는《약속하다, 언약하다, 토의하다, 기약하다, 겨루다, 맞두다, 내기하다, 바꾸다, 상환하다, 교환하다…》등등이 있다.

2·2·2·6 합침타동사

합침타동사란 기본타동사가 갖고 있는 의미적 성분의 특징 외에 《합침》이란 의미적 성분의 특징을 더 갖고 있는 동사이다. 이 부류에 속하는 동사들은 그 문장론적 기능에 있어서 모두 《무엇과 (누구와)/무엇에 (누구에게)》라는 물음에 대답할 수 있는 구성요소를 필수적으로 더 요구하는 것이 특징적이다.

- 그들은 세멘트와(세멘트에) 모래를 뒤섞었다.
- 우리는 초간본과(초간본에) 중간본을 대조하였다.
- 영수는 달려오는 자동차와(자동차에) 이마를 맞찧었다.

이 부류에 속하는 동사들로는 《뒤섞다, 혼합하다, 합설하다, 맞찧다, 맞받다, 대조하다, 비교하다, 합장하다…》등등이 있다.

2·2·2·7 시발타동사

시발타동사란 기본타동사가 갖고 있는 의미적 성분의 특징 외에 《시발》이란 의미적 성분의 특징을 더 갖고 있는 동사이다. 이 부류에 속하는 동사들은 그 문장론적 기능에 있어서 모두 《무엇에서 (누구에게서)》라는 물음에 대답할 수 있는 구성요소를 필수적으로 더 요구하는 것이 특징적이다.

- 그는 회원들에게서 회비를 거두었다.
- 나는 영수에게서 책을 빌렸다.
- 그는 옥주를 죽음의 길에서 구출해냈다.

이 부류에 속하는 동사들로는 《거두다, 꾸다, 빌리다, 구출하다, 발췌하다, 전재하다, 제명하다, 내보내다, 내쫓다…》등등이 있다.

2·2·2·8 명명타동사

명명타동사란 기본타동사가 갖고 있는 의미적 성분의 특징 의에 《명명》이란 의미적 성분의 특징을 더 갖고 있는 동사이다. 이 부류에 속하는 동사들은 그 문장론적 기능에 있어서 모두 《무엇이라고(누구라고)》라는 물음에 대답할 수 있는 구성요소를 필수적으로 더 요구하는 것이 특징적이다.

- 나는 그를 형님이라고 부른다.
- 사람들은 아스피린을 만병통치약이라고 일컫는다.
- 중화인민공화국을 중국이라고 약칭한다.

이 부류에 속하는 동사들로는 《일컫다, 부르다, 칭하다, 약칭하다, 총칭하다, 통칭하다, 이름하다…》 등등이 있다.

2·2·2·9 미침-합성타동사

미침-합성타동사란 기본타동사가 갖고 있는 의미적 성분의 특징 외에 《미침》과 《합침》이란 의미적 성분의 특징을 더 갖고 있는 동사이다. 이 부류에 속하는 동사들은 그 문장론적 기능에 있어서 모두 《무엇에 (누구에게)》라는 물음에 대답할 수 있는 구성요소와 《무엇과(누구와)》라는 물음에 대답할 수 있는 구성요소를 필수적으로 더 요구하는 것이 특징적이다.

- 우리는 밭에 콩과 옥수수를 혼작했다.
- 그는 어깨에 권총과 망원경을 엇걸었다.

이 부류에 속하는 동사들로는 《혼작하다, 혼적하다, 엇걸다, 합사하다, 겸용하다, 병용하다, 동봉하다, 합장하다…》 등등이 있다.

2·2·3 양면동사의 의미론적 특성과 문장론적 기능

양면동사에 속하는 단어들은 그 의미론적 특성의 대립에 따라 《기본양면동사》, 《미침양면동사》, 《바꿈양면동사》, 《상대양면동사》, 《합침양면동사》, 《시발양면동사》 등 여섯 가지 부류로 다시 나눌 수 있다.

2·2·3·1 기본양면동사

기본양면동사란 의미적 성분분석에서 다만 《움직임》이란 의미적 성분과 《타동성》 혹은 《자동성》이란 가장 기본적인 의미적 성분의 특징으로 분석되는 동사를 가리킨다. 이 부류에 속하는 동사들은 그 문장론적 기능에 있어서 경우에 따라 다만 《무엇이 (누가)》라는 물음에 대답할 수 있는 구성요소만 필수적으로 요구하거나 《무엇을(누구를)》이라는 물음에 대답할 수 있는 구성요소를 더 필수적으로 요구하는 것이 특징적이다.

a. • <u>오또기가</u> 되똑되똑한다.
   • 어린애가 <u>오또기를</u> 되똑되똑한다.
b. • <u>가슴이</u> 들먹거렸다.
   • <u>그는</u> <u>가슴을</u> 들먹거렸다.

이 부류에 속하는 동사들도 그 수량이 비교적 많은바 양면동사 총수의 약 77%를 차지하고 있다.

2·2·3·2 미침양면동사

미침양면동사란 기본양면동사가 갖고 있는 의미적 성분의 특징 외에 《미침》이란 의미적 성분의 특징을 더 갖고 있는 동사이다. 이 부류에 속하는 동사들은 그 문장론적 기능에 있어서 모두 《무엇에 (누구에게)》라는 물음에 대답할 수 있는 구성요소를 필수적으로 더 요구하는 것이 특징적이다.

a. • 부상병은 <u>숲속에</u> 은피했다.
   • 그는 <u>부상병을</u> <u>숲속에</u> 은피했다.
b. • 대원들은 <u>개울가에</u> 집합했다.
   • 지도원은 <u>대원들을</u> <u>개울가에</u> 집합했다.

이 부류에 속하는 동사들로는 《집합하다, 은피하다, 퇴적하다, 산적하다, 혼입하다, 개입하다, 하달하다…》 등등이 있다.

2·2·3·3 바꿈양면동사

바꿈양면동사란 기본양면동사가 갖고 있는 의미적 성분의 특징 외에 《바꿈》이란 의미적 성분의 특징을 더 갖고 있는 동사이다. 이 부류에 속하는 동사들은 그 문장론적 기능에 있어서 모두 《무엇으로 (누구로)》라는 물음에 대답할 수 있는 구성요소를 필수적으로 더 요구하는 것이 특징적이다.

  a. • 수공노동이 기계화로 대체하였다.
      • 노동자들은 수공노동을 기계화로 대체하였다.
  b. • 사범학교가 사범학원으로 승격하였다.
      • 교육청에서는 사범학교를 사범학원으로 승격하였다.

이 부류에 속하는 동사들로는 《대체하다, 환원하다, 승격하다, 분장하다, 재임하다, 전환하다, 신장하다, 갱환하다…》 등이 있다.

2·2·3·4 합침양면동사

합침양면동사란 기본양면동사가 갖고 있는 의미적 성분의 특징 외에 《합침》이란 의미적 성분의 특징을 더 갖고 있는 동사이다. 이 부류에 속하는 동사들은 그 문장론적 기능에 있어서 모두 《무엇과(누구의)/무엇에 (누구에게)》라는 물음에 대답할 수 있는 구성요소를 필수적으로 더 요구하는 것이 특징적이다.

  a. • 제1작업조가 제3작업조와(제3작업조에) 합치였다.
      • 촌민위원회에서는 제1작업조를 제3작업조와(제3작업조에) 합치였다.
  b. • 화선이 지선과(지선에) 합선했다.
      • 그는 화선을 지선과(지선에) 합선했다.

이 부류에 속하는 동사들로는 《합선하다, 합치다, 합하다, 혼화하다, 교잡하다, 융합하다, 접촉하다, 마찰하다, 연달다, 상련하다…》 등이 있다.

2·2·3·5 시발양면동사

시발양면동사란 기본 양면동사가 갖고 있는 의미적 성분의 특징 외에 《시발》이란 의미적 성분의 특징을 더 갖고 있는 동사이다. 이 부류에 속하는 동사들은 그 문장론적 기능에 있어서 모두 《무엇에서 (누구에게서)》라는 물음에 대답할 수 있는 구성요소를 필수적으로 더 요구하는 것이 특징적이다.

a. · 언어연구소가 역사언어연구소에서 분립했다.
   · 상급에서는 언어연구소를 역사언어연구소에서 분립했다.
b. · 그는 감찰관에서 해직하였다.
   · 우리는 그를 감찰관에서 해직했다.

이 부류에 속하는 동사들는 《분립하다, 해직하다, 강직하다, 이태하다, 유전하다, 낙적하다…》 등이 있다.

2·2·3·6 상대양면동사

상대양면동사란 기본양면동사가 갖고 있는 의미적 성분의 특징 외에 《상대》란 의미적 성분의 특징을 더 갖고 있는 동사이다. 그런데 이 부류에 속하는 동사들은 그 문장론적 기능에 있어서 다른 부류의 양면동사들과는 달리 《자동성》이란 의미적 성분의 특징이 전면에 나서는 경우에만 《무엇과(누구와)》라는 물음에 대답할 수 있는 구성요소를 필수적 구성요소로 더 요구할 수 있다.

a. · 옥이는 남편과 만났다. (자동성)
   · 옥이는 남편을 만났다. (타동성)
b. · 나는 어머니와 영별하였다. (자동성)
   · 나는 어머니를 영별하였다. (타동성)

1부 | 조선어 동사의 의미론적 특성과 문장론적 기능에 대하여

이 부류에 속하는 동사들로는 《대면하다, 만나다, 상면하다, 이별하다, 영별하다, 영결하다, 사귀다, 투쟁하다, 집적거리다…》 등이 있다.

3

3.1 지금까지의 고찰을 통하여 우리는 매개 단어는 모두 자체의 고유한 의미론적 특성과 문장론적 기능을 갖고 있는데 한 단어가 갖고 있는 문장론적 기능은 그 단어가 고유하고 있는 의미론적 특성에 의해 규정된다는 것을 알 수 있다. 이것은 우리들에게 품사분류의 기준을 확정함에 있어서 기능이요, 형태요, 의미요 하면서 모든 것이 다 중요하다고 할 것이 아니라 반드시 단어의 의미론적 특성을 전면에 내세워야 한다는 것을 단적으로 시사해 주고 있다.

3.2 본 논문에서 필자는 제딴에는 그래도 의미론의 이론을 도입하여 우리말 동사들의 의미구조 분석을 어느 정도 진행하느라고 했지만 지금까지 나온 의미론에 관한 저서가 수적으로는 적지 않으나 거개가 일반이론에서 일반이론에로 넘나드는 것들이어서 구체적인 단어들에 대한 의미구조 분석을 진행한 참고서를 찾아보기가 매우 어려운 형편에서 제나름으로 제 좋은 소리를 쥐여쳤기에 이 논문에는 많은 문제점들이 있으리라고 생각되면서도 앞으로의 보다 심입되는 연구를 위한 문제의 제기로 이렇게 내놓는 바이다.

* 이 논문은 「조선학연구」 제3권(연변대학출판사, 1990년, 17~36쪽)에 실려 있음.

불완전명사의 특성에
대하여

불완전명사는 우리말과 같은 언어에만 있는 특수한 단어의 부류인데 우리말에 있어서 그 사용 빈도수는 상당히 높다. 때문에 불완전명사에 대한 연구는 우리말의 민족적 특성을 살리고 우리말의 우수성을 파악하며 우리말을 올바르게 쓰는 데서 자못 중요한 의의를 가진다.

불완전명사에 대한 연구가 이렇듯 큰 가치를 갖고 있기 때문에 오늘까지 많은 학자들에 의하여 그 연구가 계속되고 있는 것이다. 우리말 불완전명사는 적지 않은 학자들에 의하여 이러저러하게 연구되고 있으나 그 깊이와 넓이에는 아직도 상당한 차이가 있는바 불완전명사란 무엇이며 그 본질적 특성과 주되는 기능은 어떠하며 그것들을 어떻게 사용해야 하는가 하는 등 일련의 문제들은 아직 종국적 해결을 보지 못하고 있다. 하기에 필자는 이 논문에서 불완전명사의 특성에 대하여 선인들이 이미 쌓아놓은 연구성과를 토대로 보다 구체적이고도 상세하게 고찰하려 한다.

1. 불완전명사의 개념

불완전명사란 말은 언어학에서 흔히 쓰는 말로서 우리말을 연구하는 언어학자면 누구나 취급해 오는 단어의 한 부류에 대한 명칭이다.

그러나 모든 학자들이 다 꼭같은 이해를 가지고 이 말을 쓰고 있는 것은 아니다. 예하면 이 문법책에서는 《듯》을 불완전명사로 취급하고 있는데 저 문법책에서는 토로 취급하고 있으며,[1] 이 사전에서는 《수》와 같은 단어를 불완전명사로 올리고 있는데 저 사전에서는 완전명사로 올리고 있다.[2]

이와 같은 제 사실들은 불완전명사의 개념에 대한 이해가 학자에 따라 부동함을 말해 주며 따라서 이에 대한 해명이 없이는 불완전명사의 특성을 똑바로 규명할 수 없음을 설명해 준다. 이리하여 우리는 불완전명사의 개념에 대한 확정을 필수적인 첫 작업으로 삼게 되는 것이다.

그렇다면 불완전명사를 어떠한 단어의 부류라고 이름지어 주어야 하겠는가?

불완전명사란 명사의 한 종류로서 어떤 대상에 대한 명명적 기능이 아주 미약하고 또 문장론적 기능에 있어서도 언제나 의존적인 단어의 부류라고 이름짓기로 하자.

우선 불완전명사는 어떤 대상에 대하여 이름지어 준다고 보기 어려울 정도로 그 명명적 기능이 아주 미약하다.

모두가 주지하는 바와 같이 명사는 어떤 대상에 대하여 이름을 지어주는 명명적 기능을 갖고있는 단어의 부류이다. 우리말 불완전명사도 명사의 일종인 것만큼 어떤 대상에 대한 이름을 지어주며 따라서 명명적 기능을 갖고있는 단어의 부류인 것만은 사실이다. 그러나 완전명사 《사람, 땅, 기

---

1) 《조선문화어문법》(189페이지)에서는 《듯》을 불완전명사로 취급하였고 최윤갑의 《조선어문법》(251페이지)에서는 《듯》을 수식토로 취급하였다.

2) 《조선문화어사전》에서는 《수》를 불완전명사로 취급하고 있는 데 반하여 《조선말사전》(6권)에서는 완전명사로 취급하고 있다.

뿜》등의 단어들과 비교해 볼 때 그 명명적 기능은 상당한 정도로 약하다는 것을 알 수 있다. 예하면 《것, 분, 이》등과 같은 단어들은 불완전명사들 중에서는 그래도 가장 쉽게 대상적 의미를 파악할 수 있는 단어들이다. 그러나 이것들도 그 홀로 놓고는 어떤 대상에 대하여 이름을 지어준다고 보기는 매우 어렵다. 오직 문장 속에서 자립적 단어의 도움을 받게 될 때에만 그 명명적 기능이 미약하게나마 나타나게 된다. 다음 《만, 리, 최》등과 같은 불완전명사들은 문장 속에서 격형태를 취할 수 있다는 점(그것도 극히 제한된 격형태이다.)을 고려할 때, 즉 의미-문법적으로 파악할 때에만 비로소 그 대상적 의미를 얻게 되는 것만큼 이 부류의 단어들을 그 어떤 대상에 대한 이름을 주었다고 보기는 더욱 어려우며 따라서 명명적 기능을 갖고 있다고 말하기조차 곤란하다. 이렇게 불완전명사들은 그 어떤 대상을 이름지어 준다고 보기는 어려울 정도로 《추상적인 의미를 나타내며》많이는 문장의 구성에 필요한 이러저러한 문법적인 의미 또는 그와 비슷한 의미로 쓰인다.

다음, 불완전명사는 문장론적 기능에 있어서도 언제나 의존적이다.

불완전명사는 문장 속에서 자립적 단어에 의존하지 않고서는 쓰일 수 없으며 그 홀로는 언제나 문장성분으로 될 수 없다. 오직 그와 결합하는 자립적 단어와 함께 하나의 문장성분으로 될 수 있다.[3](여기서는 상관적 성분을 염두에 둔다.)

- 이것은   나의   연필이다.
  주어   규정어   술어

---

[3]   필자의 견해와는 달리 한국학자 이을환, 이철수는 《한국어문법론》(134~135페이지)에서 《의존명사(불완전명사를 가리킴.)는 문장을 이룸에 있어서 핵적요소의 중요한 위치를 차지하고 있다.)고 하면서 다음의 예를 들어 보였다.
- 어린이가 귀여운   것은 순진성이다.
  종속부   (주부)   (서술부)
  관형절   주어
     주어부

그리고 불완전명사는 그 결합관계에 있어서도 일정한 범위의 품사, 일정한 범위의 형태와만 결합될 수 있는 제한성을 갖고 있다. 예하면 《만, 리, 상》 등과 같은 단어들은 오직 용언의 규정형과만 결합될 수 있다. 불완전명사에서 결합범위가 가장 넓은 단어라 할지라도 완전명사에 비하면 그 범위는 제한되어 있는 것만은 사실이다.

불완전명사는 이런 기본표징 외에도 어음론적, 형태론적 특성도 갖고 있다.

많은 불완전명사는 어음구성이 단순하고 홀로 역점을 가지지 않으며 말소리 흐름에서 자립적 단어에 붙어서 그와 함께 절을 이룬다.

형태론적 측면에 있어서도 적지 않은 불완전명사들은 형태 변화가 매우 제약되어 있다. 예하면 《나위, 리, 며리》 등은 주격토, 《양, 나름》 등은 조격토밖에 붙지 못한다.

그러나 이상의 어음, 형태론적 제 특성들은 불완전명사의 본질적 구별표식으로는 되기 어렵다.

아래에 우리말 불완전명사의 구성에서 문제로 되고 있는 일부 단어들에 대해 고찰하면서 불완전명사의 개념에 대해 진일보 검토해 보기로 하자.

첫째, 지금까지 일부 학자들이 불완전명사로 취급해 온 《번, 법, 수》[4]는 완전명사로 취급하는 것이 타당하다고 본다. 왜냐하면 이 단어들은 언제나 문장 속에서 자립적으로 쓰일 수 없는 단어들이 아니라 다의적으로 쓰이면서 그중의 한 의미가 문법적으로 제약된 뜻으로 쓰이는 불완전명사적 성격을 획득한 단어들로서 어떤 대상에 대한 명명적 기능과 문장론적 자립성을 완전히 갖고 있던 완전명사들이기 때문이다. 조선어에는 이런 유형의 완전명사들이 적지 않은데 《밖에서 떠드는 바람에 잠에서 깨었다.》에서의 《바람》과 같은 단어가 바로 그러하다. 때문에 만약 《번, 법, 수》와 같은 단어들을 동음이의어로 갈라서 완전명사에도 불완전명사에도 소속시킨다

---

4) ①《조선문화어사전》에서는 《수》를 불완전명사로 취급했다. ②《조선문화어문법》(189 페이지)에서는 《번, 법, 수》를 불완전명사로 취급했다.

면 《바람, 길, 셈, 나머지…》 등등의 수많은 완전명사들도 동음이의어로 갈라서 취급해야 모순이 없을 것이다. 뿐만 아니라 동사에서도 자립적 동사가 보조적으로 쓰일 경우에도 동음이의어로 갈라서 취급해야 할 것이며 나아가서 다의적으로 쓰이는 소여의 단어들도 이와 같이 처리하여야 할 것이다. 이렇게 수많은 동음이의어를 설정하는 것이 우리말의 발전에 유리한 것이라고 할 수 있겠는가?

둘째, 지금까지 일부 학자들이 불완전명사로 취급해 온 《망정, 둥, 듯, 세》[5] 등은 토로 취급해야 타당한 처리라 보여진다. 왜냐하면 이것들은 문장 속에서 언제나 자립적으로 쓰일 수 없는 것들이기는 하지만 불완전명사가 갖추어야 할 어떤 대상에 대한 명명적 기능을 약하게나마도 갖고 있지 못하고 다른 한정된 형태와 합성되어 고도로 추상화된 문법적 의미만을 나타내기 때문이다. 이에 대하여 좀 더 구체적으로 고찰해 보기로 하자.

《망정》은 《내일이라도 비가 와야 망정이지 잘못하면 곡식이 다 말라죽겠다.》, 《그가 그날 떠났으니 망정이지 묵었더라면 경찰에게 붙잡힐 뻔했다.》에서처럼 언제나 문장속에서 《-야 망정이지, -니 망정이지, -기에 망정이지》의 형태로 쓰이어 다음에 오는 부정문장을 접속해 주는 작용을 한다. 때문에 위의 형태처럼 갈라서 접속토로 취급하는 것이 타당하리라 생각된다.

《둥》은 《비가 온둥 만둥하다.》, 《사원들은 생산대장이 공포한 생산계획이 본지의 실정에 맞는다는둥 맞지 않는다는둥 쟁론이 분분했다.》에서처럼 용언의 규정형 《-ㄴ(-은), -는, -ㄹ(-을)》 아래에 쓰이여 그 어떤 대상적 의미를 나타내는 것이 아니라 어떤 상반되는 두 가지 사실 또는 행동, 상태를 이어주는 문법적인 뜻을 나타낸다. 때문에 《-ㄴ둥(-은둥), -는둥, -ㄹ둥(-을둥)》의 형태로 갈라서 접속토로 취급하는 것이 타당하리라 생각된다.

---

5) ①《조선문화어문법》(189페이지)에서 《둥, 듯, 세》를 불완전명사로 취급했다. ②《조선말사전》(6권)에서는 《둥, 망정》을 불완전명사로 취급했다.

《듯》은 《용광로가 하늘을 찌를 듯 우뚝 솟았다.》, 《높은 건물들이 키돋움을 하는 듯 우줄우줄 일어선다.》에서처럼 용언의 규정형과 결합하거나 또는 직접 용언에 붙어서 어떤 행동이나 상태를 다른 것에 비교하여 이르는 뜻으로 쓰인다. 때문에 이것을 토로 취급한 《조선말사전》(6권), 최윤갑의 《조선어문법》(251페이지)의 처리는 아주 타당하다고 보면서 필자는 《-듯, -ㄴ듯(-은 듯), -는듯, -ㄹ듯(-을듯)》의 형태로 갈라 접속토로 잡으려 한다.

《세》는 《물이나 맑을세 말이지 이런데서 어떻게 고기를 낚는단 말이요?》에서처럼 언제나 《-ㄹ세》의 형태로 용언의 어간이나 체언 또는 기타의 용언형에 붙어서 가정적 조건의 문법적 의미만을 나타낸다. 때문에 《조선말사전》(6권)에서 접속토로 취급한 것은 매우 타당한 처리라 생각된다.

셋째, 오늘날 매우 생산적으로 쓰이고 있는 《사, 쪽쪽》 등을 불완전명사로 취급하여 사전 올림말에 올리지 않은 것[6]은 잘된 처리가 못되는 바 반드시 불완전명사로 올림말에 떳떳이 올려야 한다. 왜냐하면 이런 단어들은 불완전명사가 갖추어야 할 기본표징을 갖고 있으며 또 우리들의 일상생활에서뿐만 아니라 출판되는 간행물에서도 생산적으로 쓰이고 있기 때문이다. (예는 부록을 보라.)

개별적인 단어들에 대하여 이상과 같이 처리하면 우리말 구성 속에서 불완전명사의 자격을 갖고 있는 단어들은 백여 개 가량 된다. (구체단어는 부록에 올렸다.)

아래에 이 백여 개의 단어들을 상세히 고찰하면서 불완전명사의 특성에 대하여 밝혀 보기로 하자.

---

[6] 《조선말사전》(6권)이나 《조선문화어사전》에서는 이 단어들을 올림말로 올리지 않았다.

2. 불완전명사의 특성

우리말 문법에서는 불완전명사를 명사의 일부분으로 취급하면서도 일반적으로 불완전명사의 특성만은 따로 갈라서 취급해 왔다. 이것은 우리말 불완전명사는 다른 단어의 부류에는 없는 독특한 자기의 특성을 갖고 있다는 것을 말하여 준다. 이런 견지에서 필자는 불완전명사의 특성에 대한 보다 정확한 해명을 기하기 위하여 본 절에서는 앞절의 서술과 중복되는 점이 있을 것을 짐작하면서도 의미적, 형태론적, 문장론적, 단어조성적 제 측면으로 갈라서 불완전명사의 특성을 밝혀 보려 한다.

1) 불완전명사의 의미적 특성

의미상에서 불완전명사는 다른 어떤 표식의 보충을 받지 않고서는 어떤 대상에 대하여 이름을 지어준다고 보기 어려울 정도로 대상적 의미가 불완전하며 그 의미도 정도상의 차이는 있으나 보다 추상적이며 다종다양하다. 예를 들면 불완전명사 《것》은 《멀리서 그를 바라보노라니 가슴속에서 뜨거운 것이 소용돌이쳤다.》에서처럼 어떤 물건, 일, 현상, 성질 등을 추상적으로 가리키는 뜻도 나타내고 《나와 같이 늙은 것도 영어를 꽤 배워낼까?》에서처럼 사람을 낮보아 가리키는 색채적 의미도 나타내며 《저 산 너머에는 지금 비가 올 것이다.》(추측), 《간난신고를 두려워하지 않는 사람만이 과학의 높은 봉에 도달할 수 있는 것이다.》(확신)에서처럼 양태적 의미를 나타내기도 하고 《내가 이번에 고향에 돌아온 것은 그를 만나기 위해서였다.》에서처럼 두 개 또는 그 이상의 단어로 표현된 내용을 하나로 묶어서 다른 단어에 대한 문장론적 관계를 맺어주거나 《회의실에서는 담배를 피우지 말 것!》에서처럼 명령하는 말을 끝맺는 등의 문법적 의미도 나타낸다. 이렇게 불완전명사는 다른 어떤 표식의 보충을 받으면서 추상적이기는 하지만 일정한 정도의 대상성을 나타낸다는 기본의미 외에 색채적 의미, 양태적 의미, 문법적 의미 등 다종다양한 의미를 나타내고 있다. 이 점이 불완전명사가 의미적 측면에서 갖고 있는 뚜렷한 특성이다. 아래에 이러한 특성에 대해 좀 더 구체적으로 고찰해 보기로 하자.

(1) 색채적 의미를 나타내는 불완전명사

적지 않은 불완전명사들은 기본의미 외에 색채적 의미를 더 가지고 감정적 색채, 문체론적 색채 등의 표현을 위하여 효과적으로 쓰이고 있다. 특히 적지 않은 불완전명사들은 문장 속에서 서로 비슷한 뜻을 가지고 동의어적으로 쓰이는데 이들은 색채적 의미의 차이에 의해 화자가 표현하는 내용의 섬세한 차이를 밝히면서 문장의 표현력과 교제의 효과를 높이는 데서 독특한 작용을 하고 있다. 이러한 정형을 예를 들어 설명하면 다음과 같다.

① 감정적 색채를 나타내는 불완전명사

· 분-이

불완전명사 《분》과 《이》는 모두 사람을 높이어 이르는 뜻으로 쓰이는 단어들이다. 그러나 이 두 단어는 높이는 정도에서 차이를 갖고 있는 바 《분》은 《저분이 생산대장입니다.》에서처럼 사람을 일반적으로 높이어 이르는 말이고 《이》는 《그이께서(주총리) 다녀가신 모아산의 고개길》에서와 같이 사람을 지극히 존경하여 높이 이르는 말이다. 이렇게 이 두 단어는 사람을 높이어 이르는 감정적 색채를 가진 동의어지만 높이는 정도 상의 차이로 화자의 섬세한 사상감정을 적중하게 표현해 준다.

· 따위-또래

이 두 단어도 문장 속에서 《그와 같거나 어금지금한 부류의 물건》이라는 뜻으로 같게 쓰이는 경우가 있다. 그러나 이 두 단어는 감정적 색채 상의 차이를 가지고 쓰이는데 《따위》는 《누가 그 따위를 달라던?》에서와 같이 어떤 물건을 얕잡아 이르는 뜻으로 쓰이고 《또래》는 《영숙이의 목걸이를 본 영애는 〈야! 참 곱구나, 고 또래 얼마나 하던?〉 하고 물었다.》에서와 같이 어떤 물건을 귀엽게 이르는 뜻으로 쓰인다.

우리말에는 이렇게 감정색채를 나타내는 불완전명사들이 적지 않은데 이 외에도 《것, 내기, 자, 축, 또래, 따위, 치, 지친 것》 등과 같은 인물을 나타내는 단어, 《것, 치》와 같이 어떤 물건을 나타내는 단어, 《노릇, 짓》과 같은 행동을 나타내는 단어, 《때문, 탓, 깐, 통》과 같은 어떤 이치나 까닭을 나타내는 단어, 《품, 양, 빨》과 같은 어떤 모양이나 상태를 나타내는 단어, 《만, 양》과 같은 어떤 생각이나 의향을 나타내는 단어들이 있는데 일일이 예를 들어 설명하지 않겠다.

② 문체론적 색채를 나타내는 불완전명사

· 것-해

이 두 단어는 《이 연필은 내 것이다.(내 해이다.)》에서와 같이 어떤 물건이 누구의(어디의) 소속인가 하는 뜻으로 쓰일 경우에는 의미상, 감정색채상 아무런 차이도 없이 쓰인다. 그러나 이 두 단어는 문체론적 색채 상의 차이를 갖고 쓰이는바 《것》은 말체나 글체에서 두루 쓰이나 《해》는 주로 말체에서만 쓰인다.

· 적-제

이 두 단어는 어떤 행동이 진행되거나 어떤 상태가 나타나 있는 《때》의 뜻으로 동의어적으로 쓰인다. 뿐만 아니라 이 두 단어는 《나는 세 살 적에(제) 고향을 떠났다.》, 《감이 누를 제(적에) 이곳으로 또 오시라.》에서처럼 말체나 글체에서도 모두 두루 쓰일 수 있다. 그러나 글체에서 쓰일 경우 《제》는 《적》과는 달리 주로 시어나 옛스러운 표현에서 잘 쓰인다.

· 위무제 채찍 휘두를 제

우리말에는 이렇게 문체론적 색채를 나타내는 불완전명사들이 이 외에도 《것-바, 통-때문, 리-턱, 남짓-여, 김-차, 측-컨-쪽, 편-쪽, 작-저, 바-줄, 등-등등, 결-경-녁-무렵-즈음-참》 등이 더 있다.

이상의 고찰에서 볼 수 있는 바와 같이 총수의 약 3분의 1을 차지하는 불완전명사들은 문장 속에서 쓰이는 경우에 따라 동의어 계열을 이루면서 색채적 의미의 차이에 의해 표현되는 내용의 섬세한 차이를 밝히면서 문장의 표현력을 높여 주는 독특하고도 중요한 작용을 하고 있다.

(2) 양태적 의미를 나타내는 불완전명사

우리말에서 일부 불완전명사들은 문장 속에서 다른 형태들과 결합하여 양태적 의미를 나타내면서 양태성의 표현을 위하여 쓰이고 있다. 예하면 《4개 현대화는 꼭 실현될 것이다.》에서와 같이 불완전명사 《것》은 용언의 규정형 《-ㄹ》과 결합하여 종결형으로 쓰이면서 어떤 사실에 대한 확신의 뜻을 나타내고 있다.

이렇게 문장속에서 양태성의 표현을 위하여 쓰이는 불완전명사들을 유형에 따라 들어 보이면 다음과 같다.

① 《확신》

불완전명사 《것》은 용언의 《-ㄴ, -는, -로, -던》형의 뒤에서 종결형, 접속형으로 쓰이면서 앞에서 이야기된 사실에 대한 화자의 확신적 태도를 나타낸다.

- 그분도 네 말만은 잘 들어줄 것이다.
- 노력하기만 하면 못해낼 일이란 없는 것이다.

② 《가능성》

불완전명사 《만》은 동사의 《-ㄹ》형 아래서 《하다》와 함께 쓰이어 윗말이 나타내는 동작이나 행동이 가능함을 나타낸다.

- 이젠 혼자서도 찾아갈 만하다.
- 그 동무는 저도 알 만한 동무입니다.

③《희망》

불완전명사《터》는 동사의《-ㄹ》형 아래에서 주로 종결형으로 쓰이어 《작정》또는《예정》의 뜻을 나타낸다.

- 내일부터 그 일에 착수할 터이다.
- 나는 비행사가 될 테다.

④《가정》또는《추측》

불완전명사《것》은 용언의《-ㄹ》형 아래서 주로 종결형으로 쓰이면서 추측의 뜻을 나타낸다.

- 그 꽃은 아마 붉을 것이다.
- 그도 이젠 돌아왔을 것이다.

불완전명사《상》은 용언의《-ㄹ》형 다음에서《싶다》와 함께 쓰이어 추측의 뜻을 나타낸다.

- 그렇게 하면 될 상싶다.
- 십상팔구는 집에 있을 상싶다.

불완전명사《성》은 용언의 규정형 아래서 주로《싶다》,《부르다》와 함께 쓰이어 추측 또는 가정의 뜻을 나타낸다.

- 하는 성싶다.
- 될 성부르다.

불완전명사《손》은 용언의 규정형 아래서 주로《치다》와 함께 쓰이어 가정의 뜻을 나타낸다.

- 갈 손치다.
- 먹은 손치다.

불완전명사 《척》과 《체》는 같은 뜻으로 쓰이는데 용언의 《-ㄴ, -는》형 다음에서 주로 《하다》와 함께 쓰이어 가정의 뜻을 나타낸다.

- 자지도 않으면서 자는 척한다.
- 혼자서 똑똑한 체한다.

이상의 고찰에서 보다싶이 우리말 불완전명사들은 다른 형태와 결합되어 대상적 의미와 함께 양태적 의미를 나타내기도 하고 또 어떤 것들은 대상적 의미보다는 양태적 의미를 주로 나타내기도 하며 심지어 어떤 것들은 대상적 의미를 나타낸다고 보기 어려울 정도로 양태적 의미를 나타내면서 양태성을 표현하는 수단들인 부사 또는 그 외의 단어, 종결토, 특수한 억양 등 보다도 훨씬 더 뚜렷하게 그리고 다양하게 양태성을 나타내고 있다.

(3) 문법적 의미를 나타내는 불완전명사

의미적 측면에서 불완전명사의 다른 하나의 뚜렷한 특성은 적지 않은 불완전명사들이 다른 형태와 결합하여 관계적 의미를 나타내면서 여러 가지 문법적 기능을 하고 있다는 것이다. 예를 들면 불완전명사 《통》은 《밖에서 떠드는 통에 잠들 수 없었다.》에서와 같이 다른 형태와 결합하여 원인의 뜻을 나타내면서 접속의 기능을 하고 있다.

아래에 이렇게 문법적 의미를 나타내는 불완전명사들에 대하여 좀 더 구체적으로 살펴보기로 하자.

첫째, 일부 불완전명사들은 문장 속에서 다른 형태와 결합하여 각종 관계적 의미를 나타내면서 접속의 기능을 하고 있다. 이러한 불완전명사들로는 《통, 때문, 뿐, 간》 등이 있다.

불완전명사 《통, 때문》은 주로 《통에, 때문에》의 형태로 문장 속에서 쓰이어 원인의 뜻을 나타내면서 접속의 기능을 수행한다.

- 왜놈들이 내모는 <u>통에</u> 할 수 없이 민부로 끌려나왔다.
- 비가 왔기 <u>때문에</u> 강물이 불었다.

불완전명사 《뿐》은 《-ㄹ뿐》의 형태로 용언 아래 쓰이어 대립의 뜻을 나타내면서 접속의 기능을 수행한다.

- 바람이 멎었을 <u>뿐</u> 눈은 멎지 않았다.
- 산이 높을 <u>뿐</u> 가파롭지는 않다.

불완전명사 《간》은 《간에》의 형태로 분리를 나타내는 접속토로 《-나, -든, -든지》의 아래에 쓰이어 이런 접속토들의 뜻을 더욱 선명하게 해주면서 그것들과 함께 접속의 기능을 수행한다.

- 나중에야 어떻게 되<u>든지간에</u> 우선 시작해 봅시다.
- 이러나 저러<u>나간에</u> 우선 급한 이 문제부터 해결해 놓고 봅시다.

둘째, 적지 않은 불완전명사들은 앞에 오는 두 개 이상의 단어를 하나로 묶어서 다른 단어와 문장론적 관계를 맺게 한다.

- 동무가 그렇게 처리한 <u>것은</u> 옳은 처사였습니다. (전체를 확대된 주어로)
- 달수는 일본에 가서 보고 듣고 느낀 <u>바를</u> 이야기했다. (전체를 보어로)
- 그는 낮교대가 끝날 <u>무렵에</u> 나를 찾아왔다. (전체를 상황어로)
- 그렇게 미련한 <u>자들의</u> 말을 듣지 마시오. (전체를 규정어로)

이상의 예문에서 볼 수 있는 바와 같이 서술적 결합, 수식적 결합으로 된 마지막 단어의 규정형과 결합한 불완전명사는 앞 단어와 결합하여 술어 이외의 기타 성분으로 될 경우에는 앞에 오는 두 개 이상의 단어를 하나로 묶어서 다른 단어와 문장론적 관계를 맺는 단위로 되게 한다. 이러한 기능을 할 수 있는 불완전명사들로는 《감, 것, 김, 나위, 녘, 녁, 내기,

대로, 데, 말, 며리, 무렵, 바, 분, 자, 적, 줄, 즈음, 지, 짓, 제, 차, 축, 치, 채, 탁, 탓, 터, 폭, 품, 또래, 쪽, 쪽쪽, 양, 이》 등이 있다.

셋째, 일부 불완전명사들은 그가 결합하는 앞 단어뿐만 아니라 뒤에 오는 단어까지 하나의 단위로 묶어서 다른 단어와 문장론적 관계를 맺게 한다. 예를 들면 불완전명사 《겸》은 《우리는 헌 창고를 정리하여 교실 겸 구락부로 만들었다.》에서와 같이 앞에 온 《교실》과 뒤에 오는 《구락부》를 하나의 문장론적 단위로 되게 하였다. 그리고 일부 불완전명사들은 앞뒤의 단어를 하나의 문장론적 단위로 묶어주면서도 뒤에 오는 단어와는 극히 한정된 몇 개의 단어와만 결합하면서 성구론적 표현을 동경하고 있는 것들도 있다. 이러한 불완전명사들로는 《만(하다), 상(싶다), 손(치다), 사(하다), 줄(알다, 모르다), 척(하다), 체(하다), 리(있다, 없다)》 등이 있다.

넷째, 불완전명사 《것》은 앞에서 이미 본 바와 같이 규정토 《-ㄹ》과 결합하여 종결의 어조를 동반하면서 명령하는 말을 끝맺는 문장론적 기능도 수행한다.

이렇게 우리말 불완전명사는 독특하고도 다양한 문법적 의미를 나타내고 있다.

불완전명사의 의미적 특성에 대한 이상의 고찰을 통하여 불완전명사는 명사의 일종으로서 비록 어떤 대상에 대한 명명적 기능을 갖고 있다고는 하지만 그 기능은 상당한 정도로 미약해지고 있는 반면에 양태적 의미, 문법적 의미 또는 이것들과 유사한 의미를 나타내는 방향으로 발전해 나아가고 있는 단어의 부류라고 볼 수 있다.

2) 불완전명사의 문법적 특성

문법적 측면에서도 불완전명사는 완전명사와는 완전히 구별되는 독특한 자기의 특성을 갖고 있다. 이 점에 대하여 적지 않은 학자들이 정도부동하게 언급해 왔다. 그러나 소여의 불완전명사들에 대한 고찰과 전면적인 해명에는 이르지 못하고 있다. 때문에 편면적이거나 지어는 착오적인 결론을 도출해 내는 폐단을 면키 어렵게 되는 것이다. 본 절에서 필자는 소여의 불완전명사들에 대한 고찰로부터 불완전명사의 문법적 특성에 대하여 규명하려 한다.

(1) 불완전명사의 형태론적 특성

문법적 형태에서 완전명사가 격토, 도움토, 복수토 및 체언 전성토를 자유롭게 취할 수 있는 데 반하여 불완전명사는 완전명사와 마찬가지로 문법적 형태를 비교적 완전하게 취할 수 있는 것들이 있는가 하면 극히 제한된 몇 가지 문법적 형태를 취할 수 있는 것들도 있고 또 아무런 문법적 형태도 취하지 못하고 영형태로 문장 속에서 쓰이고 있는 것들도 있다. 아래에 불완전명사가 취하는 격형태에 대한 고찰을 통하여 형태 변화에서의 불완전명사들의 부동한 차이를 밝혀보기로 하자.

첫째, 적지 않은 불완전명사들은 극히 제한된 격형태만을 취할 수 있다. 이러한 불완전명사들이 격토와 결합하는 정형을 일일이 도표로 보이면 다음과 같다.

불완전명사	주격	속격	대격	여-위격	구격	조격
탁	O			O		O
말				O		O
차				O		O
설례				O		O
때문	O			O		
외		O		O		
조	O					O
대로	O	O				
나위	O					
남짓	O					
리	O					
머리	O					

지	O					
깐	O					
템	O					
당		O				
여		O				
분지		O				
개			O			
줄			O			
척			O			
체			O			
김				O		
만				O		
터				O		
통				O		
딴				O		
짝				O		
나름						O
양						O
채						O
상						O
빨						O

* (《O》은 격토가 붙을 수 있는 표임.)

둘째, 일부 불완전명사들은 아무런 격형태도 취하지 못하고 영형태로 문장 속에서 쓰인다. 이러한 불완전명사들로는 다음과 같은 것들이 있다.

- 겸 – 교실 겸 구락부로 만들었다.
- 만 – 나도 알 만한 동무이다.
- 사 – 이 사과는 벌써 익을 사하다.
- 성 – 그렇게 하면 될 성부르다.
- 손 – 그렇게 할 손치자.
- 쪽쪽 – 상품이 나오는 쪽쪽 시장으로 나갔다.

그리고 불완전명사 《따름》은 격형태를 취하지 못하고 체언의 용언형만을 취할 수 있다.

- 네가 잘되라고 충고해줄 따름이다.

셋째, 이상의 첫 두 유형에 속하는 불완전명사들을 제외한 약 반수 이상의 불완전명사들은 완전명사와 거의 비슷하게 격형태를 비교적 완전하게 취할 수 있다.

- 것—모든 것이, 모든 것의, 모든 것을, 모든 것에, 모든 것과, 모든 것으로…
- 분—저분이, 저분의, 저분을, 저분과, 저분에게, 저분으로…

이 부류의 불완전명사들은 이렇게 격형태를 비교적 자유롭게 취할 수 있을 뿐만 아니라 도움토 및 체언전성토도 비교적 자유롭게 취할 수 있다.

불완전명사의 형태 변화에 대한 이상의 고찰을 통하여 우리는 일부 학자들이 불완전명사는 문법적 형태에서도 《이러저러하게 불완전한 정형이 많다.》고 하거나 《불완전하다》고만 한 결론[7]은 불완전명사의 형태론적 특성에 대한 전면적인 정확한 해명이 되지 못함을 알 수 있다. 실제상 우리말 불완전명사는 위의 사실이 보여 주는 바와 같이 형태 변화에서 같지 않은 두 큰 부류로 갈라지고 있는 것이다. 즉 반수 이상의 불완전명사들은 형태 변화가 비교적 자유롭고 또 자유로운 것만큼 그 명명적 기능도 보다 강하며(여기서 말하게 되는 강하다거나 약하다 하는 것은 불완전명사의 명명적 기능이 미약하다는 것을 전제로 한 상대적인 비교에서 하는 말이다.) 반수가 못 되는 불완전명사들은 형태 변화가 극히 제한되어 있으며 또 제한되어 있는 것만큼 그 명명적 기능이 약하고 반대로 문법화의 경향이 더 강한 것이다.

---

7) 《조선문화어문법》(189~190페이지) 참조.

(2) 불완전명사의 문장론적 특성

완전명사가 문장 속에서 자유롭게 단어결합을 이루며 홀로 역점을 가지고 이러저러한 문법적 형태를 취하여 여러 가지 문장성분으로 될 수 있는 데 반하여 불완전명사는 제한된 형태의 단어들과만 결합하며 단독으로 역점을 가지고 문장성분을 이루는 일이 전혀 없으며 다른 단어와 결합해서만 그와 함께 하나의 문장론적 단위를 이룰 수 있다. 이렇게 불완전명사는 문장론적 제약성을 갖고 있는데 그 제약성의 정도는 모든 불완전명사가 꼭같은 것이 아니라 부동한 차이를 갖고 있다. 이런 정형들을 다음과 같은 두 가지 측면으로 갈라서 고찰하기로 하자.

첫째, 단어결합의 측면에서

단어결합의 측면에서 완전명사가 문장 속에서 자유롭게 피규정어로 될 수 있는 데 반하여, 다시 말하면 완전명사는 문장 속에서 자유롭게 여러 가지 규정어를 가질 수 있는 데 반하여 불완전명사들은 비교적 자유롭게 여러 가지 형태의 규정어를 가질 수 있는 것들이 있는가 하면 극히 제한된 범위의 규정어들만 가질 수 있는 것들도 있다.(이들 중에는 그와 결합한 앞에 오는 단어를 규정어라고 말하기조차 어려운 것들도 있다.) 이러한 정형을 구체적으로 들어 보면 다음과 같다.

① 적지 않은 불완전명사들은 문장 속에서 체언의 절대격형태, 속격형태 및 부분적인 용언의 규정형태를 취한 단어들과도 비교적 자유롭게 결합하여 쓰일 수 있다.

- 것 – 우리 것, 영희 것 (절대격)
- 나의 것, 생산대의 것 (속격)
- 먹을 것, 먹는 것, 먹은 것, 먹던 것 (규정형)

이러한 불완전명사들로는 《가위, 건, 것, 겸, 나름, 녘, 노릇, 내기, 동아리, 등, 등등, 대로, 무렵, 바로, 분, 자, 적, 조, 중, 짓, 제, 차, 참, 축, 측,

치, 채, 컨, 탓, 통, 템, 편, 폭, 따위, 또래, 뜸, 때문, 빨, 뿐, 쪽, 이, 외》등이 있다.

② 적지 않은 불완전명사들은 문장 속에서 체언의 절대격이나 속격형을 취한 단어들과만 결합하여 쓰인다.

- 간 – 중조인민 간
- 해 – 우리 해, 영옥의 해

이러한 불완전명사들로는《가웃, 각수, 간, 결, 경, 개, 계, 남짓, 내, 당, 등속, 등지, 만, 말, 물, 발, 벌, 부, 분지, 산, 서리, 설례, 소수, 생, 자락, 작, 저, 저(저택), 지친것, 착, 초, 존, 투성이, 해, 행, 딴, 뜸(바늘뜸), 여》등이 있다.

③ 일부 불완전명사들은 문장 속에서 극히 제한된 용언의 규정형과만 결합할 수 있다. 이런 정형을 일일이 도표로 보이면 다음과 같다.

규정토			불완전 명사	규정토			불완전 명사
ㄴ(는)	ㄹ	던		ㄴ(는)	ㄹ	던	
O	O	O	데	O			품
O	O	O	바	O			쪽쪽
O	O	O	터		O		나위
O		O	맡		O		념
O		O	깐		O		리
O		O	김		O		만
O	O		성		O		며리
O	O		손		O		사
O	O		줄		O		상
O	O		양		O		즈음
O			감		O		탁
O			지		O		따름
O			척				
O			체				

* 《O》은 결합될 수 있음을 표시한다.

둘째, 문장론적 단위의 측면에서

완전명사가 문장 속에서 단독으로 여러 가지 문장성분으로 될 수 있는데 반하여 불완전명사는 그 홀로는 언제나 문장성분을 이루지 못하고 그와 결합하는 단어들과 합하여서만 하나의 문장론적 단위로 될 수 있다. 그러나 이와 같은 문장론적 제약성도 그 정도상의 차이가 각이하다. 이제 그 정형들을 구체적으로 살펴보기로 하자.

① 약 반수 이상의 불완전명사들은 그가 의존하는 앞 단어와 결합하여 여러 가지 유형의 문장론적 단위로 될 수 있다.

것 − · 사람이 <u>모든 것</u>의 주인이며 모든 것을 결정한다.
　　 · <u>이것</u>은 어제 <u>구입해 온 것</u>입니다.

이러한 불완전명사들은 형태 변화가 비교적 자유로운 단어들이다. 구체적 단어들은 《불완전명사의 형태론적 특성》의 세 번째 부분을 참조하라.

② 그러나 적지 않은 불완전명사들은 그가 의존하는 앞 단어와 결합해서도 극히 제한된 한두개 유형의 문장론적 단위로밖에 될 수 없다.

차 − · 내가 방금 그리로 떠나려던 <u>차</u>였다.
　　 · 나는 <u>출장차</u>로 연길에 들렸다.
채 − · 사과를 <u>껍질채</u>로 먹어서는 안된다.

이상의 예문에서 볼 수 있는 바와 같이 이 부류의 불완전명사들은 앞 단어와 결합하여 하나의 문장론적 단위로 되면서도 오직 상황어나 술어로밖에 되지 못한다. 이러한 불완전명사들로는 《나름, 대로, 차, 채, 따름, 때문, 만, 터, 뿐, 말, 양, 빨, 남짓, 김, 통, 짝, 쪽쪽》 등이 있다.

③ 일부 불완전명사들은 문장 속에서 아무런 문법적 형태도 취하지 못하고 앞뒤의 단어와 결합해서만 비로소 하나의 문장론적 단위로 될 수 있다.

· 그 문제는 나도 풀 <u>만</u>하다.

- 그 꽃은 **붉을 사**합디다.

위의 예에서 보다싶이 이 부류의 단어들은 앞 단어에 대한 의존성보다는 뒷 단어와의 성구론적 결합을 더 동경하고 있는 듯한 느낌을 주고 있다.(이런데도 이 부류의 단어들을 다른 불완전명사와 동일한 취급을 해야 하는가를 좀 더 고려해 볼 필요가 있는 것이다.) 이 부류에 속하는 단어들로는 《겸, 만, 사, 상, 손, 척, 체》 등이 있다.

④ 완전명사 《딴》은 특수하게도 주로 사람을 가리키는 말과 함께 《~딴은》, 《~딴에는》의 형식으로 쓰이어 문장 속에서 삽입어의 구실 밖에 못한다.

- 제딴에는 잘하느라고 한 노릇이 그렇게 되었습니다.

이상의 고찰에서 볼 수 있는 바와 같이 우리말 불완전명사는 문장론적 기능에 있어서 언제나 의존적인 단어의 부류인데 그 문장론적 제약성의 정도에 있어서는 형태 변화에 있어서와 마찬가지로 문장론적 제약성을 심하게 받는 한 부류와 좀 경하게 받는 다른 한 부류로 갈라지고 있다. 이와 같은 차이는 문법화 정도의 차이를 설명하여 주는바 문장론적 제약성을 심하게 받으면 받을수록 그 문법화의 경향도 그만큼 강하다는 것을 설명한다.

(3) 불완전명사의 단어조성적 특성

불완전명사는 단어조성에 있어서도 완전명사와 구별되는 특성을 갖고 있다.

완전명사가 어근합성법, 집사법, 약어법, 품사전성법 등 다양한 단어조성의 수법을 갖고 있으며 또 이러한 수법에 의하여 수많은 단어들이 만들어지고 있는 데 반하여 불완전명사는 독특한 몇 개의 단어가 어근합성의 수법(《등등, 지친것》 등)과 의미분화의 수법(《바로》 등)에 의하여 이루어진 외에는[8] 거의 절대부분이 하나의 어근적 단어로 되어 있다. 불완전명사의 단어조성 수법은 이렇듯 미약하다. 그러나 이와 반면에 일부 불완전명사들은 단어조성의 요소로 쓰이어 새로운 단어를 만들어 주는 데 적극 참여하고 있다.[9] 이러한 사정도 반드시 우리가 고려해야 할 문제이다. 왜냐하면 소여의 불완전명사들의 의미추상화의 정도가 여기서도 반영되기 때문이다.

아래에 단어조성적 요소로 쓰이고 있는 불완전명사들의 실례를 몇개 들어보자.

> 감 – 긍지감, 영예감, 자호감…
> 것 – 요것, 고것, 조것…
> 내기 – 서울내기, 시골내기…
> 치 – 서울치, 시골치, 장사치…

이상의 예문에서 볼수 있다싶이 우리말 단어조성의 요소로 쓰이는 《감, 것, 내기, 치》와 같은 불완전명사들은 그래도 상대적으로 말해서 어느 정도 대상적 의미를 추상할 수 있다고 말할 수 있는 단어들이다. 이와 같은 제 사정은 그 어떤 단어조성의 수법에 의하여서도 이루어지지 않았거나 그 어떤 단어조성의 요소로도 쓰이지 않는 불완전명사들은 대상적 의미가 그만큼 더 추상화되었으며 문법화의 경향이 더 강하다는 것을 반증하여 주고 있다.

---

[8]   정순기는 《문법화과정에 있는 불완전명사적 단어들에 대하여》(조선어학, 1963년 제2기)에서 불완전명사는 단어조성법에 의하여 조성되지 않는다고 했다.

[9]   정순기는 위의 문장에서 불완전명사는 단어조성에 참여하여 특수하게 어근으로까지 될 수 있다고 하면서 그 예로 《설례》(설례발, 설례통), 《체》(체증, 체병) 두 단어를 들고 있다.

결론

이상의 서술을 종합하여 결론적으로 말하면

첫째, 불완전명사란 어떤 대상에 대해 이름을 지어주었다고 말하기 어려울 정도로 명명적 기능이 아주 미약하고 문장론적 기능에 있어서도 언제나 의존적인 단어의 부류라는 것,

둘째, 불완전명사는 산생 역사가 오래며 오랜 것만큼 그 의미가 추상화되어 있으며 이 추상화의 정도는 날이 갈수록 더 심해 가고 문법화의 경향이 점점 강해지고 있다는 것,

셋째, 불완전명사는 의미의 추상화의 정도와 문장론적 기능의 제약성의 정도에 있어서 판이한 두 부류로 갈라져 있으며 매 개별적인 단어들은 이 정도상의 차이에 따라 실질적인 어휘적 의미의 담당자로부터 추상적인 문법적 의미의 담당자로 발전해 나가는 길에서 각기 부동한 자기의 자리를 차지하고 있다는 것,

넷째, 불완전명사는 문장론적 기능이 아주 제약되어 있으나 문장 속에서 매우 독특하고도 중요한 역할을 수행하고 있으므로 불완전명사의 제 특성에 대한 깊이 있는 연구와 그 지식에 대한 참다운 습득은 우리말의 표현효과를 높이는 데서 아주 중요한 자리를 차지하고 있다는 것이다.

* 이 논문은 중국조선어학회 편 『조선어학론문집』(민족출판사, 1984년, 124–157쪽)에 실려 있음.

문법교과서 편찬에서
제기되는 이론 및 실천적
문제에 대하여

0. 들어가는 말

중국에서의 한국어(조선어)교육은 교육목표에 따라 민족어로서의 한국어(조선어)교육과 외국어로서의 한국어(조선어)교육 두 분야로 나뉘는데 이는 이 두 분야에서 사용하는 문법교과서가 서로 다를 수 있다는 것을 설명해 준다. 그러나 어떤 부류의 문법교과서를 집필하든 우선적으로 해결해야 할 문제가 바로 아직까지 쟁론되고 있는 일련의 이론 및 실천적 문제들을 어떻게 풀어 가는가 하는 것이다. 우리가 집필하는 문법교과서가 독자적인 학과목으로서의 《한국어문법(조선어문법)》교육에서는 물론 기타 학과목강의에서 봉착하게 되는 일련의 문법지식을 전수하는 지도서로 된다는 사정을 고려할 때 이것이 무엇보다도 먼저 풀어나가야 할 중요한 과업의 하나로 나서지 않을 수 없다.

문법은 보통 형태론과 문장론(통사론)으로 나뉘게 된다. 따라서 우리가 집필할 문법교과서도 형태론과 문장론(통사론) 두 분야의 지식을 망라하게 된다. 그러므로 우리의 토론도 마땅히 이 분야의 문제들을 모두 망라해야 할 것이다. 그러나 여기서는 지면상의 제한으로 형태론 분야에서 제기되는 문제들만 다루기로 한다.

1. 단어와 단어의 정립기준 문제

주지하다시피 형태론에서는 단어와 단어들의 변화를 다루게 된다. 그러므로 문법교과서 집필에서 무엇보다 먼저 봉착하게 되는 문제가 바로 단어와 단어의 한계를 그음에서의 이론 및 실천적 문제들이다. 이런 문제들이 아직 잘 풀리지 못하고 있기 때문에 한국어교과서 편찬에서 많은 문제들이 존재하고 있다.

아래 지금 일부 학교들에서 쓰고 있는 한국어교과서 《표준한국어》에서의 단어의 처리를 실례로 그 문제점들을 검토해 보기로 한다.

첫째, 《드시다, 돌아가시다, 잡수시다, 말씀하시다, 편찮으시다》 등을 《들다, 돌아가다, 잡수다, 말씀하다, 편찮다》의 《높임말》이란 주석 아래 하나의 독자적인 단어로 처리하고 있는데 《동아새국어사전》에서도 《드시다, 잡수시다》는 하나의 독자적인 단어로 올렸다. 이들의 논리에 따르면 우리 말에서 높임의 뜻을 나타내는 동사나 형용사는 모두 《-시-》를 덧붙여 《서거하다+시 ➡ 서거하시다, 위대하다+시 ➡ 위대하시다》에서와 같이 《더 높임말》 단어로 처리되어야 할 것이다. 여기서 더 문제로 되는 것은 만약 이상의 《높임말》을 하나의 단어로 처리할 경우 그 단어의 구성을 분석할 때 《-시-》를 어떻게 분석하느냐 하는 것이다. 지금까지의 우리 말 연구 성과로는 이 《-시-》를 존칭토(존칭어미)로밖에는 달리 해석할 길이 없기 때문이다.

둘째, 《잃어버리다, 잊어버리다》 등을 하나의 단어로 처리하고 있는데 《동아새국어사전》에서도 하나의 단어로 올렸다. 그렇다면 《먹어버리다, 치워버리다, 감아버리다, 삼켜버리다》 등과 같은 수많은 《동사+아/어 버리다》형도 하나의 단어로 처리되어야 하겠는데 그렇지 못하니 《동사+아/어 버리다》형이 하나의 단어로 될 수 있는 기준이 무엇인가를 파악할 방법이 전혀 없다.

셋째, 《어떻게, 둥글게》 등을 하나의 단어로 처리하고 있는데 그렇다면 《형용사+게》형은 모두 하나의 독자적인 단어로 될 수 있는가? 《-게》를 부사조성의 접사로 보아야 하는가 아니면 형태조성의 어미로 보아야 하는가?

넷째, 《하루 종일, 한국 생활》 등은 하나의 명사로, 《갖다 주다, 갔다 오다, 걸어(서)오다》 등은 하나의 동사로 처리하고 있는데 그렇다면 《하루 동안, 학교 생활》, 《빌려다 주다, 왔다 가다, 뛰어(서) 오다》 등은 무엇으로 봐야 하는가? 하나의 합성어인가 아니면 단어결합인가?

단어처리에서 제기되는 이상의 문제들을 해결하기 위해서는 다음과 같은 이론적 문제가 잘 규명되어야 한다.

첫째, 무엇보다도 어휘구성의 단위로서의 단어와 문장구성의 단위로서의 단어의 개념에 대해 명확히 할 필요가 있다. 그것은 우리말의 경우에 있어서는 어휘구성의 단위로서의 단어와 문장구성의 단위로서의 단어사이에는 특유의 불일치가 존재하기 때문이다.

우리 말에서는 체언이나 형태 변화를 하지 않는 기타의 단어의 경우에는 아무런 문법적 형태도 취하지 않은 것이, 용언의 경우에는 형식적 어미 《-다》 하나만을 취한 것이 어휘구성의 단위로서의 단어로 된다. 예를 들면 《새, 나, 하나, 어느, 아주, 날다, 곱다》 등과 같은 단어가 바로 어휘구성의 단위로서의 단어인데 우리는 이런 단어를 보통 사전적 단어라 한다. 그런데 이런 사전적 단어가 문장구성에 쓰일 경우에는 《새가 난다.》에서와 같이 언제나 이러저러한 문법적 형태를 통하여서만 나타나게 된다. 이와 같이 일정한 형태체계에 놓인 문장구성의 단위로서의 단어를 우리는 형태단어라 부르기로 한다. 여기서 우리는 우리말 형태단어는 인도-유럽 제 언어의 경우에서와는 달리 사전적 단어의 단순한 변화형태가 아니라는 것을 알 수 있다.(사전적 단어와 형태단어의 개념은 그 어떤 언어에서나 모두 적용되는 개념이다.) 사실이 이러함에도 불구하고 지금 적지 않은 사람들이 성질이 서로 다른 두 가지 단어의 개념을 서로 혼동해 쓰고 있는 것 같다. 《들다, 말씀하다》 등도 하나의 단어요, 《드시다, 말씀하시다》 등도 하나의 단어라고 한 위의 교과서의 처리가 이 점을 잘 말해 준다. 교과서에서 단어를 올릴 때에는 마땅히 일관성의 원칙을 지켜 사전적 단어만을 올려야 할 것이다.

둘째, 단어의 한계를 바로 긋고 단어의 구성을 옳게 밝히기 위해서는 접사의 개념을 명확히 할 필요가 있다. 그것은 단어의 구성이 보통 어근으로만 구성되거나 어근에 접사가 더 첨가되어 구성되는 두 가지 경우를 벗어나지 못하는데 단어의 한계를 그음에서 가장 문제시되는 것이 바로 어근에 다른 형태소가 첨가될 경우이기 때문이다.

그런데 우리가 접사의 개념에 대해 토론한다고 하면 누구나 다 알고 있는 문제를 새삼스레 들고 나온다고 핀잔할 사람들이 적지 않을 줄로 안다. 그것도 그럴 것이 무엇을 접사라고 하는가에 대해서는 거의 모두가 한결같이 《어근에 첨가되어 보충적 의미를 부여하면서 새로운 단어를 조성하는 형태소(형태부)》를 가리킨다고 말하고 있으니 말이다. 그런데 여기서 문제로 되는 것은 접미사와 어미(또는 토)의 한계를 바로 긋는 문제이다. 위의 교과서에서 부사로 처리한 《어떻게, 둥글게》를 다른 사람들은 하나의 독자적인 단어로 처리하지 않는다는 사실이 문제의 중요성을 잘 말해 준다. 《-게》를 접미사로 인정한다면 《어떻게, 둥글게》가 하나의 독자적인 부사로 될 것이요, 《-게》를 어미(또는 토)로 인정한다면 《어떻게, 둥글게》가 부사가 아닌 형용사가 어미 《-게》를 취한 이른바 형태단어로 될 것이다.

그렇다면 접미사와 어미(또는 토)의 본질적 차이는 무엇인가? 우선 접미사는 어휘적 의미 또는 어휘-문법적 의미를 나타내면서 새로운 단어를 조성하는 형태소(형태부)이지만 어미(또는 토)는 순수 문법적 의미를 나타내는 형태소(형태부)로서 새로운 단어를 조성하지 않는다. 우리가 위의 《-게》를 접미사로 보지 않는 이유의 하나가 바로 여기에 있다. 물론 《-게》를 접미사로 처리하는 사람들은 《어떻게, 둥글게》를 실례로 이 《-게》가 부사조성의 기능을 수행하는 형태소가 아니고 무엇인가라고 주장할지도 모르겠으나 만약 이 《-게》를 단어조성의 형태소로 인정할 경우 《여보세요, 그 애가 절로 걷게 내버려두세요.》에서의 《걷게》도 부사로 처리되어야 하겠는데 이것을 부사라고 할 사람은 아마 한 사람도 없을 것이다. 《어떻게, 둥글게》를 부사로 처리하는 사람들은 형용사에 붙는 《-게》는 접미사고, 동사에 붙는 《-게》는 어미로 갈라 보는 입장을 취하는지도 모르겠는데 이런 견해가 성립될 수 있는가에 대해서는 다음의 토론을 보기로 하자.

다음으로 접사는 제한된 범위의 어근에만 붙을 수 있지만 어미는 보통 한 부류의 단어 전반에 붙을 수 있다. 예를 들면 생산성이 매우 강한 부사조성의 접미사 《-이/-히》 등도 모든 형용사에 다 붙는 것은 아니다. 《좋다, 기쁘다, 아름답다, 곱다, 적다》 등등 수많은 형용사에는 붙지 못한다. 그렇지만 어미는 주지하다시피 거의 대부분이 한 부류의 단어 전반에 관련된다. 이것이 바로 우리 말 형태소의 특성이다. 그렇다면 《-게》는 어떠한가? 우리가 한걸음 물러서서 형용사에 붙는 《-게》를 따로 떼어 내어 접사로 보는 견해를 따른다 하더라도 이 《-게》의 결합적 능력은 너무나도 대단한 바 모든 형용사에 원칙적으로 다 붙을 수 있으니 우리 말 형태소들의 일반적 특성까지 무시하면서 이것을 접사라고 해야 하겠는가?

접미사와 어미의 서로 다른 특성은 이외에도 더 들 수 있지만 이 두 가지 기준에서만 보더라도 《어떻게, 둥글게》를 부사로 처리하는 것은 타당하지 못한 처사라 지적하지 않을 수 없다. 이와 관련하여 위의 교과서나 《동아새국어사전》에서 부사로 처리한 《그러나, 그러니, 그러니까, 그러면, 그러면서, 그러므로, 그러자, 그런데, 그렇지만》 등을 하나의 단어로 처리한 처사도 썩 잘된 처사가 아님을 지적하지 않을 수 없다.

셋째, 마지막으로 단어의 정립기준을 좀 더 명확히 할 필요가 있다.

지금까지 많은 문법가들은 단어의 정립기준을 자립성, 분리성, 보편성 세 가지로 들면서 이 세 가지 기준을 종합적으로 고려하여 단어를 정립해야 한다고 지적하고 있다. 비교적 잘 정리된 기준이라 하겠다. 이 기준에 따라 앞에서 들어 보인 《잃어버리다, 잊어버리다, 하루 종일, 한국 생활, 갖다 주다》 등을 검토해 보면 이것들이 하나의 단어로 되기에는 어느 한 기준에도 부합되지 않음을 우리는 쉽게 보아낼 수 있을 것이다. 여기서 우리는 문법가들이 오랜 시일을 거쳐 힘들게 연구한 문법 이론이 실제 단어의 정립에서는 누구도 고려하지 않는 이론을 위한 이론에 불과함을 가슴 아프게 느끼게 된다.

단어의 정립기준에서 우리가 한 가지 더 명확히 하고 지나가야 할 문제가 있는데 그것이 바로 단어가 나타내는 의미문제이다. 이 문제를 둘러싸고 지금 학계에서는 두 가지 서로 다른 견해가 대립되고 있는데 그 하나는 문법적 의미만을 나타내도 단어로 인정하는 견해이고 다른 하나는 어휘적 의미가 없이 문법적 의미만 나타내는 것은 단어로 인정하지 않는 견해이다. 전자에 따르면 조사도 단어의 범주에 속하게 되고 후자에 따르면 조사는 단어의 범주에 속하지 않게 된다. 필자는 두 번째 견해에 동감을 표시한다. 첫 번째의 견해에는 수긍하기 어려운 다음과 같은 점들이 있다. 우선 만약 앞에서 우리가 이미 논의한 형태단어, 즉 문장구성의 단위로서의 단어의 이론이 성립된다면 어미는 물론 조사도 그 단독으로는 단어의 자격을 부여받을 수 없을 것이다. 다음으로 어휘구성의 단위로서의 단어, 즉 사전적 단어의 측면에서 볼 때 조사가 그 분리성으로 말미암아 단어의 자격을 부여받을 수 있다면 이른바 어말어미도 단어의 자격을 가져야 할 것이다. 왜냐하면 어말어미도 서술격 조사 뒤에 붙을 때는 조사가 체언에 붙을 경우에서와 마찬가지로 분리성이 있기 때문이다. 사실이 이러함에도 불구하고 조사만 단어로 대접하고 어미는 그 어떤 경우에서나를 막론하고 단어로 대접하지 않는 것은 일관성의 원칙에도 위배된다고 해야 할 것이다.

2. 문법적 형태, 문법적 의미, 문법적 범주 문제

여기서는 주로 다음과 같은 문제들이 제기된다.

첫째, 지금까지 출판된 문법서들을 검토해 보면 일부 문법서들에서는 문법적 범주를 문법기술의 주요한 내용의 한 부분으로 보고 비교적 전면적으로 기술하고 있는 데 반하여 적지 않은 문법서들에서는 문법적 범주를 일반 언어학의 연구대상으로 보면서 전문적인 기술을 하지 않고 있다. 이리하여 새로운 문법교과서를 집필함에 있어서는 문법적 범주가 개별문법론에서 다루어야 할 내용이냐 아니냐에 대한 논의가 앞서야 할 것 같다.

필자가 보기에는 문법교과서를 집필함에 있어서 문법적 범주는 반드시 다루어야 할 중요한 한 부분이라고 생각된다. 그것은 우선 일반언어학에서 다루게 되는 문법적 범주에 대한 이론은 개별문법론의 연구 성과를 토대로 해서 그것들을 종합한 이론이기에 개별문법론에서의 문법적 범주에 대한 연구가 선행되지 않고서는 마치 기초가 없는 건축물과도 같이 성립될 수 없기 때문이다. 다음으로 우리말의 경우를 놓고 보면 인도-유럽제 언어의 경우에서와는 달리 문법적 형태와 문법적 범주가 비교적 질서정연하게 갖추어져 있다는 것이다. 우리가 문법적 형태에 의해 표현되는 문법적 의미를 고도로 개괄하여 유형별로 묶어 놓은 것을 문법적 범주라고 한다고 할 때 풍부하고 질서정연하게 발달되어 있는 우리말 문법적 형태는 우리가 문법적 범주를 설정하고 기술할 수 있는 우월한 조건의 하나라고 하지 않을 수 없다. 더욱이 한어와 같은 고립어에서도 문법적 범주 설정의 필요성을 감안하여 《1격, 2격, 3격...》 등의 용어를 써가면서까지 격범주의 설정을 시도한바 있다는 사정을 고려할 때 우리가 이렇듯 우월한 조건하에서도 문법적 범주를 설정하고 기술하지 않을 이유가 무엇이겠는가? 그 다음으로 문법적 범주를 개별문법론의 연구대상으로 보지 않는 문법서들에서 존재하는 이론적인 모순들을 해결하기 위해서도 문법적 범주에 대한 기술은 매우 필요하다고 생각된다. 문법적 범주를 개별문법론의 연구대상으로 보지 않으면서도 이런 문법서들에서는 문법적 형태를 기술할 때 격조사 혹은 격토라는 용어를 서슴없이 쓰고 있다는 사실을 그 일례로 들 수 있다. 격이란 어디까지나 범주적 개념, 즉 문법적 의미에 대한 개괄을 의미하는 것이지 결코 기능에 관한 개념, 즉 문법적 기능에 대한 개괄을 의미하는 것이 아니다. 문법적 범주에 대한 기술이 앞서든가 아니면 문법적 범주의 개념은 아예 따오지 말든가 해야 할 것이다. 마지막으로 문법적 의미, 문법적 범주, 문법적 형태에 대한 이론은 한국어문법을 전공하는 어학자들이 필수적으로 장악해야 할 지식인데 이런 이론 지식의 결핍으로 실제 언어현상을 이론적으로 분석하지 못하는 것이 보편적인 현상으로 되고 있다는 사정을 고려할 때 문법적 범주에 대한 서술은 더없이 필요한 것이라 하겠다.

둘째, 문법적 형태에 의해 표현되는 문법적 의미를 일정한 문법적 범주로 개괄함에 있어서 아직 적지 않은 문제가 미해결 문제로 남아있다. 여기서 가장 문제시되는 것은 연결어미(또는 접속토)에 의해 표현되는 문법적 의미를 일정한 범주로 설정하지 못하고 있는 것이다. 이 문제에 대하여서는 필자도 아직은 성숙된 처리 안을 내놓을 수는 없지만 종결어미(또는 종결토)에 의해 표현되는 문법적 의미를 일정한 유형의 범주로 나누어 설정하는 식으로 그 의미의 유형에 따라 몇 개의 부동한 범주를 설정하는 것이 바람직하다고 생각한다. 그 다음으로 제기되는 문제는 도움토(또는 보조사)에 의해 표현되는 문법적 의미를 무슨 범주로 개괄하는가 하는 문제이다. 아직까지는 적지 않은 문법서들에서는 도움토(또는 보조사)에 의해 표현되는 문법적 의미를 일정한 문법적 범주로 개괄하지 못하고 있는데 1980년대 말, 1990년대 초에 들어서면서 조선의 일부 문법서에서 《연관범주)란 이름으로 하나의 새로운 문법적 범주를 설정하기 시작했다. 아직까지는 이보다 더 나은 연구결과가 나오지 않은 상황에서 앞으로의 문법서 집필에 도입할 만한 연구결과가 아니겠는가 생각된다.

3. 조사와 어미(또는 토)의 정립에서 제기되는 문제

첫째, 여기서 가장 문제시되는 것이 《이다》를 어떻게 처리하는가 하는 것이다. 일부 문법서들에서는 이것을 서술격조사로 다루고 있고 일부 문법서들에서는 《이다》에서의 《이》만을 따로 떼어 내여 《전성토(또는 바꿈토)》로 다루고 있다. 그럼 먼저 서술격조사로 보는 견해에 대해 검토해 보기로 하자. 《이다》를 서술격조사로 보기 위해서는 먼저 이것이 과연 격조사의 일종이냐 하는 문제가 검토되어야 한다. 이른바 격에 대해서는 거의 모든 언어학 저서에서는 물론 사전에서까지도 《대상성을 가진 단어나 단위가 다른 단어나 단위에 대하여 가지는 관계를 나타내는 문법적 범주》로 정의하고 있다. 이 정의로부터 우리는 격을 나타내는 문법적 형태는 반드시 다음의 두 가지 조건을 동시에 만족시켜야 함을 알 수 있다. 그 하나는 격을 표현하는 문법적 형태는 반드시 대상성을 가지는 단어에 붙어야 한다는 것이요, 다른 하나는 격을 표현하는 문법적 형태는 반드시 다른 단어나 단위와의 문법적 관계를 나타내야 한다는 것이다. 그렇다면 《노루는 산짐승이다.》를 실례로 이 《이다》가 이상의 두 가지 조건을 갖추었는가를 살펴보자. 위의 예문에서 《이다》가 《산짐승》이란 명사에 붙었으니 격 형태가 갖추어야 할 첫째 조건은 갖추었다고 할 수 있다. 그렇다면 이 《이다》가 두 번째 조건도 갖추고 있는가를 보기로 하자. 우의 《노루는 산짐승이다.》에서의 《이다》가 구경 어느 단어(혹은 단위)와 어느 단어(혹은 단위)사이의 문법적 관계를 나타내는가? 이 《이다》를 서술격조사로 보는 학자들도 《이다》는 《체언으로 하여금 주어의 내용을 지정, 서술하는 기능을 갖도록 해

준다.》라고 설명하고 있는데 이 설명은 어디까지나 《이다》의 기능에 대한 설명이지 문법적 의미에 대한 설명, 즉 범주적 설명이 아니다.(범주적 성명이 가능한가도 의문이지만.) 그럼에도 불구하고 이 《이다》를 격조사에 포함시키는 이유가 무엇인지 전혀 납득이 안 된다. 다음으로 여기서 검토되어야 할 문제는 《이다》가 과연 하나의 형태소인가 하는 문제이다. 만약 이것이 하나의 형태소라면 문장 구조 속에서는 언제나 동시에 나타나야 할 것이다. 그런데 사실은 그렇지 못하다. 우리들의 언어생활에서 보면 《이다》가 본 모습 그대로 나타날 수 있는 경우는 서술문에서 청자가 화자보다 연소할 경우로 한정된다. 그 밖의 경우에는 《노루는 산짐승입니다.》, 《노루는 산짐승인가여?》 등에서와 같이 《이다》에서의 《다》가 다른 형태로 바뀌게 되는데 이것은 필수적이다. 그리고 《이다》에서의 《이》도 경우에 따라서는 《이것이 소다.》에서와 같이 생략되기도 하는데 이것은 수의적이다. 여기서 우리는 《이다》가 하나의 형태소가 아님을 알 수 있다. 사실상 《다》는 《ㅂ니다/습니다》와 같은 계열의 어떤 사실을 서술하는 어미(또는 토)요, 《이》는 체언에 용언에만 붙을 수 있는 어미(또는 토)가 붙을 수 있게 하는 기능을 수행하는 형태소이다. 그렇다면 이런 형태소를 무엇이라고 해야 하는가? 필자는 이것을 《전성토(또는 바꿈토)》로 보는 학자들의 견해에 동감을 표시한다. 만약 《이다》의 문제를 이렇게 풀어나가지 않으면 《나는 네가 걱정이다.》와 《나는 네가 걱정된다.》와 같은 문장이 어떻게 다른가 하는 질문에 대해 설명할 방법이 없게 된다.

둘째, 그 다음으로 제기되는 문제가 조사나 어미(또는 토)를 어떤 기준에 의해 어떻게 분류하는가 하는 것이다. 지금까지의 문법서들을 살펴보면 거의 모두가 의미-기능적 특성과 구조-결합적 특성 두 가지를 조사나 어미(또는 토)를 분류하는 주요 기준으로 들고 있다. 이에 대해서는 필자도 동감을 표시한다. 그런데 문제는 조사나 어미(또는 토)를 분류할 때 이 두 가지 기준을 실제로 어떻게 적용하는가 하는 것이다.

아래 동일한 문법서에서 이 두 가지 기준을 실제로 적용하는 과정에서 나타난 문제점들을 살펴보기로 한다. 먼저 《노루는 산짐승이다.》에서의 《이다》와 《걷기가 좋다.》에서의 《기》의 처리를 살펴보기로 하자. 《이다》에 대해서는 앞에서도 이미 언급한 바와 같이 일부 문법서에서는 서술격조사로 처리하고 있고 《기》에 대해서는 전성어미로 처리하고 있다. 그럼 여기서 이들이 적용한 기준은 무엇인가? 이것을 밝히기 위해 먼저 《이다》와 《기》가 어떤 의미-기능적 특성과 구조-결합적 특성을 갖고 있는가를 살펴보기로 하자. 《이다》는 앞에서 간단히 언급한 바와 같이 체언에 붙어 그 체언으로 하여금 용언에만 붙을 수 있는 어미(또는 토)가 붙을 수 있게 하는 기능을 수행하고 있다. 다시 말하면 체언에 붙어 그 말을 용언형으로 만드는 기능을 수행한다는 것이다. 그렇다면 《기》는 어떠한가? 《기》를 전성어미로 보는 학자들의 말을 그대로 따오면 주로 용언에 붙어 《그 말을 명사형으로 만드는 전성어미》라는 것이다. 여기서 우리는 《이다》와 《기》는 의미-기능적 측면에서 볼 때에는 《전성》의 기능을 수행한다는 똑같은 특성을 갖고 있음을 알 수 있고 구조-결합적 측면에서 볼 때에는 《이다》는 체언에, 《기》는 용언에 붙는 서로 다른 특성을 보이고 있음을 알 수 있다. 이로부터 우리는 《이다》와 《기》의 정립에 있어서는 상기의 두 가지 기준을 동시에 고려할 수 없는바 어느 한 기준을 주되는 기준으로 내세워야 한다는 것을 알 수 있다. 그런데 위의 처리를 보면 《이다》의 처리에서는 구조-결합적 특성을 주로 고려했고 《기》의 처리에서는 의미-기능적 특성을 주로 고려했음을 쉽게 보아낼 수 있다. 일관성의 원칙이 결여되었다고 하겠다. 동일한 문법서에서 조사나 어미를 정립함에 있어서 일관성의 원칙이 결여되어 있는 현상을 위는 적지 않게 보아낼 수 있다. 《며》를 접속조사와 연결어미로 갈라 처리한 문제 역시 그중의 하나라 하겠다.

여기서 우리가 한 가지 더 짚고 넘어가야 할 문제가 있다. 위에서도 간단히 보아온 바와 같이 조사나 어미(또는 토)의 정립에서 위의 두 가지 기준을 동시에 적용하기 어려운 경우가 적지 않게 나타난다. 그러므로 이런 경우에는 어느 한 기준을 주되는 기준으로 내세워야 할 것이다. 그렇다면 어느 한 기준이 비교적 보편성을 띠는 기준으로 될 수 있는가? 필자가 보기에는 그래도 의미-기능적 특성이 주되는 기준으로 나서야 한다고 생각된다. 그것은 구조-결합적 특성에 의해서는 우리말 문법적 형태가 대상적 형태(조사)와 서술적 형태(어미)의 둘로만 구획될 수 있기 때문이다. 이것들을 진일보 하위분류하기 위해서는 의미-기능적 특성이 앞에 나서야 할 것이다.

조사와 어미(또는 토)의 정립에서는 이외에도 《-단다, -ㄴ단다, -란다》 등과 같은 이른바 합성어미(또는 토)를 하나의 문법적 형태로 잡을 수 있는가 없는가, 종결어미(또는 토)를 식, 계칭, 법 어미로 가를 필요가 있는가 없는가 하는 등 허다한 문제가 아직도 미해결 문제로 남아있다.

4. 맺는말

지금까지 우리는 문법 교과서 집필에서 해결되어야 할 제 문제들 중에서 형태론과 관련된 문제들만 대충 살펴보았다. 그런데 앞에서 간단히 언급한 바와 같이 문법은 크게 형태론과 문장론으로 나뉘게 되는바 문장론 분야에서도 많은 문제들이 제기된다. 예컨대 문장의 성분화에서 제기되는 문법적 성분화와 논리적 성분화 문제, 보어와 상황어의 한계문제, 단일문과 복합문의 한계문제 등등이다. 앞으로의 보다 심도 있고 전면적인 연구와 토론이 기대된다.

＊ 이 논문은 『세계 속의 조선(한국)언어문학 교양과 교재편찬 연구』(민족출판사, 2003년, 439~450쪽)에 실려 있음.

한국어 어휘체계에
관한 연구

1. 어휘론 연구에서의 가장 기초적인 연구–어휘체계에 관한 연구

어휘론 연구에서 가장 중요한 부분으로 되는 것은 어휘체계에 관한 연구이다. 그것은 그 어떤 학문(혹은 과학) 연구를 물론하고 체계에 관한 연구가 가장 기초적인 연구로 되기 때문이다.

이와 관련하여 김광해(1993:108)에서도 "어떤 과학이든지 그 연구의 대상이 되는 事象을 분류 정리하는 일은 그 분야의 가장 기초적인 연구가 된다. 특히 어휘론에서는 수많은 어휘소들이 연구의 대상이 되므로 이를 상호간의 공통점과 차이점에 근거하여 적절히 구분하고 분류하는 작업을 통하여 정리 배열함으로써 수많은 어휘소들을 서로 식별하는 일에 기여하고자 하는 연구를 수행할 수 있다. 이러한 작업을 거쳐서 비로소 어휘 집합의 체계는 그 전모를 드러내게 된다."라고 지적한 바 있다.

이렇게 어휘체계에 관한 연구는 어휘론 연구에서 가장 기초적인 연구로 어휘론 연구에서 그 어느 분야의 연구보다 더 중요시되어야 할 부분으로 된다. 그럼에도 불구하고 우리말 연구의 경우에는 어휘론 연구에 관심을 갖고 있는 학자가 얼마 되지 않은데다가 어휘라는 이 언어적 단위가 상대적으로 폐쇄된 음운이나 문법 등 언어 단위에 비해 수십만을 헤아리는 너무나도 방대한 단어들의 집합으로 이루어진 언어적 단위여서 그 체계를 정확히 파악하기 어려운 등 여러 가지 원인으로 우리말 어휘체계는 아직까지도 그 전모를 드러내지 못하고 있다.

이와 같은 사정을 고려하여 여기서는 주로 어휘체계에 관한 남과 북의 연구 성과를 검토하면서 나름대로의 기준을 새우고 우리말 어휘 체계를 새롭게 정립해 보고자 한다.

2. 한국어 어휘체계에 대한 선행연구

2.1 한국어 어휘론 연구 개관

어휘체계는 보통 어휘와 관련된 제반 문제를 체계적으로 연구하는 어휘론에서 다루는 분야이기에 무엇보다 먼저 한국이 어휘론 연구의 역사에 대해 개괄적으로 살펴볼 필요가 있다.

한국어에서 어휘에 대한 연구는 일반 언어학의 연구 역사와 더불어 100여 년의 시간이 흘러왔다. 그러나 어휘와 관련된 연구는 언어학의 기타 분과의 경우(예컨대 '음운론'이나 '문법론')와는 달리 처음부터 체계적인 연구로 시작된 것이 아니라 개별 어휘 부류에 대한 연구로부터 시작되었다.

한국어의 경우 어휘론이 언어학의 독자적인 분과로 자리매김하고 이에 대한 체계적인 연구가 진행된 역사는 60여 년 남짓하다.[1] 아래 남과 북을

---

[1] 여기서 우선 명확히 해 둘 것은 우리가 말하는 '어휘론 연구', '문법론 연구' 등이 지칭하는 바는 개별적인 어휘, 또는 개별적인 문법 형태나 문법 항목에 대한 연구를 가리

갈라 그 연구 역사를 간략하게 살펴보기로 한다.

남에서의 어휘론 연구 역사와 관련해 김광해(1993:37)에서는 "우리나라에서 국어학이라는 커다란 연구 분야 속에 '어휘론'이라는 영역이 본격적으로 자리 잡을 수 있도록 하는 한편 어휘에 관한 연구의 필요성을 부각시킨 것은 沈在箕(1982) '국어 어휘론'의 출간으로부터 비롯된다. 이로 말미암아 국어학의 다른 하위 영역들과 나란히 어휘론이라는 이름의 학문 분야가 성립할 수 있다는 가능성과 지평이 제시되었다."라고 하면서 남의 경우에는 지난 세기 80년대 초에 이르러서야 어휘론이 언어학의 한 독자적인 분야로 자리 잡기 시작했다고 지적하고 있다.

그런데 심재기(1982:10)에서는 "1955년, 李熙昇의 「國語學槪說」이 상재되자 비로소 語彙論이라는 연구 분야가 확립되었고, 거기에서 어떤 내용을 어떻게 가르치며, 또 연구할 것인가 하는 윤곽을 제시하기에 이르렀다."라고 하면서 그 시기를 50년대까지 더 거슬러 올라갈 수 있다고 지적하고 있다.

어휘론이 언어학의 독자적인 한 영역으로 자리 잡은 시기를 지난 세기 80년대 초로 보던 50년대로 보던 어휘론 연구는 문법론 연구에 비해 훨씬 뒤늦게 시작되었을 뿐만 아니라 그 성과 역시 문법론에 비할 바가 못 된다.

어휘론의 연구 성과에 대해 심재기 외(2011) '머리말'에서는 "'국어어휘론'이란 이름의 학문분야가 국어학의 한 갈래로 자리 잡은 지 어느새 반세기의 세월을 넘겼다. 그러나 그 동안 '국어어휘론'이란 제목을 붙인 연구 서적이 간행된 것은 겨우 열 손가락을 꼽을 정도로 한산하였다. 음운, 형태,

---

키는 것이 아니라 언어학의 한 독자적인 분야로서의 '어휘론'이나 '문법론'에 대한 체계적인 연구를 가리킨다는 것이다. 따라서 개별적인 어휘를 대상으로 행해지는 연구는 '어휘를 대상으로 하는 연구' 또는 '어휘 연구'라는 용어로 구별하기로 한다. '어휘를 대상으로 하는 연구'는 김광해(1993:36)에서 지적한 것처럼 "국어학 연구에 있어서 어휘를 대상으로 하는 연구는 역사적으로 그 전통을 살펴보고자 한다면 조선 시대에까지 거슬러 올라가야만 할 정도로 짧지 않은 역사를 가지고 있으며", "실로 방대하고 다양한 영역에 걸쳐서 연구물들이 쏟아져 나오고 있는 분야이다."

통사, 문법 등 국어학의 다른 분야가 엄청난 분량의 연구 업적을 내놓는 동안 어휘를 연구하는 사람들은 무엇을 하였던 것일까?"라고 한탄하고 있다.

그럼 아래 李熙昇(1955)의 『國語學槪說』 이후에 어떤 '어휘론' 전문 서적들이 간행되었는가를 살펴보기로 하자.

이희승(1955) 이후 어휘론을 언어학의 독자적인 분과로 다룬 저서가 지난 세기 50년대에는 더 발견되지 않으며, 60-70년대에도 전혀 보이지 않는다. 그 이유는 아마 심재기(1982:11)에서 지적한 것처럼 "1960년대와 1970년대에 걸쳐 미국으로부터 유입되어 온 變形生成文法은 은연중 국어학의 연구 경향을 統辭論에 치중하게 하여 語彙論은 상대적으로 위축되는 형편"에 있었기 때문이 아닌가 생각한다.

그 후 80년대에 이르러서야 심재기(1982)의 『國語語彙論』이 간행되면서 '어휘론'이 김광해(1993)에서 지적한 것처럼 진정한 의미에서 언어학의 한 분야로 등장하게 된다. 그러나 이 분야에 대한 관심을 보인 학자도 얼마 되지 않고 '어휘론'을 체계적으로 다룬 전문 저서도 이 외는 더 발견되지 않는다.

김광해(1993:37)에 따르면 '어휘론'이 언어학의 한 분야로 본격적인 논의가 진행되기 시작한 것은 1990년 겨울 국어학회 제17회 공동연구회 이후부터이다.[2] 이를 계기로 김종택(1992)의 『국어 어휘론』과 김광해(1993)의 『국어 어휘론 개설』이란 두 권의 '어휘론' 연구와 관련된 전문 저서가 출간되기에 이른다.

2000년대에 이르러서는 심재기(2000)의 『國語 語彙論 新講』, 김종학(2001)의 『韓國語基礎語彙論』, 심재기 외(2011)의 『국어 어휘론 개설』 등이 더 출간되었다.

---

2) 김광해(1993:37)에서는 "'어휘론'이라는 학문 분야에 대한 언어학의 체계에 입각한 본격적인 논의가 1990년 겨울에 국어학회 제17회 공동연구회에서 '국어 어휘 연구의 현황과 문제점'이라는 주제 하에 이루어짐으로써 어휘론의 재인식과 정립을 위하여 커다란 전기를 마련하였다."라고 지적하고 있다.

이상에서 볼 수 있는 바와 같이 남에서의 어휘론 연구는 언어학의 기타 분과의 연구에 비해 훨씬 뒤늦게 시작되었을 뿐만 아니라 연구 업적도 얼마 되지 않는다.[3]

북에서의 어휘론에 대한 연구는 남의 경우보다도 더 뒤떨어지고 있다. 어휘론이 언어학의 독자적인 분야로 자리 잡은 것은 60년대 초부터라고 해야 할 것이다.

김영황 외(1996:163)에서는 "이 시기 어휘의미론과 관련하여 종합적으로 서술한 것은 단행본으로 발행된 《현대조선어(1)》[4]이다. 《현대조선어(1)》은 이 시기에 이룩된 성과들에 기초하여 어휘의미론의 기초개념들을 정립하고 종합 체계화한 최초의 저술이다."라고 지적하고 있다.

이에 따르면 북의 경우에는 60년대 초에 이르러서야 어휘론이 언어학의 독자적인 분과로 자리매김하고 체계적인 연구가 시작되었는데 그 연구 업적도 남의 경우와 마찬가지로 얼마 되지 않는다.

『현대조선어(1)』이 출간된 이후로 간행된 어휘론 관련 저서들로는 60년대에는 김수경 외(1964)의 『조선어 어휘론 및 어음론』; 70년대에는 전경옥(1975)의 『문화어어휘론』; 80년대에는 최완호 외(1980)의 『조선어어휘론연구』, 김일성종합대학 조선어학강좌(1981)의 『문화어어휘론』; 90년대에는 김길성(1992)의 『조선어어휘론(류학생용)』; 2000년대에는 최완호(2005)의 『조선어어휘론』 등이 출간되었는데 이 중에서 『문화어어휘론』과 김금석·김수경·김영황(1964)의 『조선어 어휘론 및 어음론』도 『현대조선어(1)』을 책 이름

---

3) 물론 이 외에 이을환, 이용주(1964), 김민수(1981), 김종택·남성우(1983), 양태식(1984), 임지룡(1992), 윤평현(2008) 등의 『국어의미론』과 홍사만(1985)의 『국어 어휘의미론 연구』 등이 출간되기는 했지만 우선 의미론의 연구 영역은 어휘의 분야를 훨씬 초월해서 통사 내지는 텍스트 분야에까지 미치는 언어학의 한 분야이며 또 '의미론' 그 자체가 지향하는 목표가 '의미'의 부분이기에 어휘론과 관련을 지을 경우에도 어휘의 의미에 대한 연구에만 한정되어 있기에 어휘론을 체계적으로 다른 연구로 볼 수 없다는 입장에서 제외하였다.

4) 김수경 외(1961): 《현대조선어(1)》은 서론과 어휘론 및 어음론 세 부분으로 구성되었는데 '어휘론' 부분은 김수경과 김금석의 공동 집필로 되어 있다.

만 바꾸어 재판한 것이니 다섯 책 정도의 어휘론 전문 저서가 출간된 것으로 볼 수 있다.

이상의 고찰에서 볼 수 있는 바와 같이 한국어 어휘론에 대한 체계적인 연구는 언어학의 기타 분과들에 비하여 훨씬 뒤떨어져 있을 뿐만 아니라 그 연구 성과 또한 정말 한산하기 그지없다.

2.2 어휘 체계와 관련된 연구

그럼 이제부터는 지금까지 출간된 위의 저서들에서 어휘체계에 대해 어떻게 다루고 있는가를 살펴보기로 하자.

김광해(1993:108)에서는 "어휘 체계의 연구는 주로 그 방대한 어휘 집합을 적절한 기준에 의하여 분류해 내는 일을 중심으로 전개 된다."라고 지적한 바 있다. 이리하여 여기서는 주로 남과 북의 학자들이 어떤 분류 기준에 따라 어휘 분류를 진행하고 있는가를 살펴보기로 한다.

남에서 출간된 저서들에서 어휘의 분류 기준을 보다 명확히 제시하고 있는 저서들로는 김광해(1993)과 이희승(1955)이다.[5]

김광해(1993:108)에서는 "어휘는 기준을 정하기에 따라 여러 가지 방법으로 분류하는 일이 가능하다. 국어의 전 어휘를 분류하는 작업은 그 분류의 기준을 설정하기에 따라 다양하게 전개될 수 있다. 그중에서도 현재까지 작업이 수행되어 왔거나 수행될 가능성이 큰 것으로는 '어종에 의한 분류, 문법 기능에 의한 분류, 어휘소의 의미에 의한 분류' 등을 들 수 있다."라고 하면서 어휘를 세 가지 기준에 의해 분류하고 있다.

이희승(1955:206)에서는 "單語의 種類는 여러 가지 角度로부터 이것을 分類할 수 있을 것이다. 그러나 지금은 煩雜한 細分을 避하고 가장 常識

---

5) 김종택(1992)에서도 제4장이 '어휘 체계론'으로 되어 있지만 주요하게는 의미장의 이론에 입각하여 어휘의 의미 체계를 중심으로 다루면서 제3절에 '분류어휘집의 어휘체계 −千字文·類合·訓蒙字會의 대비−'를 다루고 있기에 다른 학자들이 다룬 어휘체계와는 다르다고 판단하면서 여기서는 제외하였다.

的인 標準에 依하여 그 主要한 種類를 몇 가지 列擧하여 보려 한다."라고 하면서 系統上 分類, 構成上 分類, 槪念上 分類, 時代的 分類, 地域的 分類, 社會的 分類, 語法上 分類, 部門的 分流 등 여덟 가지의 분류 기준에 따라 어휘를 분류하고 있다.

북의 경우, 어휘 분류 기준을 비교적 명확히 제시한 저서들로는 최완호 외(1980), 김길성(1992:47), 최완호(2005), 김수경 외(1961), 김일성종합대학교 조선어학강좌(1981) 등이 있다.

최완호 외(1980:17-50)에서는 어휘구성의 갈래를 우선 '어휘의 구조와 변화 발전의 측면에서 본 갈래', '어휘의 쓰임의 측면에서 본 갈래', '어휘의 표현성의 측면에서 본 갈래' 등으로 크게 분류한 다음 '어휘의 구조와 변화발전의 측면에서 본 갈래'는 다시 '기원의 측면'에서 고유어휘, 한자어휘, 외래어어휘로 하위분류하고, '어휘의 변화발전의 측면'에서 새말과 낡은 말로 하위분류하고 있다. '어휘의 쓰임의 측면에서 본 갈래'는 다시 '쓰이는 분야와 정도에 따라' 일반어, 학술용어, 늘 쓰는 말로 하위분류하고, '쓰이는 류형에 따라' 입말어휘와 글말어휘로 하위분류하고, '쓰이는 지역의 범위에 따라' 표준어휘와 방언어휘로 하위분류하고 있다. '어휘의 표현성의 측면에서 본 갈래'에서는 일반적인 어휘와 구별되는 표현적인 어휘부류를 설정하고 이 표현적인 어휘를 '뜻 기능에 따라' 감정 정서적 빛깔을 가진 표현적 어휘, 높은 형상성을 가진 표현적 어휘, 두드러지고 뚜렷한 뜻 내용을 가진 표현적 어휘로 하위분류하고 '형태구조에 따라' 단어로 된 표현적 어휘, 단어결합으로 된 표현적 어휘, 문장으로 된 표현적 어휘로 하위분류하고 있다.

김길성(1992:47)에서는 "어휘 구성안에 들어 있는 단어들은 몇 가지 각도에서 이러저러한 갈래로 나눌 수 있다. 즉 기원의 측면에서 고유어, 한자어, 외래어로, 사용 분야의 측면에서 일반 용어와 학술 용어로, 사용범위의 측면에서 방언과 통용어로, 어휘구성의 변화발전의 측면에서 새말과 낡은 말로, 문체론적 측면에서 입말어휘와 글말어휘로 나눌 수 있다. 어휘구성의 한 갈래인 성구는 그 중요성으로 보아 따로 한 개 장에서 취급한다."라고 그 분류 기준과 그 분류에 대해 개괄적으로 설명하고 있다.

최완호(2005:16-32)에서는 크게 '범위에 따르는 어휘의 구분'과 '실질적 의미의 단어부류와 기본어휘'로 나눈 다음 '범위에 따르는 어휘의 구분'에서는 '일정한 민족어의 범위', '일정한 시대의 범위', '일정한 지역의 범위', '언어개체의 어휘' 등 4가지 기준에서 다시 하위분류를 진행하고 '실질적의미의 단어부류와 기본어휘'는 '실질적의미의 자립적 단어 부류에 속하는 어휘'와 '기본어휘'로 하위 분류하여 고찰할 수 있다고 했다.

김수경 외(1961)에서는 어휘의 분류 기준에 대해 전문적인 논의는 진행하지 않았지만 그 분류는 '기원의 측면', '사용 범위의 측면', '표현-문체론적 측면', '적극적 및 소극적 어휘의 측면'으로 갈라 진행하고 있다.

김일성종합대학 조선어학강좌(1981)에서도 어휘 분류 기준에 대한 논의는 따로 하지 않고 직접 분류에 들어갔는데 단어체계를 크게 '단어들의 의미적 갈래'와 '단어들의 어휘적 갈래'로 분류하고 '단어들의 의미적 갈래'는 다시 뜻 같은 말, 뜻 반대말, 소리 같은 말로 하위분류하고, '단어들의 어휘적 갈래'는 기원의 측면에서 고유어, 한자어, 외래어로 나누고, 어휘구성의 변화발전의 측면에서 새말과 낡은 말로 나누고, 쓰이는 정도에 따라 늘 쓰는 말을 설정하고, 사용분야와 관련하여 일반어와 학술 용어로 하위분류하고 있다.

지금까지 출간된 어휘론 저서들에서 '어휘체계론'을 단독 장절로 설정하여 다룬 저서는 이 몇 권에 불과하다.

물론 기타의 어휘론 저서들에서 위의 학자들이 '어휘체계론'에서 다룬 어휘 부류들을 전혀 언급하지 않은 것은 아니나 그 서술체계는 각양각색이다.

예를 들면 거의 모든 저서들에서 '고유어, 한자어, 외래어'를 다루고는 있지만, 이희승(1955)나 김광해(1993) 등에서는 '어휘의 체계-어종(계통)'에 의한 분류에서 다루고 있으나 심재기(1981)과 김종택(1992)에서는 '어휘자료론'에서 다루고 있고 최완호(2005) 등에서는 단독 장절을 설정하여 다루고 있다.

또 예를 들면 '표준어와 방언'도 이희승(1955), 최완호 외(1980)에서는 '어휘의 체계-지역적 분류'에서 다루고 있지만 김광해(1993)에서는 '어휘의 위상적 변이'에서 다루고 있고 김수경 외(1961)과 김길성(1992)에서는 '사용 범위에 따른 분류'에서 다루고 있다.

'신어나 유행어'와 관련된 어휘 부류는 이희승(1955)에서와 같이 '시대적 분류'에서 다루기도 하고, 심재기 외(2011)에서와 같이 '사회적 분류'에서 다루기도 하며, 김광해(1993)에서와 같이 '어휘의 팽창'에서 다루기도 하고, 최완호 외(1980)에서와 같이 '어휘의 변화발전의 측면'에서 다루기도 한다.

지금까지의 고찰에서 볼 수 있는 바와 같이 남과 북에서의 어휘 분류의 기준은 학자에 따라 각이하게 설정되어 있기에 우리말 어휘체계는 아직까지 그 전모를 드러내지 못하고 있다. 물론 어휘 분류의 기준 설정은 그 연구 목적과 시각의 차이에 따라 어느 정도의 자의성, 또는 수의성은 허용되나 그 어떤 학문이든지 다른 분야의 학문과 구별되는 자체의 고유한 체계를 갖고 있다는 사실을 인정할 때, 어휘 분류의 기준 설정이 결코 자의적, 또는 수의적일 수는 없다. 문제는 우리가 아직까지 수십만을 헤아리는 어휘가 체계적인 집합을 이룰 수 있는 그 질서를 옳게 파악하지 못하고 있다는 것이다.

그러므로 어휘체계에 대한 연구에서는 어휘 분류기준을 옳게 세우는 것이 무엇보다 중요한 과업으로 나서게 된다.

3. 한국어 어휘 분류기준과 그 체계

3.1 어휘와 어휘체계

한국어 어휘체계를 옳게 밝히기 위해서는 어휘론에서 논의되는 어휘와 어휘체계의 상호 관계에 대해 우선 명확히 해 둘 필요가 있다.

김광해(1993:107-108)에서는 "어휘론에서 사용되는 체계(system)라는 술어는 구조(structure)에 상대되는 개념으로서 Firth에 의하면, 구조라는 것은 언어의 가로 관계(syntagmatic relation)를 나타내는 술어임에 반하여, 체계라는 술어는 교환이 가능한 단위(unit)들의 세로 관계의 가치 (parabingmatic value)를 나타내는 것이다. Firth의 이론을 바탕으로 하여 이를 발전시킨 Halliday에 의하면 체계라는 것은 그가 설정한 네 개의 범주, 즉 '類와 체계, 단위와 구조'의 하나에 해당하는 것으로 어휘가 개방 집합(open set)임에 반하여 그것으로 이루어진 체계라는 것은 폐쇄 선택 (closed choice)의 문제에 해당하는 것이라고 생각한다. 여기서 사용하고 있는 체계라는 술어도 이러한 생각에 바탕을 두는 것이다. 어휘 집합 전체는 특별한 기준을 가지지 않은 상태에서 관찰할 적에는 기본적으로 개방 집합이지만, 그것의 구성이나 사용 장면을 몇 가지의 한정된 기준에 따라 살펴보면 체계를 파악해 내는 일이 가능하다. 따라서 어휘의 체계에 관한 연구는 적절한 기준을 가지고 어휘 자료를 분류하는 작업을 통하여 수행 된다."

어휘 체계와 관련하여 김종택(1992:163)에서도 "어휘의 수는 음운과는 달리 그 수가 엄청나기 때문에 이들을 체계화하는 작업은 음운을 체계화 하는 것보다 훨씬 어려울 수밖에 없다. 그렇다고 해서 인간의 사물에 대한 인식 체계라고 할 수 있는 어휘들의 분포가 결코 무질서한 것이 아님은 의심할 여지가 없다. 어휘 지도 면에서 보더라도 그 많은 어휘를 무질서한 상태로 둔 채 체계화하지 않는다고 하면 수많은 어휘를 도저히 효과적으로 지도할 수가 없을 것이다. 그래서 우리 선조들은 어휘를 효과적으로 가르치기 위해서 나름대로의 기준을 세우고 그에 따라 부문별로 어휘를 묶은 분류어휘집을 편찬하게 되었던 것이다."라고 지적한 바 있다.

어휘 체계와 관련하여 북의 학자들은 '어휘체계'라는 용어 대신 '어휘구성'이란 용어를 사용하고 있는데 최완호 외(1980:16)에서는 "어휘구성을 이루고 있는 모든 어휘들은 아무런 련관도 없이 따로따로 떨어져 있는 것이 아니라 일정한 질서 속에 놓이면서 서로 작용하고 영향을 미치며 서로 의존하고 대립하는 련관 관계를 맺고 있다. 이러한 호상 관계 속에 있는 모든 어휘와 어휘표현은 총체적으로 어휘구성을 이루면서 일정한 부류로 묶이어진다."라고 설명하고 있다.

그리고 최완호(2005:16)에서는 "어휘가 단순히 단어의 집합체를 이룬 것이라면 어휘구성은 일정한 구성체를 이루고 있는 어휘를 내세워서 이른 측면, 례컨대 조선어의 어휘구성은 고유어휘와 한자어휘, 외래어의 3가지로 이루어져 있다고 하는 것 같은 경우 또는 조선어의 어휘구성 등 일정한 구성체를 이룬 어휘를 념두에 두면서 표현하는 것 같은데서 그 사용의 차이를 찾아볼 수 있을 것이라고 본다."라고 '어휘'와 '어휘구성'의 상호 관계에 대해 설명하고 있다.

이상의 고찰에서 우리는 '어휘'가 집합의 개념으로 단어들의 무리를 가리킨다고 할 때, 이 '집합'은 산재해 있는 개개의 단어들의 무질서한 '개방집합'으로서만 존재하는 것이 아니라 일정한 질서, 또는 기준에 따라 몇 개의 부류로 나뉠 수도 있는 '폐쇄집합'으로도 존재한다는 것을 알 수 있다. 예를 들면 수십만을 헤아리는 우리말 어휘들은 특별한 기준을 세우지 않고 관찰할 때에는 개개의 단어들의 무질서한 개방집합으로 존재하지만 기원의 측면에서, 즉 출신 성분을 기준으로 고찰할 경우에는 이 수십만을 헤아리는 단어들의 '고유어', '한자어', '외래어', '혼종어'라는 어휘부류로 질서정연하게 분류될 수 있다. 따라서 어휘론에서 논의되는 '어휘'는 개방집합으로서의 단어들의 무리를 지칭하고, '어휘체계'는 폐쇄집합으로서의 단어들의 무리를 지칭하는데 '어휘체계론'의 주 관심사는 후자이다. 다시 말하면 '어휘체계론'에서는 수십만을 헤아리는 방대한 단어들을 적절한 기준에 따라 유형별로 분류하여 체계화하는 것을 주 과업으로 삼게 된다.

물론 어휘라는 이 언어적 단위가 상대적으로 폐쇄된 음운이나 문법 등 언어 단위에 비해 수십만을 헤아리는 너무나도 방대한 단어들의 집합으로 이루어진 언어적 단위여서 그 체계를 정확히 파악하기 어려운 것만은 사실이다. 그러나 집합의 개념으로서 어휘가 산재해 있는 개개의 단어들의 무질서한 개방집합으로서만 존재하는 것이 아니라 일정한 질서, 또는 기준에 따라 몇 개의 부류로 나뉠 수도 있는 폐쇄적인 집합으로도 존재한다는 사실을 인정할 때, 수십만을 헤아리는 방대한 단어들을 몇 개의 부류로 묶어주는 그 질서, 또는 기준만 잘 파악한다면 어휘체계도 음운체계나 문법체계처럼 질서정연한 모습을 드러내게 될 것이다.

3.2 어휘 분류기준과 그 체계

그럼 이제부터는 한국어 어휘 분류기준과 그 체계에 대해 좀 더 구체적으로 논의해 보기로 한다.

그런데 지금의 시점에서 어느 한 개인의 능력으로 어휘 분류기준을 새롭게 책정하고 그 기준에 따라 수십만을 헤아리는 어휘를 체계적으로 분류한다는 것은 거의 불가능한 일임을 지금까지의 연구 결과가 잘 입증해 주고 있다.

이러한 사정을 감안할 때 먼저 어떤 가설적인 분류기준을 세우기보다는 지금까지의 연구 저서들에서 많은 학자들이 다루고 있는 각이한 어휘부류들을 분석 정리하면서 그것들을 일정한 공성에 따라 몇 개의 보다 큰 유형으로 묶어주는 작업을 진행하는 것이 보다 더 현실적이고 실현가능한 작업으로 될 것이다.

이리하여 여기서는 이미 출간된 남과 북의 어휘론 저서들에서 비교적 많이 다루고 있는 각이한 어휘부류에 대해 분석 정리하면서 우리말 어휘체계에 대해 정립해 보기로 한다.

첫째, '고유어, 한자어, 외래어, 혼종어'

이 부류의 어휘들 중에서 '고유어, 한자어, 외래어' 세 부류의 어휘에 대해서는 거의 모든 학자들이 '계통상 분류'(이희승 1955), '기원에 따른 어휘의 분류'(김수경 외. 1961, 최완호 외 1980, 김길성 1992 등), '어종에 따른 어휘의 분류'(김광해 1993), '일정한 민족어의 범위에 따른 분류'(최완호 2005) 등 각이한 명칭으로 그 분류 기준을 명명하고는 있지만 모두가 "그것의 기원, 즉 출신 성분 같은 것에 근거하여 분류"(김광해(1993:109)하고 있다는 공통성을 갖고 있다. 이리하여 이 부류의 어휘는 '기원(혹은 어종)에 따른 어휘 부류'로 묶일 수 있을 것이다.

그런데 우리말 어휘들 가운데는 기원의 측면에서 분류할 때, 위의 세 부류 어휘의 그 어디에도 속하지 못하는 어휘들이 있다. 예를 들면 "행복하다(幸福-), 오퍼상(offer商), 맨손체조(-體操)" 등의 어휘들은 '한자어+고유어', '외래어+한자어', '고유어+한자어' 등의 구조로 구성되었기에 위에서 설정한 고유어, 한자어, 외래어 그 어니에도 소속될 수 없다. 이런 부류의 어휘들에 대해 김종택(1992)와 심재기 외(2011)에서는 '혼종어[6]'란 독자적인 한 부류로 설정하고 있다. 김종택(1992:124)에서는 "혼종어란 고유어와 한자어 혹은 고유어와 외래어, 혹은 한자어 등이 둘 이상 모여 이루어진 경우를 이르는 것이다."라고 그 개념을 정립하고 있고, 심재기 외(2011:75)에서는 "고유어와 한자어, 한자어와 외래어 등 서로 다른 어종의 언어 요소가 결합하여 만들어진 단어를 혼종어(hyrid)라 한다."라고 그 개념을 정립하고 있다.

우리말 어휘는 기원의 측면에서 분류할 때, 고유어 언어요소와 한자어 또는 외래어 언어요소가 서로 결합되어 이루어진 어휘, 한자어 언어요소와 외래어 언어요소가 결합되어 이루어진 어휘 부류가 엄연히 존재하고 있다. 그러므로 기원에 따라 어휘를 분류할 경우에는 고유어, 한자어, 외래어 외에 '혼종어'란 어휘 부류가 더 설정되어야 할 것이다.

'혼종어' 문제가 기원에 따른 어휘 부류에서 중요한 문제의 하나로 논의되어야 할 필요성은 우선, 연구에 따르면 이 혼종어가 양적으로도 외래어

---

6) 이른바 '혼종어'를 일부 학자들은 '섞임말'이란 용어로 다루기도 한다.

의 배도 넘는 분포를 보이고 있으며[7] 다음으로 이런 '혼종어'들이 시대가 발전하면 할수록 더 빠른 속도로 증대되고 있기 때문이다.

둘째, '표준어와 방언, 전문어(학술용어), 은어'

이 부류의 어휘들 가운데서 표준어와 방언에 대해서는 거의 모든 저서들에서 어휘의 지역적 부류로 다루고 있다. 단 김광해(1993)에서만은 '어휘소의 위상적 변이'로 다루고 있다. 그러나 김광해(1993:143)에서도 "어휘소의 위상적 변이는 다시 지리적 요인에 의한 변이와 비지리적 요인에 의한 변이로 구별된다. 지리적 요인에 의한 변이에는 방언 어휘가 소속되며, 비지리적 요인에 의한 변이는 각종 사회적 집단에서 사용되는 변이형들이 있다."라고 하면서 방언을 '지리적 요인에 의한 위상적 변이'로 다루고 있는바 결과적으로는 어휘의 지역적 부류'로 보는 견해와 일치하다고 할 수 있다.

그런데 여기서 우리가 명확히 해 두어야 할 것은 언어가 인간 사회와 직결되는 사회적 현상이기에 이 경우의 '지역'은 순수한 '자연 지리'를 뜻하는 것이 아니라 '사회적 지리'를 뜻한다는 것이다. 따라서 방언을 '어휘의 지역적 변이'로 그 개념을 정립할 경우에도 부동한 지역 사회 성원이 사용하는 어휘 부류로 인식하게 된다.

다음, '전문어(직업어, 학술용어)'와 '은어'에 대해서는 김광해(1993)과 최완호(2005)를 제외한[8] 기타의 저서들에서는 모두 사용 범위의 측면에서 분류되는 어휘의 부류, 즉 '어휘의 사회적 부류'로 다루고 있다.

이상을 종합 정리하면 이 부류의 어휘들은 어휘를 사용하는 사회 성원, 즉 어떤 지역, 직업, 업종, 분야 등의 사회성원에 의해 사용되는 어휘

---

7) 이런 연구 결과를 보여 줄 수 있는 자료로는 김종택(1992)의 119쪽과 124쪽에서 제시한 어종에 의한 어휘 분류 도표 그리고 김광해(1993)의 113쪽에서 제시한 어휘의 어종별 분류 도표 등을 들 수 있을 것이다.

8) 김광해(1993)에서는 '전문어'를 어휘의 팽창에서 다루고 있고, 최완호(2005)에서는 '은어'를 '우리 말 문화어어휘구성의 가꾸기'란 장절에서 "낡은 사회의 어휘흔적을 가셔야 할 어휘"의 한 부류로 처리하고 있다.

냐에 따라 분류되는 어휘의 부류라는 공통성을 갖고 있다. 즉 표준어는 민족 성원 전체가 사용하는 어휘인 방면에 방언은 일정한 지역 성원들만 사용하는 어휘이며, 전문어(학술용어)는 일정한 학술 분야의 사회 성원만이 사용하는 어휘이고, 은어는 일정한 비밀집단 성원이 사용하는 어휘로서 모두가 어휘를 사용하는 사회 성원의 측면에서 분류되는 어휘 부류라는 점에서는 다를 바가 없다. 이리하여 이 부류의 어휘는 '사회적 측면에 따른 부류'로 묶일 수 있을 것이다.

셋째, '고어, 신어, 유행어'

이 부류의 어휘들에 대해 이희승(1955)와 최완호(2005)에서는 '어휘의 시대적 분류'로 다루고 있지만 최완호 외(1980), 김일성종합대학 조선어학 강좌(1981), 김길성(1992)에서는 '변화발전의 측면에서 본 어휘 부류'로 다루고 있다. 그리고 김광해(1993)에서는 이 세 부류의 어휘들 가운데서 '신어'와 '유행어'만을 따로 '어휘의 팽창'에서 다루고 있다. 그런데 '어휘의 팽창'이란 것도 결국은 어휘의 변화발전과 직결되는 문제이기에 김광해(1993)도 이 부류의 어휘를 '변화발전의·측면에서 본 어휘 부류'로 다루고 있다고 할 수 있을 것이다.

그렇다면 이 부류의 어휘들은 어떤 기준에 의해 분류되는 어휘체계로 보아야 하는가? 우리는 이 부류의 어휘들은 '어휘의 시대적 부류'로 다루어야 마땅하다고 생각한다. 물론 이 부류의 어휘들이 어휘의 변화 발전과 관계되기에 어휘의 변화 발전에서 다루지 못한다는 것은 아니다. 그러나 어휘의 변화 발전은 어휘체계와는 서로 다른 질서에서 논의되는 개념으로서 어휘 분류의 기준으로는 되지 못한다. 그것은 무엇보다 어휘의 변화 발전을 기준으로 할 경우, '신어'와 '유행어'는 모두 새롭게 생겨난 어휘로서 '어휘소의 팽창' 또는 '어휘소의 증가'와 관련되기에 서로 다른 어휘 부류로 분류될 수 없으며 보다 더 중요하게는 이른바 '부류'라는 것이 "서로 구별되는 특성에 따라 나뉜 갈래"를 의미한다고 할 때, '신어'나 '유행어'라는 어휘 부류도 마땅히 그것과 구별되는 특성을 가진 다른 한 '부류'의 어휘, 다시 말하면 이 '신어'나 '유행어'가 생기기 전의 어휘, 즉 '기존의 어휘'를 상대로 설정되는 어휘의 부류로 특징지어지는데 '신어'나 '유행어' 그리고 이것들과 상대되는 이 '기존의 어휘' 부류는 어휘를 시대적인 측면, 즉 그 어휘가 어느 시대의 산물인가 하는 시대적 범위에서 분류할 때만이 그 설정이 가능한 것이다. 어휘를 변화발전의 측면에서 고찰할 경우에는 '신어'나 '유행어'와 상대되는 '기존의 어휘'도 '의미소의 팽창' 또는 '의미소의 증가' 그리고 '의미소의 축소' 등에 의해 부단히 변화 발전한다. 그러므로 이 부류의 어휘들은 '시대적 측면에 따른 어휘 부류'로 분류하는 것이 가장 타당할 것이다.

넷째, '유의어(동의어), 반의어, 동음이의어, 다의어'

이 부류의 어휘들 가운데서 '유의어(동의어)'와 '반의어'에 대해서는 비록 학자에 따라 '어휘의미론'에서 다루기도 하고(심재기 1982, 2000; 김종택 1992), '어휘소(어휘) 간의 의미 관계'에서 다루기도 하며(김광해 1993, 김일성종합대학 조선어학강좌 1981, 심재기 외 2011), 단독 장절을 설정하여 다루기도 하지만(김수경 외 1961, 김길성 1992) 모두 의미의 관계를 중심으로 설정되는 어휘 부류로 처리하고 있다.

그런데 '동음이의어'와 '다의어'에 대한 처리는 그 사정이 좀 다르다. '동음이의어'에 대해서는 거의 모든 저서들에서 '어휘의 의미적 부류'로 처리하고 있지만 김광해(1993)에서만은 '어휘의 의미적 부류'에서 제외되어야 한다고 주장하고 있고 '다의어'에 대해서는 김종택(1992)와 심재기 외(2011)에서는 어휘의 의미적 부류로 다루고 있지만 김광해(1993)에서는 어휘의 의미적 부류에서 제외되어야 한다고 주장하고 있다.(기타의 저서들에서는 전문적인 논의를 전개하지 않았다.)

김광해(1993:200)에서는 "위에서 확보된 전제에 따르면, 동음이의(homonymy)현상은 두 개 이상의 어휘소들이 우연히 같은 음운이기 때문에 맺어지는 관계에 불과하다는 점에서 의미 관계가 아니며, 다의(polysemy)현상 같은 것은 단일한 어휘소 하나에 관련되는 의미 현상의 하나라는 점에서 '어휘소간의 의미 관계'를 논하는 자리에서는 제외되어야 함이 마땅하다는 점을 주장할 수가 있게 되는 것이다."(p.200)라고 주장하고 있는데 이런 주장은 그대로 받아들이기에는 여러 가지 문제가 있다.

김광해(1993)에서는 '동음이의 관계'를 '의미 관계'의 논의에서 제외해야한다고 주장하고 있는데 이 '동음이의 관계'는 첫째, 김광해(1993)의 '의미 관계' 이론에 따르더라도[9] 동일한 어휘소 간의 '의미 관계'가 아니라 서로 다른 의미소 간의 '의미 관계'에 의해 맺어지는 관계이며, 둘째, "동음어는 언어 기호의 자의성으로 말미암아 자연스럽게 생겨나기도 하지만, 다의어의 의미 분화, 음운의 변화 결과, 외래어의 증가 등과 같은 언어의 이차적 특성이 원인이 되어 발생하기도 한다."(심재기 외(2011:208-209) 그러므로 '동음이의 현상'은 단순한 음운의 우연한 일치에 의해 맺어지는 관계로 볼 수 없으며, 셋째, 보다 더 중요한 것은 '동의 관계'는 서로 다른 '기호'(또는 '어휘소')가 같거나 유사한 '개념'(또는 '의미')을 나타내기에 성립되는 '의미 관계'라고 할 경우, 반대로 서로 다른 '개념'(또는 '의미')을 같거나 유사한 '기호'(또는 '어휘소')로 나타내는[10] '동음이의 관계'는 무엇 때문에 어휘소의 '의미 관계'로 볼 수 없느냐 하는 것이다. 이러한 이유로 우리는 '동음이의 관계'도 어휘소 간의 '의미 관계'를 논하는 자리에서 논의되어야 한다고 본다.

다음 '다의 관계' 문제인데 '다의 관계'도 어휘의 '의미 관계'를 심재기 외(2011)에서처럼 동일한 단어에 결부된 의미들 사이에서도 성립될 수 있다

---

9) 김광해(1993:199)에서는 이른바 '의미 관계'에 대해 "요컨대, 어휘소 L1과 L2가 의미상으로 관계를 맺고 있다는 것은 결국 그 하위 요소의 하나들인 기호 S1과 S2가 관계를 맺고 있거나, 또는 개념 G1과 G2가 관계를 맺고 있거나, 지시대상(사물) R1과 R2가 관계를 맺고 있기 때문에 나타나는 현상이라고 볼 수가 있게 되는 것이다."라고 설명하고 있다.

10) 우리가 여기서 '같거나 유사한 기호'라는 개념을 사용하게 되는 것은 동음이의어에는 '말(言)-말(馬)-말(斗)'과 같이 발음도 같고 표기도 같은 것들과 '낫(鎌)-낮(晝)-낯(臉)'과 같이 발음은 같지만 표기가 좀 다른 것들이 있다는 사정을 고려해서이다.

는 입장에서 볼 경우,[11] 심재기(1982)의 분석법에 따라 어휘의 '의미 관계'에서 다루는 것이 보다 타당하리라 생각된다.

그런데 여기서 한 가지 더 언급할 것은 이 '다의 관계'에 의해 설정되는 '다의어'라는 것도 실제상에서는 '단의어'를 상대로 성립되는 개념이라는 것이다. 우리가 만약 문제를 이렇게 이해한다고 할 때, 만약 어떤 두 어휘소가 '하의 관계'를 맺고 있다 할 경우, 이 '하의 관계'에 의해 설정되는 '하의어'라는 어휘 부류도 '상의어'라는 어휘 부류를 상대로 성립되는 개념으로서 그 전제는 우리가 '상의-하의'라는 분석 기준을 먼저 정했기 때문에 이런 분석이 가능한 것이지 본래 이 두 어휘가 이런 관계만을 맺고 있는 것은 아니다. 예를 들어 일부 학자들은 '먹다'와 '처먹다'의 관계를 '먹다'는 '상위어'로, '처먹다'는 '하위어'로 분석하기도 하는데,[12] 실은 '먹다'와 '처먹다'가 '상의-하의' 관계로만 분석될 수 있는 것이 아니라 '평어-비어'의 관계로도 분석될 수 있다. 또 예를 들어 '아버님'과 '아비'의 경우, 이것들을 '동의 관계'로 분석할 것이냐 아니면 '공대어-비어'의 관계로 분석할 것이냐는 전적으로 그 분석의 기준을 어떻게 설정하느냐에 의해 결정되는 것이다. 즉 그 분석의 기준을 무엇으로 정하느냐에 따라 결과도 달라진다는 것이다. 같은 도리로 우리가 만약 먼저 '다의-단의'라는 표준을 정하고 두 어휘소를 분석한다면 이 두 어휘소가 '다의관계'를 맺고 있다는 분석도 가능할 것이다. 그렇다면 '하의 관계' 등은 어휘소 간의 '의미 관계'에서 논의될 수 있는데 '다의 관

---

11) 심재기 외(2011:181)에서는 "의미 관계는 서로 다른 단어들이 지니는 의미들 사이에서 성립하는 것이 원칙이지만, 다른 한편으로는 동일한 단어에 결부된 의미들 사이에서도 성립할 수 있다. 곧 한 단어가 중심 의미와 여기에 결부될 수 있는 다수의 파생 의미를 거느리게 될 때, 그 중심 의미와 파생 의미 사이의 관계를 '관계 속성'으로 이해할 수 있으며, 더 나아가 이들 사이의 유연성(有緣性)상실이나 결여도 '관계 속성'으로 이해할 수 있다. 이와 같이 동일 형식의 단어가 지니는 의미들이 중심 의미와 파생 의미의 관계로 파악된다면 이들은 '다의 관계(多義關係)'로 이해되며, 이들 의미들이 유연성을 상실하거나 아예 어원적으로 무관하다면 이들은 '동음이의 관계(同音異義關係)'로 이해된다."라고 지적하고 있다.

12) 이와 관련된 구체적인 논의는 심재기 외(2011:184)를 참조하라.

계'만은 꼭 제외되어야 한다는 이유는 성립될 수 없는 것이 아닌가?

다섯째, '공대어와 평어와 하대어, 금기어와 완곡어'

이 부류의 어휘들 중에서 '공대어, 평어, 하대어' 등은 학자에 따라 '어휘소의 화용적 변이'에서 다루기도 하고(김광해 1993), '대우법'(어휘적 대우)에서 다루기도 하며(김종택 1992, 심재기외 2011), '언어예절'에서 다루기도 하지만(최완호 2005) 모두 이 부류의 어휘들은 '대인 관계, 즉 화자와 청자 사이의 관계에 따라 설정되는 어휘 부류로 다루고 있다. 그러므로 이 부류의 어휘는 '화용적 측면에 따른 어휘 부류'로 묶일 수 있을 것이다.

그런데 '금기어와 완곡어'에 대한 처리는 그 사정이 좀 다른바, 남에서 출간된 저서들에서는 '금기어'와 '완곡어'를 어휘의 화용론적 부류의 하나로 전문적인 논의를 진행하고 있지만 북에서 출간된 저서들에서는 이 부류의 어휘를 독자적인 한 부류로 다루지 않고 있는데 비록 '금기'가 인간의 원시신앙으로부터 기원된 것이기에 '금기'의 변화 발전은 사회의 진보에 의해 크게 좌우될 수 있는 것만은 사실이다. 그러나 "애초에는 종교적 원인에 의해 禁忌가 발생하였으나 그것이 점차 사회적 인간관계에까지 확대되면서 사회적·윤리적인 이유에 의해서도 발생하게 되었기에"(심재기 (1982:260) 그 어떤 인간 사회에든 '금기'의 대상은 존재하기 마련이며 따라서 '금기'의 언어적 표현도 불가피하게 존재하게 된다. 그러므로 이 부류의 어휘도 마땅히 어휘 독자적인 한 부류로 다루어져야 할 것이다.

'금기어'와 '완곡어'를 마땅히 어휘의 화용론적 부류로 다루어야 한다고 할 때 앞으로 좀 더 논의되어야 할 문제는 '완곡어'와 '공대어'의 한계를 어떻게 명확히 긋느냐 하는 것이다. 김광해(1993)에서는 금기어와 완곡어의 한 예로 '죽다/사망하다, 세상을 뜨다, 최후를 마치다, 영면하다, 작고하다, 운명하다' 등을 들고 있고 심재기(1982)에서는 '금기어'와 '완곡어'의 에로 '조상이나 손위 어른의 본명' 대신 '家親', '慈堂', '春府丈' 등을 들고 있는데, 이는 본질적으로 '완곡어'의 개념을 어떻게 정립하느냐와 관계되는 문제로서 '완곡어'를 '금기어'와 상대되는 개념으로 이해할 경우에는 '사망하다, 세상을 뜨다, 최후를 마치다, 영면하다, 작고하다, 운명하다'나 '家親', '慈堂', '春府丈' 등은 '완곡어'로 될 수 없을 것이다. 그것은 이런 어휘들이 '완곡어'로 되기 위해서는 이들과 상대되는 '죽다'가 '금기어'로 되어야 할 것이나 사실은 그렇지 못하기 때문이다. '금기어'란 "한 언어 공동체 내에서 사용하기를 꺼리는 말"을 가리키는데 이 '죽다'를 우리 민족 언어 공동체 내에서 사용하기를 꺼리는 말이라고 주장할 사람은 아무도 없지 않은가?

여섯째, '관용어, 속담'

이 부류의 어휘와 관련해서는 많은 저서들에서 '어휘의미론' 혹은 단독 장절을 설정해 다루면서 이 부류의 어휘들은 구조적인 측면에서 다른 부류의 어휘들이 하나의 단어로 구성된 것과는 달리 둘 또는 그 이상의 단어들로 구성되었다는 공통성을 갖고 있다고 지적하고 있다.

그런데 김광해(1993)과 최완호 외(1980)에서는 '어휘소의 화용적 변이' 혹은 '표현성의 측면에서 본 갈래'로 다루고 있다.

김광해(1993:162)에서는 "이들을 어휘소의 화용적 변이로 처리할 수 있는 이유는 이들이 역시 표현 효과라는 수단 상황과 관련되기 때문이다. 즉 숙어(idiom)나 속담 같은 관용 표현들은 같은 내용을 어떻게 하면 더 효과적으로 표현할 수 있느냐 하는 동기를 가지고 발생하는 것이기 때문인 것이다."라고 주장하고 있다.

최완호 외(1980:48-50)에서는 '성구'는 '단어결합으로 된 표현적 어휘'에서 다루고, '속담'은 '문장구조로 된 표현적 어휘'에서 다루고 있다.

물론 이 부류의 어휘들이 김광해(1993)에서 지적한 것처럼 "표현 효과라는 수단 상황과 관련"되는 것만은 사실이나 '표현 효과'를 기준으로 해서는 '숙어, 속담'이 '공대어와 하대어', 또는 '속어', '완곡어' 등과는 서로 다른 부류의 어휘로 분류될 수 없다. 그러므로 김광해(1993:162)에서도 "이러한 관용 표현, 즉 숙어나 속담은 몇 개의 단어들이 결합되어 특수한 의미를 나타내는 것으로서 전통적으로 한 개의 어휘소와 동일한 가치를 가지는 것으로 수용되어 왔다."라고 이 부류의 어휘는 구조적인 측면에서 다른 부류의 어휘들과 구별되는 특성을 갖고 있다고 시인하고 있다. 따라서 이 부류의 어휘는 '구조적 측면에 따른 부류'로 묶일 수 있다는 것을 것이다.

일곱째, '구두어와 서사어'

이 부류의 어휘는 학자에 따라 '쓰임의 유형에 따른 어휘의 분류'로 다루기도 하고(최완호 외1980), '어휘의 표현 문체론적 부류'로 다루기도 하는데(김수경 외 1961), (김길성 1992) 이것들은 모두 문체, 즉 서사어에서 주로 쓰이느냐 아니면 구두어에서 주로 쓰이느냐 하는 측면에서 분류되는 어휘 부류라는 점에서는 다를 바가 없다. 이리하여 이 부류의 어휘는 '문체적 측면에 따른 어휘 부류'로 묶일 수 있을 것이다.

여덟째, '명사, 대명사, 수사, 동사, 형용사, 관형사, 부사, 감탄사' 등

이 부류의 어휘는 모든 학자들이 공인하는 바와 같이 '문법적 특성에 따른 어휘 부류'로서 어휘론에서 다룰 수도 있지만 지금까지는 '형태론'에서 아주 상세히 다루고 있기에 어휘론에서는 따로 언급하지 않는 것이 상례로 되고 있다.

아홉째, '단일어, 복합어'

이 부류의 어휘는 일부 학자들이 '어휘 형성론'(이희승 1955 등)에서 다루거나, '단어 조성(김길성 1992) 등에서 다루고 있는데 어휘를 '단어들의 집합체'라는 사실을 인정할 경우, 이른바 '단일어, 합성어' 문제는 엄격한 의미에서 '단어 형성'과 관계되는 문제이지 '어휘 형성'과 관계되는 문제로 보기는 어렵다. 그리고 오늘날 '조어론'이 이미 독자적인 언어학의 한 연구 분야로 자리 잡았다는 사정을 고려할 때, 이 부분의 내용은 '조어론'에서 언급하는 것이 더 바람직할 것이다.

이상에서 논의된 내용들을 종합 정리하면 한국어 어휘는 '기원의 측면', '사회적 측면', '시대적 측면', '의미적 측면', '화용적 측면', '구조적 측면', '문체적 측면' 등을 기준으로 몇 개의 부동한 유형으로 나뉠 수 있을 것이다.

이제 이런 분류 기준에 따라 분류되는 한국어의 어휘체계를 하나의 도표로 그려 보이면 다음과 같이 될 것이다.

[표] 한국어의 어휘체계

어휘 분류 기준	어휘 체계
기원의 측면에 따른 분류 (어휘의 기원적 부류)	고유어 한자어 외래어 혼종어
사회적 측면에 따른 분류 (어휘의 사회적 부류)	방언 전문어(학술용어) 은어
시대적 측면에 따른 분류 (어휘의 시대적 부류)	고어 신어 유행어
의미적 측면에 따른 분류 (어휘의 의미적 부류)	유의어(동의어) 반의어 동음이의어 다의어
화용적 측면에 따른 분류 (어휘의 화용적 부류)	공대어. 평어. 하대어 금기어와 완곡어
구조적 측면에 따른 분류 (어휘의 구조적 부류)	관용어(숙어) 속담
문체적 측면에 따른 분류 (어휘의 문체적 부류)	구두어 서사어

* 이 논문은 강은국 외 『한국 언어학 연구와 한국어 교육』(도서출판 하우, 2015년, 11~27쪽)에 실려 있음.

남과 북의 어휘사용의
이질화에 대한 소고

반도의 분단은 민족의 분열과 함께 민족어의 이질화까지 초래하게 된다. 언어의 이질화에서 가장 두드러진 부분은 뭐니 뭐니 해도 어휘사용의 이질화일 것이다. 그것은 어휘가 언어의 제 구성 요소들 가운데서 가장 가변적인 구성요소로 되기 때문이다. 이리하여 본 논문에서는 남과 북의 어휘사용의 이질화에 대해 사적인 고찰을 통해 그 통일방향을 모색해 보고자 한다.

어휘사용의 이질화에 대해서는 맞춤법이 다른 어휘, 접사가 다른 어휘, 의미 폭이 다른 어휘, 부동한 어음결합체로 동일한 개념을 나타내는 어휘, 남과 북의 어느 한쪽에서만 쓰는 어휘 등 여러 가지 측면에서 상세히 고찰해야 하겠지만 여기서는 지면의 제한으로 접사가 다른 어휘, 부동한 어음형태로 동일한 개념을 나타내는 어휘, 남과 북의 어느 한쪽에서만 사용하는 어휘 등에 대해서만 고찰하려 한다.

1. 접사가 다른 어휘

남과 북의 어휘사용을 보면 단 접사 하나의 차이로 동일한 대상을 나타내는 어휘가 서로 다른 어음결합체로 표현되는 경우가 적지 않다. 그럼 아래에 대표적인 몇 개의 접사들에 대해서만 살펴보기로 하자.

1) 《-꾼》과 《-군》

남	북	남	북	남	북
가대기꾼	가대기군	가래꾼	가래군	나무꾼	나무군
낚시꾼	낚시군	씨름꾼	씨름군	사냥꾼	사냥군
협잡꾼	협잡군	만석꾼	만석군		

그럼 이 접미사가 역사적으로는 어떻게 쓰이었는가를 보기로 하자.

- 각각 이쳔 셕식이모로 만셕군이라 ᄒ느니라 (소학 6. 77)
  샹도人군 (역어보 27)
  탐지군(搪報兵) (역어보 14)

이상의 예에서 볼 수 있는 바와 같이 《사람》을 나타내는 접미사 《-군》은 16세기 후반의 문헌에서부터 모두 《-군》의 형태로만 쓰였다. 《역어보 27》에서도 사이시옷 표기로 되어 있을 뿐 하나의 접사로는 되어 있지 않다. 전통을 살려 《-군》으로 통일시킴이 바람직하다.

2) 《-아기/-어기》와 《-애기/-에기》

남	북	남	북	남	북
검부리기	검부레기	금싸라기	금싸래기	누더기	누데기
부스러기	부스레기	호르라기	호르래기	지푸라기	지푸레기

그럼 이 접미사들이 역사적으로는 어떻게 쓰였는가를 보기로 하자.

- 아마커나 숲ㅅ라기를 가져 (남명 상 71)
  고기 부스럭이 (한청 374d)
  쓸어기로 부엌을 향ㅎ며 (경신록 24)

이상의 예에서 볼 수 있는 바와 같이 이 접미사들은 정음초기의 문헌에서부터 19세기말까지 아무런 변동이 없이 《-아기/-어기》로 쓰였다. 《-아기/-어기》로 통일시킴이 바람직하다.

3) 《-앙이/-엉이》와 《-앵이/-엥이》

남	북	남	북	남	북
가랑이	가랭이	꼬랑이	꼬랭이	지팡이	지팽이

그럼 이상의 접미사들은 역사적으로 어떻게 쓰였는가를 보기로 하자.

- 집팡이(拐杖) (역어보 44)
  집항이(扶老) (물보 의복)
  불 그트렁이 외(煨) (류합 하 52)
  ㅈ손이 비렁이 되니라 (경신록 17)

여기서 볼 수 있는 바와 같이 이 접미사들도 《-앙이/-엉이》로만 쓰였다. 그것은 《-앙이/-엉이》가 《-아기/-어기》의 변종이라는 사정과 관련된다. 《-앙이/-엉이》로 통일시킴이 바람직하다.

4) 《-장이》와 《-쟁이》

남	북	남	북	남	북
가구장이	가구쟁이	갓장이	갓쟁이	큰톱장이	큰톱쟁이
대장장이	대장쟁이	양복장이	양복쟁이	각수장이	각수쟁이

그럼 아래에 이 접미사들은 역사적으로 어떻게 쓰였는가를 보기로 하자.

- 띄장이(帶匠) (중박해 상 48)
  산장이(獵戶) (역어 상 22)
  산장이(打牲人) (한청 137d)
  미장이(泥水匠) (동문 상 13)
- 양반 오입칭이덜도 무슈이 보려ᄒ되 (열려춘향수절가 P 18)
- 곱댱이 (역어 상 29)
  난장이(矮子) (역어 상 29)

이상의 예에서 볼 수 있는 바와 같이 접미사 《–쟁이》가 쓰인 실례가 한 두 곳에서 보이기는 하지만 후기의 문헌에서도 주로 《–장이》가 쓰였다. 그리고 여기서 한 가지 더 지적할 것은 접미사 《–장이》가 어떤 직업에 종사하는 사람만을 가리키는 것이 아니라 어떤 현상을 갖춘 사람도 가리켰다. 그런데 남에서는 이 양자를 갈라 《기술자에게는 〈–장이〉 그 외에는 〈–쟁이〉가 붙는다》고 규정짓고 있다. 이와 반면에 북에서는 일률적으로 《–쟁이》를 쓰고 있다. 전통을 살려 《–장이》 하나로 통일시킴이 바람직하다.

이외에도 《자옥이(남)》와 《자옥히(북)》에서 볼 수 있는 부사 조성의 접미사 《–이》와 《–히》 등과 같은 다른 접사 문제들도 있는데 모든 접사의 처리에 있어서는 이상에서 고찰한 접사들과 마찬가지로 전통을 그대로 살리는 것이 여러모로 바람직하다고 생각된다.

2. 부동한 어음결합체로 동일한 개념을 나타내는 어휘

부동한 어음결합체로 동일한 개념을 나타내는 어휘는 크게 두 개 부류로 나뉘는데 그 하나는 중세어에서는 하나의 동일한 어음결합체로 표현되던 어휘가 두 개의 부동한 어음결합체로 분할된 경우이고 다른 하나는 20세기 중엽까지는 하나의 동일한 어음결합체로 표현되던 어휘가 이북의

《말다듬기》와 이남의 무분별한 외래어의 사용으로 두 개의 부동한 어음결합체로 분할된 경우이다.

1) 첫째 유형

(1) 무(남) - 무우(북)

- 댓 무수 불휘롤 (구급방 상 58)
  무우와 박만 씹을 Ꞔ 루미니라 (소학 6. 126)

《무》가 쓰인 실례는 보이지 않는다. 《무우》로 통일함이 바람직하다고 생각된다.

(2) 갓모(남) - 갈모(북)

- 갓모(雨籠) (역어 상 43)
  갓모 (한청 329c)

《갈모》가 쓰인 실례는 보이지 않는다. 《갓모》로 통일함이 바람직하다.

(3) 거위(남) - 게사니(북)

- 거유롤 사다가 (내훈 1. 38)
  거유 아(鵝) (자회 상 16)
  鵝눈 집거위라 (법화경 2. 14)
- 게유 아(鵝) (유합 상 12)
  게유 구으니와(燒鵝) (박해 상 4)

여기서 볼 수 있는바와 같이 《鵝》는 《거유/게유》로 쓰였지 《거위》나 《게사니》로 쓰인 실례는 보이지 않는다. 《거위》는 중세어에서는 《지렁이, 회충, 뱀》 등을 가리켰었다. 그러나 《거유》가 《거위》에로의 음변은 가능한바 《거위》로 통일시킴이 바람직하다. 북에서도 《조선말사전》(1962)에서는 《거위》를 표준어로 인정했었다.

(4) 쇠(남) - 소(북)

- 쇼 为牛 (해례 용자)
  눈싸리 쇼ㄱ투시며 (월석 2. 41)

여기서 볼 수 있는바와 같이 《牛》는 《쇼》로 쓰였는바 마땅히 《소》로 통일함이 바람직하다. 따라서 《쇠고기, 쇠여물》 등은 《소고기, 소여물》 등으로 규범화되어야 할 것이다.

(5) 위(남) - 우(북)

- 곳 우마다 닐굽 玉女ㅣ 러니 (석보 6. 31)
  부루미 믈 우흘 브러 (월인 1. 39)

여기서 볼 수 있는바와 같이 《上》이 《우ㅎ》로는 쓰였지만 《위》로는 쓰이지 않았다. 《우》로 통일함이 바람직하다.

(6) 이엉(남) - 이영(북)

- 니영이 다 거두치니 울잣인들 셩홀소냐 (청구 p. 43)

《니엉》이나 《이엉》이 쓰인 실례는 보이지 않는다. 《이영》으로 통일함이 바람직하다.

(7) 줍다(남) - 줏다(북)

- 주을 습(拾) (류합 하 46)
  줏디 묻ㅎ야(不始) (금삼 5. 16)
  주ㅿ다가 次第로 니ㅿ어노코 (월석 8. 102)

여기서 볼 수 있는 바와 같이 《줍다》가 쓰인 실례는 발견되지 않는다.

《줏다》로 통일함이 바람직하다.

(8) 갈치(남) - 칼치(북)

- 갈티(裙帶魚) (역어 하 37)
  헐이 긴 갈치 (해동 p117)

《칼치》가 쓰인 실례는 보이지 않는다. 북에서도 《조선말사전》(1962)에서
는 《칼치》를 방언이라고 지적했었다. 마땅히 《갈치》로 통일함이 바람직하
다.

(9) 체(남) - 채(북)

- 篩籮 체 (사해 하 27)
  체 싀(篩) (자회 중 10)
  체 ᄉ(篩) (류합 상 27)

《채》가 쓰인 실례는 발견되지 않는다. 북에서도 《조선말사전》(1962)에서
는 《체》를 표준어로 인정했었다. 《체》로 통일함이 바람직하다.

(10) 옥수수(남) - 강냉이 (북)

- 옥슈슈(玉蜀薥) (역어 하 9)
  玉蜀黍 옥슈슈 (류물 3 초)

《강냉이》가 쓰인 실례는 보이지 않는다. 《조선말사전》(1962)에서도 《강
냉이》를 방언으로 인정했었다. 《옥수수》로 통일함이 바람직하다.

(11) 귀리(남) - 귀밀(북)

- 馬麥은 귀밀이라 (월석 21. 198)
  浮麥 귀밀 (류물 3 초)

- 귀우리(零大麥) (역어 하 9)

  귀오리(鈴鐺麥) (역어보 42)

  鈴鐺麥 귀어리 (류물 3 초)

이상의 예에서 볼 수 있는바와 같이 《귀리》가 직접 쓰인 실례는 발견되지 않는다. 《귀우리, 귀오리, 귀어리》가 모음이 탈락되면서 그대로 귀리로 변한 것 같다. 그런데 여기서 우리의 흥미를 끄는 것은 《류물 3 초》에 《浮麥 귀밀》이라는 설명과 《鈴鐺麥 귀어리》라는 설명이 동시에 나온다는 사실이다. 《귀리》와 《귀밀》이 서로 다른 사물을 가리키는 말임을 시사해 주는 것이 아닌가? 그런데 지금은 이 《귀리》와 《귀밀》을 동일한 사물을 가리키는 말로 인정하고 있다. 어느 단어로 통일해야 하는가를 토론하기 앞서 먼저 이 두 단어가 동일한 사물을 가리키던 말인가를 밝히는 것이 필요한 것 같다.

(12) 스라소니(남) - 시라소니(북)

- 시라손 白 土豹 (자회 상 18)

  시라손(土豹) (역어 하 33)

  시라손이(貙) (물보 모충)

《스라소니》가 쓰인 실례는 발견되지 않는다. 《시라소니》로 통일함이 바람직하다.

(13) 아내 (남) - 안해 (북)

- 馮外郞 안해의 머릿 단장이 (소학 6. 116)

  뉴ᄌ신 안해 명시 (계축 p 57)

  놈의 안희 공경ᄒᆞᄂ 말(슈堂) (역어 상 30)

《아내》가 쓰인 실례는 발견되지 않는다. 《안해》로 통일함이 바람직하다.

(14) 재갈(남) – 자갈(북)

- 쟈갈(勒) (물보 牛馬)
  退水環 쟈갈벗다 (류물 1 毛)

《재갈》이 쓰인 실례는 보이지 않는다. 《자갈》로 통일함이 바람직하다.

이상에서 고찰한 14개의 단어 중 남에서는 《무, 쇠, 위, 줍다, 스라소니, 아내, 재갈》 등 7개의 단어를 고유의 우리말과는 달리 쓰고 있고 북에서는 《갈모, 게사니, 이영, 칼치, 채, 강냉이》 등 6개의 단어를 예로부터 써오던 우리말과는 달리 쓰고 있다. 여기서 우리는 표준어 선정에서 남과 북이 다 같이 일관성의 원칙이 결여되어 있음을 볼 수 있다.

2) 둘째 유형

지금 이북에서 표준어로 인상시킨 《돌머루, 단고기, 새끼벌레, 가두배추, 낟알털기》 등 단어들은 《조선말사전》(1962)에서까지만 해도 《개머루, 개고기, 애벌레, 양배추, 탈곡》 등으로 지금 이남에서 쓰이는 것과 꼭 같이 쓰였었다. 《말다듬기》에 의해 인위적으로 이질화된 것인데 이런 어휘가 상당한 수를 차지한다.

그리고 지금 이남에서 사용하는 《키, 펜, 스틱, 스파이》 등은 《열쇠, 철필, 지팡이, 간첩》 등으로 쓰이는 단어들이다. 무분별한 외래어의 사용으로 이질화된 것인데 이런 어휘도 그 수가 적지 않다.

언어사용에서의 혼란을 조성하는 이런 규범화 작업은 그 동기와는 관계없이 마땅히 정지되어야 할 것이며 이미 각자의 나름대로 규범화해 놓은 단어들도 옛것을 그대로 살려 쓰는 방향에서 통일되어야 할 것이다.

3. 남과 북의 어느 한쪽에서만 사용하는 어휘

남과 북의 어느 한쪽에서만 쓰이는 어휘도 두 가지로 나뉘는데 그 하나는 남과 북이 분단된 후 각자가 나름대로 신어를 조성하는 과정에서 이루어진 것인데 이는 냉전시기에는 불가피한 일이었지만 통일을 바라는 오늘에 와서는 상호협상을 통해 통일시키는 방향에서 노력해야 할 것이다. 다른 하나는 예로부터 쓰이던 단어를 규범화하는 과정에서 이루어진 것이다. 아래에 이 후자의 경우를 대표적인 몇 개의 단어를 실례로 살펴보기로 한다.

1) 어렵사리

이 단어는 《매우 어렵게》의 뜻으로 남에서만 쓴다. 이 단어는 중세어에서도 비교적 활발히 쓰였다.

- 어렵살ᄒᆞ야 몸올 ᄆᆞᄎᆞ니 (소학 5. 53)
  어렵살혼 ᄃᆡ로 ᄀᆞ초 디내여 (備經險阻) (소학 6. 18)
- 이대도록 어렵사리 니ᄅᆞ옵시ᄂᆞ고 (첩해 5. 21)
  도로혀 어렵소이 녀기오와 (첩해 8. 16)

여기서 볼 수 있는바와 같이 《어렵사리》는 형용사 《어렵살ᄒᆞ다》의 부사형이다.

2) 가두다

이 단어는 《폈던 팔다리를 오그리다》의 뜻으로 북에서만 쓴다. 그럼 중세어에 이런 뜻을 나타내던 단어가 있었는가를 보기로 하자.

- 네 발을 가도켜고(四足卷攣) (마해 상 74)

3) 깇다

이 단어는 《기침을 하다》의 뜻으로 북에서만 쓰인다. 이 단어는 중세어
에서도 쓰였었다.

- 기츰 깃고 (두창 상 10)

4) 눅잦히다

이 단어는 《격한 감정이나 긴장된 분위기를 가라앉게 하다》의 뜻으로
북에서만 쓰이는데 중세어에서도 그 쓰임이 보인다.

- 눅자칠 위(尉) (류합 하 43)

5) 덟다

이 단어는 《더러워지다》의 뜻으로 북에서만 쓰이는데 중세어에서도 그
쓰임이 보인다.

- 오직 덟디 아니ᄒ며 (월석 13. 13)
  덜믈 줄을 모르고져 (송강 2. 12)

6) 애닲다

이 단어는 《애달프다》의 준말로 북에서만 쓰이는데 중세어에서는 《애닯
다》로 쓰였다.

- 애돌온 ᄆ숨업스실시 (금삼 3. 55)
  디나간 후면 애닯다 엇디ᄒ리 (송강 2. 1)
- 가마귀 너를 보니 이둛고 이돌왜라 (청구 P68)

이상에서 고찰한 단어들은 지금은 비록 남이나 북의 어느 한쪽에서만 쓰이지만 우리 민족어에서 예로부터 쓰이던 단어들인 것만큼 그대로 살려 씀이 바람직하다.

어휘사용의 이질화에 대해서는 앞에서도 간단히 언급한 바와 같이 여러 가지 측면에서 더 논의되어야 하겠지만 지면 제한으로 지금까지 논의된 내용을 간단히 요약하면서 본 논문을 마무리하려 한다.

①남과 북에서 서로 달리 쓰이는 어휘는 주로 첫째, 예로부터 쓰이던 고유어를 해방후 표준화하는 과정에서, 둘째, 20세기 중반까지만 해도 같게 쓰이던 어휘를《말다듬기》와 외래어의 무분별한 사용 과정에서, 셋째, 남과 북이 분단된 상태에서의 부득이한 신어조성과정에서 이질화되었음을 알 수 있다.

②남과 북에서 지금 달리 쓰고 있는 어휘들에 대해서는 첫째, 본래 통일되어 쓰던 단어가 있는 경우에는 본래의 단어를 그대로, 즉 고어에 있는 단어는 고어의 것을 표준으로,《말다듬기》와 외래어의 무분별한 사용에 의해 이질화된 단어는 그 이전의 단어로 다시 규범화하는 방향에서 처리하고, 둘째, 신어는 남과 북의 협상을 통해 이질성을 최대한으로 극복하는 방향에서 처리함이 바람직하다고 생각된다.

* 이 논문은 『세계속의 조선어(한국어) 어휘구성의 특징과 어휘사용 실태에 관한 연구』(민족출판사, 2003년, 208~219쪽)에 실려 있음.

1부 | 남과 북의 어휘사용의 이질화에 대한 소고

언어학의 새로운 분과
국속의미론 연구

1. 문제의 제기

문화언어학의 새로운 한 분과로 떠오른 국속의미론에 대한 연구는 언어교육, 특히는 외국어교육에서 매우 중요한 의의를 가진다.

주지하는 바와 같이 언어교육은 언어학연구의 성과를 토대로, 언어학의 발전에 따라 부단히 발전한다. 이리하여 언어교육의 역사는 언어학연구의 역사와 밀접한 관련을 갖게 된다. 문헌해독을 중심으로 하고 언어능력의 신장을 목표로 한 초기의 외국어교육은 두말할 것 없이 전통언어학의 발전과 밀접한 관련을 갖고 있고, 언어능력에 화용능력을 가미한 교제능력 (혹은 의사소통능력)의 신장을 목표로 한 외국어교육은 사회언어학, 화용론 등의 발전과 밀접한 관련을 갖고 있으며, 교제의 능력에 사회문화능력을 가미한 교류능력[1]의 신장을 목표로 한 외국어교육은 사회학, 문화언어

---

[1] 필자가 말하는 '교류능력'을 중국의 일부 학자들은 '交往能力'이란 용어로 표현하면서 외국어교육의 최종 목표는 '언어능력'이나 '교제능력'의 신장이 아니라 바로 이 '交往能力'의 신장이라고 주장하고 있다. 오우복(吳友富, 1998 : 354) 참조.

학 등의 발전과 밀접한 관련을 갖고 있다.

여기서 볼 수 있는 바와 같이 오늘의 외국어교육의 종국적 목적은 문헌 해독이나 의사소통 능력 신장에 있는 것이 아니라 서로 다른 문화권에 속하는 사람들 사이의 원활한 교류를 진행할 수 있는 교류능력의 신장에 있는데 이런 능력의 향상을 위해서는 해당 언어의 발음, 문법, 어휘 등 언어지식을 습득해야 함은 물론 언어의 개념의미에 더 첨가된 국속의미를 습득하는 것이 보다 더 중요한 과업으로 나선다.

이리하여 국속의미론의 연구는 언어교육, 특히는 외국어교육에서 매우 중요한 이론 및 실천적 의의를 갖는다.

'국속의미론'이 비록 뒤늦게 등장한 언어학의 한 분과이기는 하지만 지금 중국 언어학계에서는 외국어교육과 더불어 그 연구가 활발히 진행되고 있는바 1990년《한어국속사전(汉语国俗词典)》출간을 비롯하여 1998년에는 중국의 저명한 언어학자 왕덕춘(王德春) 교수의 〈언어학의 새로운 분과 국속의미론 약론(一门新的语言学分科国俗语义学略论)〉이란 논문을 비롯한 42편의 국속의미론 연구성과를 집대성한《국속의미론연구(国俗语义研究)》라는 논문집을 출간하기에 이른다. 그러나 우리 학계에서의 국속의미론 관련 연구 성과는 다섯 손가락으로 꼽을 수 있을 정도로 한산하기 그지없다.[2] 이러한 사정을 고려하여 본고에서는 주로 문화언어학, 그리고 의미론, 화용론 등 현대 언어학의 이론과 방법으로 문화언어학의 새로운 분과로 떠오른 국속의미론에 대해 거시적으로 살펴보고자 한다.

국속의미론에 대한 연구는 다각도에서 여러 가지 방법으로 진행할 수 있는데 본고에서는 필자가 지금까지 단편적으로 발표했던 논문의 내용들을 정리하여 국속의미론 관련 기본 개념을 보다 체계적으로 정립하는 것

---

2) 우리 학계에서의 국속의미론 연구와 관련된 연구 성과로 필자의 졸작 〈한중 조류명칭의 민족문화의 비교연구〉《중국조선어문》, 2002년 제2호), 〈한중 민족문화의미 비교연구〉《우리 민족어의 연구와 전파》, 도서출판 역락, 2003년), 〈한중 기본 숫자어의 민족문화의미 비교연구〉《세계 속의 한국(조선)어 연구》, 민족출판사, 2005년) 등을 참조.

을 그 주요 과업으로 삼는다.

2. 국속의미론에 대한 일반적 이해

2.1 국속의미와 국속의미론

그 어떤 민족어를 막론하고 모두 역사적으로 해당 언어를 사용하는 민족성원들의 장기간의 노력으로 음(音)과 의미가 결합된 어휘와 문법의 체계가 형성되었다고 말할 수 있다. 따라서 어휘와 문법은 음과 의미가 결합되어 이루어진 언어적 단위라 할 수 있는데 이 의미에는 언어체계 속의 모든 의미가 포괄된다. 즉 의미(단어 또는 문장의 의미)체계 속에는 어떤 객체(사실)를 표현하는 개념의미, 문법적 의미, 화행의미 외에도 해당 민족의 역사, 문화, 풍속습관, 민족정서, 지리환경 등을 표현하는 다양한 문화 상징적 의미도 포함되어 있다.

예를 들면 한어에서 수사 '구(九)'와 '오(五)'는 단순히 수적 개념만 나타내는 것이 아니라 '九五之尊(구오지존)'에서 볼 수 있는 바와 같이 '황제'를 상징하기도 하는데 이는 중국 전통문화에서 수사 '구(九)'와 '오(五)'에 이런 문화상징적 의미가 가미되어 있다는 사실과 관련된다.

중국 전통문화에서는 땅은 네모났으며[3] 기본색상은 '황색(黃色)'이고 방위는 북, 남, 서, 동으로 되어 있다고 보았다. 그런데 오행설에 따르면 수자 '一, 二, 三, 四'는 각각 이 네모난 땅의 북, 남, 서, 동 즉 오늘날의 동서남북을 가리키고 '五'와 '九'는 서로 겹치는 수로서 그 차례로는 다섯 번째, 아홉 번째이나 그 위치로는 중앙을 차지한다. 이리하여 땅의 가장 가운데 자리를 차지하는 '九'와 '五'로 제왕, 즉 황제를 상징하기에 이른 것이다. 역

---

[3] 중국 전통문화에서는 땅은 네모나다고 보았는데 《여씨춘추(呂氏春秋)》에 '天圓地方(천원지방)'이란 표현이 나온다.

경에는 "九五, 飞龙在天, 利见大人"이란 말이 나오는데 이 말의 뜻은 "'구(九)'와 '오(五)' 두 수가 서로 겹치면 용이 하늘로 날아오르게 되는데 이때 면 반드시 위인이 출현되게 된다."는 것이다. 후세부터는 '九五之尊'을 황제의 대칭(代稱)으로 사용하기 시작했다. 그런데 여기서 더 흥미로운 것은 진시황 시기부터 제왕이란 칭호를 대체한 '황제'라는 단어가 오늘과 같이 '皇帝'로 표기된 것이 아니라 '黃帝'로 표기했었는데[4] 이는 중국 전통문화에서 땅의 기본 색상을 황색으로 보았다는 사실과 관련된다.

현대 언어학에서는 이렇게 한 민족어의 개념의미에 더 첨가된 그 민족만이 갖고 있는 문화 상징적 의미를 국속의미라 하며 이런 국속의미를 연구하는 언어학의 한 분과를 국속의미론이라 한다.

따라서 국속의미는 의미의 민족성의 일종 표현으로서 해당 언어를 사용하는 사회집단의 역사, 문화와 풍속습관 등을 객관적으로 반영하게 되며 민족문화 특색을 띠게 된다.

여기서 우리는 언어와 문화의 관계에 대해 흔히 '언어는 문화를 기록하고 문화를 반영하며 문화를 표현하고 문화를 전파하는 중요한 수단이며 도구'라고만 인식하고 있지만 사실 문화는 사회실천과 사회력사의 산물로서 이렇게 수동적으로 언어에 의해 기록, 보존, 표현되기만 하는 것이 아니라 언어의 산생, 변화, 발전에 직접적인 영향을 주면서 언어의 변화발전의 중요한 요인으로 작용하기도 한다는 것을 알 수 있다.

이리하여 한 민족의 역사문화 배경을 떠나서는 한 언어의 참된 뜻을 이해하기 어렵게 된다. 예를 들면 조선어를 어느 정도 배운 중국 학생들이 조선어의 '까치 배바닥 같다.'(채만식, 《태평천하》)란 속담의 함의를 이해하지 못하는 주요한 원인이 조선어에서 '까치'가 갖고 있는 국속의미를 제대로 장악하지 못한 데 있다.

---

4) 한어에서 '皇帝'는 진시황(秦始皇) 이후부터 봉건시대의 군주칭호로 사용되기도 하고 '삼황오제(三皇五帝)'를 가리키기도 하는데 '莊子齐物论'의 석문(釋文)에 "皇帝又本作 黃帝"라는 구절이 나온다.

"까치 배바닥 같다."란 속담은 조선어에서 '흰소리 잘하는 사람'을 풍자하는 말로 쓰이는데 그것은 까치가 유독 배바닥 부위만 '흰색'을 띠고 있다는 사실로부터 '흰소리'라는 국속의미가 생성된 것과 관련된다. 그런데 중국 학생들은 무릇 '까치'로 표현된 말들은 모두 좋은 상징적 의미로 쓰인다고 생각하고 있는데 그 주요한 이유는 '까치'가 한어에서는 '길상, 환락, 희사, 길운' 등의 긍정적인 상징적 의미만 갖고 있기 때문이다. 한어에서 '까치'를 까치 작(鵲)에 기쁠 희(喜)자를 덧붙여 '喜鵲(희작)'이라고 칭한다는 사실이 이 점을 잘 입증해 주고 있다.

다른 한 실례로 한국 사람들이 '낙안(落雁)'이란 한자어를 글자 그대로 '하늘을 날다가 땅에 내려앉는 기러기'로 잘못 풀이하고 있는데[5] 그 원인도 한어에서의 '落雁'이 갖고 있는 '미녀'라는 문화 상징적 의미, 즉 국속의미를 이해하지 못하고 있기 때문이다. 한어에서 '낙안(落雁)'은 '有沉鱼落雁, 闭月羞花之貌'(宋·古杭才人《宦门子弟错立身》)에서 볼 수 있는 바와 같이 '여성의 미모'를 형용하는 말로 '미녀'라는 국속의미를 갖고 널리 쓰이고 있다.

2.2 국속의미론과 언어학의 다른 분과와의 관계

'국속의미론'은 언어학의 다른 분과와 밀접한 관련을 갖고 있는데 여기서는 비교적 유사한 특성을 갖고 있는 '의미론', '화용론'과의 관계에 대해서만 언급하기로 한다.

'국속의미론'은 우선 '의미론'과 밀접한 관련을 갖고 있다.

'의미론'이란 일반적으로 '언어의 의미를 연구하는 언어학의 한 분과'로 정의되고 있는 것이 보통이다. 그러므로 '의미론'에 대한 정확한 이해를 위해서는 먼저 '언어의 의미'에 어떤 것들이 포함되는가를 살펴볼 필요가 있을 것이다.

---

5) 《동아새국어사전》, "낙안"조 참조.

언어학에서는 언어의 의미를 일반적으로 어휘적 의미, 문법적 의미, 화용적 의미 세 부류로 크게 나누고 있다. 여기서 어휘적 의미는 주로 어휘가 갖고 있는 개념의미를 가리키고, 문법적 의미는 주로 어휘나 문장구조가 문법적 관계로 인해 갖게 되는 의미를 가리키며, 화용적 의미는 주로 어휘나 문장이 의사소통과정에서 환경이나 상하문맥 속에서 얻게 되는 의미를 가리킨다.

만약 우리가 '언어의 의미'를 이렇게 이해할 경우에는 '국속의미론'도 '의미론'의 한 분과로 볼 수도 있을 것이다. 그러나 '의미론'의 연구는 개념의미에 관한 연구에 관심을 두고, '국속의미론'은 개념의미에 더 첨가된 상징적 의미에 관심을 둔다는 데서 그 차이를 보이고 있다.

'국속의미론'은 '화용론'과도 밀접한 관련을 갖고 있다.

'화용론(pragmatics, 语用学)'이란 일반적으로 '언어행위의 제 과정에서 현실적으로 전달되는 기호의 내용을 매개로 한 화자와 청자의 관계를 설명하는 언어학의 한 분과'로 정의되고 있다. 바꾸어 말하면 언어행위를 수행함에 있어서 화자와 청자 간의 일치를 전제로 한 제반 조건의 탐구를 목적으로 하는 언어학의 한 분과라고 할 수 있을 것이다. 따라서 '화용론'에서는 화자와 청자의 관계에 의해 실현되는 '화행의미'가 주관심사로 떠오르게 된다.

화행의미에 대한 보다 정확한 이해를 위해서는 언어행위 쌍방에 의해 진행되는 의사소통의 다음과 같은 몇 가지 조건에 대해 알아둘 필요가 있다.

첫째, 언어행위에서 화행의미는 약정속성에 의해 확정되는 것, 다시 말하면 언어행위의 쌍방이 모두 동일한 인식을 갖고 있다는 것을 전제로 할 때만 가능하게 된다.

둘째, 동일한 민족들 사이에서도 경우에 따라서는 언어행위의 쌍방이 '언외(言外)'의 의미를 알고 있다는 것을 전제로 할 때만 가능하게 된다.

예를 들면 어느 '이른 아침', 남편이 부인한테 "지금 몇 시야" 하고 묻는

데 부인은 "조금 전에 신문배달부가 왔다갔어요."라고 대답한다. 이 대화에서 남편의 물음은 개념의미의 총화로 표현되었지만 부인의 대답은 '언외'의 의미로 표현되었는데 이렇게 표현될 수 있는 것은 부부 쌍방이 이 '언외'의 의미를 알고 있기 때문이다.

셋째, 동일한 언어를 구사할 수 있는 언어행위쌍방도 문화적 공통성을 전제로 할 때에만 가능하게 된다. 그것은 화행의미가 단어의 개념의미의 단순한 총화가 아니기 때문이다.

예를 들면 '칠칠(七七)'이라는 단어는 조선어에도 있고 한어에도 있는 단어이지만 완전히 다른 의미로 사용된다. 조선어에서의 '칠칠' 혹은 '일곱이레'라는 단어는 '새 생명의 탄생'을 상징하지만 한어에서의 '七七'은 '낡은 생명의 사멸'을 상징한다.[6]

여기서 우리는 화용론에서 논의되는 화행의미도 문화와 밀접한 관련을 갖고 있음을 알 수 있다. 이 점에서 화행의미와 국속의미는 공성을 갖고 있다고 할 수 있다.

그러나 화행의미와 국속의미가 다 같이 문화와 관련되는 것은 사실이지만 모든 화행의미가 국속의미로 표현되는 것은 아니다. 화행의미는 발화상황에서 단어의 개념의미의 총화, '언외(言外)'의 의미, 문화 상징적 의미 등에 의해 표현될 수 있지만 국속의미는 오로지 문화 상징적 특성에 의해 표현되는 의미로서 모든 국속의미가 화행의미라는 보다 큰 범주로 묶일 수는 있으나 모든 화행의미가 국속의미로 될 수 있는 것은 아니다.

---

6) 한국 문화에서는 '칠칠' 혹은 '일곱이레'가 '아이가 태어나서 일곱 번째 되는 이레의 끝날, 즉 아이가 태어난 지 49일째 되는 날(한국의 전통문화에서는 이날부터 친지들이 아이 방문을 갈 수 있음)을 가리키지만 한어에서는 '사람이 죽은 후 49일째 되는 날'을 가리키는 말로서 중국 전통문화에서는 사람이 죽은 후 매 7일마다 제를 지내는데 그것이 49일까지 일곱 번 계속된다.

2.3 국속의미론의 발전

'국속의미론'은 중국의 저명한 언어학자 왕덕춘(王德春) 교수에 의해 발전된 언어학의 새로운 한 분과이다. 왕덕춘 교수는 일찍 지난 세기 70년대 초부터 구소련의 '언어국속학'(근년에 많은 학자들이 '언어국정학'이라는 용어로 개칭)을 중국 학계에 소개하기 시작했으며 1980년에는 《국속사전(国俗词典)》문제를 논의하는 자리에서 처음으로 '국속의미론'이란 개념을 정식으로 내놓았다.[7] 그러나 이 시기에만 하여도 국속의미론과 밀접한 관계를 갖고 있는 '문화언어학'이 일부 개별 학자들에 의해 그 개념이 제기되었을 뿐 독자적인 학문영역으로는 발전하지 못했다. 이러한 역사흐름 속에서 '국속의미론'에 대해 관심을 갖는 학자는 거의 없었다.

중국 학계에서 '문화언어학'이 언어학의 새로운 한 분과로 등장하게 된 것은 1990년 신소룡(申小龙)의 《중국문화언어학(中国文化语言学)》과 형복의(邢福义), 주광경(周光庆)의 《문화언어학(文化语言学)》이 거의 동시에 출간되면서부터이다.[8]

'문화언어학'의 새로운 흥기는 '국속의미론'의 연구에 새로운 활력을 불어넣었다. 1991년 왕덕춘은 〈국속의미와《한어국속사전》(国俗语义和《汉语国俗词典》)이란 글에서 '국속의미론' 관련 기본 개념들을 진일보 명확히 정립하면서 '국속의미론'을 언어학의 새로운 분과로 정립해야 한다고 제기했다.[9] 이때로부터 '국속의미론'은 중국 언어학계에서 언어학의 독자적인 한 분과로 자리매김하게 되었으며 많은 학자들이 외국어교육과 더불어 그 연구를 활발히 진행하고 있다.

---

7) 왕덕춘, 〈论词典的类型〉, 《辞书研究》 1980.1) 참조.

8) 苏新春, 《世界汉语教学》, 1995.1 : 104-107 참조.

9) 왕덕춘, 〈国俗语义学和《汉语国俗词典》〉《辞书研究》, 1991.6) 참조.

3. 국속의미론 연구

지금까지의 고찰에서 볼 수 있는 바와 같이 국속의미론의 연구는 한 민족어의 개념의미에 더 첨가된 민족문화 상징적 의미, 즉 국속의미를 밝혀내는 것을 그 목적으로 한다. 그러므로 국속의미론 연구를 위해서는 먼저 국속의미가 어떻게 생성되며 또 이런 국속의미가 서로 다른 언어에서 어떤 차이 모형을 보이는가에 대해 살펴볼 필요가 있다.

3.1 국속의미의 생성

국속의미는 언어에 따라 부동한 요인에 의해 생성될 수 있는데 일반적이고 보편성을 띤 요인들로 다음의 몇 가지를 들 수 있을 것이다.

첫째, 국속의미는 일반적으로 객체의미의 연상, 다시 말하면 어떤 사물 자체가 갖고 있는 속성의 연상에 의해 산생된다. 예를 들면 '여우'라 하면 한국인, 중국인, 영국인, 러시아인 모두가 '교활'이란 공통된 연상을 갖게 되는데 그것은 이 동물 자체가 이런 속성을 갖고 있기 때문이다. 따라서 사물 자체의 속성에 의한 연상으로부터 산생되는 국속의미는 부동한 언어에서 일정한 공성을 갖게 된다.

둘째, 국속의미는 또 습관적인 연상에 의해서도 산생되는데 여기서 말하는 습관은 한 민족의 풍속습관을 가리킨다. 예를 들면 '곰' 하면, 한국 사람들은 '단군신화'로부터 습관적으로 '우리 민족의 시조'를 연상하지만 중국 사람들은 '곰' 하면 이 동물의 속성으로부터 '우둔함'을 연상한다. 따라서 습관적인 연상에 의해 산생되는 국속의미는 부동한 언어에서 꼭 같을 수 없다.

셋째, 일부 국속의미는 언어적 단위의 어음구조(또는 말소리)의 유사성에 의한 연상으로부터 생성되기도 한다. 예를 들면 중국 사람들은 '배(梨)'나 '시계(钟)'를 선물용으로 하지 않는데 그 이유는 '梨'는 '이별'의 '离'와 음이 유사하고, '钟'은 임종의 '終'(送终)과 음이 비슷하기 때문이다. 또 예를 들면 한국 사람들도 중국 사람들과 마찬가지로 수자 '사(四)'를 꺼리는데 그 원인은 '4'의 음이 '死'와 유사하기 때문이다.

넷째, 국속의미는 동일한 민족어의 내부에서도 사회적, 지역적, 역사적 차이에 따라 일부 차이를 보이는 경우도 있는데 그것은 국속의미가 특정된 지역의 인문, 역사 환경 속에서 형성, 발전되는 것이라는 사정과 관련된다. 예를 들면 '老九(아홉째)'란 말은 홍콩, 대만 등 지역에서는 문자 그대로 형제 등을 칭하는 말에서의 '아홉째'를 의미하지만 중국 대륙에서는 문화대혁명시기의 주요 투쟁대상의 하나인 '자산계급 지식분자'를 의미한다.[10]

흥미로운 사실은 중국의 '지식분자'가 원대(元)에도 아홉 번째의 자리를 차지한 바 있었는데 원대의 사회 각 계층의 등급 순위는 一官, 二吏, 三僧, 四道, 五医, 六工, 七猎, 八民, 九儒, 十丐'으로 되어 있었다.[11]

이외에도 국속의미는 한 민족의 역사, 문화, 종교 신앙 등의 연상으로부터 산생되기도 하는데 이런 국속의미는 민족문화의 차이와 심리적 연상의 차이에 따라 서로 다른 양상을 보이게 된다. 예를 들면 '석가모니'와 '하느님'의 차이는 종교 신앙의 차이에 따른 것이다.

3.2 이중 언어에서의 국속의미의 차이모형

국속의미는 앞의 고찰에서 볼 수 있는 바와 같이 민족성을 그 주요 특징으로 한다. 따라서 서로 다른 언어, 즉 이중 언어에서의 국속의미는 차이를 보이기 마련인데 그 차이를 유형별로 다음과 같은 몇 가지로 귀납할 수 있을 것이다.

---

10) 문화대혁명시기 비판투쟁 대상은 '지주, 부농, 반혁명분자, 나쁜 분자, 우파분자, 반역자, 특무, 주자파, 반동학술권위' 순위로 되어 있었다.

11) 왕덕춘, 〈国俗语义研究和《汉语国俗词典》〉《辞书研究》 1991.6) 참조.

첫째, 서로 대응되는 두 언어적 단위의 국속의미가 완전히 다른 경우.

이 경우는 서로 대응되는 두 언어적 단위가 각자 자체의 국속의미를 갖고는 있지만 그 의미가 완전히 다른 경우를 가리킨다. 예를 들면 '용(龙)'은 한어에서 '真龙天子'에서와 같이 '황제'를 상징하기도 하고, '诸葛孔明者, 卧龙也'에서처럼 '재화(才华)가 뛰어난 사람'을 상징하기도 한다. 그런데 영어에서는 이와는 반대로 '악마, 흉악한 여인' 등 부정적인 국속의미를 갖고 있다고 한다.[12]

서로 대응되는 두 언어적 단위의 국속의미가 이렇게 완전히 다른 경우는 그리 많지 않은데 주로는 동서양 문화의 경우에서와 같이 문화적 차이가 비교적 심한 언어들 사이에서 표현된다.

둘째, 서로 대응되는 두 언어적 단위의 국속의미가 부분적으로 동일한 경우.

이 경우는 서로 대응되는 두 언어적 단위의 국속의미의 항이 대부분이 서로 다르고 극히 적은 일부만 같거나 비슷하게 쓰이는 경우를 가리키는데 '곰(熊)'을 그 대표적인 실례로 들 수 있다. 조선어에서 '곰'은 앞에서 이미 지적한 것처럼 '우리 민족의 시조'를 상징하는 국속의미를 갖고 있을 뿐만 아니라 《단군신화》에서의 '웅녀', 황순원의 소설 《별과 같이 살다》에서 등장하는 주인공 '곰녀', 《곰나루전설》에서 등장하는 나무군을 유혹한 '곰이 변신한 미녀' 등 문학작품에서와 같이 '곰'은 '여성'의 국속의미를 갖고 쓰이기도 하고, 《단군신화》에서 참을성 있게 금기하여 삼칠일 만에 끝내 여인으로 변한 '곰'에서와 같이 '인내력'의 국속의미를 갖고 쓰이기도 하며, "곰 창날받기"라는 속담에서와 같이 '우둔함'의 국속의미를 갖고 쓰이기도 한다. 그런데 한어에서는 '우둔함'의 국속의미만을 갖고 쓰인다. 한어의 '熊包', '熊包蛋'이란 단어는 모두 '우둔하고 무능한 사람'을 비유하여 이르는 말이고, '你真熊'이란 표현은 '너 참 우둔해'라는 말과 같은 표현이다.

---

12) 왕덕춘·왕건화(王建华), 〈论双语国俗语义的差异模式〉(吴友富:《国俗语义研究》 1998:58) 참조

여기서 볼 수 있는 바와 같이 한중 두 언어에서 '곰'이 갖고 있는 국속의미는 '우둔함'이란 의미의 항에서만 서로 같게 쓰인다.

셋째, 서로 대응되는 두 언어적 단위의 국속의미가 대부분 동일한 경우.

이 경우는 서로 대응되는 두 언어적 단위의 국속의미의 항이 대부분 같거나 비슷하게 쓰이고 극히 적은 일부가 서로 달리 쓰이는 경우를 가리키는데 한중 두 언어의 수사 '삼(三)'을 그 대표적인 실례로 들 수 있다. 수사 '삼(三)'은 한중 두 언어에서 다 같이 '만물지본(万物之本)', '성스러움', '많음', '재앙', '가장 차함' 등의 국속의미를 갖고 쓰인다. 다른 점이라면 조선어에서는 '삼(三)'이 '새 생명의 탄생', '제액초복'의 국속의미를 더 갖고 쓰이고 한어에서는 '종(终)'이란 국속의미를 더 갖고 쓰인다는 점이다.

넷째, 서로 대응되는 두 언어적 단위에서 어느 한 언어적 단위는 국속의미를 갖고 있지만 다른 한 언어적 단위는 국속의미를 갖고 있지 않는 경우도 있을 수 있다.

王德春·王建华(1998:55) 의 연구에 따르면 '타조'는 영어에서 '우둔함', '식욕이 큼' 등의 국속의미를 갖고 쓰이지만 한어에서는 별다른 국속의미가 없다. 반대로 '학'은 한어에서 '장수, 황태자, 출중한 인물, 초연함, 종무소식' 등의 국속의미를 갖고 쓰이지만 영어에는 별다른 국속의미가 없다.

3.3 국속의미론의 연구방법

국속의미는 여러 가지 부동한 측면에서 분석하고 연구할 수 있는데 지금 학계에서 보편적으로 사용하고 있는 방법은 '종적 분석법'과 '횡적 분석법'이다.

3.3.1 종적 분석법

종적인 측면에서 볼 때 부동한 문화현상이 동일한 하나의 단어(혹은 언어적 단위)로 하여금 부동한 국속의미를 갖도록 할 수도 있다. 따라서 하나의 단어(혹은 언어적 단위)가 상당히 다양한 국속의미를 갖고 '다의 체계'를 이루면서 쓰일 수 있다.[13]

종적 분석법이란 이렇게 일정한 국속의미를 갖고 있는 단어 또는 언어적 단위를 선정하고 이들이 갖고 있는 국속의미를 하나하나 발굴해 내는 방법을 가리킨다.

아래 종적 분석의 예로 한중 숫자어 '셋(三)'의 국속의미를 대조, 분석해 보기로 한다.

(1) '셋(三)'은 한중 두 언어에서 세상만물의 바탕이 되는 기본수로 된다. 한중 두 언어에 있는 '삼재(三才), 삼신(三神), 삼원(三元), 삼의(三仪), 삼령(三灵)'은 모두 '천(天), 지(地), 인(人)'을 함께 이르는 말인데 이 '천, 지, 인' 셋은 신화의 세계를 이루는 기본 요소이다. 그리고 '삼신(三辰), 삼광(三光), 삼명(三明), 삼정(三精)' 등은 모두 '해와 달과 별'을 함께 이르는 말인데 해, 달, 별은 광명을 이루는 3대 기본 요소이다. 이렇게 한중 두 언어에서는 '셋'을 세상만물의 바탕이 되는 기본수로 친다. 이것은 노자(老子)가 말한 '道生一, 一生二, 二生三, 三生万物'의 도교사상과도 일치된다.

(2) '셋(三)'은 한중 두 언어에서 성스러운 수로 된다. 불교의 '삼승(三乘)(성문승, 연각승, 보살승)', 도교의 '삼신산(三神山)(신선이 거주한다는 봉래산, 방장산, 영주산)', 그리고 '삼황(三皇-천황, 지황, 인황)' 삼존(三尊)(임금, 어버이, 스승)' 등에서 볼 수 있는 바와 같이 한중 두 언어에서는 '셋'을 성스러운 수의 표현에 쓰인다.

(3) '셋(삼)'은 한중 두 언어에서 '많은 수(多数)'를 상징한다. 우리말의 '석 삼년', '서당개 삼년에 풍월 읊는다', '말하기 전에 세 번 생각하라' 등에서의 셋은 많은 수량을 나타낸다. 한어의 '三思而后行', '三番五次', '三千大千世界' 등에서 '三'도 많은 수량을 나타낸다. 일부 학자들의 연구에 따르면

---

13) 그런데 여기서 말하는 이른바 '다의 체계'는 어휘론에서 논의되는 '다의어'의 체계와는 다른 개념으로 사용된다. 어휘론에서 말하는 '다의어'는 그 의미들 사이에 일정한 연관성이 존재하지만 국속의미론에서 논의되는 국속의미들 사이에서는 연관성이 존재하지 않을 뿐만 아니라 경우에 따라서는 서로 상반되는 의미를 나타낼 수도 있다.

한어에서는 고대에는 '三, 五, 八, 九' 네 개의 수자로 많은 수를 나타냈다고 한다.[14]

(4) '셋(三)'은 한중 두 언어에서 '재앙의 수'를 상징하기도 한다. 조선어에는 '삼구부동총(三九不动冢)'이란 말이 있는데 이 말은 한국 민속에서 음력 3월과 9월에 무덤을 건드리면 재앙이 있다 하여 무덤을 옮기는 것을 피한다는 말이다. 여기서 삼(三)은 구(九)와 함께 재앙의 수를 상징한다. 한어에는 '三长两短'이란 말이 있는데 이 말은 사람의 죽음을 특별히 지칭한다. 여기서 볼 수 있는 바와 같이 '三'은 다른 단어와의 결합 속에서 재앙의 상징적 의미로도 쓰인다.

(5) '셋(三)'은 한중 두 언어에서 '가장 차함'의 뜻으로 쓰인다. 한어의 '三青子', '三孙子', 그리고 조선어의 '삼류 극장, 삼류 작가' 등에서의 '삼(三)'은 모두 이런 뜻으로 쓰인다.

이상에서 보아온 바와 같이 '셋(三)'은 한중 두 언어에서 서로 비슷한 민족문화 의미로 쓰일 뿐만 아니라 다음과 같이 서로 다른 민족문화 의미로도 쓰인다.

(6) 한어에서 '三'은 '终'의 의미로도 쓰인다. 《汉杨雄太玄经二进》에는 '三岁不还'이란 말이 나오는데 그 아래에 '三, 终也'라는 주석을 달았다.

(7) 우리 민속에서 '셋'은 제 삼의 생명의 탄생을 상징한다. 조선시대 민화 〈삼불제석〉은 세 신이 합쳐진 삼신을 그린 그림인데 이 그림은 음과 양의 조화에 의한 제 삼의 생명의 탄생을 상징한다. 민간에서도 아이의 탄생과 직접 관련을 맺는 삼신(三神)할머니를 극진히 모시는 풍습이 오늘날에도 전해지고 있는데 그 일례로 강원도 지방에서 음력 3월 3일을 삼신날로 정하여 제사 지내고 있다는 사실을 들 수 있다.

(8) 우리 민속에서 '셋'은 '제액초복(除厄招福)'과 밀접히 연결되어 있는 수자이다. 사람이 죽으면 염라대왕의 사자가 망자를 편히 모셔가라는 뜻에서 차린 사자상(사자상에 짚신 세 켤레와 밥 세 그릇, 북어 세 마리를

---

14) 장청상, 〈한어의 15개 수사〉, 《언어교육과 연구》, 1990년 4기 참조.

올리는데 이는 저승사자(천황사자, 지황사자, 인황사자)가 셋이기 때문이다. 그리고 남해안 조선(造船)의례에서 주로 3월에 배를 만들고 배가 완성되면 선주가 배 안에서 3일간 잠을 자면서 배서낭의 점지를 받고, 배내림 날에는 무당을 불러 3일간 굿을 하는 의례 등에서 '셋'이 제액초복과 밀접히 관련되어 있음을 알 수 있다.

3.3.2 횡적 분석법

횡적 측면에서 볼 때 동일한 문화현상이 흔히 부동한 단어(또는 언어적 단위)로 하여금 동일한 국속의미를 갖도록 할 수도 있다. 따라서 하나의 국속의미가 상당히 많은 단어(혹은 언어적 단위)로 표현될 수 있다. 그 대표적인 일례로 장수의 국속의미를 갖고 있는 단어들의 계열에 대해 살펴보기로 한다.

주지하는 바와 같이 조선어에는 '십장생(十长生)'이란 단어가 있는데 이 단어는 '장생불사(长生不死)'한다는 '해, 산, 물, 돌, 구름, 솔, 불로초, 거북, 학, 사슴'을 총칭하는 말이다. 서로 다른 열 개의 대상(사물)을 나타내는 단어이지만 '장수'의 국속의미를 표현함에 있어서는 '동의군'을 이룬다. 지금도 민속에서는 오래 살기를 기원하는 뜻에서 이 '십장생'을 수놓거나 그림으로 그리기도 한다.

조선어에서는 '십장생' 이외에도 '국화, 금, 누에, 띠, 토끼, 뱀, 복숭아, 토끼' 등도 '장수'의 국속의미를 갖고 쓰인다.

국화: 민속에서, 우리 민족이 음력 9월 9일 중양절(重阳节)에 즐겨먹는 음식 중에서 대표적인 것이 '국화전', '국화만두', '국화주'인데 이중에서 '국화주'는 중양절에 마시면 무병장수한다고 해서 예로부터 궁중이나 민간에서 모두 애용해 왔다. 민속에서는 또 '국화'의 한 종류인 '감국(甘菊)' 포기 밑에서 나오는 샘물을 '국화수'라고 하는데 이 물을 장기 복용하면 안색이 좋아지고 늙지 않으며 풍도 고칠 수 있다고 전해지고 있다. 이렇게 우리 민족은 국화를 불로장수의 신령스러운 식물로 여겨왔다.

금(金): 예로부터 우리 민족이 식기로 많이 사용해오고 있는 놋그릇은 황금의 모조로부터 시작된 '장생술(長生術)'의 산물인데 속신(俗信)에서는 금으로 만든 식기에 음식을 담아먹으면 장수한다고 여겼다. 이것이 '장생비법'으로 전해져 합금술이 비약적으로 발전하기도 했고, 식기로 만든 놋그릇을 민간에서 많이 사용하기 시작했다.

누에: 도교에서는 누에의 탈각(脫壳)을 통한 변태의 과정이 불사를 상징한다.

띠: 안동지방의 전통혼례에서는 신부가 시할머니나 시어머니께 드리는 예단의 하나로 주머니를 달아서 만든 빨간 허리띠를 함께 보내는 풍습이 있는데 여기에는 '장수'를 기원하는 뜻이 담겨져 있다.

뱀(구렁이): 뱀은 성장하면서 계속 허물을 벗기에 '재생하는 영원한 생명의 존재'로 상징되고 있다.

복숭아: 신선이 먹는다는 불사약으로 알려진 '선도(仙桃)', '천도(天桃)'라는 말에서 복숭아도 '장수'의 국속의미를 갖고 있음을 알 수 있다.

토끼: 민간설화에서 옥토끼는 달에서 살면서 떡을 찧거나 불사약을 만들고 있다고 전해지고 있다. 이리하여 옥토끼도 '장생불사'를 상징하게 된다.

이상의 고찰에서 볼 수 있는 바와 같이 수많은 서로 다른 대상(사물)을 나타내는 단어들이 '장수'의 국속의미를 갖고 쓰인다.

횡적 분석법이란 이렇게 특정 국속의미를 확정해 놓고 이런 국속의미를 갖고 있는 일련의 단어 또는 언어적 단위를 발굴해 내는 방법을 가리킨다. 바꾸어 말하면 횡적 분석법이란 특정 국속의미의 동의어군을 발굴하는 방법이라고 할 수도 있다.

4. 국속의미론 연구와 언어교육

국속의미론 연구는 언어능력의 신장을 목적으로 하는 언어교육, 특히는 외국어교육에서 매우 중요한 의의를 갖고 있다. 그런데 언어능력이라하면 크게 이해 능력과 표현능력 두 가지 영역으로 나누어 논하는 것이 보통이다. 그러므로 우리의 토론도 이해 능력의 신장을 위한 국속의미론 연구와 표현능력의 신장을 위한 국속의미론 연구 두 부분으로 나누어 진행하기로 한다.

국속의미론 연구는 무엇보다도 이해 능력의 신장을 위한 외국어교육에서 매우 중요한 의의를 갖는다.

이해 능력이란 말을 듣는 사람이 청각기관을 통해 접수한 어음연속체를 의미적 단위로 해석·전환시키는 과정을 가리킨다. 그러므로 말을 듣는 사람은 무엇보다도 해당 언어의 발음, 어휘, 문법 등 언어지식을 갖추어야 말하는 사람이 전달하고자 하는 뜻(정보)을 이해하고 거기에 적당한 반응을 보일 수 있는 것이다.

예를 들면 "그는 지금 국립 서울대학교에서 고전문학을 전공한다."라는 말의 뜻을 이해하기 위해서는 조선어 기초지식이 필수적 요건으로 제기된다.

그러나 '이해'의 가부를 결정하는 것이 어음, 어휘, 문법 등 언어지식이 전부인 것은 아니다. 이런 지식만으로는 아래의 속담과 같은 언어표현들은 이해할 수 없다.

- "개똥도 약에 쓰려면 없다."
  "까치 배바닥 같다."

여기서 우리는 이해능력은 단순히 어음, 어휘, 문법 등 언어지식에 의해서만 결정되는 것이 아니라 사회·문화 지식에 의해서도 가름된다는 것을 알 수 있다.

화용론의 연구결과에 따르면 언어교제에서 말을 듣는 사람은 일반적으로 말을 하는 사람이 보내온 언어정보에 따라 자신의 기억 중에서 이 방면의 지식과 경험을 찾아내고 이런 지식과 경험을 활용하여 접수된 언어정보를 예측, 추리, 판단 등의 과정을 거쳐 이해의 목적에 도달하게 된다. 그러므로 말을 듣는 사람의 머릿속에 저장되어 있는 이 방면의 지식정도가 이해의 목적을 달성하는 관건으로 된다.

그런데 이런 지식과 경험은 말을 듣는 사람만의 지식과 경험이 아니라 교류 쌍방이 공동으로 갖고 있는 지식과 경험이어야 한다.

외국어를 배워본 사람들은 아마 자기가 일정한 듣기능력을 소유하고 있다고 자신하면서도 어떤 경우에는 이야기하는 사람의 이야기 내용을 이해하기 어려움을 느낄 때가 종종 있을 것인데 이런 이해의 어려움은 주로 문화적 차이에서 기인된다.

그러므로 이해능력의 신장을 위해서는 해당 언어적 단위의 의미구조에 반영된 문화적 의미, 즉 국속의미에 대한 연구가 필수적인 과업의 하나로 선행되어야 하는데 국속의미론 연구에서의 종적 분석법이 무엇보다 중요시 되어야 할 것이다. 그것은 앞에서도 이미 지적한 바와 같이 종적인 측면에서 볼 때 동일한 하나의 단어도 상당히 다양한 국속의미를 갖고 다의체계를 이루고 있기에 이런 국속의미에 대해 어느 정도 장악했는가에 따라 이해의 정도가 결정되기 때문이다. 따라서 한 단어(혹은 언어적 단위)가 갖고 있는 모든 국속의미를 하나하나 발굴해 내는 종적분석은 이해능력의 신장을 위한 외국어교육에서 매우 중요한 의의를 갖게 된다.

국속의미론 연구는 표현능력의 신장을 위한 외국어교육에서도 매우 중요한 실천적 의의를 갖는다.

표현능력이란 일반적으로 말을 하는 사람이 자기의 사상, 감정, 생각이나 의도 등을 주로 언어, 문자(도형이나 표정, 동작 등도 하나의 수단으로 이용됨)로 명확하게 표현하여 말을 듣는 사람으로 하여금 자기의 의사를 정확하게 이해하게 하는 능력으로 정의되고 있다.

여기서 알 수 있는 바와 같이 표현능력은 이해능력의 토대 위에서 발전한 일종의 화용능력으로 문화지식과 사회경험(경력)의 종합적 반영이다. 그러므로 표현능력의 신장을 위해서는 언어 이외의 관련 사회·문화 지식을 폭넓게 장악해야 한다.

아래 표현능력의 하나인 번역능력의 신장을 실례로 좀 더 구체적으로 국속의미론 연구가 표현능력의 신장을 위한 조선어교육에서 어떤 중요한 의의를 갖고 있는가를 살펴보기로 한다.

번역은 흔히 '한 나라의 말로 된 글의 내용을 다른 나라 말로 바꿔 옮기는 것', '한 언어문자의 의미를 다른 한 언어문자로 표현하는 것' 등으로 정의되고 있다.

여기서 논의의 중점으로 되고 있는 '내용' 또는 '의미'에는 '국속의미'도 당연히 포함된다. 그러므로 원문의 언어구조에서 표현된 의미, 특히는 국속의미를 정확하게 이해하는 것이 번역에서의 선결조건으로 되기 마련이다.

그런데 여기서 우리가 잊지 말아야 할 것은 번역이란 단순히 '원문'의 뜻(의미)을 그대로 '역문'에 옮겨 놓는 작업이 아니라는 사실이다. 따라서 번역은 '원문'에 대한 정확한 '이해'를 전제로 하는 것만은 사실이나 '원문'에 대한 정확한 '이해'만으로는 모든 번역이 원만히 이루어질 수는 없게 된다. 례를 들면 지금 적지 않은 《한중사전》들에서 "하루 강아지 범 무서운 줄 모른다."란 속담을 한어로 "初生牛犢不怕虎"라고 번역해 놓았는데 조선어의 '하루 강아지 범 무서운 줄 모른다'란 속담은 '멋 모르고 겁 없이 덤빔'을 비유하여 이르는 말이고(사전을 편찬할 수 있는 정도라면 이 속담의 뜻을 모르는 사람은 아마 없을 것이다.) 한어의 "初生牛犢不怕虎"는 반대로 '젊은 사람이 용감하고 대담하게 행동함'을 비유하여 이르는 말이다. 결국 조선어에서 부정적인 뜻으로 쓰이는 표현을 긍정적인 뜻을 나타내는 한어 표현으로 바꾸어 놓았으니 오역이라 해도 대단한 오역이라 해야 할 것이다. 여기서 우리는 이 속담 번역이 잘못된 원인은 결코 조선어 원문의 내용을 잘못 이해해서가 아니라 역문의 언어구조 속에 담겨진 문화 상징적 의미, 즉 국속의미를 정확하게 이해하지 못한 데 있다는 것을 알 수 있다.

영국의 번역이론가 Peter Newmark는 《의미의 번역》(1988:22)이란 글에서 번역은 교제번역과 의미번역 두 가지로 나뉘는데 전자는 역문독자로 하여금 원문독자와 같은 효과를 보게 하는 데 치중하고 후자는 원문이 담고 있는 내용을 모두 번역해 내는 데 치중한다고 지적한 바 있다.

이와 같이 번역은 일반적으로 문체에 따라 그 추구하는 목표가 달리 설정되는데 역문독자들로 하여금 원문독자와 같은 효과를 보게 하는 것을 추구하는 교제번역의 경우에는 의미번역의 경우에서와는 달리 '원문' 내용에 대한 정확한 '이해'만으로는 그 목적에 도달할 수 없다. 학계에서 '가역성', '불가역성'의 논의가 계속되고 있는 원인도 바로 여기에 있다.

'불가역성'을 주장하는 학자들은 인간의 사상 감정은 부동한 언어 및 문화에 의해 결정되는 것이므로 상호간의 사상 감정의 교류는 불가능하며 그 번역도 국부적인 측면에서 볼 때 어디까지나 '근사성'에 만족할 수밖에 없다고 하면서 '근사성'은 '불가역성'을 의미하는 것이라고 말하고 있다.

그렇다면 교제번역에서의 이 '근사성', 즉 '불가역성'의 주되는 요인은 무엇일가?

그것은 다름 아닌 역문의 언어가 처한 문화전통가운데 원문의 언어에 숨겨진 역사, 문화, 풍속습관, 감정정서 등을 나타내는 언어적 요소들이 많이 결여되어 있다는 것이다. 그러므로 사상 감정의 교류를 목적으로 한 교제번역에서 '근사성'에라도 도달하기 위해서는 원문의 언어에 숨겨진 이런 역사, 문화, 풍속습관, 감정정서 등을 나타내는 언어적 요소들과 근사한 표현들을 찾아내는 것이 주요한 과업으로 나선다.

그런데 실제 번역에서는 원문의 표현과 꼭 같은 표현을 찾아낸다는 것은 거의 불가능하며 원문의 표현과 거의 근사한 표현을 찾아내는 것도 상당히 어려운 작업이다. 이 중에서도 가장 어려운 것이 바로 위에서 예로 든 것과 같은 국속의미의 전환이다. 즉 역문에서 어떻게 원문의 언어에서 표현된 국속의미를 가장 근사한 국속의미로 전환시키는가 하는 것이다. 위에서 예로 든 속담의 경우 원문이 담고 있는 내용만을 고려할 경우에는 "胆大包天", "胆大如斗" 등으로 번역해도 무방할 것이지만 원문의 표현까지 고려할 경우에는 횡적 분석의 방법으로 한어에서 조선어 속담이 갖고 있는 의미와 비슷한 의미를 갖고 유사한 표현으로 쓰이는 언어적 단위를 찾아내야 할 것이다.(위의 속담은 "太岁头上动土", "狗咬日头" 등으로 번역하면 어느 정도 근사한 번역으로 되지 않을가 생각된다.) 이상의 사실에서 횡적 분석이 번역능력의 신장을 위한 외국어교육에서 매우 중요한 의의를 갖고 있음을 알 수 있다.

5. 맺음말

지금까지 우리는 앞선 연구를 토대로 국속의미론의 기본 개념을 새롭게 정립하면서 국속의미론의 연구방법, 국속의미론과 외국어교육 관계 등에 대해 거시적으로 살펴보았다.

국속의미론은 해당 민족의 언어구조에 담겨져 있는 문화 언어적 요소, 즉 해당 언어의 의미체계의 한 구성원으로 되는 문화 상징적 의미를 탐구해내는 것을 그 목적으로 하는 문화언어학의 한 분과이다.

다문화사회에서 다문화간의 교류를 그 목표로 하는 언어교육, 특히는 외국어교육에서 국속의미론에 대한 연구는 필수적인 과업의 하나로 나선다. 그럼에도 불구하고 우리 학계에서는 지금까지도 이에 대한 연구에 관심을 갖는 학자가 얼마 되지 않는다. 수많은 과제들이 보다 많은 학자들의 참여를 기다리고 있다.

＊ 이 논문은 「중국조선어문」 제1호(2017년, 5-14쪽)에 실려 있음.

한중 숫자어의
민족문화의미 비교 연구

1. 서론

언어교육에 있어서 숫자어에 대한 교육은 그 어떤 언어에 있어서든지 자고로 그리 큰 일로 여겨오지 않았다. 한국어의 경우에서만 놓고 보더라도 본 민족에 대한 언어교육에서는 더 말할 것도 없지만 타민족에 대한 언어교육에 있어서도 그 발음 변화나 결합규칙에 대해서만 간단히 언급하는 데 그치고 만다. 숫자어는 이렇게 간단하고 쉽게 이해할 수 있는 그런 단어의 부류로 인정되어 왔다. 그러나 필자가 보기에는 숫자어 문제는 이렇게 가볍게 대할 문제가 아니라고 본다. 예를 들어 한국어의 "하나"나 한어의 "一"이 한중 언어에서 각각 어떤 의미를 나타내느냐고 묻는다면 한국어나 한어를 전공하는 대학생들도 아마 쉽게는 대답하지 못할 것이다.

한국어의 "하나"는 기본수 일(1)의 뜻 이외에도 "완전, 전부, 시작, 동일, 진리, 이상, 훌륭함, 작음, 외로움" 등등 십여 가지의 민족문화의미를 갖고 있고 한어 "一"도 "전부, 완전, 시작, 동일, 진리, 훌륭함, 작음, 통일,

239

제왕" 등등 십여 가지 민족문화의미를 갖고 있다. 이렇게 숫자어는 그 어떤 언어에서든지 일정한 수(數)를 나타낸다는 기본의미 외에도 자기의 독특한 여러 가지 민족문화의미를 갖고 있다. 뿐만 아니라 동일한 하나의 숫자어에 대해서도 민족마다 그 선호도가 다르다. 예를 들면 우리 민족은 홀수를 선호하지만 중국 사람들은 짝수를 선호한다. 그리고 이런 선호도는 시대의 발전과도 밀접한 관련을 갖고 있다. 예를 들면 중국 사람들은 주(周)말, 선진(先秦) 시기에는 여섯(六)을 선호했지만 서한(西漢)시기부터는 일곱(七)을 선호하기 시작했다. (張淸常:《漢語的15個數詞》(語言敎學與硏究) 1990년 4기 참조)

이렇게 숫자어는 모든 민족어에서 다양한 민족문화의미를 갖고 있는바 이에 대한 올바른 이해는 타 민족어를 배우는 데 있어서는 물론 모국어를 배우는 데 있어서도 매우 중요한 이론 및 실천적 의의를 갖고 있다. 이리하여 본 논문에서는 일부터 십까지의 기본 숫자어가 한중 두 언어에서 어떤 서로 다른 민족문화의미를 나타내는가를 고찰하려 한다.

2. 본론

1) 하나(一)

(1) "하나"는 한중 두 언어에서 다같이 "전부 또는 모두"의 뜻을 나타낸다.

한국이나 중국의 건국 신화를 보면 시조(始祖)는 모두 하나뿐이다. 그런데 이 하나는 신이나 신의 자격을 부여받은 통치자로서 하나의 세계를 장악하기 때문에 하나이면서 전부를 의미한다. 또 한국어에는 "하나를 보면 열을 안다"는 속담이 있는데 여기서 "하나"는 "전부"를 의미한다. "한몸"에서의 "하나"도 이런 의미를 나타낸다. 중국어에는 "一天星斗"란 말이 있는데 여기서 "하나"(一)는 "滿"의 뜻 즉 "온 또는 모든"의 뜻을 나타낸다. 《禮雜記下》에는 "一國之人皆若狂, 賜未知其樂也"라는 말이 있는데 여기에서의 "하나"(一)도 이런 의미를 나타낸다.

(2) "하나"는 한중 두 언어에서 다같이 "동일함"의 뜻을 나타낸다.

한국어 속담에는 "한 날 한 시에 난 손가락도 길고 짧다", "한 불당에서 내 사당 네 사당 하느냐", "한 솥의 밥 먹고 송사 간다"는 말이 있는데 여기서 "하나"는 "같음 또는 동일함"의 뜻을 나타낸다. 중국어에서도 "하나"는 한국어에서와 같은 뜻으로 쓰인다. 《孟子離婁下》에는 "其揆一也"란 말이 있고 《莊子逍遙遊》에는 "能不龜手一也"란 말이 있는데 여기에서의 "一"은 다 "같음, 동일함"의 뜻을 나타낸다.

(3) "하나"는 한중 두 언어에서 다같이 "시작"의 뜻을 나타낸다.

한국어 속담에는 "천 리 길도 한 걸음부터", "한 술 밥에 배 부르랴"란 말이 있는데 여기서 "하나"는 "시작"의 뜻을 나타낸다. 중국어에는 "一元"이란 말이 있는데 보통 "사물의 시작"을 뜻하는바 《春秋繁露. 玉英》에서는 "謂一元者, 太始也"라 했고, 《漢書. 董仲舒傳》에서는 "春秋謂一元之意, 一者, 萬物之所從始也; 元者, 辭之所謂大也"라고 풀이했다.

(4) "하나"는 한중 두 언어에서 다같이 "뛰어남"의 뜻을 나타낸다.

한국어의 "군계일학"이나 중국어의 "斗南一人"과 같은 성구는 모두 여럿 중에서 특별히 뛰어남을 뜻하는 말이다. 한국어에서는 "두남일인"과 같은 성구를 그대로 차용해 쓸 뿐만 아니라 이런 표현방식을 문학작품들에서 더욱 폭넓게 쓰고 있다.

- 번창하던 지난 일은 이미 헛되이/ 화려하던 놀이터도 풀 속이구나./ 오직 끊긴 다리 선죽교만 남아있어/ 오백 년 왕업에 문충공 한 사람. 〈이개. 선죽교〉

(5) "하나"는 한중 두 언어에서 다같이 "만물의 본원(本源)"의 뜻을 나타

낸다.

유학에서의 "기일원론(氣一元論)"이나 절에 가면 흔히 볼 수 있는 "일주문(一柱門)" 등에서 "일(一)"은 "만물의 본원"임을 상징하고 있다. 이에 대해 《淮南子. 詮言訓》에서 "一也者, 萬物之本也, 無敵之道也"라고 보다 명확히 풀이하고 있다.

(6) "하나"는 한중 두 언어에서 다같이 "양(陽)"을 뜻한다.

주역에서는 홀수는 양(陽)으로, 짝수는 음(陰)으로 칭한다. 이리하여 홀수이면서 최초의 수인 "하나"는 순양(純陽)으로서 한중 두 언어에서 모두 태양, 하늘, 밝음, 수컷 등을 상징한다.

(7) "하나"는 한중 두 언어에서 다같이 "작음"의 뜻을 나타낸다.

윤동주는 "죽는 날까지 하늘을 우러러/ 한 점 부끄럼이 없기를,/ 잎 새에 이는 바람에도/ 나는 괴로워했다."란 유명한 서시를 남긴바 있는데 여기서 "하나"는 매우 작고 미미함의 뜻을 나타낸다. 중국어에서도 "하나"는 작고 미미함의 뜻을 나타낸다. "九牛一毛", "滄海一粟"에서의 "一"이 바로 이런 뜻으로 쓰이었다.

(8) "하나"는 한중 두 언어에서 "허망함"의 뜻을 다 같이 나타낸다.

"남가일몽(南柯一夢)"이란 성구는 한중 두 언어에서 꼭 같은 뜻으로 쓰이는 말인데 여기서 "일(一)"은 "허망함"의 뜻을 나타낸다.

이상에서 볼 수 있는 바와 같이 "하나"는 한중 두 언어에서 서로 비슷한 민족문화의미를 갖고 있을 뿐만 아니라 다음과 같은 서로 다른 민족문화의미도 갖고 있다.

(9) "일"은 중국어에서 "제왕(帝王)"의 뜻을 나타낸다.

"하나"가 "제왕"을 뜻함은 《書呂刑傳》에서 "一人, 天子也"라는 풀이에서 잘 알 수 있다.

(10) "일"은 중국어에서 "통일"의 뜻을 나타낸다.

두목(杜牧)의 《阿房宮賦》에는 "六王畢, 四海一"이란 말이 나오는데 여기서 "一"은 "통일"의 의미로 쓰이었다.

(11) "하나"는 한국어에서 "외로움"의 뜻을 나타낸다.

한국 문학작품에서는 외로운 마음을 흔히 하나의 사물에 비추어 나타낸다.

- 뜰 앞에 잎 새 하나 떨어지는데./ 마루 밑 슬피 우는 뭇 벌레 소리./ 훌쩍 떠나 감을 잡지는 못하나./ 유유히 그대 홀로 어디로 가려는가. 〈정지상. 송인(送人)〉

여기서 시인은 그 외로운 심정을 뜰 앞에 떨어지는 "잎 새 하나"에 담아 표현하고 있다. 중국어에서는 "외로움"을 표현할 때 "一"보다는 "孤"를 많이 사용한다.

2) 둘(二)

(1) "둘"은 한중 두 언어에서 다같이 "대립과 조화"를 상징한다.

중국어에서 "二紀", "二耀"는 "일월(日月)"을, "二氣"는 "음양(陰陽)"을, "二親"은 "부모(父母)"를 가리킨다. 이렇게 중국어에서는 "二"가 서로 대립되면서도 조화를 이루는 두 사물을 가리킨다. 한국어에서도 "둘"의 이런 상징적 의미는 신화에서 많이 나타난다. 단군신화에서의 환웅과 웅녀 및 그들의 결합, 천지왕 본풀이에서의 천지왕과 총맹부인 및 그들의 결합 등이 "둘"이라는 숫자의 대립과 조화의 상징성을 뚜렷이 나타내고 있다.

(2) "둘"은 한중 두 언어에서 다같이 "화합"을 상징한다.

민간에 널리 유포되었던 한 쌍의 잉어를 그린 "쌍리도"(조선시대), 한 쌍의 까치를 그린 "쌍작도"(조선시대) 등은 "둘"이라는 숫자의 "화합"의 상징성을 짙게 나타낸다. 중국어에 있어서도 "이(二)"라는 숫자는 "화합"을 상징하는데 가장 좋은 실례로 기쁠 "喜"를 겹쳐 쓴 "囍"(쌍희)자를 들 수 있다.

(3) "둘"은 한중 두 언어에서 다같이 "부차적"이란 뜻을 나타낸다.

한국어의 "이차적", "둘째(로) 치고" 등에서의 "둘"이란 숫자는 "부차적"의 뜻을 나타낸다. 중국어에서도 "이(二)"는 한국에서와 같이 쓰인다. 《禮坊記》에는 "故君子有君不謀仕, 唯卜之日稱二君"이란 말이 있는데 여기서 "二"는 "副"의 뜻으로 쓰이었고 《韓詩外傳四》에는 "君行一, 臣行二"란 말이 있는데 여기서는 "次"의 뜻으로 쓰이었다.

(4) "둘"은 한중 두 언어에서 다같이 "딴 또는 다름"의 뜻을 나타낸다.

한중 두 언어에는 "이심(二心)"이란 단어가 있는데 이 단어는 두 언어에서 다같이 "충성스럽지 못한 마음 또는 배반하는 마음"이란 뜻을 나타내는바 여기서 "이(二)"는 "딴 또는 다름"의 뜻을 나타낸다.

(5) "둘"은 한중 두 언어에서 다같이 "오직 하나 뿐임"의 뜻을 나타낸다.

한국어의 "둘도 없다"에서의 "둘"이나 중국어의 "獨一無二"에서의 "二"는 다른 표현과 어울리어 "오직 하나뿐임"을 나타낸다.

(6) "둘"은 한중 두 언어에서 다같이 "여성"의 뜻을 나타낸다.

"둘"은 짝수로서 음수에 속하기에 "여성"을 상징함은 두말할 것도 없지만 실지로 "둘"이 "여성"을 상징하는 실례를 한국 민속에서 찾아볼 수 있다. 지난날 전남 여수의 영당(影堂)(海神堂임)을 지나는 어선들은 고사미(告祠米) 두 말을 바치고 큰절을 두 번 하면서 무사 항해를 기원했는데 그 이유는 여수 앞 바다를 관장하는 영당의 해신이 여자이기 때문이었다. 중국어에는 "再婚"이라는 말과 "二婚"이란 말이 있는데 "再婚"은 남성이나 여성이 두 번째로 결혼하는 것을 가리키는 말이고 "二婚"은 재가한 여성을 낮잡아 가리키는 말이다. 참으로 흥미 있는 언어표현이다. "再"와 "婚"의 결합은 성적 구별을 나타내지 않지만 "二"와 "婚"의 결합은 "여성"만을 뜻한다는 성적 구별을 뚜렷이 나타낸다. 또 다른 한 실례로 晉의 杜預가 쓴 《女記》에 "貞女無回二之行"(《太平御覽》卷四四一引)이란 구절이 있는데 여기에 나오는 "回二"란 단어는 改嫁를 뜻한다. "二"가 "여성"을 상징하는 좋은 실례들이 아닐 수 없다.

이상에서 볼 수 있는바와 같이 "둘(二)"은 한중 두 언어에서 서로 비슷한 민족문화의미를 갖고 있을 뿐만 아니라 다음과 같은 서로 다른 민족문화의미도 갖고 있다.

(7) 중국어에서 "이(二)"는 "열등함"의 뜻을 나타낸다.

중국어에는 "二路貨", "二五眼"이란 말이 있는데 "二路貨"는 열등한 물건을 가리키는 말이고 "二五眼"은 능력이 차한 사람을 가리키는 말이다. 여기서 "二"는 기타의 표현과 어울리어 "열등함"의 뜻을 나타낸다.

(8) 중국어에서 "이(二)"는 "명확하지 못함"의 뜻을 나타낸다.

《呂氏春秋應言》에 "令二, 輕臣也"란 말이 나오는데 여기서 "二"는 "명확하지 못함"의 뜻으로 쓰이었다.

(9) 한국어에서 "둘"은 "흉조"의 상징적 의미를 갖고 있다.

"한 사람의 머리를 둘이 빗으면 그 사람이 죽는다", "두 사람이 한 대야에 세수하면 싸움한다" 등에서의 "둘"은 죽음이나 불화와 같은 "흉조"와 관련되어 있다.

(10) 문학작품에서 "둘"은 "남녀 동반자"란 상징적 의미로 많이 쓰인다.

- 우리 둘이 나뉘어 생각고 사느니, 차라리 바라보며 우는 별이 되자! 〈이상화. 이별을 하느니〉
- 밤처럼 고요한 끓는 대낮에/ 우리 둘이는 온몸이 달아…

여기서 볼 수 있는 바와 같이 "둘"은 문학작품에서 흔히 인칭대명사와 결합되어 쓰이면서 "남녀동반자"를 상징한다.

3) 셋(三)

(1) "셋(三)"은 한중 두 언어에서 세상만물의 바탕이 되는 기본수로 된다. 한중 두 언어에 있는 "삼재(三才), 삼신(三神), 삼원(三元), 삼의(三儀), 삼령(三靈)"은 모두 "천(天), 지(地), 인(人)"을 함께 이르는 말인데 이 천, 지, 인 셋은 신화의 세계를 이루는 기본요소이다. "삼신(三辰), 삼광(三光), 삼명(三明), 삼정(三精)" 등은 모두 "해와 달과 별"을 함께 이르는 말인데 해, 달, 별은 광명을 이루는 삼대 기본요소이다. 한국어도 초성, 중성, 종성의 삼대요소로 구성되었다. 이렇게 한중 두 언어에서는 "셋"을 세상 만물의 바탕이 되는 기본수로 친다. 이것은 노자(老子)가 말한 "道生一, 一生二, 二生三, 三生萬物"의 도교 사상과도 일치된다.

(2) "셋(三)"은 한중 두 언어에서 성스러운 수로 된다. 불교의 "삼승(三乘)(성문승, 연각승, 보살승)", 도교의 "삼신산(三神山)(신선이 거주한다는 봉래산, 방장산, 영주산)", 그리고 "삼황(三皇)(천황, 지황, 인황)", "삼존(三尊)(임금, 어버이, 스승)" 등에서 볼 수 있는바와 같이 한중 두 언어에서는 "셋"을 성스러운 수의 표현에 쓴다.

(3) "셋(삼)"은 한중 두 언어에서 "많은 수(多數)"를 상징한다. 우리말의 "석삼년", "서당개 삼 년에 풍월 읊는다", "말하기 전에 세 번 생각하라", "구두장이 셋이 모이면 제갈량보다 낫다" 등에서의 "셋"은 많은 수량을 나타낸다. 중국어의 "三思而後行", "三番五次", "三千大千世界" 등에서 "三"도 많은 수량을 나타낸다. 일부 학자들의 연구에 따르면 중국어에서는 고대에는 "三, 五, 八, 九" 네 개의 숫자로 많은 수를 나타냈다. (장청상, 〈한어의 15개 수사〉〈언어교육과 연구〉 1990년 4기 참조)

(4) "셋(三)"은 한중 두 언어에서 "재앙의 수"를 상징하기도 한다. 한국어에는 "삼구부동총(三九不動塚)"이란 말이 있는데 이 말은 한국 민속에서 음력 3월과 9월에 무덤을 건드리면 재앙이 있다하여 무덤을 옮기는 것

을 피한다는 말이다. 여기서 삼(三)은 구(九)와 함께 재앙의 수를 상징한다. 중국어에는 "三長兩短"이란 말이 있는데 이 말은 사람의 죽음을 특별히 지칭한다. 여기서 볼 수 있는바와 같이 "三"은 다른 단어와의 결합 속에서 재앙의 상징적 의미로 쓰인다.

(5) "셋(三)"은 한중 두 언어에서 "가장 차함"의 뜻으로 쓰인다. 중국어의 "三靑子", "三孫子" 그리고 한국어의 "삼류 극장, 삼류 작가"등에서의 "삼(三)"은 모두 이런 뜻으로 쓰인다.

이상에서 보아온 바와 같이 "셋(三)"은 한중 두 언어에서 서로 비슷한 민족문화의미로 쓰일 뿐만 아니라 다음과 같은 서로 다른 민족문화의미로도 쓰인다.

(6) 중국어에서 "三"은 "終"의 의미로 쓰인다.《漢揚雄太玄經二進》에는 "三歲不還"이란 말이 나오는데 그 아래에 "三, 終也"라는 주석을 달았다.

(7) 한국 민속에서 "셋"은 제 삼의 생명의 탄생을 상징한다. 조선 시대 민화 〈삼불제석〉은 세 신이 합쳐진 삼신을 그린 그림인데 이 그림은 음과 양의 조화에 의한 제 삼의 생명의 탄생을 상징한다. 민간에서도 아이의 탄생과 직접 관련을 맺는 삼신(三神)할머니를 극진히 모시는 풍습이 오늘날에도 전해지고 있는데 그 일례로 강원도 지방에서 음력 3월 3일을 삼신날로 정하여 제사지내고 있다는 사실을 들 수 있다.

(8) 한국 민속에서 "셋"은 "제액초복(除厄招福)"과 밀접히 연결되어 있는 숫자이다. 사람이 죽으면 염라대왕의 사자가 망자를 편히 모셔가라는 뜻에서 사자상에 짚신 3켤레와 밥 3그릇, 북어 3마리 등을 차린 사자상(이는 저승사자가 천황사자, 지황사자, 인황사자 셋이기 때문임), 남해안 조선(造船)의례에서 주로 3월에 배를 만들고, 배가 완성되면 선주가 배 안에서 3일간 잠을 자면서 배서낭의 점지를 받고, 배내림날에는 무당을 불러 3일간 굿을 하는 의례 등에서 "셋"이 제액초복과 밀접히 관련되어 있음을 알 수 있다.

4) 넷(四)

(1) "넷(四)"은 한중 두 언어에서 "온 천하"를 상징하는 숫자이다. 《呂氏春秋》에는 "天圓地方"(하늘은 둥글고 땅은 네모졌다)라고 했다. 여기서 볼 수 있는 바와 같이 "넷"은 사각형으로 상징되는 땅을 나타내는 숫자이다. 한중 두 언어에 있는 "사해(四海)", "사방(四方)", "사표(四表)"라는 단어는 모두 "온 천하"를 이르는 말로서 문학작품에도 많이 나타난다.

(2) "넷(四)"은 한중 두 언어에서 "불길함"을 상징한다. 넉 사(四)자가 죽을 사(死)자와 발음이 비슷하기에 "사(四)"는 죽음을 상징하는 아주 불길한 수로 여겨왔다. "사(四)"를 꺼리는 경향은 중국보다도 한국이 더한 것 같다. 중국의 경우에는 건물의 층수나 자동차 번호에 "4"자를 그래도 쓰고 있지만 한국의 경우에서는 쓰기를 꺼린다.

(3) "넷(四)"은 한중 두 언어에서 "모든, 전체"의 뜻을 나타낸다. "사철(四季), 사처(四處), 사례(四禮), 사덕(四德)", "사면팔방(四面八方), 사통팔달(四通八達)" 등에서 볼 수 있는바와 같이 "사(四)"는 어떤 사물의 전체를 가리키거나 어떤 개념이 지칭하는 일체를 나타낼 경우에 쓰인다.

(4) "넷(四)"은 한중 두 언어에서 "기쁨"의 뜻으로 쓰이는 경우도 있다. 중국에는 북송 혹은 그 이전 시기의 무명 작가가 지은 다음과 같은 사희(四喜)시가 전해지고 있다. "久旱逢甘雨, 他鄕見故知, 洞房花燭夜, 金榜掛名時". 이렇게 중국에서는 인생의 기쁨을 네 가지로 보았다. 한민족도 오래 전부터 그림으로 四喜를 표현했다. 그 일례로 조선시대의 "화조도"와 "조작도"를 들 수 있는데 이 두 그림은 모두 까치 네 마리를 그려 인생의 四喜를 나타냈다.

이상에서 보아온 바와 같이 "넷(四)"은 한중 두 언어에서 서로 비슷한 의미로 쓰일 뿐만 아니라 다음과 같이 서로 다른 민족문화의미로도 쓰인다.

(5) "사(四)"는 중국어에서 "滿", 즉 "가득함"의 뜻으로도 쓰인다. 樂附詩集에 "弦歌感人腸四坐皆歡悅"란 말이 있는데 여기서 "四"는 "坐"와 결합하여 "滿"의 뜻을 나타낸다.

(6) "넷"은 한국 민속에서 "辟邪"(요사스러운 귀신을 물리침) 기능을 지니고 있다. 한민족의 전통 굿에서 모시는 신은 넷으로 되어 있고 (조선시대의 민화 "사부신장도"가 바로 이 네 신을 그린 그림이다.), 제주도 영등굿에서 배의 안전을 위한 신 달램으로 영감놀이에 등장하는 영감이 넷으로 되어 있다. 여기서 넷이라는 숫자가 한국 민속에서는 벽사의 기능을 지니고 있음을 알 수 있다.

5) 다섯(五)

(1) "다섯(五)"은 한중 두 언어에서 완전을 의미하는 길한 수이다. "다섯(五)"은 홀수로 양에 해당하는 수인데 5가 겹치는 단옷날은 태양이 가장 순수하고 그 빛이 왕성한 날로 일 년 중에서 양기가 가장 성한 때이기에 천중가절(天中佳節)이라고도 부른다. 이리하여 "다섯(五)"는 양에 속하는 길한 숫자 중에서도 가장 완전한 길한 숫자로 이상적인 완전한 수를 나타낼 때에는 이 "다섯(五)"을 쓴다. ("오복(五福), 오곡(五穀), 오금(五金), 오성(五星)" 등)

(2) "다섯(五)"은 한중 두 언어에서 중심을 나타낸다. 오행설에 의하면 1, 2, 3, 4는 북, 남, 서, 동, 즉 오늘의 동서남북을 가리키고, 다섯(五)은 중앙을 가리킨다. 이렇게 다섯은 그 차례로는 다섯 번째이나 그 위치는 중심을 차지하고 있다.

(3) "다섯(五)"은 한중 두 언어에서 길상을 나타내는 숫자이다. 한국 민속에서는 정월 대보름날에 오곡밥을 해먹는데 거기에 곁들이는 반찬도 다

섯 가지이고 국도 다섯 가지 건더기를 넣어서 만들어 먹는다. 이렇게 해야 그 해의 운수가 트이고 병에 걸리지 않아 한 해를 무사히 보낼 수 있다고 한다. 중국에서도 "오(五)"로 길상을 나타내는 경우가 많은데 북송 때의 "五馬圖", 당나라 때의 "五牛圖"가 바로 그 대표적인 일례로 될 수 있다.

(4) "다섯(五)"은 한중 두 언어에서 제왕을 상징한다. 중국에서는 제왕을 진시황 때부터는 "皇帝"라 칭했는데 이런 칭호는 역경으로부터 유래된 것이다. 그것은 이 皇帝를 "黃帝"로도 표기했다는 사실에서도 잘 알 수 있다(皇帝本又作黃帝). 역경에서 가장 가운데 자리에 위치해 있고 또 黃色의 위치에 있는 수가 바로 五이다. 이리하여 五는 皇帝를 상징하는 수로 된다. 한민족의 경우도 이와 마찬가지이나 나라가 작은 관계로 왕(王)으로 칭했을 뿐이다.

이와 같이 "다섯(五)"은 한중 두 언어에서 서로 비슷한 의미로 쓰일 뿐만 아니라 다음과 같이 서로 다른 의미로도 쓰인다.

(5) 중국어에서 五는 불길함의 의미로도 쓰인다. 중국어에는 "五日子"란 말이 있는데 이 말은 "음력 5월 5일에 낳은 아들"을 가리킨다. 그런데 미신적인 관념에서는 이 날 낳은 아들은 불길하다고 믿는다.

6) 여섯(六)

(1) "여섯(육)"은 한중 두 언어에서 "온 우주"를 상징한다. 李太白의 시에는 "秦王掃六合, 虎視何雄哉"란 구절이 있는데 여기에 나오는 "육합(六合)"이나 이와 같은 뜻으로 쓰이는 "육극(六極)"은 한중 두 언어에서 천지사방, 즉 온 우주를 가리키는 말이다.

(2) "여섯(六)"은 한중 두 언어에서 "태양 또는 제왕"을 상징한다. 전설에 의하면 태양신(日神)은 여섯 마리의 용(龍)이 끄는 수레를 타고 다녔다. 이

로부터 "육룡(六龍)"이란 단어가 생겨났으며 또 육룡(六龍)"으로 태양을 가리키게 되었다. 이 육룡(六龍)"은 후기로 내려오면서 황제의 어가(御駕)를 끄는 여섯 필의 말을 가리키기도 했다. "誰道君王行路難, 六龍西幸萬人歡" (李太白詩). 한국어 사전들에서는 "육룡(六龍)"을 "임금의 어가를 높여 이르는 말"이라고 풀이하고 있다. 여기서 볼 수 있는 바와 같이 "여섯(六)"은 태양이나 제왕을 상징하는 수로 쓰인다.

(3) "여섯(六)"은 한중 두 언어에서 "모든, 전체"의 뜻을 나타낸다. "육친(六親)", "육축(六畜)"에서의 "육(六)"은 "모든 또는 전체"의 뜻을 나타낸다. "육(六)"이 "모든 또는 전체"의 뜻으로 많이 쓰이기는 주말(周末)-서한(西漢) 시기이다. 주례(周禮)의 관리 행정 계통은 여섯으로 나뉘었는데 청조(清朝)에 이르러서도 여전히 "吏, 禮, 戶, 工, 刑, 兵"의 육부(六部)로 되어 있다. 시경(詩經)에도 육언시(六言詩)가 나타나며, 오곡(五穀)으로 곡식을 통털어 이르던 표현도 육곡(六穀)으로 표현하기에 이르렀다.

(4) "여섯(六)"은 한중 두 언어에서 전형적인 음(陰)에 속한다. 앞에서 지적한 바와 같이 역경(易經)에 의하면 홀수는 양(陽)에 짝수는 음(陰)에 속하는데 여섯은 짝수로서 전형적인 음(陰)에 속하는 수이다. 이리하여 효(爻)에서의 음효(陰爻)를 육(六)으로 칭하기도 한다. 육효(六爻), 육위(六位)도 바로 음효(陰爻)를 가리키는 말이다. 중국어에는 "육의(六衣)", "육복(六服)"이란 말이 있는데 이는 모두 왕후(王后)의 옷을 가리키는 말이다. 여섯이 전형적인 음(陰)을 대표한다는 아주 좋은 실례의 하나이다.

이와 같이 여섯(六)은 한중 두 언어에서 서로 비슷한 민족문화의미로 쓰일 뿐만 아니라 다음과 같이 서로 다른 민족문화의미로도 쓰인다.

(5) "육(六)"은 중국어에서 모든 일이 아주 순탄함을 상징한다. 중국에는 "六六大順"이란 말이 있는데 이것은 모든 일이 다 순탄하게 진행된다는 뜻이다.

(6) 한민족의 신화에서 여섯은 신성하고 길상을 나타내는 수이다. 신라의 6부족 시조 신화, 가락국의 6가야 시조 신화에서 여섯 시조는 각각 하늘에서 내려오는바 여섯은 아주 신성(神聖)한 수이다. 그리고 고려 태조 왕건 신화에서는 왕건의 아버지가 도선(道詵)이 일러준 대로 집을 "六六"으로 지어 36구로 만든 후에 왕건을 낳게 된다. 여기서 여섯은 길상을 나타내는 수로 된다.

(7) 한민족에게 있어서 여섯은 불길함을 나타내는 수이기도 하다. 한국어에는 "육섣달에는 앉은 방석도 안 돌려 놓는다"는 말이 있다. 이 말은 민속에서 음력 유월과 섣달에는 혼인 등 무슨 행사든지 하지 않음이 좋다는 뜻이다. 외세에 의해 동족상잔의 6.25전쟁을 겪은 한민족에게 있어서 여섯은 단순한 불길한 수로서가 아니라 아픔과 슬픔을 주는 수로 안겨온다.

7) 일곱(七)

(1) "일곱(七)"은 한중 두 언어에서 행운을 나타내는 수이다. 일곱은 양수 중에서 아홉 다음에 가는 가장 큰 수로서 행운을 가져다주는 수로 인식하여 매우 즐겨 쓴다. 견우와 직녀가 만난다는 칠석(七夕), 칠난(七難)에서 벗어나 받는 복을 가리키는 칠복(七福), 모든 진귀한 보배를 일컫는 칠진만보(七珍萬寶), 행운과 소망의 기탁물인 북두칠성(北斗七星) 등에서 볼 수 있는바와 같이 일곱은 행운을 상징하는 수로 된다.

(2) "일곱(七)"은 한중 두 언어에서 성스러운 길수를 나타내는 수이다. 불교에서 "일곱(七)"은 석가가 태어나 일곱 걸음을 걷고 "천상천하유아독존(天上天下唯我獨尊)"이라는 깨달음의 외침을 발한 데서 성스러운 수로 여긴다. 가락국의 신화에서 수로왕은 구지봉에서부터 산의 줄기가 일곱 번 솟아오른 봉황대에 가야의 기틀을 세우고 그의 열명의 왕자 중에서 일곱이 탈속성도(脫俗成道)한다. 중국 사서(史書)의 기록을 보면 공자의 대

제자와 같은 성현(聖賢)을 이를 때 "칠십자(七十子)", "칠십이자(七十二子)", "건안칠자(建安七子)", "죽림칠현(竹林七賢)" 등에서와 같이 칠(七)이란 숫자가 많이 쓰이었다. 이렇게 한중 두 언어에서 일곱은 성스러운 수로 중국의 서한(西漢) 시기부터 많이 쓰이기 시작했다.

(3) "일곱(七)"은 한중 두 언어에서 죽음을 상징한다. 한국어 속담에는 "칠성판(七星板)에서 뛰어 났다", "칠성판을 지다"라는 말이 있는데 여기에서의 "칠성판"은 관 속 바닥에 까는 북두칠성을 본떠서 일곱 개의 구멍을 뚫은 얇은 널조각을 가리키는바 죽음을 상징한다. 중국의 민속도 이와 꼭 같다. 그리고 중국에서는 사람이 죽은 후 49일이 될 때까지 매 칠일마다 한 번씩 일곱 번 제를 지내는데 이것을 "칠칠(七七)"이라고 한다.

(4) "일곱(七)"은 한중 두 언어에서 많은 수를 나타낸다. 중국어에서는 많은 보배를 칠보(七寶)라 하고, 인간의 갖가지 감정을 칠정(七情)이라 하며, 일상 생활에서의 모든 필수품을 칠건사(七件事)라 한다. 여기서 볼 수 있는바와 같이 칠(七)은 많은 수를 나타낸다. 한국어에는 "칠 년 가뭄에는 살아도 석 달 장마엔 못 산다", "칠 년 대한에 단비 온다", "칠 년 간병에 삼년 묵은 쑥을 찾는다", "일곱 번 재고 천을 째라" 등과 같은 속담이 있는데 여기에 쓰인 일곱도 많은 수를 나타낸다.

이와 같이 "일곱(七)"은 한중 두 언어에서 서로 비슷한 민족문화의미로 쓰일 뿐만 아니라 다음과 같이 서로 다른 민족문화의미로도 쓰인다.

(5) 중국어에서 "칠(七)"은 전혀 불가능한 일을 나타낸다. 중국말에는 "沒料到出了个七"이란 말이 있는데 이 말은 주사위놀이에서 나온 말로서 전혀 불가능하다는 뜻을 나타낸다. 그것은 네모꼴로 된 주사위 한쪽 면에 새긴 점(点)이 제일 많아서 여섯으로 되어 있기 때문이다.

(6) 한국 민속에서 일곱은 새 생명의 탄생과 관련된다. 한국어에는 "일곱이레"란 말이 있는데 이것은 민속에서 아이가 태어나서 사흘 후와 초이

렛날에서부터 일곱 이렛날까지 매 칠일을 한 주기로 하여 삼신할머니께 아이의 건강 장수를 비는 제의를 가리킨다. 이것을 "칠칠(七七)"이라고도 한다. 중국어에서의 "칠칠(七七)"은 죽음의 상징으로 쓰이지만 한국어의 "일곱이레"나 "칠칠"은 새 생명의 탄생을 상징한다.

(7) 한국어에서 "일곱(七)"은 어리석음을 나타낸다. 한국어에는 "칠삭둥이", "칠푼이"란 말이 있는데 이 말은 매우 어리석어 바보 같은 사람을 조롱하는 말이다.

8) 여덟(八)

(1) "여덟(八)"은 한중 두 언어에서 "모든, 전체"의 뜻을 나타낸다. 한중 두 언어에 있는 "팔경(八景), 팔곡(八穀), 팔덕(八德), 팔고(八苦), 팔난(八難)" 등에서의 "팔(八)"은 모든 또는 전체의 뜻으로 쓰인다.

(2) "여덟(八)"은 한중 두 언어에서 "운명"을 상징한다. 한국어에는 "팔자(八字)가 늘어지다", "팔자를 고치다", "팔자 도망은 독 안에 들어도 못한다" 등과 같은 속담이 있는데 여기서 "팔자"는 한 사람이 타고난 운명을 가리킨다. 중국어의 경우도 이와 마찬가지이다. 중국어에는 "八字帖"이란 단어가 있다. 중국의 재래식 혼례에서는 약혼 시 남녀 쌍방이 반드시 먼저 각자의 사주팔자를 적은 첩자(帖子)를 교환하였는데 이 첩자를 "八字帖"이라 한다.

(3) "여덟(八)"은 한중 두 언어에서 미인을 상징한다. 한국어에는 "팔등신(八等身) 또는 팔두신(八頭身)"이란 말이 있는데 이는 머리의 길이와 신장의 길이가 1:8로 되는 체형을 가리키는데 옛 풍습에서는 이런 체형을 미인의 이상적인 표준 체형으로 보았다. 중국어는 "八字眉"란 말이 있는데 이 "八字眉"는 당대(唐代) 부녀들 가운데서 유행되던 눈썹 모양으로서 흔

히 미녀의 눈썹을 일컫는다. 그리고 두 언어에서는 어느 모로 보나 아름다운 사람을 팔방미인(八方美人)이라 한다.

(4) "여덟(八)"은 한중 두 언어에서 성스러운 수로 쓰인다. "팔상(八相)(석가가 살아 생전에 중생을 제도하기 위해 나타난 여덟 가지 변신 상), 팔선(八仙), 팔신(八神), 팔공덕수(八功德水)" 등에서 볼 수 있는바와 같이 "여덟(八)"은 성스러운 수의 표현에 쓰인다.

(5) "여덟(八)"은 한중 두 언어에서 우주를 상징한다. 한중 두 언어에 있는 "팔극(八極), 팔굉(八紘), 팔황(八荒) 등은 우주를 상징하는 말이다.

이상에서 보아온 바와 같이 "여덟(八)"은 한중 두 언어에서 서로 비슷한 민족문화의미로 쓰일 뿐만 아니라 다음과 같이 서로 다른 민족문화의미로 쓰이기도 한다.

(6) 중국어에서 "팔(八)"은 아주 길한 수로 쓰인다. 이 "八"은 그 발음이 대량의 재물을 얻어 번창해진다는 뜻을 나타내는 "發(발)"과 비슷하기에 중국 사람들이 특별히 선호하는 숫자로 되는바 전화번호나 차번호 같은데 8자가 많이 들어가도록 무척 신경을 쓴다.

(7) 중국어에서 "팔(八)"은 재능과 학식이 뛰어난 사람을 가리킨다. 중국 말에 "八斗才"란 단어가 있는데 이 단어는 남북조 송(宋)대에 그 쓰임이 보이는데 재능이나 학식이 뛰어난 사람을 가리킨다.

(8) 한국어에서 여덟은 좀 부실함을 나타낸다. 한국어에는 "팔삭둥이", "팔푼이", "여덟달반" 등과 같은 단어가 있는데 이 단어들은 모두 좀 모자라는 사람을 조롱하여 이르는 말이다.

(9) 한국어에서 여덟은 풍요함을 나타낸다. 한반도는 지리적 위치로 말미암아 음력 8월은 무엇이든지 부족함이 없는 달로 된다. 그래서 한민족은 예로부터 "더도 덜도 말고 팔월 한가위만 같으소서"라는 바람을 갖고 살

아왔다. 팔월은 무엇이든지 부족함이 없는 풍요한 계절이며 힘겨운 농사일도 다 끝나서 한가한 계절이다. 그래서 이 시기의 농부들을 "팔월선(八月仙)"이라고 부르게까지 되었다. 한국어에는 또 "팔진미(八珍味)", "팔진성찬(八珍盛饌)"이란 말도 있는데 여기에서의 여덟도 풍요함의 뜻으로 쓰인다.

(10) 한국어에서 여덟은 경사로움을 상징한다. 모두가 주지하다시피 한민족은 8월 15일에 광복을 맞았다. 이리하여 8월은 그 어느 달보다도 경사스러운 달로 된다.

9) 아홉(九)

(1) "아홉(九)"는 한중 두 언어에서 아주 많은 수 또는 완전한 수를 의미한다. "구주(九州), 구족(九族), 구곡(九穀), 구덕(九德), 구선(九仙), 구사(九思), 구사일생(九死一生), 구우일모(九牛一毛)" 등에서 구(九)는 아주 많은 수 또는 완전한 수를 의미한다.

(2) "아홉(九)"은 한중 두 언어에서 하늘, 태양, 남성을 상징하는 최대의 양수(陽數)이다. 앞에서도 이미 제기한바와 같이 동양의 음양사상에 따르면 홀수는 양수에 속하고 짝수는 음수(陰數)에 속한다. 그런데 9는 가장 완전한 수의 최소 단위인 3의 제곱수이다. 이리하여 9는 양의 기운이 가장 충만한 숫자이다. 따라서 양수인 이 9가 겹치는 음력 9월 9일은 양(陽)이 가장 넘치는 날이다. 그래서 이 날을 중구(重九) 또는 중양(重陽)이라고 한다. 전통명절의 하나인 중양절(重陽節)이 바로 이 날이다. 실제 언어생활에서도 9가 하늘, 태양 등을 상징하는 수로 쓰인 실례들을 찾아볼 수 있다. "구천(九天), 구중(九重)"이란 말은 한중 두 언어에서 하늘을 가리키는 말이다. 그것은 전설 중의 하늘은 아홉 층으로 되어 있기 때문이다. 그리고 "구양(九陽), 구조(九鳥)"는 태양을 가리키는 말이다. "구조(九鳥)"가 태양을 가리킴은 고대 신화에 태양에는 삼족조(三足鳥)가 있다고 했다. 그

래서 이 구조(九鳥)로 아홉 개의 태양을 가리켰다.

(3) "아홉(九)"는 한중 두 언어에서 황천(黃泉), 즉 저승을 뜻한다. "구천(九泉)"이란 말은 한중 두 언어에서 황천, 즉 저승을 뜻하는 말이다. "귀신이 구천을 헤매고 있다", "冥冥九泉室, 漫漫長夜臺(명명구천실, 만만장야대)" 등에서의 구천은 황천을 가리킨다. 한국 민속에서는 죽은 날을 모르는 객사자(客死者)나 전염병으로 한꺼번에 많이 죽은 사람의 제삿날은 보통 음력 9월 9일로 정하는 풍습이 있는데 이것도 9가 황천을 뜻한다는 사정과 관련된다.

(4) 주역에는 "구륙(九六)"이란 말이 나오는데 이 말의 뜻은 양과 음, 또는 음양이 어우러져 만물이 생기는 도(道)를 가리킨다. 이렇게 아홉은 여섯과 함께 쓰이면서 음양의 조화에 의한 만물 생성의 도를 뜻한다.

이상에서 보아온 바와 같이 아홉은 한중 두 언어에서 서로 비슷한 민족문화의미로 쓰일 뿐만 아니라 다음과 같이 서로 다른 민족문화의미로 쓰이기도 한다.

(5) 중국어에서 구(九)는 제왕을 상징한다. 주역에 의하면 9도 제왕을 상징하는 수인 5와 마찬가지로 가장 가운데 자리에 위치해 있다. 그러므로 9도 제왕을 상징하는 수로 된다. 역경에는 "九五, 飛龍在天, 利見大人"이란 말이 있는데 그 뜻은 9와 5가 서로 만나면 용(龍)이 하늘로 솟아오르며 이때 위인이 꼭 출현한다는 것이다. 후세에는 "九五之尊"을 황제의 대칭으로 했다.

(6) 중국에서 구(九)는 지식인을 상징한다. 중국어에는 "老九"란 말이 있는데 이것은 문화혁명 시기 지식인을 가리키던 말이다. 문화혁명시기 주요한 비판 투쟁의 대상이 지주, 부농, 반혁명분자, 나쁜 분자, 우파분자, 반역자, 특무, 주자파, 반동학술권위 등 아홉 부류의 사람들이었는데 여기서 지식인이 아홉 번째에 속한다. 9가 지식인을 상징하는 시기는 원대(元代)

까지 더 거슬러 올라갈 수 있다. 원대에는 사회 각 계층을 10등급으로 나누었는데 그 순서는 다음과 같다. "一官, 二吏, 三僧, 四道, 五醫, 六工, 七獵, 八民, 九儒, 十丐". 여기서 볼 수 있는 바와 같이 지식인은 예로부터 제9등에 속했다.

(7) 한국 민속에서 아홉은 불운의 숫자이다. 한국어에는 "아홉수"란 말이 있는데 "아홉수"란 "9, 19, 29, 39" 등과 같이 "아홉"이 들어 있는 수를 가리킨다. 그런데 민속에서는 남자의 나이에 이런 "아홉수"가 드는 해를 불운의 해로 각별히 조심해야 한다고 여긴다.

10) 열(十)

(1) "열(十)"은 한중 두 언어에서 가장 완전한 수, 가장 완벽한 수로 쓰인다. "십분(十分), 십전(十全), 시방(十方), 십간(十干), 십계(十戒), 십선(十善), 십락(十樂)" 등에서 볼 수 있는 바와 같이 열(十)은 가장 완전하고 완벽한 수로 쓰인다.

(2) "열(十)"은 한중 두 언어의 기본 숫자 중에서 가장 많음을 나타내는 숫자로 쓰인다. 한국어에는 "열 번 재고 가위질은 한 번 하라", "열 골 물이 한 골로 모인다", "열 사람이 지켜도 한 도둑을 못 막는다" 등과 같은 속담이 있는데 여기서 열은 다 많은 수를 나타낸다. 중국어의 "십사(十思), 십보방초(十步芳草), 십년독서(十年讀書), 십년한창(十年寒窓)" 등에서의 십(十)도 모두 많은 수를 나타낸다.

(3) "열(十)"은 한중 두 언어에서 하늘을 상징하는 숫자이다. 주역에 나오는 10간(干)과 12지(支)는 우주 만상의 이치를 나타내는 부호들인데 여기서 10간은 하늘을 상징하여 둥글게 배치하고 12지는 땅을 상징하여 네모나게 배치하였다. 따라서 10간으로 하늘의 이치를, 12지로 땅의 이치를

나타낸다.

(4) "열(十)"은 한중 두 언어에서 십자가(十字架), 네거리를 상징하는 숫자이다. 열의 한자 자형 "十"은 십자가나 네거리를 표상한다. 네거리를 한국어에서도 중국어에서와 같이 "십자가(十字街)"라고도 한다.

(5) "열(十)"은 한중 두 언어에서 상서로움을 상징한다. 한중 두 언어에 있는 "시방세계(十方世界)"는 우주를 가리키는 말인데 무한한 공간 속에서 그 어떤 속박에서나 벗어나 자유자재로 활동함을 상징한다. 그리고 "십장생(十長生)"은 생명의 근원을 의미하는 열 가지 짐승과 사물을 가리키는데 장수를 상징한다. 이렇게 열은 한중 두 언어에서 상서로움을 상징하는 수로 쓰인다.

(6) "열(十)"은 한중 두 언어에서 생명의 탄생을 상징한다. 인간 세상에서 임신 열 달에 새 생명이 탄생되므로 그 어떤 언어에서나 열은 새 생명의 탄생을 상징하는 수로 된다.

이상에서 보아온 바와 같이 열(十)은 한중 두 언어에서 서로 비슷한 민족문화의미로 쓰일 뿐만 아니라 다음과 같이 서로 다른 민족문화의미로도 쓰인다.

(7) 중국어에서 "십(十)"은 경사로움을 상징한다. 10월 1일은 중화인민공화국의 국경절로서 가장 경사스러운 날이다. 이리하여 중국 사람들에게 있어서 십(十)은 매우 경사스러움을 상징하는 수로 된다.

(8) 한국 신화에서 열은 나라를 상징하는 수로 쓰인다. 백제 시조 온조와 비류 신화에, 온조는 하남 위례성에 도읍을 정하고 10명의 신하와 더불어 나라를 세워 국호를 십제(十濟)라 했다. 후세에 나라가 부강해지자 백제(百濟)라 국호를 고쳤다.

3. 결론

지금까지 우리는 1부터 10까지의 기본 숫자어가 한중 두 언어에서 어떤 민족문화의미를 갖고 쓰이는가를 살펴보았다. 지금까지 고찰한 내용을 간단히 요약하면 다음과 같다.

첫째, 기본 숫자어는 그 어떤 언어에서나 일정한 숫자만 나타내는 단어의 부류가 아니라 민족에 따라 서로 부동한 민족문화의미도 갖고 있는 단어의 부류이다. 여기서 우리는 외국어 교육자들은 부동한 민족의 문화에 대해 보다 깊이 있게 연구해야 외국어 교육의 질을 진정으로 높일 수 있음을 알 수 있다.

둘째, 기본 숫자 1~10은 한중 두 언어에서 서로 다른 민족문화의미를 갖고 있지만 서로 비슷한 의미로 쓰이는 경우가 더 많은데 이것은 수사가 주로는 수적 개념을 나타내는 특수한 부류의 단어라는 사정, 그리고 한중 두 언어가 동일한 문화권에 처해있다는 사정과 관련된다.

* 이 논문은 국제한국언어문화학회 제3차 해외 한국언어문화 워크숍 「중국어권 학습자를 위한 한국어 교육의 언어문화적 접근」(2003년, 51~62쪽)에 실려 있음.

2부

강은국 선생의
한국어(조선어) 교육 연구

한국어 문법교육의
이론과 실제

1. 서론

중국에서의 본격적인 한국어교육은 이미 60여 년의 역사를 기록하고 있으며 또 그만큼 이룩한 성과도 적지 않다. 그럼에도 불구하고 우리의 교육은 안고 있는 문제점 또한 적지 않다. 그중에서 가장 문제시되는 것이 바로 우리의 교육이 맹목성을 극복하지 못하고 있다는 사실이다. 즉 우리의 한국어교육이 이론의 지도하에서 진행되는 것이 아니라 이른바 "경험"에 의해 진행되고 있다는 사실이다. 한국어교육에 얼마간 종사한 사람들은 지난날의 경험에 의해, 한국어교육에 갓 종사한 젊은이들은 자기가 지난날 배우던 경험에 의해 한국어교육을 진행하고 있는 것이 오늘의 실정이다.

우리가 오늘 토론하고자 하는 문법교육의 경우도 마찬가지이다. 문법교육의 성격, 문법교육의 목표, 문법교육의 내용, 문법교육의 방법, 문법교육과 기타 교육의 상호 관계 등에 대한 정확한 이해가 없이 문법교육이 진행되고 있는 것이 우리의 현실이 아닌가?

이런 문제를 감안하여 본 논문에서는 주로 문법교육의 성격, 문법교육의 목표와 임무, 문법교육의 목표를 실현하기 위한 방도 등 문제들에 대해 선인들의 연구성과를 바탕으로 좀 더 깊이 있게 토론하고자 한다.

2. 문법교육에 대한 일반적 이해

1) 문법교육의 성격

그 어떤 학과목의 교육에서나를 막론하고 해당 학과목의 성격을 옳게 규명하는 것이 선차적인 과업으로 나선다. 그것은 이 성격 규명에 의해 해당 학과목의 교육목표, 교육내용, 교육방법 등 일련의 문제들이 결정되기 때문이다.

그렇다면 우리의 문법교육은 어떤 성격의 학과목일까? 다시 말하면 문법교육이란 무엇을 가리키는 것일까? 필자가 이런 문제를 던지면 너무나도 당연한 문제, 문제도 아닌 문제를 왜 새삼스럽게 들고 나오느냐고 반문을 제기하는 학자, 교수님들이 적지 않으리라 생각된다. 그러나 이 문제가 중국에서의 한국어교육의 경우에는 한두 마디의 말로 그렇게 쉽게 답을 적을 수 있는 문제는 아닐 것이라고 생각한다.

그럼 먼저 한국에서는 문법교육의 성격을 어떻게 규명하고 있는가를 살펴보기로 하자. 1992년에 고시와 1996년 신입생부터 적용하고 있는 제 6차 고등학교 "문법" 과목의 교육과정에서는 "문법" 과목의 성격에 대해 다음과 같이 규정하고 있다.

"고등학교 문법" 과목은 국어과목의 교육성과를 바탕으로 언어의 본질과 국어의 특질에 대한 올바른 지식을 가지게 하고, 국어의 구조를 체계적으로 이해하게 함으로써 우리말을 정확하게 사용하는 능력과 함께, 국어를 소중히 여기는 습관과 민족의 언어인 국어를 발전시키는 데 이바지하려는 태도를 기르는 데 목적이 있다. 따라서 '문법' 과목은 '국어' 과목의 '언어' 영역을 심화, 확충시킨 과목으로서 초등학교, 중학교, 고등학교 '국어' 교과목의 '언어' 영역과 밀접한 관련을 가진다.

고등학교 '문법' 과목의 특성은 국어학 및 언어학의 주요 연구 성과를 바탕으로 국어와 언어는 물론, 이를 사용하는 인간에 대한 이해 및 탐구의 경험을 가질 수 있도록 하는 데 있다.[1] 그리고 박영순(1998:12)은 "그러면 문법교육론에서의 '문법'은 구체적으로 어떤 성격의 문법이어야 하는가? 본서에서는 국어 문법교육에서의 '문법'은 내용적으로는 규범문법적인 성격이 강하고, 그 탐구과정은 기술 문법적 방법을 취하는 것으로 규정한다. 요컨대 학생들이 이미 알고 있는 모어를 과학적으로 탐구해 보는 것은 학생들의 관찰력, 이해력, 분석력, 논리력, 종합력 등을 계발하고 배양해 주는 데 그 주된 목표가 있다고 할 것이다. 그리고 규범적 차원에서 언어사용면에서의 오류를 바로잡아주고 언어에 대한 필요한 지식을 제공하는 일도 문법교육이 담당할 일 중의 하나이다. 국어문법에 대한 이해는 외국어를 배우는 데도 기초가 되고 안내자가 될 것이다."라고 기술하고 있다.

한국에서 규명한 문법교육의 성격에 관한 이런 진술을 보면서 우리 중국에서의 한국어교육자들 중에는 자기가 또는 우리가 이해하고 있는 문법교육의 성격과는 판이하다는 생각을 갖고 있는 분들이 대다수일 것이라고 생각한다. 그도 그럴 것이 문법교육의 성격 규명에 관한 위의 진술은 학문으로서의 "문법론" 교육에 관한 성격 규명인데 우리의 절대다수의 교육자들은 정독과나 범독과(읽기)의 교육에서 새롭게 출현되는 문법현상이나 문법지식에 대해 해석하는 그런 문법교육을 진행해 왔을 뿐 "문법론"에 대한 강의를 진행한 교수들은 얼마 되지 않기 때문이다.

여기서 우리는 중국에서의 한국어교육에서 문법교육이 지칭하는 범위가 모어 학습자를 대상으로 하는 한국에서의 문법교육이 지칭하는 경우

---

1) 박영순의 『한국어문법 교육론』(1998:29)에서 재인용.

와는 다르며 따라서 그 성격도 두 가지 부동한 측면에서 각기 달리 규명되어야 함을 알 수 있다.

일반적으로 문법교육은 교육대상에 따라 모어 언어교육에서의 문법교육과 외국어 언어교육에서의 문법교육 두 가지로 대별 되는바 중국에서의 한국어교육에서의 문법교육은 외국어로서의 한국어교육의 특성에 의해 모어 언어교육에서의 문법교육과는 성질이 판이한 특성을 띠게 된다. 모어교육에서의 문법교육은 일반적으로 "문법론"에 대한 교육을 지칭하는바 학생들로 하여금 문법지식과 문법이론을 학습하고 장악하게 함으로써 습득한 지식과 이론으로 새로운 문제를 더 깊이 있게 연구할 수 있는 토대를 마련해 주는 그런 성격의 문법교육이다.

그러나 외국어교육에서의 문법교육은 이와는 다른 성격을 띤다. 외국어교육의 경우에는 학문으로서의 "문법론"에 대한 교육은 학생들이 새롭게 접하는 외국어를 어느 정도 정확하게 표현할 수 있는 능력을 갖춘 전제하에서만 가능하게 된다. 그러므로 외국어교육에서 흔히 말하는 문법교육은 주로 말하기, 듣기, 읽기, 쓰기 능력 제고에서 걸림돌로 되고 있는 문법적 현상이나 문법항목에 대한 해석을 중심으로 하는 그런 문법교육을 가리키는 경우가 많다. 그러나 그렇다 해서 외국어교육에서는 "문법론"에 대한 교육이 문법교육에서 배제되어도 된다는 것은 아니다.

이리하여 중국에서의 한국어교육에서 논의되는 문법교육의 성격은 다음과 같은 두 가지로 규명할 수 있을 것이다. 그 하나는 기초교육과정에서의 말하기, 듣기, 읽기, 쓰기 등 학과목에서 새롭게 출현되는 문법현상이나 항목에 대한 해석을 중심으로 하는 문법교육이고 다른 하나는 전공교육과정에서의 학문으로서의 "문법론"에 대한 교육이다.

2) 문법교육의 목표와 임무

지금까지 우리는 중국에서의 한국어교육에서 논의되는 문법교육은 모어교육에서 논의되는 한국어문법교육과는 달리 기초교육과정에서의 문법교육과 전공교육과정에서의 문법교육으로 대별되는 이중의 성격을 띤 문법교육이라는 데 대해 살펴보았다.

중국에서의 한국어교육에서의 문법교육의 이런 이중성은 그 목표와 임무를 제정함에 있어서도 자연 두 가지 부동한 차원에서 고려하게 된다.

필자는 일찍 "한국어교육에서의 문법교육의 과업에 대하여"라는 글에서 전자의 경우를 "저급단계의 목표를 실현하기 위한 문법교육"으로 후자의 경우를 "보다 높은 단계의 목표를 실현하기 위한 문법교육"으로 지칭한 바 있다.[2] 그러나 지금 다시 생각해보건대 이와 같은 문제의 제기는 과학성이 결여된 것이라 판단된다. 문법이 저급단계의 문법과 고급단계의 문법으로 분류되지 않는 한 문법교육의 목표도 결코 저급단계의 목표와 고급단계의 목표로 나뉠 수는 없을 것이다. 이리하여 여기서는 그 교육과정에 따라 기초교육과정에서의 문법교육과 전공교육과정에서의 문법교육으로 그 개념을 다시 정립하기로 한다. 그럼 그 목표와 임무에 대해 토론하기로 한다.

(1) 기초교육과정에서의 문법교육의 목표와 임무

중국에서의 한국어교육과정에 따르면 기초교육과정은 1-3학년에서 진행된다. 이리하여 기초교육과정에서의 문법교육의 목표와 임무도 1-3학년에서 기본상 완성된다.

기초교육과정에서의 한국어교육은 별도의 학과목으로 설정되는 것이 아니라 정독과, 범독과(읽기), 시청각, 작문 등 학과목 수업에서 언어지식교육의 한 부분으로 진행되게 된다. 따라서 기초교육과정에서의 문법교육은 한국어문법 이론에 대한 체계적인 전수를 그 목표로 하는 것이 아니라 말하기, 듣기, 읽기, 쓰기 등 언어능력 신장을 목표로 하는 학과목들에

---

2) 연변과학기술대학 한국학연구소 엮음, 『중국에서의 한국어교육 Ⅲ』(태학사, 2002:79-91) 참조.

출현되는 새로운 문법현상이나 문법항목, 즉 개개의 산재해 있는 조사, 어미, 관용어 등 문법적 형태를 중심으로 어순, 어조, 문형 등 문법적 수법 등에 대한 지식전수와 사례분석 등을 통하여 한국어의 언어능력을 향상시키는 것을 그 목표로 한다.

아래 기초교육과정에서의 문법교육의 목표를 좀 더 구체적으로 제시하면 다음과 같다.

기초교육과정에서의 문법교육에서 가장 중요한 자리를 차지하고 있는 것은 조사, 어미, 관용어 등과 같은 문법적 형태에 대한 교육이다. 그렇다면 기초교육과정에서의 문법교육에서 우리가 반드시 다루어야 할 이런 문법항목은 얼마로 한정하는 것이 보다 과학적이고 또 중국에서의 한국어교육의 실정에 맞을까?

이를 위해서는 다음과 같은 작업들이 선행되어야 할 것이다.

첫째, 중국내 각 대학들에서 작성한 교육과정에 반영되어 있는 이런 문법항목교육에 대한 요구를 검토해 보아야 한다. 여기서 우리가 각별히 신경을 써야 할 문제는 교육 역사가 비교적 긴 대학교들의 한국어교육과정에 대한 검토이다. 그것은 이들의 경험이 우리 한국어교육 발전의 밑거름으로 되기 때문이다.

둘째, 중국에서 지금까지 출판된 교재에 출현된 문법항목에 대한 계량학적 분석을 진행해야 한다. 이런 작업을 통해 언어의 변화, 발전에 따른 새로운 시기의 한국어교육의 실제를 파악하게 된다.

셋째, 한국에서 출판된 교재에서 다루고 있는 문법항목에 대한 조사, 분석을 진행해야 한다. 한국이 외국어로서의 한국어교육에서 선도적인 역할을 하고 있다는 사정을 고려할 때 한국에서의 한국어교육, 특히는 한국에서 출판된 교재에 대한 분석은 지도성적인 의의를 갖게 된다.

넷째, 지금까지 진행된 한국어능력시험에서 출현된 문법항목에 대한 분석을 진행해야 한다. 그것은 이 능력시험이 한국어교육의 성과를 검증하는 하나의 기준으로도 작용하기 때문이다.

다섯째, 이상의 조사, 분석을 토대로 일정량의 문법항목을 설정한 다음 한국과 조선에서 출간한 『한국어빈도사전』 등과의 비교, 검토를 통해 최종적으로 기초교육과정에서의 문법항목에 대한 교육목표를 확정해야 한다.

우리는 이상의 작업을 통해 중국에서의 한국어교육에서의 조사, 어미, 관용어 등 문법항목에 대한 교육은 3년제 전문대학의 경우는 200교시 좌우로 정하는 것이 바람직하고 4년제 본과대학의 경우에는 250교시 좌우로 정하는 것이 바람직하다고 생각한다.

지금까지 우리는 기초교육과정에서의 문법교육에서 가장 주되는 조사, 어미, 관용어 등 문법항목에 대한 교육목표에 대해 살펴보았다. 그러나 이 것으로 기초교육과정에서의 문법교육이 완성되는 것은 아니다.

기초교육과정에서의 문법교육에서는 이상의 문법적 형태에 대한 교육과 함께 다음과 같은 과업들도 완성해야 한다.

첫째, 기초교육과정에서의 문법교육은 한국어 표현능력 신장을 주요 목표로 한다는 그 성격에 의해 한국어 품사에 관한 지식도 어느 정도 전수해야 한다. 한국어를 어느 정도 배웠다는 우리 학생들의 글을 살펴보면 조사와 어미의 사용에서 빚어지는 오류들을 수없이 발견하게 되는데 이런 오류는 단순히 조사나 어미의 용법을 모르는 데서부터 기인되는 것이 아니라 많은 경우에는 해당 단어의 문법적 특성, 즉 그 단어의 품사적 특성을 잘 알지 못하는 데로부터 빚어진다. 예를 들면 우리 학생들이 흔히 범하는 현재시칭의 사용에서의 오류를 보면 이들이 현재시칭을 몰라서가 아니라 동사와 형용사를 옳게 분별하지 못해서 동사에 써야 할 현재시칭을 형용사에, 형용사에 써야 할 현재시칭을 동사에 쓰고 있다는 것을 발견할 수 있다.

그러므로 품사에 대한 기초적인 교육은 기초교육과정에서의 문법교육의 한 과업으로 된다. 그런데 이런 품사에 관한 교육은 품사론이란 별도의 학과목으로서가 아니라 어휘교육과 함께 또는 어휘교육의 일환으로 진행되어야 한다.

둘째, 기초교육과정에서의 문법교육에서는 문형교육도 빼놓을 수 없는 하나의 중요한 부분이다. 우리의 한국어교육이 지난날의 외국어교육의 경우에서와 같이 문형위주의 교육으로 되어서는 안 되지만 그렇다하여 문형교육이 결코 필요치 않다는 것은 아니다. 학습자들이 보다 바른 문장을 만듦에 있어서 문형교육은 매우 필요한 것이다. 우리는 기초교육과정에서 학생들에게 20-25개 정도의 기본문형을 가르치는 것이 바람직하다고 생각한다.[3] 따라서 기본문형의 변형과 확대도 구체적인 사례분석을 통해 어느 정도 습득하게 할 필요가 있을 것 같다.

셋째, 기초교육과정에서의 문법교육에서는 어순과 어조 등 문법적 수단에 대한 교육도 절대 홀시할 수 없는 부분이다. 어순에 대한 교육이 특히 그러하다. 말하기와 듣기 능력의 신장을 주요 목표로 하는 1, 2학년에서 사용하는 교과서는 절반 이상이 대화체 문장으로 구성되어 있는데 이런 문장들에서는 어순이 전도된 문장이 많은 것이 특징이다. 예를 들면 원인구문이나 조건구문의 경우에는 원인구나 조건구가 뒤에 놓이는 것이 한국어 대화체문의 일반적 특징인데 이런 문장구조를 가르칠 경우에는 어순 바꿈의 수법에 대해 잘 가르쳐야 한다. 특히 어순에 의해 모든 문법적 관계를 표현하는 한어를 모어로 하는 한족 학생을 대상으로 하는 한국어교육에서는 어순에 대한 교육은 절대 소홀히 할 수 없는 문법교육의 중요한 과업의 하나로 된다.

넷째, 기초교육과정에서의 문법교육에서는 통사에 관한 지식도 어느 정도 줄 필요가 있다. 통사에 관한 지식은 저급학년 한국어교육에서도 어느 정도 필요하겠지만 고급학년으로 올라갈수록 그 필요성을 더욱 절실히 느끼게 된다. 그것은 우리 학생들이 고급학년으로 올라갈수록 보다 긴 문장

---

3) 필자가 여기서 말하는 한국어 기본문형은 동사, 형용사, 명사가 서술어로 될 경우 반드시 갖추어야 할 필수 성분만으로 이루어진 문장류형을 말한다. 필자의 연구에 따르면 동사서술어문장의 경우에는 22개의 기본문형, 형용사서술어문장의 경우에는 6개의 기본문형, 명사서술어문장의 경우에는 5개의 기본문형이 추출되었다. 이에 대한 구체적인 논의는 필자의 『조선어문형연구』(박이정, 1995)를 참고하라.

과 많이 접촉하게 되는데 이런 긴 문장에 대한 이해력은 짧은 문장에 대한 이해력에 비해 훨씬 떨어지기 때문이다. 그러므로 보다 긴 문장에 대한 이해력을 증진하기 위해서는 하나의 문장을 여러 개의 성분단위로 끊어서 배워 주는 것이 바람직할 것이다. 특히 한국어의 경우를 보면 확대성분을 가진 문장이 많은 것이 하나의 특징으로 되고 있는데 이는 구나 절에 대한 지식의 필요성을 설명해 준다. 따라서 통사에 관한 지식도 문장강독과 결부하여 반드시 진행해야 할 문법교육의 중요한 한 부분으로 된다.

(2) 전공교육과정에서의 문법교육의 목표와 임무

전공교육과정에서의 문법교육은 앞에서 지적한 바와 같이 학과목으로서의 "문법론" 교육을 가리키는데 중국 각 대학의 경우를 보면 보통 3학년 2학기부터 시작된다.

중국에서의 한국어교육의 경우를 보면 전공교육과정에서의 문법교육은 "한국어문법"이란 명칭으로 별도의 학과목으로 설정되어 진행되는 것이 보통이다. 이리하여 전공교육과정에서의 문법교육은 한국에서 한국어를 모어로 하는 화자를 상대로 진행되는 문법교육, 즉 "문법론"교육과 그 성격이 비슷하다고 할 수 있다.

이리하여 중국에서의 한국어교육 실정에 맞는 전공교육과정에서의 문법교육의 목표와 임무를 설정하기 위해서는 한국에서 한국어를 모어로 하는 화자를 상대로 한 문법교육에서 제정한 목표와 임무에 대해 우선 살펴볼 필요가 있을 것이다.

박영순(1998:22)은 문법교육의 목표를 다음과 같이 설정하고 있다.

(1) 전반적인 언어능력의 향상
(2) 고등정신 능력의 향상
(3) 논리적 사고력의 고양
(4) 사회적 규범과 한국문화에 대한 이해와 실천
(5) 학문적 탐구심 배양

박영순(1998)이 제기한 위의 문법교육의 목표가 지향하는 바가 무엇이며 구체적으로 어떤 교육을 통해 실현되는가를 보다 쉽게 이해하기 위해 아래 박영순(1998:85)이 제시한 "문법교육론의 체계"를 그대로 들어보기로 한다.[4]

문법교육론	언어형식 교육론	음운론 교육론
		형태론 교육론
		통사론 교육론
		담화구조론 교육론
		(텍스트구조론 교육론)
	언어내용 교육론	어휘의미론 교육론
		문장의미론 교육론
		담화의미론 교육론
		(텍스트의미론 교육론)
		논리의미론 교육론
		화용의미론 교육론
		(인지의미론 교육론)

우리는 위의 "문법교육론의 체계"에 대한 고찰을 통해 박영순(1998)이 설정한 문법교육의 목표는 학자들이 일반적으로 이해하고 있는 전통적인 문법론 교육의 목표와는 달리 상당히 넓은 언어학 제 분야의 교육을 모두 망라한 그런 언어학 일반에 관한 교육목표로 되어 있음을 알 수 있다.

중국의 경우에는 문법론이라 하면 박영순(1998)이 제시한 "언어형식 교육론" 부분만을 가리키는 것이 보통이다. "언어내용 교육론" 부분의 내용들은 언어학의 다른 한 분과인 "의미론"에서 다루는 것이 보통이다. 그리고 "언어형식 교육론" 부분에서도 음운론은 문법론의 한 분과로 다루는 학자들도 일부 있기는 하지만 일반적으로 문법론과는 별도로 언어학의 독자적인 분과로 다루고 있으며 "담화구조론 교육론"은 텍스트언어학에서

---

4) 박영순(1998:85)은 "위에서 괄호를 한 분야는 학교 문법교육론에서 다루어도 좋고 다루지 않아도 좋다는 뜻이다."라는 설명을 붙이고 있다.

언어학의 한 분과로 다루고 있다. 이리하여 중국에서 말하는 문법론에서는 형태론[5]과 통사론만을 다루는 것이 보편적 현상이다.

박영순(1998)이 제기한 음운론이나 의미론 그리고 텍스트언어학 등이 문법론의 하위 분과로 되어야 하는지, 또 문법론 교육에서 이런 분과들의 교육에서 완성해야 할 과업까지 감당해야 하는지 하는 등의 문제는 별도로 다시 검토되어야 하겠지만 중국에서의 문법교육은 외국어교육에서의 문법교육이라는 특성, 그리고 4년을 학제로 하는 본과 외국어교육에서의 문법교육이라는 시간적 제한성 등으로 말미암아 우리가 다루어야 할 문법론에서는 품사론, 형태론, 통사론 세 분과로 한정하는 것이 바람직하다고 생각한다.

이런 논리에 따라 아래 전공교육과정에서의 문법교육의 목표와 임무를 분과별로 설정해 보기로 한다.(편폭상의 제한으로 요목만 제시하기로 한다.)

① 품사론 교육의 목표와 임무

품사론 교육의 목표와 임무는 품사론 그 자체가 갖고 있는 특성에 따라 다음과 같이 설정할 수 있을 것이다.

첫째, 단어와 형태단어의 개념

둘째, 형태소의 개념과 그 유형 및 단어와의 관계

셋째, 단어의 구성과 그 구성원리

넷째, 품사의 개념과 그 분류기준

다섯째, 품사의 체계와 개별 품사(명사, 대명사, 수사-체언; 동사, 형용사-용언; 관형사, 부사-수식언; 감탄사-독립언 등)

여섯째, 품사론에서 논의되는 문제

---

5) 중국에서는 형태론을 다시 품사론과 형태론 두 분과로 나누어 서술하는 것이 보편적이다.

② 형태론 교육의 목표와 임무

형태론 교육의 목표와 임무는 다음과 같이 설정할 수 있을 것이다.

첫째, 단어의 문법적 형태, 문법적 의미, 문법적 범주의 개념과 상호 관계

둘째, 격조사, 보조사, 복수조사 등 조사와 그 체계

셋째, 조사와 문법적 범주(격조사와 격 범주, 복수조사와 수범주 등)

넷째, 종결어미, 연결어미, 시칭어미(절대시칭과 상대시칭), 존칭어미, 전성어미(체언전성어미와 용언전성어미) 등 어미와 그 체계

다섯째, 어미와 문법적 범주(시칭어미와 절대적 시칭, 상대적 시칭범주; 존칭어미와 존칭범주; 종결어미와 계칭, 말법 등 범주)

여섯째, 관용어와 문법적 범주

일곱째, 형태론에서 논의되는 문제

③ 통사론 교육의 목표와 임무

통사론 교육의 목표와 임무는 다음과 같이 설정할 수 있을 것이다.

첫째, 문장과 문장의 기본 표식

둘째, 문장과 문장의 구성요소

셋째, 문장구성요소들의 연결규칙과 단계적 특징

넷째, 문장성분과 문장성분의 단위(구, 절 등)

다섯째, 문장성분의 유형과 그 특성

여섯째, 문장성분의 의미적 연관과 어울림

일곱째, 문장성분의 차례와 차례 바꿈

여덟째, 기능에 따른 문장의 분류(서술문, 의문문, 명령문, 권유문 등)

아홉째, 구조에 따른 문장의 분류(단문과 복문 등)

열째, 통사론 연구에서 논의되는 문제

전공교육과정에서의 문법교육의 목표와 임무는 학교마다 그리고 학자에 따라 달리 설정될 수도 있겠으나 이상에서 열거한 내용들에 대해서는 4

년제 본과과정을 마친 학생들이라면 반드시 알아야 될 지식이 아닐까 생각된다.

3. 문법교육의 목표를 실현하기 위한 방도

지금까지 우리는 중국에서의 한국어 문법교육은 외국어교육에서의 문법교육의 특성으로 말미암아 모어교육에서의 문법교육과는 달리 두 가지 부동한 성격의 문법교육으로 특징지어지며 그 목표와 임무도 달리 설정되고 있음을 살펴보았다.

그럼 이제부터는 중국에서의 한국어교육에서 상기의 두 가지 부동한 문법교육의 목표를 실현하기 위해서는 어떤 문제들에 주의를 돌려야 하는가를 토론해 보기로 하자.[6]

1) 기초교육과정에서의 목표를 실현하기 위한 문법교육

기초교육과정에서의 목표를 실현하기 위한 문법교육에서는 다음과 같은 문제들에 주의를 돌려야 한다.

첫째, 기초교육과정에서의 문법교육은 실용성을 강조하면서도 전공교육과정에서의 문법교육의 목표를 실현하기 위한 문법이론도 어느 정도 전수해야 한다.

기초교육과정에서의 문법교육은 언어능력의 신장을 그 주되는 목표로 하고 있는바 그 문법교육이 우선 실용성을 띠어야 한다. 이 점에 대해서는 누구도 이의를 제기하지 않을 것이며 또 그렇게 하고 있다고들 자부할 것이다. 그러나 문제는 우리의 문법교육이 과연 이렇게 되고 있느냐 하는 것

---

6) 이 부분에서는 강은국(2002:79-91)이 제기했던 내용들에 대한 검토를 중심으로 진행하고자 한다.

이다.

한국어를 어느 정도 배웠다는 한족학생들이 여전히 곤혹스러워 하면서 많이 던지는 질문 중의 하나인 "-니까"와 "-아서/어서"의 경우를 그 대표적인 실례로 살펴보기로 하자.

예1: ① 추우니까 외투를 입고 나섰다.
　　　② 추워서 외투를 입고 나섰다.
예2: ① 추우니까 외투를 입고 나섰지 뭐.
　　　② 추워서 외투를 입고 나섰지 뭐.
예3: ① 추우니까 외투를 입고 나가거라.
　　　② 추워서 외투를 입고 나가거라.

3학년 학생을 상대로 위의 각 조의 예문 중에서 가장 타당하게 쓰인 문장을 지적하고 그 이유를 설명해 보라는 설문조사의 결과 예1의 경우에는 ②가 타당한 문장인 것 같고 예2의 경우에는 ①이 타당한 문장인 것 같으며, 예3의 경우에는 ①이 타당한 문장인 것 같다고 하면서도 예1과 예2의 경우는 꼭 같은 서술문인데 왜 서로 다른 연결어미를 사용해야 하는지, 그리고 예3의 경우에는 "추워서 외투를 입고 나가거라."와 같은 표현을 써서는 안 되는지 모르겠다는 것이었다. 한국어를 배우는 한족학생들이 이런 문제에 봉착했을 때 곤혹스러워 하는 것은 너무나도 자연스러운 일이다. 그러나 우리는 이 한 사실을 실용성을 강조하고 있다고 자부하는 우리의 교과서, 우리의 문법교육이 참으로 실용적이었느냐를 새롭게 반성해 보게 된다. 우리의 교과서들을 살펴보면 위의 표현에 쓰인 "-니까"와 "-아서/어서"는 "원인, 이유"를 나타내는 어미라는 설명에 그치고 있을 뿐 이 양자가 어떤 차이를 갖고 있느냐에 대해서는 전혀 언급하지 않고 있으며 우리의 문법교육에서도 교과서의 내용을 그대로 옮겨 놓는 경우가 보편적인 현상으로 되고 있으니 학생들이 곤혹스러워하지 않는다면 오히려 더 이상한 일이 아니겠는가?

문법교육에서의 실용성이란 어느 한 문장 속에 쓰인 문법현상을 설명해 주어 그 문장을 이해하게끔 하는데 그치는 것을 의미하는 것이 아니라 어느 한 문법적 수단이나 수법을 배운 후 그 지식을 활용해서 다른 유사한 문장의 이해나 표현에서 자유롭게 쓸 수 있는 토대를 마련해 주는 것을 의미한다. 그런데 우리의 교과서의 편찬, 우리의 문법교육의 현실을 보면 이 실용성이란 개념이 왜곡되어 사용되고 있으니 참으로 가슴 아픈 일이다.

지금까지 우리는 기초교육과정에서의 문법교육에서는 실용성이 강조되어야 한다는 데 대해 살펴보았다. 그러나 우리가 실용성을 강조한다고 해서 이론을 무시해도 된다는 것은 아니다. 그것은 실용 또는 실천이라는 것은 어디까지나 이론을 바탕으로 하고 있기 때문이다. 실천을 떠난 이론이 있을 수 없는 것과 마찬가지로 이론의 지도를 떠난 실천은 실천이 아니라 망동에 불과하다. 그러므로 기초교육과정에서의 문법교육에서는 한국어 문법 이론에 대해 절대 소홀히 할 수 없다. 더욱이 우리의 기초교육과정에서 사용되는 정독, 범독(읽기), 시청각 등 교과서들에서 제시한 문법지식이 위에서 지적했듯이 실용성이 결여되어 있을 뿐만 아니라 체계적인 이론지식 전수를 염두에 두었다고 보기는 더욱 어렵다는 사정을 고려할 때 더욱 그러하다.

많은 실례를 들 것 없이 《표준한국어》의 조사 "는/은"의 처리에 대해서만 살펴보기로 하자. 이 교과서에서는 1학년 교과서에서 조사 "는/은"은 주어로 됨을 나타내거나 주체로 됨을 나타낸다는 서술로 이 조사가 갖고 있는 문법적 의미에 대한 설명을 마쳤다. 그런데 이 교과서에서는 "는/은"이 서로 다른 문법적 의미로 쓰이는 경우가 수없이 나타난다. 예를 들면 "이 식당에는 무슨 음식이 맛있어요?"(19과), "그러나 이제는 김치가 없으면 밥을 먹을 수 없게 되었습니다."(41과) 등이 바로 그러하다.

그러나 이보다 더 문제시되는 것은 "는/은"이 과연 이 교과서에서 설명하고 있는 것처럼 주어로 됨을 나타내는 조사냐 하는 것이다. 조금이라도 한국어문법을 공부한 사람이라면 "는/은"은 격조사가 아닌 보조사라는 것쯤은 상식적으로 알 법도 한데 주격조사처럼 설명하고 있으니 한심하지 않는가?

이런 실정에 비추어 기초교육과정에서의 문법교육에서는 마땅히 일정한 단계에 이르러서는 부동한 교과서의 이곳저곳에 산재해 있는 문법지식들을 체계를 잡아 종합적으로 학생들에게 강의를 해줄 필요가 있을 것이다.

둘째, 기초교육과정에서의 문법교육은 기타 언어지식 교육과 밀접히 결부시켜 진행해야 한다. 문법이 아무리 중요하다고 해도 언어구조의 다른 제 요소인 어휘나 어음을 떠나서는 그 자체만으로는 결코 존재할 수 없다. 따라서 문법교육도 다른 언어지식교육을 떠나서는 진행될 수 없다. 그러므로 기초교육과정에서의 문법교육에서는 어떻게 어휘교육이나 발음교육, 작문교육 등과의 긴밀한 연관 속에서 진행하는가가 중요한 문제로 나선다.

그런데 우리의 실제 교육상황을 살펴보면 어휘교육은 어휘교육대로, 발음교육은 발음교육대로, 문법교육은 문법교육대로 따로 떨어져서 진행되는 경향을 흔히 발견하게 된다. 몇 년 전 필자는 어느 한 논문에서 우리 학생들이 "반갑다"란 단어를 이용해 만든 다음과 같은 문장을 제시한 적 있다.

- 친구와 춤을 추워서 반갑습니다.
- 맛있는 요리를 먹어서 반갑습니다.
- 엄마 전화를 받아서 반갑습니다.

참으로 웃지도 울지도 못할 일이다. 그러나 그렇다고 해서 학생들을 탓할 일도 아니지 않는가? 학생들에게 무슨 잘못이 있는가? 사전에도 "반갑다"가 "高兴"으로 대역되었으니 의미를 잘못 썼다고 할 수도 없지 않는가? 그렇다면 인과관계를 나타내는 연결어미 "–아서/–어서"의 사용이 잘못 되었는가? 역시 그런 것도 아니다. 그러니 어찌 학생을 탓할 수 있단 말인가? 문제는 사전이나 우리의 교육자들이 이 "반갑다"란 단어를 옳게 설명하지 못한 데 있다. 이 단어의 설명은 단순한 의미해석에 그쳐서는 안 된

277

다. 반드시 문법적인 측면에서 그 구조 결합적 특성을 밝히면서 의미를 해석해 주어야 한다. 우리가 만약 이 단어는 서술어로 쓰이면서 "그리던 사람을 만나서 마음이 즐겁거나 기쁘다"의 뜻으로 쓰이거나 규정어(관형어)로 쓰이면서 "기쁜 소식이나 좋은 일이 생겨서 마음이 즐겁거나 기쁘다"의 뜻으로 쓰인다고 해석하고 그 용례만 들어줬더라도 이런 웃지도 울지도 못할 일이 생기지 않았을 것이다. 우리가 여기서 보다 많은 지면을 할애하면서 "반갑다"란 하나의 단어를 토론하게 된 것은 한국어에서는 이런 부류의 단어가 상당히 많다는 사정을 고려해서이다. 한국어의 수많은 단어들은 모두 일정한 구조 격식 속에서 쓰이거나 특정된 문장성분으로만 쓰인다. 이런 구조적 제약을 받지 않는 단어는 거의 없다. 여기서 볼 수 있는 바와 같이 한 언어의 제 구성요소들은 상호 제약 속에서 자기의 위치를 굳건히 지키고 있다. 그러므로 문법교육을 포함한 모든 언어교육에서는 각자의 특성을 살리면서도 상호간의 긴밀한 연관관계에 주의를 돌려야 한다.

셋째, 기초교육과정에서의 문법교육에서 우리가 각별한 중시를 돌려야 할 문제는 한어문법과의 대조 설명을 한국어문법 교육의 보조적 수단의 하나로 삼아야지 주요한 수단의 하나로 삼아서는 안 된다는 것이다.

한국어를 새롭게 배우는 한족학생들에게 이들이 이미 장악하고 있는 모어 문법지식과의 대조 속에서 한국어문법 교육을 진행한다면 이들이 어려운 한국어문법 지식을 보다 쉽고 빠르게 접수하는 데 적지 않은 도움이 될 뿐만 아니라 이들이 앞으로 한중 문법 대조연구를 진행할 토대를 닦는 데도 많은 도움이 될 것이다. 그러나 우리가 여기서 잊지 말아야 할 것은 대조란 어디까지나 두 사물이나 현상 사이에 존재하는 차이점을 밝히는 것이 주목적이지 공통점을 찾는 것이 주목적이 아니라는 점이다. 차이가 바로 두 사물이나 현상의 존재의 근본 요인으로 된다. 차이가 없다면 서로 같지 않은 사물이나 현상이 존재할 수 없다. 언어의 경우도 마찬가지이다.

물론 한족 학생들에게 한국어교육을 진행할 때 이들이 이미 장악하고 있는 모어의 지식과의 대조적인 설명으로 이들의 이해력을 증진시킬 수 있다. 예를 들면 단어교육에서 한국어의 "학교"는 한어의 "学校"를 가리킨다고만 하면 아주 빠른 시간 내에 이런 단어교육의 임무는 완수될 것이다. 그러나 문제는 두 언어의 모든 구성요소들 사이에서 이런 일대일의 대응관계가 이루어지지 않는다는 사실이다. 예를 들면 한국어나 한어에서는 다 같이 일정한 문법적 수단이나 수법으로 "양보"라는 문법적 의미를 표현할 수 있다. 그러나 그렇다고 하여 한국어에서 연결어미에 의해 표현되는 모든 "양보"의 문법적 의미를 한어의 "양보"의 문법적 의미로 대응시켜도 된단 말인가? 한국어의 연결어미 "-라도"와 "-나마"가 나타내는 문법적 의미를 아무런 분별없이 한어의 "양보"와 대응된다고 할 수 있겠는가? 한국어의 이 두 연결어미 사이에는 "양보"라는 공통된 문법적 의미 외에도 "가정적"이냐 "현실적"이냐 하는 엄연한 차이가 존재하고 있다. 그러므로 한국어 문법교육에서는 "한국어의 무엇은 한어의 무엇과 같다"는 식의 표현은 삼가야 할 것이다. 교착어로서의 한국어와 고립어로서의 한어의 서로 다른 문법을 강의함에 있어서 어떻게 이런 표현을 쓸 수 있겠는가? 그런데 우리의 한국어 교과서나 우리의 한국어 교육을 살펴보면 "한어의 무엇과 같다/비슷하다"와 같은 표현으로 문법설명을 대체하고 있다. 문법교육에서 이런 대조적인 설명은 어디까지나 보조적인 수단에 불과한바 대조를 하더라도 그 차이점을 상세히 밝혀야 할 것이다.

기초교육과정에서의 문법교육의 목표를 실현하기 위해서 제기되는 문제들이 이외에도 여러 가지가 있겠으나 앞으로의 보다 심도 있는 연구를 기대하면서 이에 관한 토론은 여기서 마치려 한다.

2) 전공교육과정에서의 목표를 실현하기 위한 문법교육

전공교육과정에서의 문법교육은 보통 한국어문법을 전공한 학자들이 담당하고 있기에 여기서는 우리가 반드시 주의를 돌려야 할 문제들을 요점만 간추려 열거하기로 한다.

첫째, 전공교육과정에서의 문법교육에서는 기초교육과정에서의 문법교육과는 달리 한국어문법의 총체적인 체계 속에서 진행되기에 문법론 강의를 맡은 교수들은 무엇보다도 먼저 학생들로 하여금 한국어문법 체계를 일목요연하게 그릴 수 있도록 강의를 조직해야 한다. 이를 위해서는 문법론 담당교수 자신들이 그 어떤 문법가들의 견해에도 뒤흔들리지 않는 자기 나름대로의 문법체계를 세울 수 있어야 한다. 이는 조선반도가 한국과 조선으로 나뉘어져 있고 또 백가쟁명의 학술분위기 속에서 문법론과 관련된 책자들만 하여도 수없이 줄줄이 쏟아져 나오는 오늘의 시점에서 볼 때 무엇보다 중요한 문제가 아닐 수 없다.

둘째, 문법서술은 이론문법의 성격을 띠기보다는 실용문법의 성격을 띠는 것이 바람직하다. 그것은 우리의 한국어 문법교육이 한국어를 모어로 하는 화자를 상대로 한 그런 문법교육이 아니라 한국어를 외국어로 배우는 사람들을 상대로 한 한국어 문법교육이기 때문에 실용성을 강조하면서 관련 문법 이론과 지식을 습득하게 하는 것이 외국어교육의 특성에도 부합된다고 생각되기 때문이다.

셋째, 한국어문법이 실용문법의 성격을 띤다고 해서 문법연구에서의 새로운 연구성과들을 모면해도 된다는 것은 아니다. 이와는 반대로 한국어 문법교육에서는 학생들로 하여금 일정한 정도의 학술연구 동태를 알게 하며 새로운 연구성과를 장악할 수 있게 해야 한다. 이렇게 하기 위해서는 문법론 담당교수는 문법론연구에서 이룩한 새로운 성과를 제때에 강의에 반영시켜야 하며 학생들을 지도하여 이런 성과작들을 읽게 해야 한다. 이런 과정이 없이는 학생들이 자체로 문제를 설정하고 연구하고 해결하는 능력을 키워줄 수 없다.

넷째, 우리의 학생들이 한족이라는 특성을 고려하여 한국어문법 교육에서는 한중, 중한 대비문법의 연구성과를 적극 도입할 필요가 있다. 이렇게 하면 우리 학생들이 자신의 언어적 우세를 발휘하여 다른 학과의 학생들에게서는 전혀 기대할 수 없는 문법교육의 효과를 거둘 수 있으리라 생각된다.

다섯째, 학생들로 하여금 교수의 지도하에서 일정한 양의 리포트를 작성하게 할 필요가 있다. 학생들은 리포트를 작성하는 과정을 통해 배운 지식을 진일보 공고히 할 수 있을 뿐만 아니라 문제를 분석하고 해결하는 능력도 키우게 된다. 문제는 담당교수가 수업과 결부하여 어떤 과제물을 내주고 어떻게 지도해 주느냐에 있다. 적당한 과제물을 선정하기가 가장 어려운 일인데 과제물만 잘 선정되면 참으로 이상적인 효과를 거둘 수 있다. 일부 학생들은 이런 과제물을 졸업논문의 한 부분으로 활용하는 경우도 있다.

3. 결론

지금까지 논의된 내용을 간단히 요약하는 것으로 본 논문의 결론을 대신하고자 한다.

첫째, 외국어교육에서의 문법교육은 모어교육에서의 문법교육과는 달리 이중성을 띠게 되는데 기초교육과정에서의 문법교육과 전공교육과정에서의 문법교육은 서로 다른 성격의 문법교육으로 특징지어 진다.

둘째, 기초교육과정에서의 문법교육은 언어능력 신장을 목표로 한 문법항목이나 문법현상에 대한 교육을 그 목표로 하고, 전공교육과정에서의 문법교육은 문법이론 및 문법지식에 대한 체계적인 교육을 그 목표로 한다.

셋째, 기초교육과정에서의 문법교육과 전공교육과정에서의 문법교육은 그 성격이 다르며 따라서 수행하게 되는 과업도 서로 다르다. 그러나 이 양자는 서로 분리되면서도 서로 연결된 하나의 통일된 유기체를 이루어야 한다.

넷째, 중국에서의 한국어교육에서의 문법교육의 과업을 훌륭히 수행하기 위해서는 해결해야 할 과제들이 많고도 많은데 우리가 무엇보다 먼저 해결해야 할 과제가 바로 한국어 문법교육의 성격을 옳게 규명하고 외국어교육의 이론과 실천에 부합되는 그런 목표와 과업을 바로 정하는 일이 아닐까 생각된다. 그것은 우리가 하는 모든 일이 다 그러하듯이 목표가 없이는 아무런 일도 추진될 수 없기 때문이다.

* 이 논문은 연변언어연구소, 연변대학언어연구소 편 『조선어연구』 제6호(흑룡강조선민족출판사, 2012년, 137~160쪽)에 실려 있음.

중국에서의
한국어 문법교육의
특성과 과업

1. 서론

외국어 교육에서의 문법교육은 어종에 따라 약간의 차이가 있기는 하지만 중요하게 다루어지고 있는 주요 과업의 하나로 되고 있다. 외국어로서의 한국어 교육의 경우에는 한국어가 갖고 있는 자체의 특성으로 하여그 어떤 언어 교육의 경우에서보다 더 중요시된다. 그러므로 이에 대한 연구도 마땅히 다른 그 어떤 분야의 연구보다 앞서야 할 것이다.

그러나 이미혜(2005:121)에서 제기하다시피 한국어 교육은 이론 정립에훨씬 앞서 교육이 이루어져 왔으므로, 문법교육의 역사는 길지만 문법교육 연구가 체계적으로 이루어진 것은 그리 오래되지 않았다.

중국에서의 한국어 문법교육은 1950년대부터 시작되었지만 문법교육에 대한 체계적인 연구는 1990년대에 들어서서야 간혹 보이기 시작하다가 2000년대에 들어서면서 보다 많은 사람들의 관심사로 떠오르게 되는데 2010년까지 학술지에 발표된 논문이 86편에 불과하다(고홍희, 2012:160).

이는 한국에서의 문법교육에 대한 체계적인 연구가 1980년대부터 본격적으로 시작되어 2005년까지의 통계에만 의하더라도 전문 학술지에 발표된 논문이 이미 171편이나 된다(이미혜, 2005:128)는 사정과 비교해 볼 때 많이 뒤떨어져 있음을 알 수 있다.

중국에서의 한국어 문법교육 연구는 시대적으로나 양적으로 한국에 비해 많이 뒤떨어지고 있을 뿐만 아니라 질적인 면에서도 많은 차이를 보이고 있다.

지금까지의 연구를 주제별로 비교해 보면 한국에서의 문법교육에 관한 연구는 이미혜(2005:129-141)에 의하면 문법체계에 대한 연구, 문법요소에 대한 연구, 교수법에 대한 연구, 교수요목에 대한 연구, 교육 자료에 대한 연구, 사용 양상에 대한 연구 등 각 층위에서 폭넓게 균형적으로 이루어지고 있는 데 비해 중국에서의 문법교육 연구는 개별 문법 항목 교육에 대한 연구가 총 57편으로 연구 논문 총 수의 66%를 차지하고 있다.(고홍희, 2012:160-189)

이보다 더 문제시되는 것은 이상의 연구들이 교육목표와 교수요목에 따른 체계적인 연구가 아니라 개별적인 조사나 어미에 집중되어 있다는 것이다.[1] 이와 반면에 문법체계에 대한 연구는 매우 낮은 비중을 보이고 있는데 고홍희(2012:163-164)의 통계에서는 수치상으로는 6편으로 집계되어 있지만 실제상에서는 최희수(2001), 강남국(2012)의 두 편의 논문을 제외하고는 문법교육의 중요성, 문법교육에서 존재하는 문제점, 문법교육의 역사, 문법교육 연구의 동향 등을 개괄적으로 서술한 논문들이어서 문법체계에 대한 연구는 거의 공백으로 되어 있다 해도 과언이 아니다. 다음으로 문법교육 연구에서 보이는 다른 한 문제는 그 연구가 주요하게는 한국어 문법교육의 일반 원리나 방법론에 대한 것들이 주류를 이루고(그나마

---

1)   이와 관련된 구체적인 자료는 제3장을 참조하기 바란다.

그것도 자기의 것이 아닌 모조품) 진정으로 중국인 학습자를 대상으로 한 연구는 얼마 되지 않는다는 것이다. 중국에서의 문법교육은 한국의 경우에서와는 달리 중국인이라는 특정된 학습자를 대상으로 진행되는데 발표된 논문들을 살펴보면 제목에만 "중국인을 상대로 한 한국어 원인 연결어미 교육" 등에서와 같이 특정 대상인 '중국인'이라는 말이 붙어 있지 내용상에서는 한국에서 발표된 다문화권의 학습자를 대상으로 연구된 논문과 별다른 차이를 발견할 수 없다.

이와 같은 사정을 고려하여 본 논문에서는 중국에서의 한국어 문법교육의 역사를 참답게 총화하면서 특정 언어권의 학습자, 즉 중국인 학습자만을 대상으로 하는 중국에서의 한국어 문법교육의 성격과 특성 그리고 그 과업에 대한 논의를 주요 의제로 삼고자 한다.

2. 중국에서의 한국어 문법 교육의 특성

중국인 학습자를 대상으로 한 한국어 문법교육의 목표와 임무를 보다 과학적으로 정하기 위해서는 무엇보다 그 성격 규명이 선차적인 과업으로 나선다.

주지하다시피 문법 교육은 모국어 교육에서의 문법교육과 외국어 교육에서의 문법교육으로 대별되는데 이에 따라 문법교육의 성격도 달리 규정된다.

일반적으로 문법교육이라 하면 모국어 교육의 경우에는 언어학의 한 분과로서의 '문법론'에 대한 교육을 가리키는 것이 보통이다.[2]

그런데 외국어 교육의 경우에는 이런 '문법론'에 대한 교육은 학습자가

---

[2] 박영순(1998:12)에서는 "국어 문법교육에서의 '문법'은 내용적으로는 규범문법적인 성격이 강하고, 그 탐구 과정은 기술문법적 방법을 취하는 것으로 규정한다."고 문법교육론에서의 '문법'의 성격을 규명한 바 있다.

새롭게 접하는 외국어를 어느 정도 장악한 전제하에서만 가능하다. 중국의 경우만을 놓고 보더라도 영어를 제외한 기타 외국어 학과들에서는 모두 해당 언어의 자모 교육으로부터 외국어 교육이 시작된다. 이리하여 외국어교육에서 흔히 말하는 문법교육은 주로 말하기, 듣기, 읽기, 쓰기, 번역 등 언어능력 신장을 위한 외국어 교육에서 출현되는 문법 요소나 문법 항목에 대한 교육을 중심으로 하는 기초교육 과정에서의 문법교육을 가리키는 경우가 많다.

그러나 그렇다 해서 '문법론'에 대한 교육이 문법교육의 과업에서 제외되어도 된다는 것은 아니다. 외국어 교육에서 '문법론'에 대한 교육이 문법교육의 주요한 과업의 하나로 설정되느냐 않느냐는 어디까지나 교육목표를 어떻게 설정하느냐에 의해 결정된다.

만약 외국어 교육의 최종 목표를 '의사소통 능력'의 신장에 둔다면 '문법론'에 대한 교육은 문법교육에서 제외되어도 될 것이지만 외국어 교육의 목표를 한 단계 더 높여 '교류 능력'의 신장[3]에 둔다면, 즉 외국어 전문인재 양성에 둔다면 '문법론'에 대한 교육이 전공교육 과정에서의 필수 과정으로 되어야 할 것이다.

이리하여 외국어 교육에서 논의되는 문법교육의 성격은 다음과 같은 두 가지 측면으로 규정할 수 있을 것이다. 그 하나는 기초교육 과정에서의 말하기, 듣기, 읽기, 쓰기, 번역 등 학과목에서 새롭게 출현되는 문법현상이나 문법항목에 대한 교육을 중심으로 하는 문법교육이고, 다른 하나는 전공교육 과정에서의 학문으로서의 '문법론'에 대한 교육이다.

한마디로 외국어 교육에서 논의되는 문법교육은 모국어 교육에서 논의되는 문법교육의 경우와는 달리 기초교육 과정에서의 문법교육과 전공교육 과정에서의 문법교육으로 대별되는 이중의 성격을 띤 문법교육이라 규

---

3) 중국의 학자들은 외국어 교육을 그 교육목표의 설정을 기준으로 언어능력 신장을 목표로 한 외국어 교육, 의사소통 능력의 신장을 목표로 한 외국어 교육, 교류 능력의 신장을 목표로 한 외국어 교육 등 세 가지로 분류하기도 한다.(吳友富, 『國俗語義研究』 1998:354)

정할 수 있을 것이다.[4]

그런데 외국어 교육에서의 문법교육이 갖고 있는 이런 이중적 성격은 어디까지나 외국어 교육 일반에서 논의되는 문법교육의 보편적이며 일반적인 성격으로서 외국어 교육이 일단 특정 언어권으로 한정될 경우에는 부동한 언어권에서 일정한 차이를 보이게 되며 따라서 서로 다른 특성, 즉 개성을 보이게 되기 마련이다. 그러므로 특정 언어권에서의 한국어 문법교육을 보다 효율적으로 진행하기 위해서는 특정 언어권에서의 문법교육이 갖고 있는 특성을 잘 밝히는 것이 선차적인 과업의 하나로 나서지 않을 수 없다.

그럼 아래 중국어권 학습자를 대상으로 한 중국에서의 한국어 문법교육은 어떤 특성을 갖고 있는가를 밝혀 보기로 하자.

중국에서의 한국어 문법교육이 갖고 있는 특성을 옳게 밝히기 위해서는 먼저 이런 특성을 제약하는 요인이 무엇인가가 규명되어야 할 것이다. 일반적으로 특정 언어권 학습자를 대상으로 한 외국어 교육에서의 문법교육의 특성을 결정하는 요인에는 여러 가지가 있을 수 있는데 중국의 상황을 분석해 보면 학습자들의 모국어의 제반 특성과 해당 국가나 지역 교육 행정에서 제정한 양성목표가 가장 주요한 요인으로 작용하고 있는 것 같다.

그럼 먼저 중국인 학습자들의 모국어, 즉 중국어의 특성이 중국에서의 한국어 문법교육에 어떤 영향을 미치고 있는가를 살펴보기로 하자.

중국인 학습자들의 모국어인 중국어는 한국어와는 계통에서부터 완전히 판이한 언어라는 데 대해서는 모두가 다 잘 알고 있다. 따라서 중국어는 많은 면에서 한국어와는 다른 특성을 보이게 되는데 여기서는 논문의 취지에 따라 몇몇 사례를 통해 중국어의 언어적 특징이 한국어 문법교육에 미치는 영향을 살펴보기로 한다.

우선 중국어는 고립어로서 한국어와는 달리 문법적 형태가 거의 발달

---

4)   이와 관련된 논의를 강은국(2012)에서도 어느 정도 전개한 바 있다.

되지 않은 언어라는 것이 하나의 주요한 특징으로 된다고 할 수 있을 것이다. 중국어는 문법적 형태가 발달되지 않은 언어로서 언어행위에서의 단어와 단어 사이의 문법적 관계는 어순이라는 언어적 수법에 의해서 표현되기에 중국인 학습자들은 이런 언어 표현 방식에는 익숙하지만 단어들의 형태 변화에 의해 문법적 관계를 표현하는 한국어의 언어표현 방식에는 생소할 수밖에 없다. 따라서 중국인 학습자들에게 풍부하게 발달되어 있는 한국어 문법적 형태를 배워 주게 되는 문법교육은 한국어와 같거나 유사한 성격을 띠고 있는 일본어와 같은 언어를 모국어로 하는 학습자들에게 진행하는 문법교육과는 자연히 서로 다른 특성을 띨 수밖에 없다.

기초교육 과정에서 논의되는 구체적인 문법 항목 교육의 경우만 보더라도 일본어의 경우에는 한국어의 조사나 어미에 대응되는 문법적 형태가 상당히 질서 정연하게 발달되어 있기에 형태 대응의 문법교육이 가능하지만 중국어의 경우에는 이런 대응 관계를 거의 찾아볼 수 없기에 형태 대응의 문법교육은 거의 불가능하며 범주 대응의 문법교육을 중심으로 진행될 수밖에 없게 된다. 예를 들면 한국어 조사 '가/이'와 '는/은'의 구별에 대해 일본인 학습자를 대상으로 했을 경우에는 일본어의 조사 'が'와 'は'의 대응으로 그 설명이 어느 정도 가능하지만 중국인 학습자를 대상으로 했을 경우에는 '주체(또는 주어)'와 '주제(또는 화제)'라는 범주적 대응으로만이 그 설명이 가능하게 된다.

다음으로, 중국어는 형태체계가 발달되지 못한 등 원인으로 한국어에서 설정하고 있는 많은 문법적 범주들이 설정되지 못하고 있다는 것도 주요한 특징의 하나라 할 수 있다.

일반적으로 문법적 범주는 문법적 형태에 의해 표현된 문법적 의미의 개괄에 의해 이루어지는데 중국어의 경우는 앞에서 이미 지적한 바와 같이 문법적 형태가 발달하지 못한 사정 등으로 인해 많은 문법적 범주들이 설정되지 못하고 있다. 특히 언어행위에서 가장 많이 활용되는 격이 중국어의 경우에는 거의 발달되어 있지 않다는 것이다.

앞에서도 이미 지적한 바와 같이 한국어에서는 단어와 단어 사이의 부동한 문법적 관계가 부동한 '격'에 의해 실현되지만 중국어의 경우에는 격이 거의 발달되어 있지 않기에 단어와 단어 사이의 관계는 어순에 의거할 수밖에 없다. 그러니 수백에 달하는 격의 섬세한 의미를 얼마 되지 않는 어순의 수법으로서는 표현할 수 없다는 것은 더 말치 않아도 자명한 일이다. 예를 들면 한국어의 "북경에 간다."와 "북경으로 간다."란 두 문장은 중국어로 옮겨 놓으면 꼭 같은 표현으로 된다. 다시 말하면 중국어에서는 이 두 문장이 사용된 단어에서부터 문법적 관계의 표현, 즉 어순에 이르기까지 아무런 차이도 없는 동일한 문장으로 대응된다는 것이다. 그럼에도 불구하고 한국어 문법교육에서는 이 두 문장은 격조사 '에'와 '으로'의 교체에 의해 전자는 '목표로 한 장소'를, 후자는 '방향'을 나타낸다고 설명을 해야 하니 중국인 학습자들을 납득시키기는 상당히 어려울 수밖에 없다.

중국어의 경우는 '격' 범주 이외에도 한국어에 존재하는 '주체높임(존칭)', '상대높임(계칭)', '서법' 등의 문법적 범주가 존재하지 않는다.

그리고 일부 문법적 범주는 두 언어에 다 같이 존재하기는 하지만 서로 다른 특성을 보이는 경우도 있다. 예를 들면 '수' 범주는 한국어나 중국어에 다 같이 존재하는 문법적 범주이지만 서로 다른 특성을 보이고 있다. 한국어의 '수'는 보통 체언과 관련된 문법적 범주이기는 하지만 부사나 기타 언어적 단위에도 붙어 쓰일 수 있는 데 비해 중국어의 '수'는 인칭대명사와 사람과 관련된 명사에만 고유한 문법적 범주이다.[5]

이와는 성격이 좀 다르기는 하지만 한중 두 언어에 모두 존재하는 이른바 '조사'의 경우도 그 대표적인 실례의 하나이다.

일부 학자들이 한국어의 '조사'를 단어로 인정할 수 있다는 방증자료의 하나로 중국어의 '조사'를 거론하고 있는데 중국어의 '조사'와 한국어의 '조

---

[5] 중국어의 수 범주가 지금은 일부 특수한 문체에서 사람과 관련된 명사나 인칭대명사 외에 기타 사물을 나타내는 명사에도 간혹 쓰이는 경우가 있기는 하나 이는 특수 현상이다.

사'는 용어만 같을 뿐 그 지칭 대상이 꼭 같은 것은 아니다. 중국어의 경우에는 일반적으로 '조사'를 '구조조사(結構助辭)(和, 跟, 同, 在)', '동태조사(動態助辭)(了, 着, 過)', '어기조사(語氣助辭)(嗎, 呢)' 셋으로 하위분류하고 있는데(王德春 외, 2003:118), 여기서 '구조조사'는 한국어의 일부 '격조사'에 해당되는 것이라고 볼 수 있지만 '동태조사'는 한국어의 '시태'와, '어기조사'는 한국어의 '서법'과 관련되는 '어미'에 해당되는 것들이다. 이와 같은 사정으로 인해 중국인 성인 학습자들은 한국어의 조사는 단어로, 어미는 문법적 형태로 서로 달리 처리하는 것을 납득키 어려워한다.

이와 같은 제 사실들은 문법적 범주에 대한 교육도 전통적인 분류법에 따른 범주에 대한 교육만으로는 그 과업을 훌륭히 완수할 수 없음을 시사해 준다.

그 다음으로 중국어의 다른 한 특성으로 어순의 특성을 들 수 있을 것이다. 앞에서 우리는 중국어에서는 단어와 단어 사이의 문법적 관계가 주로 어순에 의해서 표현된다는 데 대해 지적한 바 있다.

중국어의 어순은 이렇게 문법적 관계의 주요 표현수법으로 될 뿐만 아니라 그 규칙에 있어서도 한국어와는 다른 일련의 자체의 특성을 갖고 있다. 특히 한 문장에 여러 개의 부사어가 동시에 출현되거나 부사어가 목적어와 동시에 출현될 경우 그 배열순서가 한국어의 배열순서와 다른 경우가 상당히 많이 존재한다. 예를 들면 중국인 학습자들의 언어사용에서 흔히 보이는 "감기에 걸렸을 때에는 <u>많이</u> 더운물을 마셔야 한다."와 같은 오류는 중국어의 어순규칙의 간섭에서 기인된 것이다. 이런 오류는 수량구조에서도 많이 나타난다. 예를 들면 "<u>한 근 쇠고기</u>를 샀다.", "<u>한 잔 커피</u>를 마셨다"와 같은 오류가 중국어의 수량구조 표현의 영향으로부터 기인된 것들이다.

이상의 사실들에서 볼 수 있는 바와 같이 학습자의 모국어의 특성은 외국어 문법교육에서 중요한 변수로 작용하게 되는데 중국에서의 한국어 문법교육은 중국어 자체가 갖고 있는 언어적 제 특성으로 말미암아 교수요목의 선정, 교수방법과 절차 등에서 다른 특정 언어권의 한국어 문법교육의 경우에서와는 다른 특성을 보이게 된다.

지금까지의 고찰에서 우리는 중국에서의 한국어 문법교육의 성격을 규명함에 있어서 반드시 고려되어야 할 주요 요인의 하나가 학습자의 모국어, 즉 중국어 자체가 갖고 있는 언어적 특성임을 알 수 있다.

중국에서의 한국어 문법교육의 특성을 규명함에 있어서 반드시 고려되어야 할 다른 한 주요 요인은 교육행정에서 제정한 교육목표이다.

교육목표는 앞에서 간단히 언급한 바와 같이 교육 내용과 방법 및 절차 등을 규정하는 기준으로 되는바 특정 지역이나 특정 언어권과는 별로 큰 관계가 없다. 부동한 지역, 부동한 언어권의 경우에도 제정된 교육목표가 일치하다면 교육 내용이나 방법 및 절차에서 별로 큰 차이를 보이지 않을 것이지만, 동일한 지역, 동일한 언어권의 경우라도 제정한 교육목표가 서로 다르다면 그 교육 내용이나 방법 및 절차 등도 커다란 차이를 보이게 된다.

중국에서의 한국어 교육은 2011년 9월 이전 시기까지만 해도 여러 가지 원인으로 영어, 일본어, 독일어, 러시아어, 프랑스어 등 이른바 통용어종의 외국어 교육의 경우에서와는 달리 교육부에서 통일적으로 교육목표를 제정한 것이 아니라 각 대학교들에서 자체의 학생 양성목표에 따라 자율적으로 제정했는데 대부분의 대학교들에서 듣기, 말하기, 읽기, 쓰기, 번역 등 다섯 개 영역의 언어능력 신장, 즉 의사소통 능력의 신장을 그 최종 목표로 정했었다. 그 결과 중국에서의 한국어 문법교육은 개별적인 문법 항목이나 문법 현상에 대한 교육이 주류를 이루었고 학문으로서의 '문법론'에 대한 교육은 극히 개별적인 몇몇 대학교들에서만 전공교육 과정으로 개설되었었다.

중국에서의 한국어 문법교육은 이렇게 60여 년 동안 각 대학교들에서 제정한 부동한 교육목표에 따라 교육 내용이나 방법 및 절차 등에서 많은 차이를 보이면서 진행되어 왔기에 영어나 일본어 등 통용어종의 외국어 교육보다는 상당히 뒤떨어져 있으며 안고 있는 문제점 또한 적지 않다.

중국 교육부에서는 한국어 등 비통용어종학과 외국어 교육에서 존재하는 문제들을 해결하고 외국어 교육의 질을 진일보 향상시키기 위해 2011년 9월, 중국 교육부외국어교육지도위원회 비통용어종분과위원회에 위탁하여 "普通高等學校外語非通用語種本科專業介紹"를 제정했는데 이 '비통용어종학과 소개'에서는 우리 한국어 전공 학과의 교육목표를 다음과 같이 규정하였다.

"본 학과는 탄탄한 조선어(한국어) 듣기, 말하기, 읽기, 쓰기, 번역 등 기본 언어능력을 갖추고, 대상 국가의 언어, 문학, 역사, 정치, 경제, 문화, 종교, 사회 등 관련 지식을 장악한 외교, 대외무역, 문화교류, 신문출판, 교육, 과학 연구 등 사업에 종사할 수 있는 지덕을 겸비하고 국제적 시야를 갖춘 복합형 인재를 양성해야 한다."

여기서 볼 수 있는 바와 같이 교육부에서 통일적으로 제정한 교육목표에서는 중국에서의 한국어 교육은 전공교육으로서 외국어 교육에서 제기되는 언어능력, 즉 듣기, 말하기, 읽기, 쓰기, 번역 등 다섯 개 영역의 능력은 물론 인문사회과학 지식, 즉 언어지식, 문학지식, 대상국가의 사회와 문화지식 등 세 개 영역의 지식까지 동시에 겸비한 인재를 양성하는 것이 최종 목표로 되고 있다.

이와 같은 교육목표는 중국에서의 한국어 문법교육이 앞으로는 의사소통 능력 신장을 최종 목표로 진행되었던 문법 요소나 문법 항목 교육에 그칠 것이 아니라 한국어 문법 지식에 대한 체계적인 교육, 즉 학문으로서의 '문법론' 교육으로 이어져야 함을 말해 준다.

지금까지 우리는 중국에서의 문법교육은 학습자의 모국어, 즉 중국어의 제 특성과 교육부에서 제정한 교육목표에 의해 다른 특정 언어권에서의 한국어 문법교육과는 서로 다른 특성을 보이고 있다는 데 대해 살펴보았다.

3. 중국에서의 한국어 문법교육에서 제기되는 문제

앞에서 우리는 중국에서의 한국어 문법교육은 기초교육 과정에서의 문법교육, 즉 문법 요소나 문법 항목에 대한 교육과 전공교육 과정에서의 문법교육, 즉 학문으로서의 '문법론' 교육으로 나뉘게 된다고 지적한 바 있다.

그럼 이제부터는 이런 두 단계로 나뉘어 진행되는 문법교육이 중국 각 대학들에서는 어떻게 실시되고 있으며 존재하는 주된 문제점은 무엇인가를 살펴보기로 한다. 이런 작업의 필요성은 다음에 토론하게 될 문법교육의 과업을 제정하는 데 보다 객관적인 의거를 제공해 줄 수 있다는 데 있다.

지금까지의 중국에서의 한국어 문법교육 현황을 반성해 보면 안고 있는 가장 중요한 문제의 하나가 문법 항목에 대한 교육은 어느 정도 중요시되고 있지만 전공교육 과정에서의 '문법론'에 대한 교육은 상당히 홀시되고 있다는 것이다.

비공식적인 통계에 따르면 지금 중국에서 한국어 학과를 설치한 대학이 사립대학교까지를 포함하면 207개나 되며 국립 4년제 본과대학만 해도 100개를 훨씬 넘는 상황인데 '한국어문법(론)'을 학과목으로 개설한 대학교는 얼마 되지 않는다.

강보유(2012:581-582)에 따르면 23개소의 중점대학교 중 '한국어문법(론)'을 필수 전공으로 지정한 대학교는 8개에 불과하고 그 나머지 대학교들은 2학점의 선택 전공으로 지정하고 있다. 중점대학교의 경우가 이러하니 일반대학교의 경우는 더 말할 필요도 없을 것이다. 거의 절대다수의 대학교들의 커리큘럼에서는 '한국어(조선어)문법'이란 학과목 명칭을 찾아볼 수 없다.

그렇다면 왜 이런 문제들이 생기게 되는 것일까? 여기에는 다음과 같은 몇 가지 원인이 있는 것 같다.

그 하나는 앞에서 이미 지적한 바와 같이 지금까지는 교육부에서 통일된 외국어 교육목표를 제정하지 않았기에 각 대학교들에서 자체로 제정한 교육목표에 따라 학과목을 설치했다는 사정과 관련된다. 조사 자료에 의하면 지금까지 많은 지방대학교, 특히는 사립대학교들에서 본 지역에서 수요로 하는 한국어 인재를 양성한다는 목적 하에 듣기, 말하기, 읽기, 쓰기, 번역 등 언어능력, 즉 의사소통능력 신장만을 한국어 교육의 최종목표로 삼고 모든 교과과정이 이를 둘러싸고 조직되어 있기에 학문으로서의 '문법론'은 교과과정에서 자연히 밀려날 수밖에 없었다.

다른 하나의 원인은 많은 대학들에서 '한국어문법(론)' 강의를 담당할 교수진이 없어 이런 교과목 개설이 불가능했다는 것이다. 김병운(2012)의 "학회 연혁보고"에 따르면 지금 전국 207개 대학교에서 한국어를 가르치는 교수가 1,100여 명에 달하고 있다. 그런데 이 중 박사학위 소지자는 17.4% 밖에 안 된다.[6] 더 문제시되는 것은 이들 박사학위 소지자들 중 언어학 전공 박사학위 소지자가 절반도 안 된다는 사실이다. 바꾸어 말하면 절반이 훨씬 넘는 대학교 한국어학과에는 한국 언어학 전공 박사학위 소지자가 한 명도 없다는 것이다. 그러니 학문으로서의 '한국어문법론'을 접해 보지도 못한 교수가 어떻게 한국어 문법을 체계적으로 가르칠 수 있다고 장담할 수 있겠는가?

그 다음으로 중국 대학생들의 실정에 맞는 '한국어문법' 교재가 개발되지 못한 것도 중요한 원인의 하나로 되고 있다. 목전의 상황에서는 중국 대학생들의 실정에 맞는 훌륭한 문법교재만 있어도 석사학위를 소지한(석사학위 소지자는 교수 총 수의 51%를 차지한다.) 교수들 중 일정한 교수 경험을 쌓은 교수들도 어느 정도 이 임무를 감당해 낼 수도 있을 것이지만 지금은 이런 교재조차 개발되지 못한 상황이다.

중국에서의 한국어 문법교육 상황을 자세히 분석해 보면 기초교육 과정에서의 문법 요소나 문법 항목 교육도 많은 문제점들을 안고 있다.

앞에서 우리는 중국에서의 한국어 문법교육에서는 문법 요소나 문법

---

6) 이 통계는 2009년에 중국 한국(조선)어교육연구학회에서 진행한 『전국 한국(조선)어 학과 실태조사보고』의 통계자료에 의한 것임을 밝혀둔다.

항목 교육에 대해서는 어느 정도 중시를 돌리고 있다고 지적한 바 있는데 이는 어디까지나 '문법론' 교육을 상대로 한 지적이지 효율적으로 진행되고 있다는 말은 아니다.

문법 요소나 문법 항목 교육에서 주요하게 제기되는 문제의 하나는 문법 요소나 문법 항목에 대한 교육이 교수들의 연구 성과 또는 관심도에 따라 일부 몇몇 문법 요소나 문법 항목에 대한 교육과 연구에 편중되면서 균형성을 잃고 있다는 것이다. 다시 말하면 교육자가 자기 자신이 잘 알고 있다고 생각하는 조사나 어미에 대한 교육은 시간 가는 줄도 모르고 강의를 전개하지만 자기 자신이 잘 모르는 조사나 어미에 대해서는 교재의 설명에 그치고 만다는 것이다.

이러한 경향이 지금까지 발표된 논문들에서도 쉽게 눈에 띈다. 예컨대 고홍희(2012:168)에 의하면 중국에서 발표된 조사와 관련된 연구가 14편인데 그 목록을 살펴보면 조사 '가/이'와 '는/은'의 사용과 관련된 논문이 5편이나 된다. 그 밖에 논의된 조사들로는 '에, 에서, 로, 의, 께', '까지, 마저, 조차, 처럼' 등이 있을 뿐이다.

연결어미에 대한 연구는 총 17편인데 그 목록을 살펴보면 원인을 나타내는 연결어미 '-아서/어서, -니까, -느라고'에 대한 연구가 7편이나 되며 시간을 나타내는 연결어미 '-고, -아서/어서'에 대한 연구가 3편이나 된다. 그 외의 논문들은 연결어미 교육에 대한 원론적인 논의로 되어 있는 것들이다.

다음으로 제기되는 문제는 교수들의 한국어 문법지식의 빈곤으로 문법 요소나 문법 항목에 대한 교육에서 과학성이 결여된 해석, 심지어 착오적인 해석들이 많이 나타난다는 사실이다.

예를 들면 조사 '가/이'와 '는/은'의 사용에 대해서는 위에서 보인 것처럼 적지 않은 논문들이 발표되었지만 우리의 많은 학생들이 대학을 마칠 때까지 이것을 구별해 쓰지 못하는데 여기에는 여러 가지가 원인이 있겠지만 우리의 적지 않은 교수들이 일부 한국어 교재에서 격조사 '가/이'를 설명할 때도 주어로 됨을 나타낸다고 하고 보조사 '는/은'을 설명할 때도 주어로 됨을 나타낸다고 한 착오적인 견해를 분별없이 그대로 옮겨 놓는 것도 주요한 원인의 하나라고 생각한다.

그 다음으로 제기되는 문제는 우리의 적지 않은 교수들이 한국어 문법을 체계적으로 장악하지 못했기에 문법 항목에 대한 교육이 일정한 체계 속에서 종합적인 지식으로 전수되지 못한다는 것이다.

한국어의 조사나 어미 등 문법 형태는 모두가 공인하는 바와 같이 체계적인 집합이다. 그럼에도 불구하고 우리의 교수들은 각 교과목 교재에 산재해 있는 이런 문법적 형태를 흩어진 그대로 다룰 뿐 일정 단계에서 일정한 체계로 묶어서 다루지 않는다. 그 결과 한국어 격조사에 어떤 것들이 몇 개나 있는지조차 모르고 대학을 졸업하는 학생들이 적지 않다.

지금까지의 고찰에서 볼 수 있는 바와 같이 중국에서의 한국어 문법교육은 많은 문제점을 안고 있다. 그런데 이러한 문제점들을 자세히 검토해 보면 대부분의 문제들이 교수들의 자질과 관련되어 있음을 보아낼 수 있다. 아마 이것은 중국에서의 한국어 교육의 각 영역에서 공통으로 제기되는 문제일 것이다.

4. 중국에서의 한국어 문법교육의 과업

여기서는 중국 교육부에서 새롭게 제정한 한국어학과 학생들의 양성목표와 중국에서의 한국어 문법교육의 특성을 종합적으로 고려하면서 한국어 문법교육의 과업에 대해 나름대로 정리해 보고자 한다.

앞에서 우리는 중국에서의 한국어 문법교육은 기초교육 과정에서의 문법교육과 전공교육 과정에서의 문법교육으로 나뉘게 된다는 데 대해 지적한 바 있다. 여기서도 이런 이분법에 따라 토론을 전개하기로 한다.

1) 기초교육 과정에서의 문법교육의 과업

우리가 여기서 말하는 기초교육 과정이란 중국 교육부에서 제정한 교육목표에서 듣기, 말하기, 읽기, 쓰기, 번역 등 다섯 개 영역의 언어능력 신장을 주 목표로 한 교육 과정을 가리키는데 기초교육 과정에서의 문법교육은 별도의 학과목으로 개설되는 것이 아니라 정독(精讀), 범독(泛讀)(읽기), 시청각, 작문, 번역 등 교과목의 수업에서 언어지식 교육의 한 부분으로 진행된다. 따라서 기초교육 과정에서의 문법교육은 한국어 문법이론에 대한 체계적인 전수를 그 목적으로 하는 것이 아니라 위에서 지적한 교과목 교재들에 산재해 있는 조사, 어미, 관용형 등 문법적 형태를 중심으로 품사, 어순, 어조, 통사구조 등에 대한 문법지식 전수와 용례분석을 통해 한국어 언어능력을 향상시키는 목적으로 진행된다. 그럼 아래 이상의 내용들에 대해 좀 더 구체적으로 살펴보기로 하자.

첫째, 기초교육 과정에서의 문법교육에서는 조사, 어미, 관용형 등 문법적 형태에 대한 교육이 중심으로 되는데 2012년 6월부터 실시된 "전국 대학 조선어(한국어) 전공 4급·8급 시험 요강"(2012.3)에 따르면 학생들이 장악해야 할 문법적 형태에 대한 요구는 다음과 같다.

한국어 전공 4급 시험에서는 문법적 형태를 200개 좌우로 정했는데 구체적으로 살펴보면 조사 38개, 연결어미 38개, 종결어미 30개,[7] 시제 및 기타 어미 10개, 관용형 86개로 총 202개이다.

한국어 전공 8급 시험에서는 문법적 형태를 260개 좌우로 정했는데 조사에서는 큰 변동이 보이지 않고 어미와 관용형에서 일정 항목들이 증가되었다.

결론적으로 기초교육 과정에서 학생들이 장악해야 할 문법적 형태는 총 260여 개이다. 이러한 목표 제정이 어느 정도의 과학성, 객관성을 갖고

---

[7] 우리가 여기서 말하는 종결어미에는 '-ㄴ-/-는', '-ㅂ-/-습-' 등과 같은 선어말어미와 어말어미의 합성으로 이루어진 '-ㄴ가/-는가'나 '-ㅂ니다/-습니다' 등을 하나의 종결어미로 처리했음을 밝혀 둔다.

있는지는 진일보 검증되어야 할 것이다.

둘째, 기초교육 과정에서의 문법교육에서는 이상의 문법적 형태에 대한 교육과 함께 한국어 품사에 관한 지식도 어느 정도 전수해야 한다. 그것은 우리 학생들이 글을 쓸 때 흔히 범하는 문법적 오류가 단순히 조사나 어미와 같은 문법적 형태와만 관련되는 것이 아니라 품사지식과도 관련되기 때문이다.

예를 들면 우리 학생들의 글에서 흔히 나타나는 목적격조사 사용에서의 오류는 이들이 목적격 조사 '를/을'에 대한 지식이 결여되어서만이 아니라 많은 경우에는 뒤에 놓이는 동사가 자동사인지, 아니면 타동사인지를 분간하지 못하기 때문에 발생한다. 또 우리 학생들이 자주 범하는 현재시칭 사용에서의 오류를 보면 이들이 현재시칭을 몰라서가 아니라 동사와 형용사를 옳게 분별하지 못한 데 그 원인이 있다는 것을 알 수 있다. 이와 같은 사실은 품사에 대한 지식을 '문법론' 강의의 경우에서와 같이 체계적으로 줄 필요까지는 없지만 어휘교육과 결부하여 진행할 필요가 있다.

셋째, 기초교육 과정에서의 문법교육에서는 어순과 어조 등 통사와 관련된 교육도 절대 홀시할 수 없는 부분이다. 특히 어순에 대한 교육이 더욱 그러하다.

지금까지 개발된 한국어 교재를 보면 1학년과 2학년 첫 학기에 사용되는 교재들은 절반 이상이 대화체 문장구조로 구성되어 있는데 이런 문장구조의 특징은 어순이 전도된 문장이 많다는 것이다. 예를 들면 원인구문이나 조건구문의 경우에는 원인구나 조건구가 뒤에 놓이는 것이 한국어 대화체 문장구조의 특성인데 이런 문장구조를 가르칠 경우에는 어순교체의 수법에 대해 잘 설명해야 한다. 특히 어순에 의해 모든 문법적 관계를 표현하는 중국어를 모국어로 하는 중국인 학생을 상대로 한 한국어 교육에서는 더욱 그러하다.

그리고 '구'나 '절' 등에 대한 지식도 어느 정도 전수해야 할 것이다. 그것은 우리 학생들이 고급학년으로 올라갈수록 보다 긴 문장과 접촉하게 되는데 이런 긴 문장에 대한 이해력은 짧은 문장에 대한 이해력에 비해 훨씬 떨어지기 때문이다. 그러므로 보다 긴 문장에 대한 이해력을 증진하기 위해서는 문장을 여러 개의 성분 단위로 끊어서 이해시키는 것이 바람직하다. 특히 한국어의 경우를 보면 길게 확대된 성분을 가진 문장구조가 많은 것이 특징으로 되고 있는데 이는 '구'나 '절'에 대한 지식의 필요성을 설명해 준다.

넷째, '문법'의 개념을 보다 폭넓게 이해하는 전제하에서는 기초교육 과정에서의 문법교육에서는 "한글맞춤법"에서 규정한 '발음법', '맞춤법', '띄어쓰기' 등에 대한 교육도 절대 홀시할 수 없는 부분으로 된다. 이는 학생들의 언어 사용과 직결되는 문제로서 그 중요성에 대해서는 더 말할 필요도 없다.

2) 전공교육 과정에서의 문법교육의 과업

우리가 여기서 말하는 전공교육 과정이란 교육부에서 제정한 교육목표에서 학생들이 반드시 장악해야 할 대상국가의 언어, 문학, 역사, 정치, 경제, 문화, 종교, 사회 등 인문사회과학 지식과 관련된 교육과정을 말하는데 일반적으로 언어지식, 문학지식, 사회와 문화 지식 등 세 개의 교과목으로 나뉘어 진행되게 된다.

그런데 이런 인문사회과학 지식과 관련된 교육은 앞에서 이미 지적한 바와 같이 많은 대학교들의 교육과정에서는 제외되었으며, 일부 대학교들의 교육과정에 설치되었다 하더라도 많은 문제점을 안고 있다. 예를 들면 '문법론'이 언어지식 전부를 대체할 수 없음에도 불구하고 지금까지의 교육과정에서 언어지식 교육과 관련된 교과목으로는 "한국어문법론"만 보일 뿐이다. 기타 인문사회과학 지식 교육의 경우도 이와 마찬가지 사정이다. 문학지식 교육과정에서는 "한국문학사"만 보일 뿐이고 사회와 문화 지식 교육과정에서는 "한국개황"만 보일 뿐이다.

이러한 사정에 비추어 중국한국(조선)어교육연구학회에서는 2012년 8월 북경대학교에서 개최된 연례학술대회에서 이 세 분야의 교육목표와 교수요목을 둘러싸고 전문적인 논의를 진행한 바 있다.

한국어 언어지식 교육 부분에서는 반복적인 토론을 거쳐 중국에서의 한국어 언어지식 교육의 목표와 교수요목에 대해서는 강보유(2012)의 "한국어통론"이란 학과목 명칭 하에 설정한 교육목표와 교수요목이 교육부에서 제정한 양성목표에도 부합되고 또 중국에서의 한국어 교육의 실정도 비교적 잘 반영했기에 이것을 진일보 수정 보완하자는 데로 의견이 모아졌다.

필자도 이에 공감하며, 그리고 또 한국어문법론은 한국어 언어지식 교육과정의 한 부분으로 될 따름이라는 입장에서 강보유(2012)의 '한국어통론'에서 설계한 교수요목에 대한 검토를 중심으로 전공교육 과정에서의 문법교육의 과업에 대해 정리해 보기로 한다.

먼저 강보유(2012)의 '한국어통론'의 교수요목을 제시해 보기로 한다.

제1장 서론
　　1.1 한국어의 계통과 형성
　　1.2 한국어의 유형론적 특성
　　1.3 한국어와 한국인의 정신 그리고 문화
　　1.4 한국인의 문자 생활
　　1.5 한글의 창제와 한글의 우수성
제2장 한국어 음운론
　　2.1 음성과 음운
　　2.2 분절음과 초분절음
　　2.3 음운체계
　　2.4 음절
　　2.5 음운규칙
제3장 한국어 문법론
　　3.1 문법과 문법론의 연구 영역

여기서 볼 수 있는 바와 같이 '한국어통론'은 '한국어 음운론', '한국어 문법론', '한국어 의미론' 세 분과로 구성되어 있는데 큰 체계에 있어서는 박영순(1998:85)의 '문법교육론의 체계'와 비슷하다. 이는 '한국어통론'의 교수요목 설계가 한국어 언어교육에서 다루어야 할 내용들을 비교적 전면적으로 반영하고 있다는 것을 설명해 준다.

그런데 문제는 '한국어통론'에서 다루고 있는 이른바 '음운론', '문법론' (혹은 '형태론'과 '통사론'), '의미론'을 전통적인 분류법에 따라 언어학의 서로 다른 독자적인 분과로 다루어야 하는지 아니면 박영순(1998)에서처럼 '문법론'의 하위 분과로 다루어야 하는지는 조심스럽게 접근해야 할 문제라 생각된다. 만약 박영순(1998)의 견해처럼 '문법'의 범위를 지나치게 확대해 나가다가는 자칫 잘못하면 '문법'이란 말과 '언어'라는 말이 서로 같은 개념어로 착각될 수도 있기 때문이다.

다음으로 '한국어통론'에서 설계한 교수요목이 언어교육에서 다루어야 할 내용들을 비교적 전면적으로 반영하고 있기는 하지만 그 내용이 너무 방대하기에 어느 분야의 언어지식을 중심으로, 어느 정도로, 어떻게 취급해야 하느냐에 대해서는 보다 깊이 있는 논의가 필요할 것이다.

그 다음으로 '한국어통론'에서 설계한 '한국어문법론'의 교수요목을 살펴보면 한국어 통사론과 관련된 부분에서 문장의 구조적 분류와 기능적 분류 등과 관련된 내용이 명확히 제시되어 있지 않는데 이 부분은 마땅히 보충되어야 할 것이다.

전공교육 과정에서의 한국어 '문법론'에 대한 교육은 '문법론' 그 자체가 독자적인 한 교과목으로 개설되든 '한국어통론'의 한 분과로 개설되든 언어지식 교육에서 가장 중요한 자리를 차지하는 언어학의 독자적인 분과로 되어야 하며 기타 언어지식 교육과의 유기적인 연계 속에서 체계적으로 진행되어야 할 것이다.

5. 결론

지금까지 논의된 내용을 간단히 요약하는 것으로 본 논문의 결론을 대신하려 한다.

첫째, 일반적으로 한 언어의 문법교육은 모국어 교육에서의 문법교육과

강은국 선생 한국어 연구와 한국어 교육 논총

외국어 교육에서의 문법교육으로 대별되는데 이에 따라 문법교육의 성격도 달리 규정된다.

외국어 교육의 경우, 특정 언어권의 한국어 문법교육의 성격은 학습자의 모국어의 특성과 교육행정에서 제정한 양성목표에 따라 서로 다른 양상을 보이게 되는데 중국에서의 한국어 문법교육은 학습자의 모국어인 중국어 자체가 갖고 있는 언어적 특성과 중국 교육부에서 새롭게 제정한 양성목표에 따라 기초교육 과정에서의 문법교육과 전공교육 과정에서의 문법교육으로 나뉘게 된다.

둘째, 기초교육 과정에서의 문법교육과 전공교육 과정에서의 문법교육은 그 목표가 다르며 따라서 수행하게 되는 과업도 서로 다르다. 기초교육 과정에서의 문법교육은 언어능력 신장을 목표로 개설된 학과목 교재들에 산재해 있는 조사, 어미, 관용형 등 문법적 형태를 중심으로 품사, 어순, 어조 및 통사구조 등에 대한 문법지식 전수와 용례분석을 통해 한국어 언어능력을 향상시키는 목적으로 진행된다.

그러나 전공교육 과정에서의 문법교육은 학문으로서의 '문법론' 교육을 가리키는데 한국어 문법체계에 대한 계통적인 교육을 통해 한국어 언어지식을 제고하는 목적으로 진행된다. 그러나 이 양자는 서로 분리되면서도 서로 연결되는 하나의 통일된 유기체를 이루어야 한다.

셋째, 중국에서의 한국어 문법교육은 해결해야 할 많은 과제들을 안고 있는데 가장 급선무로 나서는 것이 문법교육에서 지침서로서의 역할을 하는 문법교육의 목표 제정과 이에 따른 교수요목 설계가 아닐까 생각한다.

* 이 논문은 서울대학교 국어교육연구소 『국어교육연구』 제30집(2012년, 201–225쪽)에 실려 있음.

새로운 목표, 새로운 과업
-『대학교 본과 학과소개』解讀 -

1. 머리말

중국 교육부 대학교 외국어 전공교육 지도위원회 비통용어종 분과위원회에서는 중국에서의 대학 본과 외국어 교육개혁을 진일보 추진하기 위하여 교육부의 지시정신에 따라 2009년 5월에『高等學校本科外語專業規範』(이하 '학과규범'으로 약칭하기로 함)을 내놓은 뒤를 이어 2011년 9월에는『普通高等學校外語非通用語種本科專業介紹』(이하 '학과소개'로 약칭하기로 함)를 내놓았다.

이 '학과소개'에는 우리 한국(조선)어를 포함하여 49개 어종의 외국어학과에 대한 소개가 망라되어 있는데 각 학과의 소개는 통일적으로 '專業代碼, 專業名稱, 語種介紹, 培養目標, 培養要求, 主幹學科, 核心課程, 主要實踐性教學環節, 修業年限, 授與學位' 등 10개 부분으로 구성되어 있다.

본 고에서는 이 '학과소개'에서 규정한 '양성목표'를 중심으로 고찰하면서 새로운 시기 중국에서의 한국어 교육의 목표와 그 과업에 대해 토론하고자 한다.

2. 새롭게 제정된 양성목표에 대한 이해

이번에 새롭게 집필된 '학과소개'(2011)에서는 대학 본과 외국어학과의
양성목표에 대해 다음과 같이 규정하고 있다.[1]

> "本專業培養具備紮實的朝鮮語聽、說、讀、寫、譯基本技能, 掌握對象國和地區
> 語言、文學、歷史、政治、經濟、文化、宗教、社會等相關知識, 能從事外交、外經
> 貿、文化交流、新聞出版、教育,科研等工作的德才兼備、具有國際視野的複合型
> 人才."

위의 '양성목표'를 자세히 살펴보면 지난날 우리 많은 대학교들에서 제
정했던 외국어학과의 양성 목표와는 물론 '학과규범'(2009)에서 규정한 '양
성목표'와도 적지 않은 차이점을 갖고 있음을 발견할 수 있을 것이다. 비교
고찰의 편의를 위해 '학과규범'(2009)의 '양성목표' 전문을 인용하면 다음
과 같다.

> "高等學校外語非通用語種類專業培養學生掌握一種有著較强的听、說、讀、寫、
> 譯等語言技能的語種(簡稱專業外語), 能够熟練地運用英語, 掌握專業外語對象
> 國(或地區)的文學、歷史、文化、政治、經濟等方面的基礎知識, 具有較强的跨文
> 化交際能力, 能够勝任外交、國際文化交流、涉外企業管理、新聞出版和外語教
> 學等領域要求的專門人才; 或者具有紮實的專業基礎, 在本專業領域或相關學科
> 繼續深造的專門人才."

위의 두 '양성목표'에서 보이는 차이는 다음과 같은 세 가지로 귀납할

---

[1] 본 고에서는 원문 내용 전달에서의 정확성을 기하기 위해 공문서의 경우에는 중국어
원문을 그대로 인용하는 방식을 취하기로 함을 밝혀둔다.

수 있지 않을까 생각된다.

첫째, 학생들의 언어 능력(또는 기능)에 대한 요구에서 차이가 난다. 대학 본과 외국어 전공 학생들의 기본 언어능력, 즉 듣기, 말하기, 읽기, 쓰기, 번역에 관한 요구가 '학과규범'(2009)에서는 "掌握一種有着較强的"로 기술되어 있는데 '학과소개'(2011)에서는 "具備紮實的"로 기술되고 있다.

필자가 생각하기에는 '학과규범'(2009)에서 규정한 양성목표는 너무나도 추상적인 것 같다. 그것은 외국어 전공 교육에서 제기되는 언어 능력(또는 기능) 즉 듣기, 말하기, 읽기, 쓰기, 번역 등 다섯 개 영역의 능력(또는 기능)은 '높고 낮음'으로 그 정도를 평가하기란 여간 어려운 일이 아니기 때문이다. 다시 말하면 실천적으로 어느 정도의 언어 능력(또는 기능)을 갖추어야 비교적 높은 정도의 언어 능력을 갖추었다고 평가할 수 있는지를 객관적으로 평가하기가 어렵다는 것이다. 한국에서 실행하는 한국어 능력 시험에서 6급을 통과하면 비교적 높은 언어 능력(또는 기능)을 갖추었다고 할 수 있는지, 아니면 중국에서 실시하고 있는 외국어 전공 8급 시험을 통과해야 비교적 높은 언어 능력(또는 기능)을 갖추었다고 할 수 있는지 그 평가 기준에 대해서는 누구도 단정적으로 말할 수 없을 것이다.

이런 사정을 고려할 때 '학과소개'(2011)에서 제기한 양성목표가 그래도 보다 객관적이며 또 우리가 준거할 수 있는 그런 기준이 아닐까 생각된다. 그것은 일반적으로 언어 능력이나 기능은 일정한 단계별 교육과 실천을 통해 점차 신장되는 것이기에 단계별로 그 주어진 언어 지식을 어느 정도 착실히 배웠고 또 그 능력 또는 기능을 어느 정도 탄탄히 연마했느냐에 의해 결정되는 것이기 때문이다.

둘째, 대상 국가의 인문 사회 과학 지식 교육에 대한 요구에서 그 차이가 보다 선명히 나타난다.

'학과규범'(2009)에는 "전공 외국어 대상 국가(혹은 지역)의 문학, 역사, 문화, 정치, 경제 등 방면의 기초 지식을 장악해야 한다."라고 규정되어 있는데 '학과소개'(2011)에는 "대상 국가와 지역의 언어, 문학, 역사, 정치, 경제, 문화, 종교, 사회 등 관련 지식을 장악해야 한다.”라고 규정되어 있다. '학과규범'(2009)에 제기되지 않았던 '언어', '종교', '사회' 등과 관련된 지식이 더 명시되어 있으며, '기초 지식'이 '관련 지식'으로 바뀌었다.

그런데 이와 같은 변화를 단순히 일부 어구에 대한 수정이나 보완으로 이해해서는 안 된다. 이에 대한 올바른 이해를 위해서는 이런 교양을 통해 도달해야 할 그 목적에 대한 기술에 대해 좀 더 살펴볼 필요가 있다. '학과규범'(2009)에서는 '양성목표'의 최종 목표를 “비교적 강한 다문화 교제의 능력을 갖춘 인재를 양성해야 한다.”고 지적하고 있는데 '학과소개'(2011)에서는 “국제적 시야를 가진 복합형 인재를 양성해야 한다.”고 지적하고 있다. 외국어 전공 학과의 양성목표가 질적으로 바뀌었음을 시사해 준다. 즉 '학과규범'(2009)의 요구는 대상 국가에 대한 이해를 그 목적으로 하고 있지만 '학과소개'(2011)의 요구는 대상 국가의 인문 사회 과학 지식 장악을 그 목적으로 하고 있다. 한마디로 '학과소개'(2011)의 양성목표는 그 어느 때보다 인문 사회 과학 지식에 대한 요구를 높이고 있다는 것이다.

그런데 여기서 한 가지 더 짚고 넘어가야 할 문제는 '학과규범'(2009)의 '양성목표'가 지난 시기에는 그 어느 때의 '양성목표'보다도 사회의 발전 수요를 고려한 토대 위에서 제정된 것임에도 불구하고 이런 '학과규범'을 준수하는 학교가 그리 많지 않았다는 사실이다.

지금도 적지 않은 학교들에서 제정한 '양성목표'를 살펴보면 언어 능력 양성에 대해서는 여러 모로 언급하고 있지만 대상 국가의 인문 사회 과학 지식 양성에 대해서는 거의 언급하지 않고 있다. 그리고 이들의 커리큘럼을 살펴보아도 '한국(조선)어문법', '한국(조선)어어휘론' 등 언어 지식과 관련된 학과목, '한국(조선)문학사' 등 문학 지식과 관련된 학과목의 설정은 거의 찾아 볼 수도 없을 뿐만 아니라 대상 국가의 사회와 문화와 관련된 지식도 '한국(조선)개황'이란 학과목으로 대치되어 있는데 그것도 외국어 학습에서의 문화 장애를 제거하기 위한 한 수단으로 이용되고 있을 뿐이다.

더 문제시되는 것은 일부 대학교에서는 전공 교육으로서의 한국어 학과의 교육 목표를 "의사소통 능력의 신장을 목표한 한국어 교육"으로 그 성격을 바꾸기도 했다는 것이다.

이상의 제 문제들을 감안했기에 '학과소개'(2011)에서는 새롭게 제정한 '양성목표'에서 언어 능력(또는 기능) 양성과 인문 사회 과학 지식의 양성을 동일한 차원에서 요구하고 있는 것이 아니겠나 생각한다.

셋째, 마지막으로 보이는 차이는 앞에서 이미 간단히 언급한 바와 같이 언어 능력 교양과 인문 사회 과학 지식 교양을 통해 도달해야 할 최종목표를 규정함에서 뚜렷이 나타난다고 생각한다.

위에서 이미 제시한 바와 같이 '학과규범'(2009)에서는 "비교적 강한 다문화 교제의 능력을 갖춘 인재를 양성해야 하다."고 지적하고 있는 반면 '학과소개'(2011)에서는 "국제적 시야를 가진 복합형 인재를 양성해야 한다."고 지적하고 있다. 질적으로 완연히 차이가 나는 최종 목표라 하지 않을 수 없다. 서로 다른 문화권 사이에서의 교제는 일정한 언어 능력(또는 기능)을 갖추면 가능하지만 국제적 시야를 가지고 국제무대에서 활약할 정도에 도달하려면 언어 능력(또는 기능)만 갖추어서는 전혀 불가능하다. 대상 국가의 사회와 문화에 정통하지 못한 그런 인재는 국제무대에 나서기조차 어려울 것이니 말이다. 이런 의미에서 본다면 "국제적 시야를 가진 복합형 인재" 양성을 그 최종 목표로 한 '학과소개'(2011)의 '양성목표'가 그래도 미래지향적이라 하지 않을 수 없을 것이다.

지금까지 우리는 '학과규범'(2009)에서 규정한 '양성목표'와의 비교 속에서 '학과소개'(2011)에서 새롭게 규정한 외국어 전공 학과의 '양성목표'에 대해 '언어 능력(또는 기능)', '인문 사회 과학 지식', '최종 목표' 등 세 부분으로 나누어 분석 토론하였다.

한마디로 종합하면 '학과소개'(2011)의 '양성목표'는 날로 발전하는 국제화시대의 수요에 부응하는 외국어 전공 학과의 특색을 전면적으로 반영한, 중국에서의 외국어 교육 개혁의 방향과 실제에 부합되는 양성목표라 할 수 있을 것이다.

3. 새로운 양성목표를 실현하기 위한 우리들의 과업

중국에서의 외국어 전공 학과의 '양성목표'는 위에서 살펴본 바와 같이 시대 발전의 수요에 부응하여 대폭 수정 보완되었다. 앞으로의 5년, 길게는 10년, 우리 한국어 교육도 이 새로운 목표에 따라 그 개혁의 발걸음을 다그쳐야 할 것이다.

새로운 목표의 실현은 새로운 도전을 의미한다. 목표가 크면 클수록 그 도전도 그만큼 더 커지게 된다. 우리가 지금 처한 현 상태에서 문제를 분석해 볼 때, 이번에 새롭게 제정된 양성목표의 실현은 너무나도 큰 도전이라 하지 않을 수 없다.

그럼 아래 이런 새로운 목표를 실현하기 위해 금후 5년, 우리들이 해야 할 과업들에 대해 한국어 교육의 현황과 결부하여 몇 가지로 나누어 토론하고자 한다.

1) 교수 대오의 건설

주지하는 바와 같이 교육 목표의 실현은 여러 가지 요인에 의해 결정되는데 그중에서도 가장 중요한 요인은 교육자임은 누구나 다 공인하는 바이다.

그럼 아래 우리 한국어학과의 교수진이 이런 새로운 목표를 실현할 충분한 여건을 갖추고 있는가를 사생 비례, 교수진의 직함과 학위 등 상황을 통해 좀 더 구체적으로 살펴보기로 하자.

첫째, 사생 비례의 측면에서 본 한국어학과 교수진의 상황

중국 교육부에서는 대학 본과 외국어 교육 개혁을 추진하기 위하여 일찍 『高等學校外語專業本科敎學評估方案(試行)』[2](이하 '방안'으로 약칭하기로 함)을 내놓았는데 이 공문서에서는 외국어학과의 사생 비례를 외국어 교육 평가의 중요 지표의 하나로 삼고 다음과 같이 요구하고 있다.

"師生比符合敎育部對外語專業的規定, 專業技能課堅持小班上課."

그리고 '학과규범'(2009)에서도 외국어학과의 사생 비례에 대해 다음과 같이 구체적으로 규정하고 있다.

"專業的師生比符合敎育部的規定, 承擔本專業一個班次的專業技能、專業知識
課程的任課敎師一般不少於3人, 每年招生的專業每個班次的敎師平均不少於2
人,""每班的學生人數宜控制在20人以內, 最多不超過30人."

위의 '방안'(2004)와 '학과규범'(2009)의 이 규정에서 우리는 한국어학과의 사생 비례가 가장 높아서 1:15를 초과해서는 안 된다는 것을 알 수 있다.

그럼 아래 우리 한국어학과의 경우는 어떠한가를 살펴보기로 하자.

<도표 1> 지역별 사생 비례[3]

지역	교수 수	학생 수	사생 비
산동성	185	8,302	1:45
길림성	92	3,908	1:42

---

[2] 『高等學校外語專業本科敎學評估方案(試行)』은 교육부 고등학교 외국어 교육지도위원회에서 교육부의 위탁을 받고 2004년에 제정하여 2005년부터 전국적으로 시행하기 시작했음.

[3] 본 논문에서 인용한 도표의 수치는 2009년에 중국한국(조선)어교육연구학회에서 진행한 『전국 한국(조선)어 학과 실태조사 보고』(이하 '실태조사'로 약칭)의 통계자료에 의한 것임.

흑룡강성	76	3,107	1:42
요녕성	88	3,533	1:40
강소성	44	1,425	1:32
절강성	24	678	1:28
화남지구	32	880	1:27
북경시	47	867	1:18
상해시	25	430	1:17

위의 도표에서 우리는 지금 한국어학과의 사생 비례는 교육부의 규정에 비추어 볼 때 상당한 거리가 있음을 알 수 있다.

사생 비례의 이와 같은 불균형은 우선 교육질의 향상에 직접적인 영향을 주고 있는바 지식의 전수와 함께 학생들 스스로의 훈련을 그 특징으로 하고 있는 외국어 교육의 경우, 우리의 학생들은 수업 시간 내에 교수와의 1:1의 충분한 훈련을 진행할 수 없게 된다는 문제점을 초래하고 있다. 교육 실천이 입증해 주다시피 만약 사생 비례가 1:10을 초과하는 경우, 바꾸어 말하면 한 학급의 학생수가 20명을 초과하는 경우에는 제한된 수업 시간 내 모든 학생들과 선생의 1:1의 교류는 근본적으로 달성할 수 없다.

사생 비례의 이와 같은 불균형은 다음으로 우리 교수들의 과학 연구와 교수 연구에 직접적인 영향을 주고 있다.

연구에 따르면 만약 교수들의 수업 시간이 주당 6시간을 초과할 경우에는 교수들의 과학 연구와 교수 연구는 일정한 영향을 받게 되며, 주당 8시간을 초과할 경우에는 막대한 영향을 미치게 된다. 그런데 우리의 많은 대학교의 교수들이 교수진의 부족으로 주당 20시간 이상의 강의를 하고 있으며 극히 개별적인 학교의 교수들은 주당 24시간 이상의 강의 임무를 맡고 있다는 것이다.[4]

이와 같은 문제들을 시급히 해결하기 위해서는 교수진의 대폭 확장을 금후 5년 우리의 급선무로 삼아야 할 것이다.

---

4) 중국한국(조선)어교육연구학회(2009), 『전국 한국(조선)어 학과 실태조사 보고』 참조.

그런데 여기서 문제시되는 것은 교수진의 확장은 각 대학교의 교육행정의 권한으로서 교수 일선에서 사업하는 우리 교수들 자체의 힘만으로는 전혀 불가능하다는 것이다. 그러나 그렇다 하여 우리는 교육 행정에서 이런 문제를 해결해 주기만 기다려도 된다는 것은 아니다. 우리도 여러 가지 도경을 통해 이 문제의 해결에 적극 동참해야 할 것이다. 예컨대 교수협의회, 교직원대표대회 등 교수들 자신의 민주 권리를 행사할 수 있는 각종 도경을 통해 이런 상황을 적극 반영하고 교육행정과 함께 그 해결책을 고민해 본다면 비교적 좋은 결실을 볼 수 있지 않을까 생각된다.

둘째, 직함 및 학력의 측면에서 본 한국어학과 교수진의 상황

'학과규범'(2009)에서는 교수진에 대한 총체적 요구를 "師資隊伍水平較高, 並相對穩定;在學曆、職稱、年齡、學緣和知識結構等方面比較合理;有學術造詣較高的學科帶頭人"이라고 제기하고 그 구체적인 직함 비례와 학위 비례를 다음과 같이 규정하고 있다.

"高級職稱教師占專任教師的比例不低于30%;35周歲以下靑年敎師中有碩士以上學位的比例力爭達到100%, 幷逐步提高具有博士學位敎師的比例."

그럼 아래 '실태조사'(2009)의 결과는 어떠한지 한 번 살펴보기로 하자.

<도표 2> 교수진의 직함 현황

직함	인수	비례 %
교수·부교수	159	26 (17.4)[5]
강사	257	42
조교	197	32
합계	613	100

---

5) 159명의 교수, 부교수 중 28개소의 사립대학에 소속된 52명은 모두 이미 정년을 하신 분들로서 재직 교수 부교수의 실제 비례는 17.4%밖에 안 된다.

위의 도표에서 볼 수 있는 바와 같이 우리 한국어학과 교수진의 직함 비례는 매우 불균형하다. 특히는 고급 직함 소지자의 비례가 '학과규범' (2009)의 요구에 비추어 보면 상당한 거리가 있음을 알 수 있다.

이 문제와 관련하여 일부 학교들에서는 '학과규범'(2009)에서 정한 표준이 너무 높다고 할런지도 모르겠지만 사실은 '학과규범'(2009)의 표준은 지금 전국적으로 시행하고 있는 '방안'(2004)의 표준보다 15%를 낮추어 정한 것이다. '방안'(2004)의 고급 직함 비례에 대한 규정은 다음과 같다.

"高級職稱教師占專任教師的比例不低於45%.","有一定數量不超過55周歲的教授和不超過40周歲的副教授."

여기서 우리가 특별히 주의를 돌려야 할 문제는 '실태조사'(2009)에서 나타난 일부 대학교 한국어학과 교수들의 가장 높은 직함이 조교로 되어 있었다는 사실이다.

<도표 3> 교수진의 학력 상황

학위	인수	비례 %
박사	121	20
석사	313	51
학사	179	29
합계	613	100

위의 도표에서 우리는 한국어학과의 재직 교수들의 학력은 어느 측면으로 보나 너무나도 낮다는 것을 알 수 있다. '학과규범'(2009)보다 좀 낮은 표준으로 제정된 '방안'(2004)에서도 석사 이상의 비례를 90%로 정하고 있는데 우리는 겨우 70% 좌우에서 맴돌고 있다.

중국의 특수 사정에 비추어 그 표준을 상당한 정도로 낮추어 과도기의 표준으로 제정한 '학과규범'(2009)의 요구에 비추어 보면 근 30%에 달하는 교수들이 학력 표준에 미달이고, '방안'(2004)의 표준에 비추어 보아도

20%에 달하는 교수들이 학력 표준에 미달이니 그 문제의 엄중성은 더 말치 않아도 자명한 일이 아닌가?

이상의 고찰에서 우리는 앞에서 이미 지적한 교수진의 대폭 확장과 함께 재직 교수들의 학력 제고가 주요 과업의 하나로 나선다는 것을 알 수 있다.

그런데 재직 교수의 학력 제고에서 문제시되는 것은 지금의 상황에서 보면 위에서 이미 지적한 바와 같이 교수진의 엄청난 부족으로 출국 유학이거나 국내 정규 학위 과정을 통한 학력 제고는 거의 불가능하다는 것이다. 지금의 상황에서 우리가 택할 수 있는 가장 이상적인 방법은 방학 기간을 이용하여 재직 박사를 양성하는 것인데 이런 프로그램 개발이 과연 실현 가능한 것인지, 모든 한국어 교육자들이 함께 고민해 보길 바란다.

2) 교재의 개발

새롭게 제정된 양성목표를 실현하기 위해 그 다음으로 제기되는 중요한 과제가 교재의 개발이라고 생각된다. 외국어 교육에서의 교재 개발의 중요성은 더 말치 않아도 모두가 다 잘 알고 있는 사실이다.

'학과소개'(2011)에서는 새롭게 제정된 양성 목표의 실현을 위해 핵심 교육과정을 다음과 같이 지정하였다.

> "核心課程：基礎朝鮮語、高級朝鮮語、朝鮮語視聽說、朝漢互譯、朝鮮語語法、朝鮮
> 文學作品選讀、朝鮮半島社會與文化、朝鮮文學史等。"

위의 교육과정을 살펴보면 인문 사회 과학 지식과 관련된 학과목들이 모두 핵심 학과목들로 지정되어 있는데 이 또한 우리 한국어 교육에서 가장 문제시되는 학과목이기도 하다. 우리가 이렇게 말하게 되는 것은 주로 다음과 같은 두 가지 이유에서이다.

그 하나는 지금까지의 외국어 학과의 명칭이 언어학과 문학을 분리하는 중국의 현행 교육 체제에 따라 거의 모든 대학들에서 예외 없이 '외국어문학과'가 아닌 '외국어학과'로 그 성격을 규명하고 있는데 우리 한국어의 경우도 학과 명칭이 거의 '한국(조선)어학과'로 되어 있지 '한국(조선)언어문학과'로 그 성격을 규명한 대학이 얼마 되지 않는다. 그러니 그 교수진 구성에서 문학을 전공했거나 사회나 문화를 전공한 교수들이 얼마 눈에 띄지 않는 것은 너무나도 자연스러운 일이 아닌가?

다른 하나는 앞에서 이미 지적한 바와 같이 많은 대학교들에서 한국어 교육의 양성목표를 주로 언어 능력(또는 기능) 신장에 두고 있기에 인문 사회 과학 지식 관련 학과목들이 개설되지 못했거나 개설되었다 해도 언어 능력(또는 기능) 신장을 위한 보조 학과목으로 그 성격이 규명되어 있다. 그 결과 한국 문학이나 한국 사회와 문화와 관련된 학과목의 개발과 연구는 자연히 뒤로 밀려날 수밖에 없었다.

바로 이상의 제 원인으로 적지 않은 대학들에서 한국문학사, 한반도의 사회와 문화, 한국어문법 등 인문 사회 과학 지식과 관련된 학과목들은 개설하려 해도 관련 교수진의 부족으로 상당한 어려움을 겪고 있다.

이상의 제 문제들을 어느 정도 해결하기 위해 급선무로 나서는 것이 인문 사회 과학 지식 관련 교재를 개발하는 것인데 우리가 무엇보다 먼저 개발해야 할 교재가 '조선반도(한반도) 사회와 문화', '조선(한국)문학 지식', '조선(한국)언어 지식' 등과 관련된 교재라고 생각한다.

잘 개발된 교재라도 있다면 비록 자신의 전공분야는 아니더라도 다른 분야의 학문 연구에서 일정한 성과를 올린 적지 않은 교수님들은 배우는 한편 학과목 교수 임무도 어느 정도 훌륭히 완성할 수 있으리라 생각된다.

3) 조선어 전공 4·8급 시험의 개발

새롭게 제정된 양성 목표의 실현을 위해 그 다음으로 제기되는 중요한 문제의 하나가 우리들의 교육 질을 가늠할 수 있는 평가 체계를 건립하는 것이라 생각된다.

중국 교육부에서는 이미 20여 년 전부터 외국어 교육 평가를 위한 하나의 조치로 어종별 외국어 전공 4급·8급 시험을 조직할 것을 지시했고 또 많은 어종들에서 이 지시 정신에 따라 어종별 외국어 전공 4급·8급 시험 지도 소조를 건립하고 외국어 전공 4급·8급 시험을 제도적으로 실시하고 있다.

그런데 비통용어종의 경우에는 전국적으로 지금까지는 외국어 전공 4급·8급 시험을 제도적으로 실시한 어종이 하나도 없었다. 이런 상황에서 교육부 외국어교육지도위원회 비통용어종 분과위원회에서는 2009년 3월 '남경회의[6)]에서 한국어 능력 4급·8급 시험을 개발하기로 결정하였다.

이런 지시 정신에 따라 우리는 2009년 3월부터 한국어 전공 4급·8급 시험 개발에 착수하여 2012년 6월 9일에 한국어 전공 4급 제1차 시험을 원만히 치르게 되었다.

한국어 전공 4급·8급 시험은 교육부에서 제정한 교육 목표에 따라 듣기, 어휘와 문법, 읽기, 인문과학지식, 번역, 쓰기 6개 영역으로 나누어 학생들의 언어능력과 사회 과학 지식을 전면적으로 검증하기로 되어 있다.

아래 이미 진행된 한국어 전공 4급 시험과 관련된 사업을 몇 개 단계로 나누어 말씀드리고자 한다.

제1단계: 한국어 전공 4급 시험요강 작성(2009.8–2010.12)

이 기간에 우리는 전국 각 대학 한국어학과 학과장들과 함께 각 대학의 한국어 교수요강, 교재사용, 교육실태 등에 대한 전면적인 조사와 분석을 진행하고 요강에 반영될 시험의 목적, 내용, 분량, 유형, 시간, 점수 배당 등을 결정했으며, 시험요강에 부록으로 첨부할 어휘와 문법 항목을 결

---

6) 이른바 '남경회의'란 2009년 3월 남경에서 개최된 전국 '고등학교 외국어 전공교육 지도위원회 회의'를 가리키는데 이번 회의에서는 1년간의 사업에 대한 총화와 새로운 한 해의 과업에 대한 토론을 주요 의제로 진행되었다.

정하기 위하여 중국에서 개발된 북경대, 복단대, 낙양외대, 연변대, 광동외어외무대의 교재와 한국에서 개발된 연세대, 이화여대, 경희대의 교재를 중심으로 지금까지 개발된 교재에 반영된 어휘와 문법 항목에 대한 계량학적 분석을 진행했다. 이러한 준비 과정을 거쳐 2010년 12월에 한국어 전공 4급 시험요강 집필을 마쳤다.

제2단계: 4급 시험 문제 은행(試題庫)의 건립(2010.12-2011.2)

우리는 시험의 과학성, 객관성, 공정성을 위해 시험 문제 은행을 건립하는 방식을 채택하고 2012년 2월 9일부터 2월 16일까지 30여 명의 교수들이 청도에 합숙하면서 영역별로 문항 작성과 검토 및 수정 작업을 거쳐 총 8질의 한국어 전공 4급 시험 문제집을 작성했다.

제3단계: 출제

요강의 규정에 따라 한국어 전공 4급 시험은 매년 6월 첫 토요일 9시에 시작하는 것으로 되어 있기에 6명으로 구성된 출제위원들이 2012년 5월 30일부터 6월 9일 9시까지 북경에 집중하여 4급 시험 문제 은행에서 한 질의 시험 문제를 출력하여 일정한 수정 작업을 거쳐 제1회 한국어 전공 4급 시험 출제 임무를 완성하였다.

제4단계: 시험과 채점

제1회 한국어 전공 4급 시험은 요강 규정에 따라 2012년 6월 9일 9시에 정식으로 시작되어 근 2,000명에 달하는 본과대학 2학년 재학생들이 이번 시험에 참가했다.

채점은 2012년 7월 21일부터 23일까지 7명으로 구성된 채점 위원에 의해 완성되었다.

제5단계: 시험 결과 분석

(중략)

중국에서의 한국어 전공 4급·8급 시험과 관련하여 앞으로 우리가 해야 할 주요 과업은 8급 시험 개발과 4급 시험 결과에 대한 전면적인 분석이다.

한국어 전공 8급 시험은 2014년 4월부터 실시할 예정인데 준비 사업으로 요강 집필과 요강에 부록으로 들어갈 단어와 문법항목 작성을 위한 상기 각 대학 교재에 대한 계량학적 분석을 이미 완성한 상태에 있다. 기타의 작업들은 4급 시험의 절차에 따라 2014년 겨울방학부터 진행될 예정이다.

4급 시험 결과에 대한 전면적인 분석 작업은 시험의 과학성, 객관성, 타당성 등을 전면적으로 평가하기 위해 연 3회의 시험 결과를 동시에 분석하기로 한다.

중국에서의 한국어 교육은 60여 년의 역사와 비약적인 발전 속도를 자랑하고는 있지만 지금까지는 교육의 성과를 객관적으로 평가할 만한 그어떤 기틀도 마련되지 못했었다.

물론 최근 몇 년 간 적지 않은 대학교들에서 한국의 부동한 단체들에서 조직 실시하는 한국어 능력 시험에 참가하고는 있지만 이런 한국어능력 시험은 중국 교육부에서 제정한 한국어 교육요강에 따라 실시되는 시험이 아니라서 각 대학교의 한국어 교육이 교육부에서 제정한 교육목표를 어느 정도 완수했는지 전혀 검증할 방법이 없다. 이런 의미에서 볼 때 한국어 전공 4급·8급 시험이 가지는 의의는 자못 크다고 하지 않을 수 없다.

4. 맺는말

지금까지 우리는 『대학본과 학과소개』에서 제정한 '양성목표'를 중심으로 검토하면서 새로운 시기 중국에서의 한국어 교육의 목표는 어떻게 바

꿰어 가고 있으며 이에 따른 우리들의 당면 과업은 무엇인가에 대해 토론했다. 아래 지금까지 논의된 내용을 다음과 같이 간단히 요약하면서 본 고를 마무리하고자 한다.

첫째, 중국에서의 한국어 교육의 최종 목표가 "비교적 강한 다문화 교제의 능력을 갖춘 인재 양성"으로부터 "국제적 시야를 가진 복합형 인재양성"으로 한 차원 높이 제정되었다.

둘째, 중국에서의 한국어 교육은 그 성격이 "단순한 언어 능력(또는 기능)의 신장을 위한 한국어 교육"으로부터 "언어 능력(또는 기능)과 인문사회 과학 지식 신장을 동시에 고려한 한국어 교육"으로 바뀌었다.

셋째, 교육부에서 새롭게 제정한 교육목표의 실현을 위해서는 교수진의 확장, 재직 교수들의 직함 및 학력 제고 등 교수진의 건설, 한국 언어지식, 한국 문학지식, 한국 사회와 문화 지식 등 관련 교재의 개발, 한국어 전공 4급·8급 시험의 개발 등 교육 검증 체제의 건립 등 과제들이 당면 주요 과업으로 나선다.

* 이 논문은 중국한국(조선)어교육연구학회 『한국(조선)어교육연구』 제8호(태학사, 2013년, 7~24쪽)에 실려 있음.

조선어 전공 4·8급(TKM4·8) 시험 실행 현황에 대한 고찰

-2015년에 실시된 조선어 전공시험을 중심으로-

1. 문제의 제기

우리가 본고에서 중국에서 실시되고 있는 전국 대학교 조선어 전공 4·8급 시험을 주제로 삼게 되는 것은 이 시험이 중국에서의 한국어 교육평가를 위해 개발된 시험[1]으로서 중국에서의 한국어 교육평가의 중요한 지표로 되기 때문이다.

'평가'란 일종의 가치 판단의 활동으로서 객체가 주체의 수요를 어느 정도 만족시키고 있는가를 판단하는 활동이라고 정의되고 있는데 이를 전제

---

[1] 중국에서의 한국어 교육평가를 위해 개발된 시험을 '조선어 전공 4·8급 시험'이라고 명명하게 되는 것은 중국 대학 내 모든 한국어학과가 교육부에서 제정한 학과목록에는 '조선어학과'로 등록되어 있기 때문이다.

로 한다면 중국에서의 한국어 교육평가[2]란 일정한 수단과 방법으로 중국에서 진행되고 있는 한국어 교육이 사회와 학생들의 수요에 어느 정도 만족을 주고 있는가를 판단하는 활동이라 할 수 있을 것이다. 다시 말하면 한국어 교육평가란 한국어 교육목표를 의거로 일체 효과적인 기술 수단을 운용하여 교육 과정과 결과에 대해 과학적인 표준으로 측정하고 가치 판단을 하는 과정이라고 할 수 있을 것이다.

그런데 교육평가에서는 모두가 공인하는 바와 같이 학생들의 학습 성적에 대한 평가와 교수들의 교육(교수) 질에 대한 평가가 '평가'의 두 축을 이루고 있다. 그러므로 평가의 기준을 세우거나 평가모형을 설계할 경우에는 위의 두 측면의 평가를 주요하게 고려해야 할 것이다.

중국 교육부에서는 '교육평가'가 갖고 있는 이런 성격과 특성을 고려하여 '대학교 외국어 전공 4·8급 시험'을 개발하여 전국 대학교 본과 외국어 전공교육 평가의 중요 지표로 삼고 있다.

중국에서의 외국어 전공 4·8급 시험은 1992년 영어에서 먼저 실시하기 시작하여 이미 20여 년의 역사를 기록하고 있으며 상당히 빠른 속도로 발

---

[2] 그런데 여기서 우리가 주의해야 할 문제는 우리가 말하는 '한국어 교육평가'에서의 '교육평가'란 술어가 중국 학계에서 사용하고 있는 '외국어 교육평가'에서의 '교육평가'란 술어와 동일한 개념으로 사용되는 술어가 아니라는 것이다. 중국 학계에서는 교육 활동과 관련된 평가를 보통 '교육평가(敎育評價)'와 '교학평가(敎學評價)' 둘로 나누어 그 개념을 엄격히 구분해 사용하고 있다. '교육평가'에 대해서는 일반적으로 "일정한 가치관 혹은 교육목표를 의거로 보다 계통적인 정보 자료의 수집 및 분석 정리를 통해 교육 활동, 교육 과정, 교육 결과에 대해 가치 판단을 함으로써 교육의 질을 제고하고 교육 정책을 제정하는 데 믿음직한 의거를 제공하는 과정"으로 이해하고 있다. '교학평가'에 대해서는 보통 "교학목표를 의거로 일체 효율적인 기술 수단을 운용하여 교학(교수) 과정과 결과에 대해 과학적인 표준에 따라 측정하고 가치 판단을 하는 과정"으로 이해하고 있다. 그리고 "이 '교학평가'는 주로 학생들의 학습 성적에 대한 평가와 교육자들의 교수 질에 대한 평가로 이루어진다."고 규정하고 있다.(冯建军:『敎育學基础』中国人民大学出版社 2012 등 참조) 여기서 우리는 지금 우리가 사용하고 있는 '한국어 교육평가'에서의 '교육평가'는 중국 학계에서 사용하고 있는 '교학평가'에 대응되는 용어임을 알 수 있다. 그러나 본고에서는 기성 용법에 따라 '교육평가'란 용어를 그대로 사용하기로 한다.

2부 l 조선어 전공 4·8급(TKM4·8) 시험 실행 현황에 대한 고찰

전하고 있다. 통계에 의하면 1992년에 실시된 영어 전공 4급 시험에 참가한 학교는 155개, 수험생은 8,500여 명이었는데 2010년에 이르러서는 학교는 827개로, 수험생은 27만 명으로 확대되었다. 8급 시험의 경우에도 86개의 학교와 4,613명의 수험생으로부터 753개 학교, 18만 9천 명의 수험생으로 늘어났다.[3]

그런데 한국어 교육의 경우에는 중국에서의 기타 어종에서 실시하고 있는 외국어 전공 4·8급 시험의 경우와는 물론 한국에서 실시하고 있는 '한국어능력시험'(1997년부터 실시) 등에 비해서도 훨씬 뒤늦게야 실시되기 시작했다. 조선어 전공 4급 시험은 2012년에, 8급 시험은 2014년에 이르러서야 비로소 실시하기 시작했다.

우리 4·8급 시험이 비록 이렇게 뒤늦게야 개발되기는 하였지만 기타 어종에서의 4·8급 시험과 마찬가지로 중국에서의 한국어 교육평가를 그 목적으로 개발되었다는 점에서 중대한 의의를 갖게 된다. 다시 말하면 이 시험이 있음으로 해서 중국에서의 한국어 전공교육은 통일적인 기준에 따라 평가를 진행할 수 있게 되었다는 것이다.

그런데 우리의 4·8급 시험이 이렇듯 중대한 의의를 갖고 있다고는 하지만 필경은 갓 개발된 시험이기에 그 신뢰도에 있어서는 많은 문제가 존재하기 마련이다. 그럼에도 불구하고 아직까지는 먼저 실시하게 된 4급 시험에 대해서조차 분석 연구를 진행하지 못하고 있는 상황이다. 이리하여 본 논문에서는 2015년에 실시된 4·8급 시험 답안지에 반영된 몇 가지 주요 수치(점수)를 중심으로 거시적인 측면에서 4·8급 시험을 검토해 보기로 한다.

---

3) 冯辉, 「外语专业教学测试二十载风雨路」, 『外语测试与教学』(2011年2期) 참조.

2. 조선어 전공 4·8급시험 요강에 대한 간단한 고찰

일반적으로 시험이라 하면 예외 없이 시험요강에 의해 시험목적, 시험내용, 시험형식, 문항설정, 배점, 시험시간 등이 책정되는 것이기 때문에 조선어 전공 4·8급 시험에 대한 고찰에서는 그 시험요강에 대한 고찰이 선행되어야 할 것이다. 이리하여 여기서는 먼저 시험의 목적, 시험의 내용과 형식 등을 중심으로 교육부 대학교 외국어전공교육지도위원회 조선어 시험소조에서 편찬한 『전국 대학교 조선어 전공 4·8급 시험요강』의 주요 내용들을 간단히 살펴보기로 한다.

2.1 조선어 전공 4·8급시험의 성격과 목적

조선어 전공 4급 시험요강에서는 "본 시험은 조선어학과 2학년 과정 수업을 마친 학생들이 교수요강에서 규정한 각항 요구에 도달했는지를 검사하고 학생들의 기초지식과 기본기능(능력)을 고찰하는 것을 그 목적으로 한다. 동시에 본 시험은 각 대학교의 교육 질을 평가하고 대학 간의 교류를 추동하는 일종 수단으로도 된다."라고 규정하고 있다.

조선어 전공 8급 시험요강에서는 "본 시험은 각 대학교에서 고급교육과정 교수요강에서 규정한 각항 요구에 도달했는지를 검사하고 학생들의 종합적인 언어능력과 한국 언어, 문학 지식을 고찰하는 것을 그 목적으로 한다."라고 규정하고 있다.

위의 규정들에는 다음과 같은 세 가지 내용이 담겨져 있다.

첫째, 4급 시험의 성격은 2학년생들을 대상으로, 한국어 기초교육과정의 교육목표 완성도를 측정하는 시험이고 8급 시험은 4급 시험을 통과한 고급학년(주로는 4학년) 학생을 대상으로, 한국어 고급교육과정의 교육목표 완성도를 측정하는 시험이라는 것이다.

둘째, 본 시험에서는 학생들의 언어능력과 인문사회지식을 동시에 측정

한다는 것이다. 바꾸어 말하면 지난 시기에 실시되었던 단순한 언어능력고
찰을 위한 시험과는 다르다는 것이다. 이 점에서 4급 시험은 「한국어 능력
시험」 등과 구별되는바 4급에서는 대상국가의 사회와 문화 지식을 주로 고
찰하고 8급에서는 언어와 문학 지식을 주로 고찰한다.

셋째, 본 시험에 반영된 각항 수치(주로는 점수)는 각 대학교의 교육 질
을 평가하는 하나의 주요 지표로 이용된다는 것이다.

2.2 조선어 전공 4·8급 시험의 내용과 형식

조선어 전공 4급 시험요강에서는 교수요강에서 규정한 기초과정에서의
말하기 능력을 제외한 듣기, 읽기, 쓰기, 번역 등 언어능력과 인문지식을
그 시험 내용으로 한다고 규정하고, 이상의 내용을 크게 '듣기', '어휘·문
법', '읽기', '인문지식', '번역', '쓰기' 등 6개 영역으로 구분하고 있다.

시험형식과 관련해서는 시험결과의 신뢰도를 확보하기 위해 번역과 쓰
기만 주관식으로 하고 나머지 4개 영역은 객관식(선다형)으로 한다고 규정
하고 있다. 그리고 요강에 규정된 각 영역의 문항 수, 배점, 문제의 유형,
시험시간 등을 하나의 도표로 보이고 있는데 그것을 재정리하여 도표로
보이면 다음과 같다.

[표 1] 조선어 전공 4급시험의 모형

구분	영역	문항번호	시험유형	문항수	배점	시험시간
一	듣기	1-10	객관식	10	20점	20분
二	어휘	11-30	객관식	20	20점	35분
	문법	31-50		20	20점	
三	읽기	51-70	객관식	20	40점	40분
四	인문지식	71-80	객관식	10	10점	10분
五	번역	81-90	주관식	10	20점	15분
六	쓰기	91	주관식	1	20점	30분
합계				91	150점	150분

위의 도표를 보면 4급 시험은 총점이 150점으로 설계되어 있는데 실제 성적 계산에서는 다시 백점제로 환산하여 60점 이상(60점 포함)을 합격으로 90점 이상(90점 포함)을 우수로 구분하여 발표하고 있다.[4]

조선어 전공 8급 시험요강에서는 교수요강에서 규정한 고급과정에서의 말하기 능력을 제외한 듣기, 읽기, 쓰기, 번역 등 언어능력과 인문지식을 그 시험 내용으로 한다고 규정하고, 이상의 내용을 크게 '듣기', '어휘·문법', '읽기', '인문지식', '번역', '쓰기' 등 6개 영역으로 구분하고 있다.

시험형식과 관련해서는 시험결과의 신뢰도를 확보하기 위해 번역과 쓰기만 주관식으로 하고 나머지 4개 영역은 객관식(선다형)으로 한다고 규정하고 있다. 그리고 요강에 규정된 각 영역의 문항 수, 배점, 문제의 유형, 시험시간 등을 하나의 도표로 보이고 있는데 그것을 재정리하여 도표로 보이면 다음과 같다.

[표 2] 조선어 전공 8급시험의 모형

구분	영역	문항번호	시험유형	문항수	배점	시험시간
一	듣기	1-10	객관식	10	20점	30분
二	어휘	11-25	객관식	15	15점	30분
	문법	26-40		15	15점	
三	읽기	41-60	객관식	20	30점	30분
四	인문지식	61-90	객관식			20분
	언어	61-75		15	15점	
	문학	76-90		15	15점	
五	번역	91-94	주관식	4	20점	30분
六	쓰기	95	주관식	1	20점	40분
합계				95	150점	180분

위의 도표에서 볼 수 있는 바와 같이 8급 시험은 4급 시험과는 달리 시험시간이 180분으로 30분 늘어났고 인문지식 부분이 언어지식과 문학지식

---

4) 시험요강에서는 우수를 90점 이상으로 규정하였는데 지금은 85점 이상으로 하양 조절하였다.

두 부분으로 나뉘어 설계되어 있다.

3. 2015년에 실시된 4·8급 시험에 대한 고찰

그럼 이제부터는 2015년에 실시된 4·8급 시험 답안지에 반영된 수치(점수) 중에서 응시자(수험생), 합격현황, 전체 또는 영역별 최고점수, 합격률, 우수율 등과 관련된 수치를 중심으로 2015년에 실시된 4·8급 시험에 대해 거시적으로 검토해 보기로 한다.

본 고찰이 비록 4·8급 시험에 대한 거시적 고찰이기는 하지만 중국에서 실시되고 있는 4·8급 시험을 이해하는 데 참고로 될 수 있는 정보를 좀 더 많이 제공하기 위해 본 고찰은 '수험생들의 시험성적에 대한 총체적 고찰', '영영별 시험성적에 대한 고찰' 두 부분으로 나누어 진행하기로 한다.

3.1 시험성적에 대한 총체적 고찰

2015년 6월에 실시된 4급 시험 결과를 하나의 도표로 보이면 다음과 같다.

[표 3] 2015년 4급시험 합격 현황

구분	응시자	합격	불합격	우수
수험생	1,847명	1,584명	263명	330명
백분율	100%	88.54%	11.46%	18.45%

위의 도표에서 볼 수 있는 바와 같이 2015년에 실시된 4급시험에는 총 48개 대학교의 1,847명의 수험생들이 참가했는데 합격자는 1,584명으로 88.54%에 달했고 불합격자가 263명으로 11.46%에 달했다.(그런데 불합격자 중 59명의 응시자는 시험에 참가하지 않았다. 실제 시험에 참가한 수험

생 중 불합격자는 204명으로 11.04%에 불과하다.) 합격자 중 우수는 330명으로 18.45%에 달했다.

2015년 12월에 실시된 8급 시험 결과를 하나의 도표로 보이면 다음과 같다.

[표 4] 2015년 8급시험 합격 현황

구분	응시자	합격	불합격	우수
수험생	1,074명	924명	150명	71명
백분율	100%	86.03%	13.97%	6.61%

위의 도표에서 볼 수 있는 바와 같이 8급 시험에는 42개 대학교의 1,074명의 수험생들이 참가했는데 합격자는 924명으로 86.03%에 달했고 불합격자는 150명으로 13.97%에 달했다.(8급 시험의 경우에도 응시자 중 시험에 참가하지 않은 학생이 39명으로 시험에 참가한 응시자 중 실제 불합격자는 111명으로 10.34%에 불과하다.) 합격자 중 우수는 71명으로 6.61%에 달했다.

위의 고찰에서 볼 수 있는 바와 같이 4급 시험과 8급 시험은 합격률에서는 별로 큰 차이를 보이지 않지만 우수율에서는 상당한 차이를 보이고 있는바 8급 시험의 우수율은 4급 시험의 3분의 1 남짓한 정도에 불과하다.

이 시험 결과가 어느 정도 객관성을 갖고 있는가를 살펴보기 위해 우리는 주관식 문항과 객관식 문항으로 나누어 그 성적 분포를 살펴보았는데 결과는 아래의 도표와 같다.

[표 5] 주객관식 문제에 따른 4급시험 평균 점수 비교

구분	객관식 문항		주관식 문항	
	만점	평균 득점	만점	평균 득점
점수	110.00점	70.24점	40.00점	27.26점
백분율	100%	63.85%	100%	68.15%

2부 | 조선어 전공 4·8급(TKM4·8) 시험 실행 현황에 대한 고찰

[표 6] 주객관식 문제에 따른 8급시험 평균 점수 비교

구분	객관식 문항		주관식 문항	
	만점	평균 득점	만점	평균 득점
점수	110.00점	64.85점	40.00점	28.58점
백분율	100%	58.95%	100%	71.45%

위의 도표에서 볼 수 있는 바와 같이 4급 시험의 경우에는 주객관식 문항의 평균점수가 거의 비슷한 비례를 보이고 있지만 8급 시험의 경우에는 객관식 문항의 평균 점수가 급격 선에도 미치지 못하는 상당히 낮은 비례를 보이고 있다. 8급 시험에서 객관식 문항의 평균 점수가 주관식 문항의 평균 점수에 비하여 이렇게 낮은 비례를 보인 주되는 원인은 아래에서 고찰하게 될 영역별 시험 분석에서 볼 수 있는데 주로는 인문 사회과학 지식 영역의 시험 성적이 상당히 낮다는 사정과 관련된다.

3.2 영역별 시험 성적에 대한 고찰

영역별로 2015년에 실시된 4·8급 시험에 반영된 몇 가지 주요 수치를 도표로 종합해 보면 다음과 같이 될 것이다.

[표 7] 4급 시험 영역별 주요 항목 수치

구분	만점	최고점수	평균점수	합격률	불합격률	우수율
듣기	20점	20점	15.89점 /79.45점	1,621명 /87.76%	226명 /12.24%	1,276명 /69.09%
어휘·문법	40점	38점	18.65점 /46.63점	594명 /32.16%	1,253명 /67.84%	44명 /2.38%
읽기	40점	40점	29.55점 /73.88점	1,636명 /88.58%	211명 /11.42%	978명 /52.95%
인문	10점	10점	6.13점 /61.30점	1,473명 /79.75%	374명 /20.25%	538명 /29.13%

| 번역 | 20점 | 19점 | 13.45점
/67.25점 | 1,595명
/86.36% | 252명
/13.64% | 322명
/17.43% |
| 쓰기 | 20점 | 19.5점 | 13.81점
/69.05점 | 1,650명
/89.33% | 197명
/10.67% | 478명
/25.88% |

[표 8] 8급 시험 영영별 주요 항목 수치

구분	만점	최고점수	평균점수	합격률	불합격률	우수율
듣기	20점	20점	12.58점 /62.90점	761명 /70.86%	313명 /29.14%	340명 /31.66%
어휘·문법	30점	28점	13.80점 /45.95점	347명 /32.31%	727명 /67.69%	31명 /2.89%
읽기	30점	30점	22.09점 /73.56점	966명 /89.94%	108명 /10.06%	555명 /51.68%
인문	30점	29점	16.37점 /54.51점	663명 /61.73%	411명 /38.27%	84명 /7.82%
번역	20점	18.25점	14.35점 /71.75점	973명 /90.60%	101명 /9.40%	396명 /36.87%
쓰기	20점	19점	14.23점 /71.15점	1,014명 /94.41%	60명 /5.59%	261명 /24.30%

위의 도표에서 볼 수 있는 바와 같이 평균 점수는 4급 시험에서는 듣기 79.45점, 읽기 73.88점, 번역 67.25점, 쓰기 69.05점, 인문 61.30점, 어휘·문법 46.63점의 순위로 되어 있고 8급 시험에서는 읽기 73.56점, 번역 71.75점, 쓰기 71.15점, 듣기 62.90점, 인문 54.51점, 어휘·문법 45.95점의 순위로 되어 있다.

합격률은 4급에서는 쓰기 89.33%, 읽기 88.58%, 듣기 87.76%, 번역 86.36%, 인문 79.75%, 어휘·문법 32.16%의 순위로 되어 있고, 8급에서는 쓰기 94.41%, 번역 90.60%, 읽기 89.94%, 듣기 70.86%, 인문 61.73%, 어휘·문법 32.31%의 순위로 되어 있다.

우수의 비례는 4급에서는 듣기 69.09%, 읽기 52.95%, 인문 29.13%, 쓰기 25.88%, 번역 17.43, 어휘·문법은 2.38%의 순위로 되어 있고, 8급에서는 읽기 51.68%, 번역 36.87%, 듣기 31.66%, 쓰기 24.30%, 인문 7.82%, 어휘·문법 2.89%의 순위로 되어 있다.

그럼 이제부터는 영역별로 4급 시험과 8급 시험에 반영된 주요 수치를 비교하면서 존재하는 주요한 문제가 무엇인가를 살펴보기로 한다.

3.2.1. 듣기 영역

듣기 영역 4급 시험요강에서는 한국인들이 일상생활에서 정상적인 속도 (분당 100–130 어절의 발음 속도)로 진행하는 이야기나 언론 매체에서 방송하는 신문이나 문화프로의 주요 내용을 듣고 이해하는 능력을 검증하는 것을 그 목적으로 하고, 8급 시험요강에서는 분당 150–180 어절의 발음속도로 진행하는 강연이나 한국의 주요 언론 매체에서 방송하는 정치, 경제, 역사, 문화, 교육, 과학 기술 등 방면의 신문 보도의 내용을 듣고 이해하는 능력을 검증하는 것을 그 목적으로 하고 있다.

듣기 영역 시험은 4·8급이 각각 10개의 문항에 총 20점으로 구성되었고 시험 유형은 객관식 선다형으로 되어있다.

듣기 영역 답안지에 반영된 주요 수치는 다음 표와 같다.

[표 9] 듣기 영역 주요 항목 수치 비교

구분	최고점수	평균점수	합격률	불합격률	우수율
4급	20점/20점/561명/30.37%	15.89점	1,621명/87.76%	226명/12.24%	1,276명/69.09%
8급	20점/20점/30명/2.79%	12.58점	761명/70.86%	313명/29.14%	340명/31.66%

위의 표에서 볼 수 있는 바와 같이 듣기 영역에서는 8급 시험의 각항 수치가 4급 시험에 비해 상당이 낮은 수치를 보이고 있다. 답안지에 나타난

이와 같은 수치는 다음과 같은 문제를 설명해주는 것이 아닐까 생각된다.

첫째, 4급의 경우에는 거의 70%에 달하는 수험생의 성적이 우수에 도달했고, 합격률이 90%에 육박하지만 8급의 경우에는 우수율이 반으로 줄어들고 합격률도 근 20%나 감소되었는데 이는 4급 시험과 8급 시험이 난이도 책정에서 문제가 있을 수 있다는 것을 설명해 줄 수 있다.

둘째, 4급 시험에서는 30%를 초과하는 수험생들이 만점에 도달했으나 8급 시험에서는 만점에 도달하는 학생이 3%에도 못 미친다. 이는 4급 시험이 변별도에서 문제가 있을 수 있다는 것을 설명해 줄 수 있다.

셋째, 만약 출제의 난이도와 변별도에 별 큰 문제가 없다면 다른 한 측면에서 우리 학생들이 비교적 빠른 속도로 진행하는 강연이나 한국의 사회 문화와 관련된 전문성을 띤 비교적 긴 신문 보도의 내용을 듣고 이해하는 능력이 약하다는 것을 설명해 줄 수도 있다.[5]

3.2.2. 어휘·문법 영역

어휘·문법 영역 4급 시험요강에서는 교수요강에서 규정한 기초교육 단

---

[5] 비교적 긴 자료로 구성된 4급의 듣기 문항 9-10과 8급의 듣기 문항 9-10을 대비적으로 들어 보이면 다음과 같다.

4급의 듣기 [문항9]: 무엇이 교통사고 방지와 예방에 최우선이 되어야 합니까?
① 자동차의 색상 ② 음주 ③ 철저한 안전 운전 ④ 교통 법규
[문항10]: 왜 노란색(黃色)이 가장 안전한 색상이라고 합니까?
① 색채 중에서 가장 크게 보이는 성질이 있기 때문에 ② 유치원 차량 색채이기 때문에 ③ 안전하기 때문에 ④ 멀리 있는 것처럼 보이기 때문에
8급의 듣기 [문항9]: 들은 내용과 다른 것을 고르십시오.
① 이희아는 선천적으로 한 손에 손가락이 두 개뿐이었다. ② 이희아는 하루에 열네 시간씩 피아노 앞에서 연습을 했다. ③ '즉흥 환상곡'은 건강한 사람도 연습하다가 그만두는 경우가 많다. ④ 누구나 노력하면 자기가 뜻하는 바를 이룰 수 있다.
[문항10]: 여자의 생각과 같은 것을 고르십시오.
① 이희아는 피아노를 쳐서 사회에 물의를 불러일으킨 인물이다. ② 이희아는 남다른 노력과 집념으로 6년 이상을 연습했다. ③ 이희아는 자신의 노력으로 사람들의 편견을 모두 깨버렸다. ④ 사람들은 피아노를 치려는 이희아를 정신이 돌았다고 했다.

계에서 장악해야 할 어휘 5,500여 개와 조사, 어미, 관용형 등 200여 개의 문법 형태를 이해하고 활용하는 능력을 검사하는 것을 그 목적으로 하고, 8급 시험요강에서는 고급교육 단계에서 장악해야 할 어휘 10,000여 개와 조사, 어미, 관용형 등 260여 개의 문법 형태를 이해하고 활용하는 능력을 검사하는 것을 그 목적으로 하고 있다.

어휘·문법 영역의 시험은 4급의 경우에는 어휘지식 활용과 관련된 문항 20개, 문법지식 활용과 관련된 문항 20개 총 40개 문항으로 구성되었으며 배점은 총 40점으로 규정되어 있다. 8급의 경우에는 어휘 지식 활용과 관련된 문항 15개, 문법 지식 활용과 관련된 문항 15개 총 30개 문항으로 구성되었으며 배점은 총 30점으로 규정되어 있다.

시험유형은 4·8급 모두가 객관식 선다형으로 되어 있다.

어휘·문법 영역 답안시에 반영된 주요 수치는 나음 표와 같다.

[표 10] 어휘·문법 영역 답안지에 반영된 주요 수치 비교

구분		최고점수	평균점수	합격률	불합격률	우수율
4급	어휘	20점/20점/1명	8.95점	577명/31.24%	1,270명/68.76%	59명/3.19%
	문법	20점/20점/3명	9.70점	761명/41.20%	1,086명/58.80%	98명/5.31%
8급	어휘	15점/14점/1명	6.79점	399명/37.15%	675명/62.85%	43명/4.00%
	문법	15점/15점/2명	7.01점	467명/43.48%	607명/56.52%	59명/5.49%

위의 도표에서 볼 수 있는 바와 같이 어휘·문법 영역 시험에서는 4·8급 모두가 평균 점수가 급격 선에도 들지 못하는 아주 낮은 득점률을 보이고 있는데 어휘 영역이 더욱 그러하다. 이와 같은 수치는 다음과 같은 문제를 설명해 주는 것이 아닐까 생각된다.

첫째, 우리 학생들이 기초교육 과정이나 고급교육 과정 교수요강에서

규정한 어휘나 문법 형태들에 대해 어느 정도 이해는 하고 있지만 정확하게 장악은 하지 못했다는 것을 설명해 주고 있다.

어휘·문법 영역의 시험은 시험요강의 정신에 따라 어느 한 어휘나 문법 형태를 정확하게 이해하고 활용할 수 있는가를 검사하는 것을 목적으로 문항들이 설계되어 있다.

예[1] 다음 ( )에 알맞은 것을 고르십시오.

- 이번에는 열심히 노력하여 드디어 운전면허증을 (   ).(4:13)

  ① 성취했다　　　② 얻었다　　　③ 쟁취했다　　　④ 땄다

- 그 여자는 남자친구와 귓속말로 (   ) 속삭였다.(8:14)

  ① 중얼중얼　　　② 수근수근　　　③ 옹알옹알　　　④ 소곤소곤

예[2] 다음 ( )에 알맞은 것을 고르십시오.

- 항상 집에 혼자만 있어야 하는 그 꼬마(   ) 인형은 친구이자 동생이었다.(4:32)

  ① 에게서　　　② 에　　　③ 한테서　　　④ 에게

- 우리가 누군가에 대해서 판단한다는 것은 한 달 전이나 두 달 전 또는 며칠 전의 낡은 관념으로 현재의 그 사람을 판단하려고 하는 것과 같다. 그렇기 때문에 이런 판단은 늘 잘못되(   ).(8:26)

  ① 기 마련이다　② 기 망정이다　③ 기 일쑤이다　④ 기 때문이다

위의 예문들에서 볼 수 있는 바와 같이 어휘·문법 영역의 선다형 문항들에는 둘 이상의 서로 비슷한 어휘나 문법형태들이 들어있다. 그러므로 이런 유사한 어휘나 문법형태들의 차이를 정확하게 이해해야만 바른 선택을 할 수 있게 된다.

둘째, 다른 한편 기타 영역의 시험에 비해 난이도의 책정에서 어느 정도 문제가 있을 수도 있다는 것을 설명해 준다.

3.2.3. 읽기 영역

읽기 영역 4급 시험요강에서는 학생들로 하여금 주어진 시간 내에 제

공된 한국어 원문 자료를 읽고 그 내용을 정확하게 이해하고 판단하는 능력을 검사하는 것을 그 목적으로 하고 8급 시험요강에서는 한국 문학 작품과 신문, 잡지, 인터넷에 실린 인문 과학 지식 관련 한국어 원문 자료를 읽고 그 내용을 정확하게 이해하고 판단하며 주어진 자료의 텍스트 구조, 수사학적 특점 등을 분석할 수 있는 능력을 검사하는 것을 그 목적으로 하고 있다.

읽기 영역 4급 시험은 '읽기 1'과 '읽기 2'로 나뉘는데 각 10개의 문항 총 20개의 문항으로 구성되었다. '읽기 1'의 10개 문항은 전부 하나의 비교적 긴 문장이나 짧은 글로 구성되어 있고, '읽기 2'의 10개 문항은 모두 500−600자(음절) 내외의 글로 구성되어 있다. 총 배점은 40점이다. 8급 시험도 '읽기 1'과 '읽기 2'로 나뉘는데 각 10개의 문항 총 20개의 문항으로 구성되었다. 배점은 '읽기 1' 10점, '읽기 2' 20점 총 30점이다. '읽기 1'은 200자(음절) 내외의 5편의 글로 구성되었고 '읽기 2'는 700자 내외의 2편의 글로 구성되었다. 시험 유형은 4·8급 모두가 객관식 선다형이다.

읽기 영역의 답안지에 반영된 주요 수치는 다음 표와 같다.

[표 11] 읽기 영역 답안지에 반영된 주요 수치 비교

구분		최고점수	평균점수	합격률	불합격률	우수율
4급	읽기 (1)	20점/20점 /109명	13.91점	1,506명/ 81.54%	341명/ 18.46%	860명/ 46.56%
	읽기 (2)	20점/20점 /424명	15.64점	1,608명/ 87.06%	239명/ 12.94%	1,277명/ 69.14%
8급	읽기 (1)	10점/10점 /4명	7.01점	973명/ 90.60%	101명/ 9.40%	541명/ 50.37%
	읽기 (2)	20점/20점 /138명	15.08점	934명/ 86.96%	140명/ 13.04%	685명/ 63.78%

위의 도표에서 볼 수 있는 바와 같이 4급 성적과 8급 성적이 모든 항목에 걸쳐 별로 큰 차이를 보이지 않는다. 듣기 영역의 시험과는 현저한 대

조를 이룬다. 듣기 영역의 시험에서는 앞의 고찰에서 보아온 바와 같이 4급과 8급이 합격률에서 87.76%:70.86%, 우수율에서 69.09%:31.66%, 최고점수(만점)에서 30.37%:2.79%로 4급이 성적이 훨씬 높게 나타나고 있다. 이와 같은 수치는 우리 학생들이 귀로 듣고 이해하는 능력이 눈으로 보면서 이해하는 능력보다 훨씬 뒤떨어지고 있음을 설명해준다.

그리고 '읽기 1'과 '읽기 2'의 성적을 비교해 보면 비교적 큰 차이를 보이는데 4급의 경우에는 모든 항목에 걸쳐 '읽기 2'의 성적이 '읽기 1'보다 훨씬 높게 나타났고, 8급의 경우에도 합격률에서만 '읽기 1'의 성적이 조금 높게 나타났고 기타의 모든 항목에서는 '읽기 2'의 성적이 훨씬 높게 나타났다. 이와 같은 수치는 문항 설정에서 '읽기 1'에서는 150-200자(음절) 내외의 자료에 2개의 문항을 설정한 반면 '읽기 2'에서는 400-700자(음절) 내외의 자료에 5개의 문항을 설정했다는 사정과 관련되는 것 같다.

3.2.4. 인문지식 영역

인문지식 영역 4급 시험요강에서는 학생들이 기초교육 과정 교수요강에서 규정한 대상국가인 한국과 조선의 역사, 지리, 정치, 경제, 종교, 풍속습관, 언어 특징, 사회제도 등 사회와 문화에 대한 기본 지식 장악 정도를 검사하는 것을 그 목적으로 하고, 8급 시험요강에서는 고급교육과정 교수요강에서 규정한 한국의 언어 지식과 문학 지식 장악 정도를 검사하는 것을 그 목적으로 하고 있다.

인문지식 영역 4급 시험은 총 10개 문항으로 구성되었으며 배점은 총 10점으로 되어 있다. 8급 시험은 언어 지식 15개 문항, 문학 지식 15개 문항 총 30개 문항으로 구성되었으며 배점은 총 30점이다. 시험유형은 4·8급 모두가 객관식 선다형이다.

인문지식 영역의 답안지에 반영된 주요 수치는 다음 표와 같다.

[표 12] 인문지식 영역 답안지에 반영된 주요 수치 비교

구분		최고점수	평균점수	합격률	불합격률	우수율
4급	문화	10점/10점/65명	6.13점	1,473명/79.75%	374명/20.25%	538명/29.13%
8급	언어	15점/15점/22명	10.25점	934명/86.96%	140명/13.04%	408명/37.99%
	문학	15점/14점/21명	6.12점	304명/28.31%	770명/71.69%	66명/6.15%

위의 도표에서 볼 수 있는 바와 같이 인문지식 영역 시험에서 4급의 사회와 문화 지식 그리고 8급의 언어 지식 부분의 평균 점수는 각각 6.13점, 10.25점으로 급격 선에 들고 있지만 8급의 문학 지식은 6.12점으로 급격 선에도 미치지 못하고 있다. 합격률에서도 8급의 문학 지식 부분은 4급의 사회와 문화 지식과 8급의 언어 지식 부분의 반에도 미치지 못하고 있다.

이와 같은 수치는 학생들이 각 대학교들에서 개설한 '한국개황'과 같은 한국 사회와 문화와 관련된 학과목을 통해 한국의 사회와 문화에 대해 어느 정도 이해하고 있고 '정독과'(혹은 '종합한국어')의 수업을 통해 언어 지식에 대해서도 어느 정도 장악하고 있지만 한국 문학 지식에 대해서는 적지 않은 학교들에서 '한국문학사' 등 한국 문학 지식과 관련된 학과목을 개설하지 않은 관계로 배우지 못했다는 사정과 관련되는 것 같다.

이러한 문제를 해결하기 위해 우리 학회에서는 몇 년 전부터『한국의 사회와 문화』,『한국어통론』,『한국문학통론』세 질의 통용교재 집필에 착수했는데 금년 말이면 모든 교재가 출간될 것으로 기대된다.

3.2.5. 번역 영역

번역 영역 4급 시험요강에서는 기초교육과정 교수요강 규정에 따라 학생들의 한중, 중한 번역의 능력을 검사하는 것을 목적으로 하고, 8급 시험요강에서는 고급교육과정 교수요강에서 규정한 한중, 중한 번역의 능력을

검사하는 것을 그 목적으로 하고 있다.

4급 시험에서는 학교생활, 사회생활 등과 관련된 복문 구조의 짧은 글을 한국어는 중국어로, 중국어는 한국어로 직접 번역을 진행하는 주관식으로 되었는데 문항 수는 중한 번역 5개, 한중 번역 5개, 총 10개의 문항으로 구성되어 있으며 배점은 총 20점이다. 8급 시험에서는 한국과 중국의 신문 잡지에 실린 200-250자 내외의 사회, 정치, 경제, 문화 등과 관련된 글을 중국어는 한국어로, 한국어는 중국어로 직접 번역하는 주관식으로 되었는데 문항 수는 중한 번역 2개, 한중 번역 2개, 총 4개의 문항으로 구성되었으며 배점은 총 20점이다.

번역 영역의 답안지에 반영된 주요 수치는 다음 표와 같다.

[표 13] 번역 영역 답안지에 반영된 주요 수치 비교

구분		최고점수	평균점수	합격률	불합격률	우수율
4급	중한	10점/9.5점/2명	5.28점	1,129명/61.13%	718명/38.87%	82명/4.44%
	한중	10점/10점/21명	8.17점	1,756명/95.07%	91명/4.93%	1,442명/78.07%
8급	중한	10점/9점/1명	6.58점	933명/86.87%	141명/13.13%	162명/15.08%
	한중	10점/9.75점/2명	7.77점	990명/92.18%	84명/7.82%	753명/70.11%

위의 도표에서 볼 수 있는 바와 같이 번역 영역의 답안지에서는 4·8급 시험 전반에 걸쳐 한중 번역의 성적이 중한 번역에 비해 훨씬 높게 나타나고 있는데 4급의 중한 번역의 평균 점수는 급격 선에도 미치지 못하고 있다.

이와 같은 수치는 우리의 학생들이 한국어를 이해하는 능력은 어느 정도 갖추고 있지만 한국어로 표현하는 능력은 상당히 차하다는 것을 설명해 준다.

3.2.6. 쓰기 영역

쓰기 영역 4급 시험요강에서는 기초교육과정 교수요강에서 규정한 기사문, 설명문, 감상문, 서간문(서한문) 등 문체의 한국어 글쓰기 능력을 검사하는 것을 그 목적으로 하고, 8급 시험요강에서는 고급교육과정 교수요강에서 규정한 각종 문체의 한국어 글쓰기 능력을 검사하는 것을 그 목적으로 하고 있다.

쓰기 영역 시험은 명제 작문의 형식, 혹은 주어진 자료에 따라 제목을 달고 글을 쓰는 형식으로 되어 있는데 4급 시험은 500자 내외의 글을, 8급에서는 800자 내외의 글을 완성하는 주관식 글쓰기로 되어 있다. 배점은 각 20점이다.

쓰기 영역의 답안지에 반영된 주요 수치는 다음 표와 같다.

[표 14] 쓰기 영역 답안지에 반영된 주요 수치 비교

구분	최고점수	평균점수	합격률	불합격률	우수율
4급	20점/19.5점/ 1명	13.81점	1,650명/ 89.33%	197명/ 10.67%	478명/ 25.88%
8급	20점/19점/ 1명	14.23점	1,014명/ 94.41%	60명/ 5.59%	261명/ 24.30%

위의 도표에서 볼 수 있는 바와 같이 쓰기 영역 답안지에서는 평균 점수와 합격률에서 8급의 성적이 4급보다 좀 높은 것으로 나타나고 있다. 이는 아마도 어휘량의 증가와 어느 정도 관련이 있는 듯하다.

그런데 채점 과정에 학생들이 쓴 글을 직접 훑어보면 어휘·문법 영역 시험에서 존재했던 문제들이 그대로 나타나고 있음을 발견할 수 있었다. 바꾸어 말하면 500-800자의 글에 어휘나 문법형태 사용에서의 오류가 너무나도 많이 발견된다는 것이다.

4. 남은 문제

지금까지 우리는 2015년에 실시된 4·8급 시험 답안지에 반영된 주요 항목 수치들에 대해 거시적으로 살펴보면서 중국에서의 한국어 교육에서 존재하는 학생들의 표현능력이 이해능력에 비해 훨씬 차한 문제, 출제에서 듣기와 읽기 영역의 성적이 기타 영역의 성적보다 훨씬 높게 나타난 난이도 책정에서의 형평성 문제에 대해 지적한 바 있다.

그러나 이는 어디까지나 거시적인 고찰에 불외한 바 이를 근거로 중국에서 실시되고 있는 조선어 전공 4·8급시험 전반에 대해, 더욱이는 중국에서의 한국어 교육에 대해 정확한 평가를 진행할 수 없음은 너무나도 당연한 이치이다.

보다 나은 4·8급시험의 개발을 위해서는 우선, 지금까지 진행한 영역별 시험 답안지에 반영된 수치에 대한 검토를 토대로 문항별로 시험 답안지에 반영된 수치들에 대해 구체적인 분석을 진행해야 할 것이다. 이런 작업이 선행되어야만 출제에서 존재하는 문제는 무엇이고 우리 한국어 교육에서 시급히 해결해야 할 문제는 어떤 것들인지에 대해 보다 객관적인 판단을 내릴 수 있게 되며 그 해결책도 찾을 수 있게 될 것이다.

다음, 이론적인 측면에서 다음과 같은 두 가지 문제가 반드시 천명되어야 할 것이다.

첫째, 객관식의 선다형 문항으로 학생들이 장악한 지식과 언어능력을 과연 정확히 측정해 낼 수 있는지? 만약 측정해 낼 수 있다면 어느 정도 정확하게 측정해 낼 수 있는지? 선다형 문항에서는 맞게 선택했던 단어나 문법항목(조사, 어미, 관용형 등)을 번역이나 작문에서는 틀리게 사용하는 경우가 많은데 이런 문제는 어떻게 해석해야 하는지?

둘째, 듣기, 읽기, 어휘·문법, 인문지식 등 영역의 문항들은 다 같이 객관식의 선다형으로 구성되었는데 듣기와 읽기 영역의 점수가 훨씬 높게 나타나는 원인은 무엇인지? 바꾸어 말하면 우리 학생들이 어떤 말이나 글의 내용에 대해 이해하고 판단하는 능력은 상당히 높은 것으로 나타나는데 어떤 지식, 예컨대 단어나 문법형태의 용법 등에 대해 이해하고 판단하는 능력은 상대적으로 낮은 것으로 나타나는데 그 원인은 무엇인지?

* 이 논문은 중국한국(조선)어교육연구학회 『한국(조선)어교육연구』 제12호(태학사, 2017년 7~28쪽)에 실려 있음.

《한국어》(연세대 편)를 교과서로
문법 지식을 전수할 때 유의해야 할
문제에 대하여

1. 서론

목전 중국에서의 한국어 교육의 실정을 놓고 보면 각 대학에서 자기의 실정에 맞는 교과서를 자체로 편찬하지 못하는 정황 하에서 다른 대학에서 편찬한 교과서를 선택해서 쓰고 있는데 가장 많이 채용된 교과서가 필자가 알기로는 연세대학교 한국어학당에서 편찬한 《한국어》이다. 이는 연세대 교과서가 그만큼 잘 편찬되었다는 것을 말해 준다. 연세대 교과서는 확실히 중국에서의 한국어 교육을 위해 커다란 공헌을 했으며 앞으로도 계속 그러하리라 믿어마지 않는다.

본 논문에서는 한국어 교육의 질을 보다 높은 단계로 끌어올리기 위해 비교적 많은 대학들에서 사용하고 있는 연세대 편 《한국어》에 반영된 문법 지식을 중심으로 보다 효과적인 문법지식 전수를 위한 제 문제들에 대해 토론하려 한다.

2. 문법지식 전수에서 유의해야 할 제 문제

우리가 여기서 말하는 문법지식이란 문법 전공을 위한 일련의 이론 체계를 가리키는 것이 아니라 언어능력 향상을 위한 언어행위에서의 구체적인 문법적 형태와 문법적 수단들의 의미와 기능에 관한 지식을 가리키는 것만큼 한국어 교육에서의 문법지식 전수는 해당 교과서에 반영된 문법지식을 떠날 수 없다.

그럼 먼저 《한국어》에서 취급된 문법지식에 대해 개략적으로 살펴보기로 하자.

《한국어》에서는 격조사 21개, 보조사 23개, 총 44개의 조사와, 종결어미 72개, 연결어미 56개, 관형사형 어미 4개, 시제어미 3개, 전성어미 2개, 존칭어미 1개, 총 138개의 어미에 186개의 관용형 총 368개의 문법적 형태를 다루고 있다.[1]

그럼 아래 이 교과서로 문법지식을 전수함에 있어서 어떤 점들에 유의해야 하는가에 대해 토론하기로 한다.

1) 교육자는 반드시 한국어 문법지식을 단편적으로가 아니라 체계적으로 장악하고 있어야 한다. 물론 우리가 기초 한국어에서 강의하는 문법이 한국어 문법체계를 학생들에게 장악시키기 위한 것은 아니다. 그러나 그렇다 하여 교육자 자체가 개별적인 문법적 현상들에 대해서는 어느 정도 알고 있다 하더라도 전반 한국어 문법체계에 대한 지식이 결여되어 있

---

[1] 이 통계 수치는 《한국어》에서 취급한 문법적 형태의 총 수와는 일정한 차이를 갖고 있다. 그것은 적지 않은 문법적 형태들이 《한국어》에서는 중복되어 나타나고 있기 때문이다.

다면 예기의 교육목표에 도달할 수 없을 것이다. 《한국어》를 교과서로 문법지식을 전수할 때 이점에 각별한 중시를 돌릴 필요가 있다. 우리들의 고찰에 의하면 격조사 "–께서, –의", 연결어미 "–며" 등과 같은 상용 조사나 어미가 《한국어》에서는 언급되지 않고 있는 현상을 발견할 수 있다. 이 중 "–께서"는 1–6(제1권 제6과의 뜻으로 앞의 수는 권을, 뒤의 수는 과를 의미함. 이하 마찬가지임.)에 "어머니께서 돌아오셨다."에서와 같이 출현되는데 무슨 원인에서인지 전혀 언급되지 않았다. 같은 1–6에서 "–께"를 문법지식으로 주면서 "–께서"를 취급하지 않은 이유가 전혀 이해되지 않는다. 한국어는 예의범절이 엄격한 언어인 것만큼 "–께서"와 같은 조사의 의미와 용법은 마땅히 상세히 서술되어야 할 것이다. "–의"는 3–4에 "처음 학교에 입학했을 때 선생님의 첫 인상은 퍽 무뚝뚝했다.", "김 박사님의 추천으로 취직했어요."에서처럼 반복적으로 나타나고 있음에도 불구하고 전혀 언급되지 않고 있다. 연결어미 "–며"는 4–2에 "비록 내가 세운 계획이 빗나간다 해도 우리는 계속 계획을 세우며 살아야 한다."에서와 같이 출현되며 또 4–6의 연습에서까지 제시되고 있지만 지식으로서는 그 어디에서도 언급하지 않고 있다. 이외에도 상용 연결어미 "–어, –기에, –고서"도 독자적인 문법적 형태로 다루지 않고 "–러 가다/오다(1–9)", "–는다기에(4–7, 6–1)", "–고서는(4–9)"에서와 같이 간단히 언급했을 뿐 이것들의 의미와 용법에 대한 전면적인 서술은 그 어디에서도 찾아볼 수 없다. 교과서의 처리가 이렇게 되어 있는 상황에서 한국어 문법체계에 대한 전면적인 지식이 없이는 교과서의 내용을 그대로 옮기는 데 그치고 말 것이다.

2) 교육자는 한국어 문법체계에 대한 해박한 지식과 함께 매개 문법적 형태의 의미와 용법에 대해서도 투철하게 장악하고 있어야 한다. 한국어 문법적 형태는 극히 개별적인 것을 제외하고는 거의 모두가 다의적이다. 격조사와 연결어미가 더욱 그러하다. 《한국어》에 실린 글들을 읽어보아도 하나의 조사나 어미가 매번 꼭 같은 의미로만 출현된 것이 아님을 쉽게 발견할 수 있다. 그러함에도 불구하고 《한국어》에서의 구체적인 조사나 어

미의 설명을 보면 격조사 "–로"나 연결어미 "–고" 등과 같은 극히 개별적인 문법적 형태에 대한 서술은 비교적 전면적으로 되고 있지만 많은 조사와 어미는 한두 개의 의미와 용법으로 그 설명을 마치고 있다. 그 주되는 원인은 한 조사나 어미의 다의성은 수많은 문장을 통해서 나타나게 되는데 교과서의 서술에서는 해당 조사나 어미가 처음 출현되었을 때의 의미와 용법 서술에 만족한 것이 아닐까 생각된다. 그 일례로 단 하나의 의미와 용법 서술로 끝난 격조사 "–를/–을"을 들 수 있는데 "–를/을"은 1–2에서의 서술(직접 객체: 신문을 봅니다.)로 끝났다. 그럼 아래 이 "–를/–을"이 실제로는 어떻게 쓰이었는가를 살펴보기로 하자.

㉮ 목적: 저는 이번 연휴에 등산을 가려고 하는데 같이 가시겠습니까?(2–6)

㉯ 경과장소: 오늘은 오랜만에 시간을 내서 대학로를 걸었다.(2–7)

㉰ 소요시간: 그러나 20분을 기다려도 빈 택시가 오지 않았습니다.(2–8)

㉱ 목적지: 학생들은 언제나 선생님을 찾아가 의논을 했다.(3–4)

㉲ 출발지: 나는 오래 전부터 한국을 떠나기 전에 이곳의 설날 풍습을 직접 보고 싶었다.(3–8)

㉳ 분량: 어느 회사 직원이 은행에서 직원들 월급을 찾아가다가 돈뭉치 하나를 흘린 거래요.(4–9)

㉴ 명명의 대상: 이 사신을 동지사라고 했다.(4–5)

㉵ 강조: 그동안 바빠서 찾아뵙지를 못했다.(3–7)

이상은 1–4권에서만 대충 뽑은 예들이다. 여기서 볼 수 있는 바와 같이 "–를/–을"에 대한 서술은 앞에서 언급한 격조사 "–로"나 연결어미 "–고"의 서술과는 판이한 대조를 이룬다.

교과서의 서술이 이렇게 되어 있다는 것은 우리 교육자들의 지식이 그만큼 더 해박해야 한다는 것을 말해 준다. 우리 교육자가 이 방면의 해박한 지식을 갖고 있어야 교과서의 서술에서는 비록 언급되지는 않았지만 마땅히 더 가르쳐야 할 지식이 무엇인가를 파악할 수 있게 되며 따라서 학생들이 이미 배운 지식에 새로운 문법적 현상을 맞추는 잘못을 범하지 않게 할 수 있다. 이와 동시에 우리 교육자들은 교수 준비 시 매 하나의 문법적 형태의 의미와 용법을 가르치는 순서에 따라 그 체계를 세워 나가야 한다. 이래야만 교과서에서와 같은 시행착오를 범하지 않게 된다. 그런데 여기서 강조하고 싶은 것은 이런 교수 준비도 한국어 문법적 형태들이 갖고 있는 의미와 용법에 대한 전면적인 지식을 전제로 한다는 것이다.

3) 우리의 교육자들이 교과서의 지식 체계를 자기의 교수 체계로 바꿀 수 있는 능력을 키워야 한다. 교과서의 문법지식 배당은 일반적으로 편자들의 심사숙고를 거친 비교적 과학적인 것이기는 하지만 절대적으로 교육목표와 학습자들의 언어 습득의 법칙에 맞는 것이라고 단정하기는 어렵다. 예를 들어 《한국어》에서는 전성어미 "-기"가 1-2에서 벌써 "공부하기가 재미있습니다."에서처럼 나타나고 있고 2-5에서는 제목 자체가 "물건 사기"로 되어 있다. 그런데 이 "-기"에 대한 지식 전수는 5-7에 배당되어 있다. 그 이유는 편자들의 설명이 첨부되어 있지 않기에 알 수 없지만 이런 처리가 과학적이냐 하는데 대해서는 의문을 제기하지 않을 수 없다. 만약 이런 현상이 극히 개별적으로 나타나는 현상이라면 별개의 문제로 되겠지만 사실은 그러하지 않다는 것이다. 1-1에서 나타나는 관형사형 어미 "-는"이 1-6에서, 종결형어미 "-오"가 5-1에서; 1-2에서 나타나는 연결어미 "-는데"가 1-7에서, 격조사 "-에게"가 1-6에서, 보조사 "-마다"가 1-9에서; 1-4에서 나타나는 보조사 "-들"이 2-1에서; 1-5에서 나타나는 연결어미 "-려고"는 1-10에서, "-게"는 2-1에서; 1-7에서 나타나는 종결어미 "-ㄴ데요"가 2-2에서; 1-10에서 나타나는 종결어미 "-ㄴ대요"가 3-4에서 전문 지식으로 서술되고 있다.

이상에서 들어 보인 것은 《한국어》 제1권에서만 보여지고 있는 것들인데 문제의 전부도 아니다. 한두 개 과가 지난 뒤에 전문 지식을 준 것들까지 합친다면 그 수는 배 이상으로 늘어날 것이다. 하나의 문법적 형태가 서로 다른 과에서 두세 번 이상 반복되어 출현된 후에야 그 문법적 의미와 용법을 전수하는 과학적 근거가 어디에 있는지 전혀 납득되지 않는다. 교과서의 어휘와 문법 설명에서 해당 문법적 형태를 취급하지 않았다 하여 교육자도 그것을 취급하지 않는다면 학습자는 어떻게 하란 말인가? 이런 경우 우리의 교육자들은 교과서에서 준 문법지식 체계를 전면적으로 파악한 전제 하에서 그것을 자기의 교수 체계로 재구성해야 한다. 다시 말하면 교과서의 지식 체계를 기계적으로 따를 것이 아니라 교과서와 학생들의 실정에 근거해서 자기의 문법 교수 체계를 새롭게 세워야 한다는 것이다. 이는 교육목표 달성에서의 중요한 담보의 하나로 된다. 앞에서 이미 언급된 것처럼 적지 않은 문법적 형태들이 그 문법 설명에서 빠졌다는 사정을 감안할 때 더욱 그러하다. 그래도 제1권의 경우는 선정된 글들이 비교적 짧아 어휘나 문법적 형태가 수적으로 얼마 되지 않기에 그 처리가 그리 어려운 것은 아니라고도 할 수 있겠으나 제2권의 경우부터는 문제가 복잡해진다. 만약 우리가 자기의 문법 교수 체계를 세우지 않는다면 새로운 문법지식 전수를 운운하기에 앞서 어떤 문법지식들이 새롭게 출현되는 것인가에 대해서조차 확인할 수 없게 될 것이다.

4) 우리 교육자들은 복잡한 구조로 구성된 언어적 단위, 특히는 문법적 단위들을 과학적으로 분석할 수 있는 기능을 키워야 한다. 한국어는 교착어로서 한 어휘적 단위에 여러 가지 문법적 형태가 덧붙는 방식으로 여러 가지 문법적 의미를 동시에 나타내기도 한다. 예를 들면 "날마다 수영을 다녔더니 건강이 좋아지더라고요."(6-3)에서의 "좋아지더라고요"와 같은 언어적 단위이다. 이 언어적 단위를 6-3에서는 "좋아지다"에 "-더라고요"가 붙은 형태로 보고 "-더라고요"를 다음과 같이 풀이했다.

"동사에 붙이며, 회상 또는 화자의 경험을 나타내는 감탄어미 '-더라'에 간접인용의 '-고'와 존대형 종결어미 '-요'가 합쳐진 형태로서 화자의 느낌이나 경험을 강조하여 알리는 것이다. '-더군요', '-데요', '-던데요' 등과 뜻이 비슷하나, 청자가 의문문으로 되물을 때 쓸 수 있는 것이 특징이다."

여기서 우리는 "-더라고요"란 언어적 단위가 나타내는 문법적 의미는 "화자의 느낌이나 경험을 강조하여 알리는 것"임을 알 수 있다. 그렇다면 이런 문법적 의미가 어떤 부동한 문법적 형태에 의해 이루어졌는가를 밝혀 보기로 하자. "화자의 느낌이나 경험을 알린다."는 문법적 의미는 "–더라"에 의해 표현되었음이 분명하고 여기서는 언급하지 않았지만 청자를 존경한다는 "존대"의 의미는 "–요"에 의해 표현되었음이 분명하지만 이 "–요"가 "존대형 종결어미"인가가 문제시된다. "–요"가 종결형으로 쓰일 때는 "여기가 어디요?"에서와 같이 하오체로 쓰이지 해요체로 쓰이지는 않는다. 그러므로 이 "–요"를 종결어미로 볼 수는 없다. 그렇다면 이 "–요"는 무엇인가? 보조사로 보아야 할 것이다. 그것은 한국어에서 이런 어음형태를 가지고 존경의 뜻을 나타내는 문법적 형태로는 다른 여러 형태 뒤에 두루 쓰일 수 있는 보조사 "–요"밖에 없기 때문이다. 그렇다면 "강조"의 의미는 어느 문법적 형태에 의해 표현된 것인가? 이제 남은 형태가 "–고"밖에 없으니 두말할 것 없이 이 "–고"일 것이다. 그런데 여기서 우선 문제시되는 것은 "간접인용의 '–고'"가 강조를 나타내느냐 하는 것이다. 이제 6-3에서 든 예문을 "날마다 수영을 다녔더니 건강이 좋아지더라고요?"라고 바꿔 보자. 이 경우의 "–고"도 "강조"를 나타내는가? 이 경우는 두말할 것 없이 항변 투로 되묻는 뜻을 나타낸다. 그렇다면 서술문에 쓰인 "–고"와 의문문에 쓰인 "–고"가 서로 다른 문법적 형태란 말인가? 만약 이것을 동음의의 형태로 본다면 "청자가 의문문으로 되물을 때 쓸 수 있는 것이 특징이다."라고 한 설명과 자가당착에 빠지게 된다. 그러니 이는 같은 문법적 형태인 것만은 사실이다. 다음으로 문제시되는 것은 간접인용의 "–고"가 정상적인 어순에서 그 뒤에 오는 "하다, 말하다, 생각하다" 등과 같은 동사와 결합되지 않고도 그 자체로 문장을 종결할 수 있어야 하는데 이렇게 쓰이는 경우는 없다. 그런데 6-3에 쓰인 "–고"는 "–요"의 도움이 없이도 문장을 끝맺을 수 있다. 그러니 이 "–고"는 간접인용의 "–고"는 아니다. 그렇다면 이것을 무슨 문법적 형태로 보아야 하는가? 의문문에 쓰인 "–고"에 대해서는 항변 투로 되묻는 해체 종결어미로 보는 견해가 있다.[2] 우리는 이

---

2) 『동아 새 국어사전』(2001:173쪽) 참조.

2부 | 《한국어》(연세대 편)를 교과서로 문법 지식을 전수할 때 유의해야 할 문제에 대하여

"-고"를 서술문의 경우에는 강조를, 의문문의 경우에는 반문을 나타내는 해체 종결형어미로 보고자 한다.

이상의 서술에서 우리는 문법적 형태가 여러 가지 형태들로 복잡한 구조를 이룰 경우에는 그 구조적 분석이 그리 쉬운 것이 아님을 알 수 있다. 그러므로 우리 교육자들은 위에서 예로 든 것과 같은 복잡한 구조의 문법적 형태들을 옳게 분석할 수 있는 능력을 키워야 한다. 우리가 사용하는 《한국어》에서 취급한 조사나 어미들 중에는 위에서 살펴본 것과 같은 합성 구조가 상당히 많다는 사정을 고려할 때 더욱 그러하다. 유아 교육의 경우라면 몰라도 성인을 상대로 한 문법 교육에서는 절대로 "-기도 하다"(2-7)를 가르치고 "-기도 하다 -기도 하다"(5-6)를 또 따로 가르치거나, "-기만 하다"(3-2)와 "-기만 하면 되다"(3-2)를 따로따로 가르치는 이른바 "통 글" 교육을 진행해서는 안 될 것이다.

5) 우리 교육자들은 부동한 학술 견해에 대한 비판력을 키워야 한다. 우리가 학생들에게 배워주게 되는 교과서의 모든 지식은 어느 한 학자의 견해나 학설이 아니라 수많은 학자들의 학술연구 성과를 편자들이 자기의 기준에 따라 종합 정리한 새로운 학술 견해라고 할 수 있을 것이다. 그러므로 동일한 하나의 문법적 형태나 문법적 현상에 대한 견해나 관점도 편자의 비판력에 따라 일정한 차이를 갖게 되며 어떤 경우에는 서로 상반되는 견해나 관점, 지어는 언어 현실과는 맞지 않는 그릇된 견해나 관점이 제기되는 수도 있다. 이리하여 부동한 학술 견해에 대한 비판력은 우리 모든 교육자들이 반드시 갖추어야 하며 또 부단히 제고시켜야 할 종합적인 능력으로 되지 않을 수 없다.

그럼 아래 《한국어》에서 보여지고 있는 몇 가지 문제를 실례로 이 문제를 진일보 토론해 보기로 하자.

《한국어》에서는 "-라서"를 "-라고 해서"의 준말(4-6), "-자 하니"를 "-자고 하니"의 준말로 처리하고 있는데 이들이 든 예문을 통해 이 견해의 타당성 여부를 검증해 보기로 하자. 《한국어》 4-6에서는 "-라서"에 대해 다음과 같이 서술하고 있다.

> "–라서: '–라고 해서'의 준말. 이유를 나타내며 구어체에서 많이 쓰인다."
>
> 예 • 생일이라서 친한 친구들을 초대했어요.
>
> • 여기는 시장 근처라서 매우 시끄러워요.
>
> • 오늘은 일요일이라서 가게문이 닫혔을 거예요.
>
> • 방학이라서 고향에 다녀오려고 해요.
>
> • 그 사람은 장남이라서 결혼 후에 부모님을 모셔야 한 대요.

위의 예문들을 살펴보면 "–라서"가 확실히 "이유"를 나타내는 것임은 틀림없다. 남은 문제는 이 "–라서"가 "–라고 해서"의 준말인가만 밝혀지면 이 견해의 정확성은 증명되는 것이다. 이를 위해서는 먼저 이 "–라고 해서"가 각각 어떤 언어적 단위인가를 살펴보고 다음 그것이 "–라서"로 줄어들 수 있는가를 살펴보아야 할 것이다. "–라고"는 "–라"와 "–고"의 합성으로 보던 "–라고"로 보던 체언에 붙어 쓰이는 것만큼 인용의 뜻을 나타내는 조사로 볼 수밖에 없을 것이다. 뒤에 놓이는 "해서"와의 관계를 보면 더욱 그러하다. "해서"는 두말할 것 없이 동사 "하다"의 연결형일 것이다. 그렇다면 이런 "–라고 해서"가 실제 언어행위 속에서 "–라서"로 줄어들 수 있는가를 다음의 예문을 통해 살펴보자.

㉮ : 재미있는 영화라고 해서 봤더니 별로더라.

㉮′ : 재미있는 영화라서 봤더니 별로더라.

위의 예문을 살펴보면 ㉮는 성립되나 ㉮′는 성립될 수 없음을 쉽게 보아낼 수 있다. 이는 "–라고 해서"가 "–라서"로 줄어들 수 없음을 설명해 준다. 다음의 예를 더 보기로 하자.

㉯ : 명브랜드라고 해서 많이 샀어요.

㉯′ : 명브랜드라서 많이 샀어요.

위의 예문을 살펴보면 ㉯와 ㉯′가 다 성립될 수 있는 문장임을 알 수 있

2부 | 《한국어》(연세대 편)를 교과서로 문법 지식을 전수할 때 유의해야 할 문제에 대하여

다. 그렇다면 이 경우에는 "-라고 해서"가 "-라서"로 줄어들었다고 할 수 있는 것이 아닌가? 절대 그런 것이 아니다. 그것은 위의 두 예문의 뜻이 서로 다르기 때문이다. 한국어에 대해 일반적인 지식만이라도 갖고 있는 사람이라면 ㉯의 "명브랜드"는 남들이 말한 "명브랜드"요, ㉯'의 "명브랜드"는 자기 판단에 의한 "명브랜드"이다. 이와 같은 사실은 "-라서"가 어원적으로 "-라고 해서"가 줄어들면서 이루어진 형태라 하더라도 (이 역시 의문이지만) 현대어의 "-라고 해서"와는 아무런 관련도 갖고 있지 않는다는 것을 설명해 준다. 하물며 현대 한국어문법을 논하면서 어원적인 해석을 가한다는 것은 방법론적 원칙에도 부합되지 않는다.

이상의 고찰을 통하여 우리는 위의 "-라서"가 "-라고 해서"가 줄어든 형태가 아님을 알 수 있다. 그렇다면 이 "-라서"는 무엇인가? 그것은 다름 아닌 이유나 지정의 뜻으로 쓰이는 조사이다.[3]

그럼 다음으로 6-6의 "-자 하니"에 대해 살펴보기로 하자.

> "-자 하니: '-자고 하니'의 준말로서 동사에 붙어 쓰이며, 주어가 1인칭인 경우에 화자가 선행문의 행동을 하려고 할 때 혹은 그러한 행동을 하는 중에 후행문의 내용을 발견했음을 나타낸다."
>
> 예 • 듣자 하니, 그 자한테 피해를 입은 사람이 한두 명이 아니더군요.
> • 가만히 기다리고만 있자 하니, 애가 타서 도저히 못 기다리겠더라고요.
> • 좋은 직장을 찾자 하니, 이렇게 오랫동안 취직을 못하는 거에요.
> • 그냥 가자 하니 서운해 할 테고, 기다리자니 시간이 없군요. 이것 참, 버리자 하니 아깝고, 그냥 두자니 거추장스럽네.

위의 예문에서 쓰인 "-자 하니"의 원형 "-자고 하니"에서 "하니"는 동사 "하다"의 연결형임은 더 말할 것도 없고 "-자고"도 의도를 나타내는 연결어미일 것임이 거의 틀림없을 것이다. 그것은 "-자고"를 "-자"와 "-고"합성으로 이루어진 형태로 볼 경우에도 "-자"는 의도를 나타내는 연결어미가

---

3) 『동아 새 국어사전』(2001)에서도 우리와 비슷한 견해를 보이고 있다.

아니면 함께 하자는 뜻을 나타내는 종결어미일 것이기 때문이다.

이 "-자"를 한 동작에서 다른 한 동작으로 바로 이어짐을 나타내는 연결어미로 볼 수 없는 것은 그 뒤에 "-고"가 뒤따르지 못하기 때문이다. 예를 들면 "까마귀 날자 배 떨어진다."를 "까마귀 날자고 배 떨어진다."로 바꿀 수 없다.

그럼 위의 예문들을 "-자고 하니"란 원형으로 다시 복구해 보자.

㉮ 듣자고 하니, 그 자한테 피해를 입은 사람이 한두 명이 아니더군요.
㉯ 가만히 기다리고 있자고 하니, 애가 타서 도저히 못 기다리겠더라고요.

여기서 볼 수 있는 바와 같이 ㉯는 성립되지만 ㉮는 성립되지 않는다. 이것은 "듣자 하니"에서의 "-자 하니"와 "기다리고 있자 하니"에서의 "-자 하니"는 동음이의적 문법 형태라는 것을 알 수 있다. 그렇다면 "듣자 하니"는 어떻게 해석해야 하는가? 우리는 이것을 "살펴보니, 보아서 짐작하건대"의 뜻을 나타내는 "보아하니"와 꼭 같은 구조의 언어적 단위로서 "들어보니, 들어서 짐작하건대"의 뜻을 나타내는 하나의 언어적 단위 "듣자하니"로 보기로 한다. 그러니 "보아하니"가 부사로 대우를 받고 있으니 "듣자하니"도 부사로 대우를 받아야 할 것이다.[4]

이외에도 《한국어》에서는 구체적인 문법적 형태의 용법 설명에서 다른 부류의 단어에도 붙어 쓰일 수 있는 조사나 어미를 어느 한 단어의 부류에만 쓰일 수 있다고 단정한 것들이 적지 않다. 4-5에서 "-건", 5-2에서 "-길래", 5-6에서 "-되", "-다니까요" 등을 동사[5]에 붙어 쓰인다고 단정한 점들이 바로 그 일례로 된다.

지금까지 우리는 《한국어》의 문법지식 서술에서 나타난 진일보 쟁론되어야 할 문제들을 살펴보았는데 우리 교육자들이 이런 문제들에 대해 아무

---

4) 『동아 새 국어사전』(2001)에서는 "보아하니"만은 부사로 처리했다.

5) 《한국어》에서는 동작동사와 상태동사란 이름으로 동사에는 형용사까지 포함시키고 있다.

2부 | 《한국어》(연세대 편)를 교과서로 문법 지식을 전수할 때 유의해야 할 문제에 대하여

런 비판도 가하지 않고 그대로 받아들인다면 결국 자기를 해칠 뿐만 아니라 나아가서 학생들을 해치게 될 것이다. 그러므로 우리 교육자들은 그 누구를 막론하고 비판력을 높이기 위해 노력에 노력을 경주해야 할 것이다.

문법지식 전수에서 유의해야 할 문제들은 교육자에 따라 이외에도 더 제기될 수 있겠으나 여기서는 이상 다섯 가지를 지적하는 것으로 토론을 마치려 한다.

3. 결론

지금까지 토론된 내용을 요약하면 다음과 같다.

첫째, 연세대학교 한국어학당 편 《한국어》는 중국에서의 한국어 교육을 위해 커다란 공헌을 했으며 앞으로도 더 큰 공헌을 할 것이다.

둘째, 《한국어》에서의 문법지식 처리에는 일부 문제점들도 있는바 우리 교육자들이 그대로 교수 실천에 옮길 것이 아니라 학술적 비판력을 갖고 참다운 분석 연구를 토대로 구체 실정에 맞추어 융통성 있게 처리해야 할 것이다.

셋째, 우리 교육자들은 자기가 짠 교수안이 해당 교과서에 대한 재편성이므로 그 정체성과 체계성에 각별한 중시를 돌려야 함을 언제나 명기해야 할 것이다.

끝으로 우리의 토론이 《한국어》를 교과서로 사용하는 교육자들은 물론, 기타의 교과서를 사용하는 교육자들의 문법지식 전수에도 어느 정도 도움을 주었으면, 새로운 한국어 교과서의 편찬이나 수정에 어느 정도의 참고 가치가 있었으면 하는 것이 우리들의 바람이다.

＊ 이 논문은 중국한국(조선)어교육연구학회 『한국(조선)어 교육연구』 제2호(2004년, 205~216쪽)에 실려 있음.

중국 상해 지역
동포 사회에서의
한국어 교육의 현황과 과제

1. 머리말

범세계적 범위에서 외국어로서의 한국어 교육의 붐이 일고 있으며 한국어를 사용하는 인구가 이미 8천만에 달하고 있다는 통계 자료를 근거로 지난 세기 90년대 후반부터 시작된 한국어 세계화 사업이 정부의 관심과 지원이 확대되면서 대규모의 사업으로 진행되어 이미 세인이 괄목할 만한 성과를 거두었다는 것이 한국어 세계화 사업 관련 부서들의 한결같은 평가이다. 한민족의 인구가 해외 거주자까지 합쳐 7천5백만이라고 할 때 5백만에 달하는 타민족이 한국어를 의사소통의 도구로 사용하고 있다는 말이니 외국인을 대상으로 하는 한국어 교육의 측면에서 볼 때는 한국어 세계화 사업은 거대한 성과를 거두었다고 할 수도 있을 것이다.

그러나 한국어 세계화 사업의 성과는 외국인에 대한 한국어 교육만으로 평가될 수 있는 것은 아니다. 그것은 한국어 세계화 목적 사업이 단순 외국인에 대한 한국어 교육에 국한되는 것이 아니기 때문이다.

한국어세계화재단의 설립 목적 및 사업을 살펴보면 "외국인을 대상으로 한 한국어 교육에 관한 사업"과 함께 "교포 및 그 자녀를 대상으로 한 한국어 교육 사업"이 동시에 명시되어 있다. 국제교육진흥원의 사업 내역을 살펴보아도 "실질적인 한국어 교육과 교재 개발 및 보급도 담당하고 있다. 즉 재외 동포 및 해외 학생들을 대상으로 한국어 교육을 하며, 해외 한국학교 교원을 초청하여 연수시키고 해외 현지 연수도 병행한다. 또한 인터넷을 통한 한국어의 세계화에 노력하고 있다."라고 명시되어 있다. 여기서 우리는 한국어 세계화 사업은 외국인에 대한 한국어 교육뿐만 아니라 본 민족에 대한 한국어 교육도 망라하고 있음을 알 수 있다.

이와 같은 사실은 한국어 세계화 사업에 대한 객관적인 평가는 본 민족에 대한 한국어 교육의 실태에 대한 적정한 평가도 함께 고려될 경우에만 가능하다는 것을 설명해 준다. 그럼에도 불구하고 아직까지는 해외 동포들에 대한 한국어 교육에 대한 전문적인 연구는, 중국의 경우를 놓고 보면 본격적으로 진행되지 않은 것 같다.(엄격한 의미에서 말하면 중국의 경우에는 지금까지는 시도조차 되지 못하고 있는 상황이다.)

이리하여 본 논문에서는 중국 상해 지역 동포들에 대한 한국어 교육 실태에 대한 고찰을 통해 중국 동포들에 대한 한국어 교육에서 존재하는 문제와 그 해결책을 찾아보는 것을 주요 과업으로 삼는다.

중국 동포들에 대한 한국어 교육 연구의 일환으로 상해 지역 동포 사회를 주요 고찰의 한 대상으로 선정하게 되는 것은 다음과 같은 점들을 고려해서이다.

첫째, 상해 지역 동포 사회는 성격상 연변 지역 동포 사회와는 다른 일련의 특성을 갖고 있는데 그중 가장 중요한 특성이 연변 지역은 우리 동포들이 집거해 있는 지역으로서 「중화인민공화국헌법」에 근거하여 제정한 「중화인민공화국민족구역자치법」 제2조의 규정에 따라 민족자치를 실시하고,[1] 동법 제37조의 규정, 그리고 「중화인민공화국교육법」 제10조의 규정에 따라 민족학교를 꾸리고 민족교육을 실시하고 있다.[2] 그러나 상해 지역 동포 사회는 산거지역 동포 사회로서 민족자치권을 행사할 수 없고 자기의 민족학교를 꾸릴 수 없기에 한국어 교육을 포함한 모든 민족 교육이 서로 다른 양상을 보이게 된다.

둘째, 상해 지역 동포 사회는 민족자치권을 행사하지 못한다는 측면에서는 북경 지역 동포 사회와 그 성격이 비슷하지만 북경 지역 동포사회는 그 형성 역사가 비교적 오랜 바 이미 60년에 가까운 역사를 갖고 있지만 상해 지역 동포 사회는 중국의 개혁 개방 이후 특히 한중수교 이후 새롭게 형성된 동포 사회로서 그 역사가 15년 좌우밖에 되지 않는다. 이와 같은 상황은 교육 여건, 교육 목표 대상, 교육 내용 등 많은 면에서 적지 않은 차이를 보이게 된다. 예를 들면 교육 목표 대상의 측면에서 볼 때 상해 지역 동포 사회의 30대는 한국어 교육을 포함한 민족 교육을 상당 정도 받았기에 교육의 목표 대상을 이들의 자녀들로 하향 조정할 수 있지만 북경 지역 동포 사회의 30대는 한국어 교육을 포함한 민족 교육을 받지 못했기에 이들의 자녀는 물론 이들 자체까지도 교육 목표 대상에 포함될 수밖에 없다.

셋째, 상해 지역 동포 사회는 그 형성 역사에 있어서나 그 구성에 있어서 중국의 개혁 개방, 특히는 한중수교와 더불어 형성된 청도, 대련, 천진, 심천 등 지역의 동포 사회와 거의 비슷한 특성을 갖고 있다. 이리하여 상해

---

[1] 「중화인민공화국민족구역자치법」(1984.05.31) 제2조에는 "소수민족이 집거해 있는 지방에서는 구역자치를 실시한다."고 규정되어 있다.

[2] 「중화인민공화국민족구역자치법」 제37조에는 "각 민족자치 지방의 자치기관은 민족교육을 자주적으로 발전시켜 문맹을 퇴치하여야 하며, 각종 유형의 학교를 꾸려 9년제 의무교육을 보급시켜야 한다. 여러 가지 형식으로 일반 고급 중등교육(한국의 고등학교교육)과 중등직업교육을 발전시켜야 하며, 조건과 수요에 따라 고등교육(대학교육)을 발전시켜 소수민족 전문인재를 양성해야 한다."고 규정되어 있다.

「중화인민공화국교육법」 제10조에는 "국가에서는 소수민족의 특점과 수요에 따라 각지 소수민족 지역을 도와 교육사업을 발전시켜야 한다."고 규정되어 있다.

지역 동포들에 대한 한국어 교육 연구는 일정한 보편적 의의도 갖게 된다.

2. 중국 동포 사회의 변동과 상해 지역 동포 사회의 현황

중국 동포 사회는 중국의 개혁 개방 이후, 특히는 한중 수교 이후 대변동의 시기에 들어서게 된다. 조선족 집거지구의 하나인 연변조선족자치주의 상황만 보더라도 자치주 설립 초기인 1952년에는 조선족이 자치주 전체 인구의 62%를 차지했었고[3] 개혁 개방, 특히는 한중 수교 이전까지만 해도 57.7%에 달했지만[4] 제5차 인구보편조사에 의하면 연변에 거주하는 조선족은 84만 명으로서 전체 인구의 37.5%에 불과했다.[5] 그런데 2007년 9월 말까지 연변의 조선족 인구는 82만 692명으로 36.75%로 줄어들었다.[6] 이렇게 연변 조선족 인구는 자치주가 건립된 50여 년 사이 급격히 줄어드는 추세를 보이면서 많은 사람들이 연변조선족자치주의 동포 사회가 해체되지 않을까 우려하고 있다. 그 일례로 『연변녀성』에 실린 「조선족 인구 위기를 어떻게 해결할 것인가?」란 기사 내용을 들 수 있다. 이 글에서는 연변 조선족 인구가 지금의 상태로 감소된다면 2050년에 이르러서는 조선족 인구가 51.1만으로 축소될 것이고 2090년에는 19.4만 명으로 축소될 것이며 22세기에는 조선족자치주가 사라질 것이라고 하면서 조선족 인구 위기 해결을 위해 동포 사회 전체 구성원들이 떨쳐나서야 한다고 호소하고 있다. 연변 조선족 인구가 날로 감소되는 이런 추세에 대해 우리는 마땅히 고도의 중시를 돌려야 한다.

---

[3] 1953년 6월 30일 24시를 기준으로 한 제1차 인구조사 보고서에 의함.

[4] 1982년 7월 1일 24시를 기준으로 한 제3차 인구보편조사 보고서에 의함.

[5] 2000년에 진행된 제5차 인구보편조사 보고서에 의함. 이 조사보고서에 의하면 한족은 전체 인구의 59.29%를 차지하고 있다.

[6] 2007년 11월 10일 『상하이저널』 참고.

그런데 이 기사를 보고 법도 모르는 무지한 사람들의 잠꼬대라고 풍자하는 사람들도 적지 않는데 그 관련 법규가 어떻게 되어 있는가를 보기로 하자. 「중화인민공화국민족구역자치법」 관련 규정에 따라 제정된 「민족향행정사업조례」 제2조에는 "소수민족 인구가 향(鄕) 총인구의 30% 이상을 차지할 경우에는 규정에 따라 민족향 설립을 신청할 수 있다. 특수 경우 그 비례를 조금 낮출 수 있다."[7]고 규정되어 있다. 여기서 볼 수 있는 바와 같이 국가의 관련 법규에 따르면 해당 지역의 소수민족 인구가 전체 인구의 30%를 초과할 경우에만 그 행정자치가 가능하게 된다. 그러니 36.75%란 수치는 이미 상당히 위험한 수치에 이르렀다고 해야 할 것이다.

그러면 연변 조선족 인구가 날로 감소되는 추세를 보이게 된 원인이 무엇인가를 살펴보기로 하자.

『연변일보』의 한 보도 자료에 의하면 연변의 인구 출생은 소폭 중 가세를 유지하고 있으며 인구 출생율과 자연성장 비율은 각각 4.55%와 1.46%인 것으로 나타나고 있다. 이 자료에 근거하면 연변의 조선족인구는 날로 증가되는 추세를 보여야 할 것이다. 그럼에도 불구하고 감소 추세를 보이게 되는 것은 중국의 개혁 개방과 한중수교에 따른 조선족 동포 사회의 민족 대이동과 관련된다.

연변 조선족 동포 사회는 지난 세기 80년대 말 90년대 초부터 두 갈래로 나뉘어 민족 대이동을 시작하게 되는데 한 갈래는 중국의 개혁개방 정책에 힘입어 경제가 비교적 발달한 중국의 연해지역, 특히 상해, 청도, 대련, 천진, 심천 등지로 대거 이동하여 활발한 경제활동을 벌이고 있으며 다른 한 갈래는 한중수교에 따른 한국에로의 대이동이다.[8] 이러한 동포 사회의 민족 대이동은 연변 지역에서만 이루어진 것이 아니라 조선족의 집

---

7) 본 「조례」는 중화인민공화국 민족사무위원회에서 1993년 9월 15일에 반포 실시하였다.

8) 한국 법무부의 통계에 의하면 지금 한국에 체류하고 있는 조선족이 14만 5천 명에 달하는데 반수 이상이 연변 조선족이다.

거지역인 흑룡강성과 요녕성에서도 꼭 같이 이루어졌다. 그 결과 개혁 개방 이전의 연변, 흑룡강, 요녕, 북경 등 지역에서만 볼 수 있던 동포 사회가 지금은 상해, 청도 대련, 천진, 심천 등 연해지역에도 동포 사회가 생겨나게 되었다.

상해 지역만 보더라도 1990년에는 742명에 불과하던 조선족 인구가 2000년에는 5,120명에 달했으며[9] 2004년에는 「임시거주증」을 신청한 조선족만 하여도 5,626명에 달해 109.9%의 증가율을 보이고 있다.[10] 지금은 상해지역에 장기적으로 거주하고 있는 조선족 인구가 5만명에 이를 것으로 추정되고 있는데 이들 대부분은 연변을 중심으로 흑룡강, 요녕 등 지역에서 이주해온 30-40대의 대학 졸업생들과 그 자녀들이다. 청도, 대련, 천진, 심천 등 지역에도 이와 유사한 경로를 거쳐 조선족들이 대거 집결되면서 새로운 동포 사회가 형성되었다.

이렇게 형성된 상해, 청도, 대련, 심천 등 지역의 새로운 동포 사회는 본래의 동포 사회와는 다른 일련의 특성을 갖게 된다.

우선 상해 등 지역의 동포 사회는 민족 집거지역의 동포 사회로부터 민족 산거지역의 동포 사회로 그 성격이 바뀌게 된다. 그 주거지가 지나치게 흩어져 있기에 민족 간의 교류와 협력의 기회가 줄어들게 되는데 만약 이런 상황이 지속된다면 민족의 정체성마저 시간이 지남에 따라 점차 상실되어 가게 될 것이다.

다음으로 상해 등 지역의 동포 사회는 민족자치를 실시하던 사회집단으로부터 민족자치권을 상실한 사회 집단으로 전락되게 되면서 본래 갖고 있던 많은 권리를 상실하게 되는데 가장 문제시되는 것이 민족학교를 꾸릴 수 있는 권리를 상실했다는 것이다. 이로 인하여 자기의 민족학교에서 민족어로 현대교육을 받던 동포 자녀들이 자기의 민족어 대신 한어(漢語)로

---

9) 상해시 통계국의 1990년 제4차 인구보편조사 자료와 2000년의 제5차 인구보편조사 자료에 의함.

10) 중국 정협 상해시위원회에서 발표한 자료에 의함.

현대교육을 받을 수밖에 없는 어려움을 겪고 있다.

그 다음으로 상해 등 지역의 새롭게 형성된 동포 사회는 연변 등 집거지역의 동포 사회와는 달리 그 구성원들이 중국국적 동포와 한국국적 동포로 구성된 새로운 형태의 동포 사회라는 것이다. 물론 연변 등 집거지역의 동포 사회에도 한국국적 동포들이 있기는 하지만 그 수가 매우 적어 하나의 집단을 형성하기에는 역부족이지만 상해 등 지역의 동포 사회의 경우에는 한국국적 동포들이 차지하는 비중이 상당히 크다. 상해지역만 보더라도 지금 상해지역에서 사업하거나 학교에 다니는 한국인은 약 8만명에 달하는 것으로 추정되고 있다.[11] 이리하여 새롭게 형성된 상해 등 지역의 동포 사회는 서로 다른 국적, 서로 다른 제도에서 서로 다른 이념을 갖고 생활하던 두 부류의 동포를 하나의 민족공동체사회로 구축하여야 할 새로운 과제도 안고 있다.

상해 등 지역의 새롭게 형성된 동포 사회는 이렇게 그 구성원의 측면에서나 그 사회적 지위 또는 역할의 측면에서 자체의 일련의 특성을 보이고 있다. 이와 같은 사실은 이 지역 동포들에 대한 한국어 교육도 다른 지역 동포 사회에서의 한국어 교육과는 다른 일련의 특성을 갖게 됨을 설명해 준다. 상해 지역 동포 사회의 한국어 교육을 중점적으로 토론하는 의의도 바로 여기에 있다.

3. 상해 지역 동포 사회에서의 한국어 교육의 현황과 과제

지금까지 우리는 중국 동포 사회는 중국의 개혁 개방, 특히는 한중수교 이후부터 시작된 민족대이동으로 상해, 청도, 대련, 천진, 심천 등 지역에 연변 등 지역의 전통적인 동포 사회와는 다른 일련의 특성을 갖고 있는 새

---

11) 「新華網」(2007년 7월 21일)의 자료에 따르면 지금 상해시에 장기적으로 거주하고 있는 한국인이 4만 5천 명에 달한다고 한다.

로운 동포 사회가 형성되었다는 데 대해 살펴보았다. 그럼 이제부터는 상해 지역을 중심으로 이런 지역 동포 사회에서의 한국어 교육은 어떤 양상을 보이는가를 살펴보기로 한다.

상해 등 지역의 새롭게 형성된 동포 사회는 그 역사가 앞에서 이미 고찰한 바와 같이 15년 남짓밖에 안 되기에 이런 지역 동포 사회에서의 한국어 교육 문제는 주로는 10대 청소년들에 대한 교육으로 압축될 수 있다. 이리하여 상해 지역 동포 사회에서의 한국어 교육은 주로 10대 청소년들에 대한 한국어 교육을 중심으로 살펴보기로 한다.

상해 지역 동포 사회는 앞에서 이미 지적한 바와 같이 아직까지는 중국 국적 동포 사회와 한국국적 동포 사회가 부동한 성격의 동 사회로 병존하고 있는 것만큼 그 교육도 서로 다른 양상을 보이고 있다. 이리하여 우리의 고찰도 두 측면으로 나누어 진행되게 된다.

한국국적 동포 사회에서의 한국어 교육은 우선 정규교육을 통해 진행되고 있다. 상해 지역 한국국적 동포 사회에서는 한국 정부와 한인 단체의 대폭적인 지원과 협력에 힘입어 자기의 학교를 꾸리고 정규적인 현대교육을 진행하고 있다. 그 일례로 상해한국학교를 들 수 있다.

"세계의 경제대국으로 부상하고 있는 중국의 최대 경제도시인 상해에 한·중 양국 정부가 공인한 상해한국국제학교를 설립하여 상해 교민의 자녀들에게 한국인의 정체성과 국가관을 튼튼히 하는 국적교육을 바탕으로 외국어(영어, 중국어) 및 정보화 교육을 중점적으로 실시하여 21세기 세계화, 정보화 시대를 주도할 자랑스러운 한국인을 육성"하는 것을 설립목적으로 1999년 9월 1일에 개학식(개교식은 11월6일)을 가진 상해한국학교는 2007년 3월 6일 현재 총 133명의 교직원에 1,056명의 학생을 가진 명실공히 국제학교로 부상했다. 초등학교 28개 학급에 640명 학생, 중학교와 고등학교에 총 19개 학급에 416명 총 37개 학급에 1056명의 학생을 가진 한인학교로 부상했다.[12]

---

12) 상해한국학교 홈페이지 참고.

이렇게 설립된 상해한국학교는 "민족혼이 살아 숨 쉬는 국적 교육을 강화하며 한국인으로서 정체성을 기르고 귀국 시에는 국내 교육과 연계, 조금도 어려움이 없도록 한국 교육과정의 성실한 운영"[13]을 교육방침으로 하고 있기에 한국어 교육도 국내에서의 교육과 조금도 다를 바 없이 진행되고 있다.

다음으로 상해 지역 한국국적 동포 사회에서는 『한글주말학교』 등을 통해서도 활발히 진행되고 있다. 상해포동 한국주말학교 교장 민명홍은 『상하이저널』 기자와의 인터뷰에서 "한국인으로서의 기본 교육은 모국어 교육과 국사(역사) 교육"이다. "민족 교육, 모국어 교육은 우리의 의무이다."[14]라고 지적한 바 있다. 이것이 바로 한국주말학교의 교육방침이다. 이런 교육방침으로 운영되는 한글주말학교는 공식 발표된 것만 해도 중국 전역에 36개나 된다고 한다. 상해 지역에만 해도 상해한국주말학교 소주한글학교 무석한글학교, 남경한글학교 이우한글학교 등이 운영되고 있다.

이렇게 한국국적 동포 사회에서는 정규교육과정에 비정규교육과정까지 잘 운영되고 있어 한국어 교육을 비롯한 민족교육이 아주 잘 진행되고 있는 것으로 평가되고 있다.

그런데 중국국적 동포사회의 경우는 그 사정이 완전히 다르다. 한국어 교육을 비롯한 민족교육이 그 어떤 형태의 교육과정으로도 운영되지 못하고 있다. 조선족 동포 사회에서의 자녀들에 대한 한국어 교육은 가정에서 어느 정도 진행되고 있을 뿐인데 그것도 가정생활에서의 한국어 사용이 전부여서 체계적인 한국어 교육은 말할 나위조차 없다. 상해 지역 동포 사회에서 한국어를 구사할 줄 모르는 10대 청소년들이 점차 늘어나고 있는 현실이 문제의 심각성을 잘 설명해 주고 있다.

이상의 고찰에서 볼 수 있는 바와 같이 중국국적 동포들에 대한 한국어 교육에서 제기되는 일련의 문제들을 어떻게 풀어나가는가 하는 것이

---

13) 동상.

14) 2007년 11월 5일 『상하이저널』 참고.

상해 지역 동포 사회에서의 한국어 교육의 주되는 과제로 나서고 있다. 청도, 대련, 천진, 심천 등 지역의 새롭게 형성된 동포 사회에서의 한국어 교육 사정도 이와 대동소이하다.

이리하여 이제부터는 상해 지역 중국적 동포 사회에서의 한국어 교육은 왜 이런 지경에 이르게 되었으며 그 해결책은 무엇인가를 중점적으로 토론하기로 한다.

상해 지역 중국적 동포 사회에서의 한국어 교육이 거의 도외시되고 있는 원인은 여러 가지가 있을 수 있겠지만 그 주된 원인이 다음과 같은 몇 가지가 아닐까 생각된다.

우선 모든 교육이 다 그러하듯이 가장 효율적인 방법은 정규교육과정을 통해 진행되는 것이다. 한국어 교육의 경우도 예외가 아니다. 그런데 상해 지역 동포 사회에서의 한국어 교육이 정규교육과정으로 운영되지 못하는 것은 동포 사회가 지역적으로 지나치게 분산되어 있어 「산거소수민족권익보장조례」의 관련 규정에 의해서도 민족학교 설립이 불가능하기 때문이다. 「요녕성산거소수민족권익보장조례」 제14조에는 "성, 시, 현 인민정부는 소수민족의 언어, 문화 특징과 민족교육의 수요에 따라 소수민족 교육 기구와 학교 배치를 조절하여야 한다."고 규정되어 있으며 제17조에는 "성, 시, 현 인민전부는 본 민족어와 한어(漢語)로 수업을 진행하는(이하 '이중언어수업'으로 약칭함) 학교의 교원과 경비 조달을 보장해야 한다."고 규정되어 있다.[15] 여기서 우리는 민족구역자치를 실시하지 않는 산거소수민족의 경우에도 그 인구가 상대적으로 집결되어 있을 경우에는 민족학교 또는 민족연합학교를 꾸리고 자기의 민족어와 한어로 동시에 수업을 진행할 수 있음을 알 수 있다. 상해시에서도 「상해시소수민족권익보장조례」 등 관련 법규에 따라 조건이 성숙된 일부 소수민족들에 한해서는 민족학교를 설립하여 운

---

15) 본 조례는 2004년 7월 29일 요녕성 제10기 인민대표대회 상무위원회 제13차 회의에서 심의 통과하여 2004년 10월 1일부터 시행.

영하게 하고 있다.[16] 그런데 우리 동포사회는 그 분포가 지나치게 분산되어 있어 아직까지는 자체의 민족학교를 설립하지 못하고 있다. 상해에서 우리 동포들이 비교적 집결되어 있는 용백가도(龍柏街道)의 경우에도 총 인구가 1,276명에 불과하니[17] 이런 지역에 민족학교 또는 민족연합학교를 설립한 다는 것은 정책적으로나 현실적으로 불가능할 수밖에 없다.

다음으로, 상해 지역 동포 사회에서의 한국어 교육이 비정규과정으로 서도 각광을 받지 못하는 주된 원인은 상해 지역에서는 한국어가 연변 등 민족자치지역에서의 한국어나 요녕 등 민족 산거지역에서의 한국어와는 달리 상급학교, 특히는 대학입시와 직결된 전공학과목으로서의 한국어로 되어 있지 않기 때문이다. 「길림성소수민족교육조례」 제13조에는 "소수민족 학교의 소수민족 졸업생은 상급학교에 응시할 경우 자기의 민족어로 답안 을 작성할 수도 있고 한어(漢語)로 답안을 작성할 수도 있다. 만약 한어로 수업을 진행하는 상급학교에 응시할 경우에는 반드시 한어문(漢語文)시험 을 추가로 더 보아야 한다"고 규정되어 있다.[18] 「요녕성산거소수민족권익보 장조례」 제18조에도 "이중 언어로 교육을 실시하고 있는 민족학교의 수험 생이 보통고등학교(대학교를 가리킴)에 응시할 경우에는 국가 관련 규정에 따라 자기 민족 언어문자로 답안을 작성할 수 있다."[19]고 규정되어 있다. 여기서 볼 수 있는 바와 같이 민족자치지역, 또는 소수민족 산거지역 민족 학교에서의 한국어는 단순 민족 교육을 목적으로 개설된 학과목으로서가 아니라 상급학교 진학시험의 주요 필수 학과목의 하나로 개설되어 있다.

---

16) 상해시 인민정부는 「상해시소수민족권익보장조례」 등 관련 법규에 따라 회족(回族) 등 소수민족이 상대적으로 집거하고 있는 갑북구(閘北區), 황포구(黃浦區), 보타구 (普陀區), 양포구(楊浦區)에 회민(回民)중학교 1개, 소학교 3개를 설립하여 운영하고 있다.

17) 상해시정협 민족문제연구팀의 조사보고에 의함.

18) 본 조례는 '중화인민공화국교육법」에 근거하여 길림성 제9기 인민대표대회상무위원회 제6차 회의에서 1998년 11월 28일에 통과 실시.

19) 각주 15) 참고.

이렇게 이런 지역에서의 한국어를 비롯한 민족교육은 현대교육과 상부상조하면서 부단히 발전되고 있다.

그러나 상해 지역에서의 한국어는 민사학교 교육과정에 개설된 학과목이 아니므로 정책적으로 대입수능시험의 한 학과목으로 되지 못하는 것은 물론 대입수능시험에서의 외국어의 일종으로도 채택되지 못하고 있다. 물론 한중수교 이후 상해시 일부 학교들에서 한국어를 제2외국어로 개설하고 있기는 하지만 아직까지는 한국어가 대입수능시험 공인 외국어로까지는 부상하지 못하고 있다.[20] 상해시에서도 「상해시소수민족권익보장조례」의 관련 규정에 따라 대입수능 시험에 참가하는 소수민족들에게는 가점 3점을 해주는 등 특혜 정책을 실시하고는 있지만 자기의 민족 언어문자로 수능시험 답안을 작성하거나 외국어로 한국어를 선택할 수 있는 권리까지는 주지 않고 있다. 이렇게 상해 지역에서의 한국어 교육은 대입수능시험과는 전혀 무관한 단순 민족교육의 일환으로 되어 있기에 많은 사람들이 그 필요성을 자각하지 못하고 있으며 지어 부담으로까지 느끼는 사람들이 적지 않다. 민족교육의 측면에서 볼 때에는 한국어 교육이 무엇보다 중요한 과업으로 나서겠지만 대학 진학을 최종 목표로 할 때에는 다른 수험생들보다 1종의 언어를 더 배워 장악해야 한다는 것이 현실적으로 큰 부담으로 되지 않을 수 없다. 이리하여 상해 지역 동포 사회에서의 민족교육과 현대교육은 지금의 상황에서는 둘 중 어느 하나를 희생시켜야 다른 하나라도 살릴 수 있는 매우 어려운 상황에 처해 있다. 상해 지역 한국어 교육이 비정규과정으로도 잘 반영되지 못하는 원인이 바로 여기에 있다.

그 다음으로 상해 지역 동포 사회에서의 한국어 교육이 거의 도외시되고 있는 가장 주되는 원인이 위에서 논의된 두 가지라 한다면 다음의 문제는 어떻게 해석할 것이냐 하는 질문이 제기될 수 있는데 그것이 바로 상해 전역에서 중국인(엄밀한 의미에서는 한족[漢族])에 대한 한국어 교육의

---

20) 상해 지역에서는 한국어가 대입수능시험에서는 외국어로 공인되지 못하고 있지만 대학원입시에서는 외국어로 인정되고 있다.

경우에는 왜 전례 없던 붐이 일고 있느냐 하는 것이다. 그도 그럴 것이 상해만 해도 한국어학과를 설립한 대학이 8개나 되며 학원 등에서 한국어를 배우는 중국인들까지 합치면 그 수가 수천에 달하고 있는데 동포 사회에서는 오히려 한국어 교육이 도외시되고 있다니 말이 되느냐 하는 것이다. 타민족들까지 그렇게 열심히 배우는 한국어를 왜 본 민족이 배우려 하지 않을까? 결과적으로만 보면 상당히 이해하기 어려운 문제라 하지 않을 수 없다. 그러므로 이제부터는 시각을 돌려 그 과정으로부터 문제의 실마리를 풀어나가기로 한다. 일반적으로 외국어 교육은 주로는 외국 관련 업체에서 수요로 하는 인재양성을 목적으로 하고 있다. 학습자의 입장에서는 외국 관련 업체에 취직하는 것과 직결된다고 할 수 있을 것이다. 한국어 교육의 경우도 예외가 아니다. 한중수교 이후 한국 기업들이 중국에로 대거 진출하면서 한국어 전공 인재의 수요가 급작스레 늘면서 중국에서의 한국어 교육도 붐이 일게 된 것이다. 그러나 중국에서의 한국어 교육의 붐이 처음부터 중국인들 속에서만 있은 것은 아니었다. 한국 업체들이 중국 진출 초기에는 한국어를 전공한 중국인들이 거의 없었기에 부득불 동북3성의 동포들을 고용할 수밖에 없었다. 이리하여 이 시기에는 동포 사회에서도 한국어를 배우는 열기가 상당히 뜨거웠다. 그러나 그 후 10여 년간 한국어를 전공한 중국인이 점차 증가되면서 한국 업체들의 선택도 점차 중국인들 쪽으로 쏠리기 시작했는데 근간에 와서는 중국인을 더 선호하는 경향으로 완전히 바뀌고 있다. 상해 지역의 경우를 보면 동일한 대학졸업자를 채용할 경우에도 중국인 고용자에 대한 대우가 동포 고용자의 대우보다 훨씬 좋은 것으로 나타나고 있다. 필자의 조사에 의하면 복단대학 한국어과를 졸업한 한족학생이 한국기업에 취직할 경우 그 노임이 4000원 인민폐에 달했으나 다른 학과나 다른 대학을 졸업한 동포 학생의 노임은 2000-2500원 인민폐에 불과했다. 그만큼 우리 동포들은 한국 업체에서 소외되고 있다는 것이다. 한국 업체들의 입장을 들어보면 상해 지역 중국인 대학 졸업생들은 상해방언에 익숙할 뿐만 아니라 상해 지역에서 어느 정도 인맥관계도 갖고 있기에 그 대우도 높일 수밖에 없다는 것이다. 어느 정도 일리가 있는 결단이라 생각되지만 아무튼 차별대우인 것만은 틀림없다. 이로 인하여 우리 동포 자녀들은 대학을 졸업한 후에도 한국 업체를 지향하는 것이 아니라 다른 외국 업체를 지향하고 있기에 한국어를 배우기보다는 영어, 일어, 독일어 등 다른 외국어를 배우려 하는 것이다. 만약 앞으로도 이런 성향이 개변되지 않을 경우 이런 악순환은 계속될 것이다.

마지막으로, 지역 동포 사회는 그 구성원의 측면에서 볼 때 보다 나은 삶을 위해 전국 각지에서 모여든 30-40대가 주류를 이루고 있어 아직까지는 민족의 운명 등에 대해서 여유를 갖고 관심을 돌릴 단계에는 이르지 못하고 있다는 것도 주요 원인의 하나로 지적된다.

지금까지 우리는 상해 지역 동포 사회에서의 한국어 교육의 현황에 대해 살펴보면서 그 문제점에 대해서도 분석해 보았다. 그럼 이제부터는 이런 제 문제들을 해결하기 위하여 우리가 해야 할 일들은 무엇인가를 토론해 보기로 하자.

첫째, 동포 사회 전체 구성원들의 민족의식을 제고해야 한다. 상해지역 동포 사회에서의 한국어 교육은 여러 가지 요인에 의해 각이한 양상을 보일 수 있는데 동포 사회 구성원들의 민족의식이 결정적인 내적 요인으로 작용하고 있다. 이리하여 상해 지역 동포 사회에서의 한국어 교육을 발전시키기 위해서는 구성원들의 민족의식 제고가 급선무로 나서게 된다.

상해 지역 동포 사회에서의 한국어 교육과 관련된 동포 사회 구성원들의 민족의식 제고에서 우리가 반드시 우선적으로 해결해야 할 문제가 민족교육과 현대교육의 관계를 어떻게 정확히 처리하는가 하는 것이다. 일반적으로 교육의 기능은 한 방면으로는 인류가 공동으로 창조한 지식의 전수와 창조 그리고 상호 학습이며, 다른 한 방면으로는 각 민족이 민족교육을 통하여 본 민족의 역사 문화를 계승 발전시키는 것이다. 전자는 일체 현대교육의 공통성이고 후자는 다민족국가에서의 부동한 민족교육의 특수성이다. 이리하여 현대교육의 보편성과 민족교육의 특수성과의 모순이 존재하게 된다. 상해 지역 동포 사회에서와 같이 산거소수민족의 경우에는 이런 모순이 더 첨예하게 제기된다. 그러므로 이 양자를 어떻게 통일시키는가 하는 것이 중요한 과업으로 나서게 된다. 현대교육의 보편성과 민족교육의 특수성은 객관적 존재로서 모든 민족의 교육에 있어서 다 같이 제기되는 문제이다. 민족교육을 떠나 현대교육을 논할 수도 없고 현대교육을 떠난 민족교육도 있을 수 없다. 그 어떤 현대교육이든 모두 일정한 민족어로 진행된다는 사실이 이 양자의 관계를 잘 입증해 준다. 문제는 우리가 어떤 시각으로 이 문제를 보는가에 달려 있다. 우리가 만약 대입을 모든 교육의 총목표로 삼을 경우에는 이 양자는 서로 모순되고 대립될 수밖에 없지만 그 목표를 더 높이 설정할 경우에는 이 양자는 사물의 발전을 추동하는 모순의 두 측면으로 될 것이다.

둘째, 장원한 관점에서 볼 때 상대적인 소집거구를 형성하여 정부의 정책적 지원을 받아 자기의 민족학교 또는 민족연합학교를 꾸림으로써 현대교육과 민족교육을 함께 발전시키는 방향으로 나아가야 할 것이다.

중화인민공화국 국무원에서는 민족교육의 발전과 관련하여 발부한 한 문건에서 "소수민족이 자기의 민족어로 교육을 받을 수 있는 권리를 보장해야 한다." "각급 인민정부는 민족교육을 중시하고 민족교육에 대한 투자를 확보하고 민족교육을 위해 구체적인 일을 하는 것 등을 각급 지도 간부의 임기 목표 책임제와 재직기간 업적 평가의 주요 내용으로 하여야 한다."[21]고 지적한 바 있다. 그리고 상해시에서 제정한 「상해시소수민족권익보장조례」 제4조에서도 "시 인민정부는 마땅히 본시의 소수민족의 수요에 적응되는 경제, 문화교육 사업을 국민경제와 사회발전계획에 넣어야 한다."고 규정했고 제17조에는 "각급 인민정부는 마땅히 소수민족의 교육사업을 중시하고 민족학교에 대한 영도를 가강하여야 하며 부축정책을 제정하여 교사들에 대한 대우를 개선하고 교사대오를 가강하며 운영경비를 증가하

---

21) "개혁을 심화시켜 민족교육의 발전을 가속화할 데 관한 국무원의 결정"(2007.03.26) 참고.

고 교육시설을 현대화하여 교수 질을 높여야 한다."고 규정하고 있다.

국가와 지방정부에서 소수민족 교육과 관련하여 이런 정책적 규정이 있고 상해 회민 사회에도 앞에서 지적한 바와 같이 자기의 민족학교를 꾸린 경험이 있는 한 우리가 상해 지역 일정 구역에 상대적 소집거구를 형성한다면 자기의 민족학교를 얼마든지 꾸려나갈 수 있을 것이라 생각된다.

셋째, 국무원의 "민족교육의 국제 합작과 교류 및 대외개방 사업을 촉진해야 한다."[22]는 지시 정신에 따라 한국 등 국가들과의 협력과 교류를 통해 민족교육을 발전시켜야 한다. 상해 지역 동포 사회는 아직까지 중국적 동포들이 정기적으로 한국어를 비롯한 민족교육을 실시할 만한 장소조차 확보하지 못하고 있는 사정이다. 이런 여건에서 한국어 교육을 운운한다는 것은 말도 안 되는 소리이다. 반드시 교육환경을 개선해야 한다. 그런데 지금의 상황에서는 중국 정부의 지원을 바랄 수도 없고 자기의 힘으로 해결할 수도 없는 실정이다. 한국 관련기관의 지원과 협력이 절실히 필요한 시기이다.

한국어의 세계화를 지향하는 한국정부 및 관련기관, 예컨대 국제교류재단, 동포재단, 학술 진흥재단, 한국어세계화재단, 세종학당 등에서도 상해, 청도 등 새롭게 형성된 동포 사회의 한국어 교육을 위해 무언가는 해야 하지 않겠는가 생각된다. 지금의 시점에서 이런 지역에서의 한국어 교육을 끌어올리지 않는다면 미국 동포 사회의 경우, 중국 북경지역 동포 사회의 경우에서처럼 자기의 민족어도 모르는 사람들이 계속 늘어나게 될 것이다. 통계수치 상에서는 세계적으로 한국어를 구사하는 인구가 8천만에 달한다고는 하나 이 계산에는 한국어를 모르는 우리 동포들도 포함되어 있다는 사실을 잊지 말아야 할 것이다.

지금까지 논의된 문제들이 상해 지역 동포 사회에서의 한국어 교육에서 제기되는 제 문제들을 해결하기 위한 과제의 전부는 아니다. 그러나 이런 문제들만 잘 풀린다 해도 상해 지역 동포 사회에서의 한국어 교육은 집거지역에서의 한국어 교육에 못지않은 발전을 할 것이다.

---

22) 각주 21) 참고.

4. 마무리

지금까지의 토론에서 언급하지 못했거나 그 논의가 충분히 진행되지 못한 문제들을 다음과 같이 요약하면서 본 논문을 마무리하고자 한다.

첫째, 중국에서의 한국어 교육이 한중수교 이후 거족적인 발전을 했다고는 하지만 그것은 어디까지나 타민족을 대상으로 하는 한국어 교육에 대한 평가일 뿐이다. 동포들을 대상으로 하는 한국어 교육은 시도조차 되지 못하고 있으니 말이다.

둘째, 한중수교 이후 중국 동포 사회는 민족 대이동에 따라 상해, 청도 등 지역에 새로운 동포 사회를 형성하면서 형식적 측면에서가 아니라 질적 측면에서 현저한 변화를 보이고 있다. 그럼에도 불구하고 이에 따른 전문적인 연구는 지금껏 시도되지 못하고 있다.

셋째, 한국어 교육을 중심으로 한 민족교육에 대한 논의가 지금까지는 남미나 유럽 등 지역을 중심으로 진행되었지만 앞으로는 중국 지역의 동포 사회, 특히는 상해 등 지역의 새롭게 형성된 동포 사회를 대상으로도 진행되어야 할 것이다. 그것은 상해 등 지역의 새롭게 형성된 동포 사회는 남미나 유럽 등 지역의 동포 사회와 비슷한 도경을 통해 형성되었고 언어 교육, 언어사용 등 많은 면에서 유사한 특성을 보이고 있기 때문이다.

넷째, 상해 등 지역의 새롭게 형성된 동포 사회는 지금까지는 서로 다른 사회집단으로 병존하고 있는 중국국적 동포사회와 한국국적 동포사회를 하나의 민족공동체 사회로 구축하기 위한 과업도 수행해야 할 것이다.

* 이 논문은 이화여자대학교 다문화연구소 편 『외국에서의 한국어교육 Ⅰ』(박문사, 2009년, 21~41쪽)에 실려 있음.

중국의 민족 어문 정책과
조선어문 교육

I. 들어가기

중국은 각기 다른 언어를 사용하는 56개의 민족으로 구성된 다민족 국가이다. 지금 가장 유행하는 말로 바꾸어 표현한다면 다문화사회, 또는 다문화 국가라고 할 수 있다. 물론 세계화 시대인 오늘날, 다문화의 공존 지역은 한 나라의 범위를 훨씬 초월하는 지구적인 개념으로 이해되고 있는 것은 사실이지만 시초의 다문화사회에 대한 이해는 '한 나라 안에 몇 가지 문화가 공존하는 것'과 같이 되어 있으니 중국이란 사회는 세계화의 이전에 역사적으로 형성된 전통적인 다문화 사회라고 할 수 있다.

그런데 이런 다문화 사회의 가장 기본적인 특징은 언어와 문화의 다양성을 존중하고 나아가 서로 다른 민족, 인종, 종교 등을 존중하는 것이다. 언어의 평등과 다양화 그리고 서로 다른 문화의 공생을 추구하는 다문화는 인류 양지(良知)의 문화 이념이며 가치의 목표로서 사회의 진보와 발전은 다문화, 다언어의 공존 속에서만 가능하다. 그러므로 오늘날, 중국과 같은 다문화 국가에서 어떻게 각기 다른 언어와 문화의 평등과 다양화 그리고 서로 다른 언어와 문화의 공생을 추구하는가 하는 것이 주요한 정책적 과제의 하나로 떠오르고 있다. 그 가운데 무엇보다 중요한 과제의 하나가 다문화 언어 교육 정책이다.

이 글에서는 중국 조선족의 민족 어문 교육 실태에 대한 고찰을 통해 중국의 다문화 언어 교육 정책이 어떻게 실시되고 있는지를 살펴보기로 한다.

그런데 다문화 언어 교육 정책은 다문화 언어 정책에 의해 결정된다. 중국의 조선어문 교육은 국가의 민족 어문 정책과 밀접한 관련을 가지며, 또 민족 어문 정책에 좌우된다. 그러므로 중국의 조선어문 교육에 대한 고찰은 중국에서 실시되고 있는 민족 어문 정책에 대한 고찰을 떠날 수 없다. 이리하여 이 글에서는 먼저 중국에서 실시되고 있는 현행 민족 어문 정책에 대해 살펴보고 이런 어문 정책을 바탕으로 중화인민공화국 교육부에서 제정한 9년제 의무 교육 단계의 《조선어문 과정 표준》[1]의 내용을 중심으로 중국의 조선어문 교육은 어떤 양상으로 진행되고 있는가를 살펴보고 그 문제점도 나름대로 짚어 보기로 한다.

II. 중국의 민족 어문 정책

중국의 민족 어문 정책은 건국 이후에 제정된 헌법과 민족 구역 자치법, 그리고 국가 법규에 따라 제정된 민족 자치 지방의 자치 조례 등에 명시되어 있는데 그 주요 내용은 다음과 같이 네 가지로 귀납할 수 있다.

- 각 민족은 자기의 말과 글을 사용하고 발전시킬 자유를 가지며 민족 자치 지

---

1) 이 《조선어문 과정 표준》(2010년 7월 제2판 제2차 인쇄)은 중화인민공화국 교육부에서 제정하여 공포한 것이다.

방의 자치 기관은 직무를 이행할 때 당지에서 통용하는 한 가지 또는 몇 가
지 언어와 문자를 사용해야 한다.

현행 〈중화인민공화국헌법〉(이하 '헌법'으로 약칭하기로 함)[2] 제4조에서
는 "각 민족은 자기의 말과 글을 사용하고 발전시킬 자유를 가지며 자기
의 풍속과 습관을 보존 또는 개혁할 자유를 가진다."[3]라고 규정하고 있는
데 언어 평등을 의미하는 이 규정은 중국의 민족 어문 정책의 핵을 이루
는 부분으로 국가의 안정, 발전과 관련되는 중요한 정책적 규정의 하나이
다. 56개 민족으로 구성된 다민족 국가에서 무엇보다 중요한 문제가 바로
국가의 안정인데 국가의 안정은 전 국민의 단결에 의해 이루어지고, 국민
의 단결은 민족 평등을 전제로 하며, 민족 평등은 언어 평등을 전제로 하
기 때문이다. 중국은 언어 평등이 무엇보다 중대한 문제로, 정부는 1954년
9월 20일에 통과한 첫 〈중화인민공화국 헌법〉(이하 '54년 헌법'이라 약칭하
기로 함)[4] 제3조에서 벌써 "각 민족은 자기의 말과 글을 사용하고 발전시
킬 자유를 가지며, 자기의 풍속과 습관을 보존 또는 개혁할 자유를 가진

---

2) 중국의 현행 헌법이란 1982년 12월 4일 중화인민공화국 전국인민대표대회 제5기 제
  5차 회의에서 통과하고, 1982년 12월 4일 전국인민대표대회에서 공포 시행을 공고한
  〈중화인민공화국 헌법〉을 1988년 4월 12일 전국인민대표대회 제7기 제1차 회의에서
  통과시킨 〈중화인민공화국 헌법 개정안〉, 1993년 3월 29일 전국인민대표대회 제8기
  제1차 회의에서 통과시킨 〈중화인민공화국 헌법 개정안〉, 1999년 3월 15일 전국인민
  대표대회 제9기 제2차 회의에서 통과시킨 〈중화인민공화국 헌법 개정안〉, 2004년 3월
  14일 전국인민대표대회 제10기 제2차 회의에서 통과시킨 〈중화인민공화국 헌법 개정
  안〉에 근거하여 수정한 헌법을 가리키는데 총 4장 138조로 구성되었으며 4개 조항이
  민족 어문 정책과 관련된 규정이다.

3) 이 글에서 인용한 한글 역문은 중국민족어문번역센터의 번역을 그대로 옮긴 것임을
  밝혀 둔다.

4) 이 헌법은 중국에서 공포한 첫 헌법인데 1954년 9월 20일 전국 인민 대표 대회 제1기
  제1차 회의에서 통과했으며 총 4장 106조로 구성되어 있으며 3개 조항이 민족 어문
  정책과 관련된 규정이다. 그 이전 시기에는 1949년 9월 29일 중화 인민 공화국 성립
  전야에 소집된 중국 인민 정치 협상 회의 제1차 회의 전체 회의에서 공포한 〈중국인
  민정치협상회의 공동 강령〉이 임시 헌법의 작용을 했다.

다."고 명확히 규정하고 있다. 그 후 1975년 1월 17일에 통과한 〈중화인민공화국 헌법〉(이하 '75년 헌법'이라 약칭하기로 함)과 1978년 3월 5일에 통과한 〈중화인민공화국 헌법〉(이하 '78년 헌법'이라 약칭하기로 함) 그리고 1982년 12월 4일에 통과한 헌법(이하 '82년 헌법'이라고 약칭하기로 함)[5] 중에서 '75년 헌법'을 제외한 나머지 헌법들에서는 이와 같은 규정을 한 글자도 고치지 않고 그대로 싣고 있다(단 '75년 헌법'에서만은 제4조에 "각 민족은 자기의 말과 글을 사용할 자유를 가진다"라는 규정만 있고 기타 조항의 내용에 대한 언급은 없다).

그리고 '헌법'의 내용을 보다 구체화한 〈중화인민공화국 민족구역 자치법〉(이하 '자치법'으로 약함)[6] 제10조에서도 "민족지방의 자치기관은 본지방의 각 민족이 자기의 언어와 문자를 사용하고 발전시킬 자유를 가지며 자기의 풍속과 습관을 보존하거나 개혁할 자유를 가지도록 보장한다."라고 규정하고 있다.

국가의 관련 법규에 따라 제정된 지방 정부의 법규에서도 이 규정을 그대로 옮기고 있다. 그 일례로 〈연변조선족자치주 자치 조례〉(이하 '자치 조례'로 약하기로 함)[7]를 들 수 있는데 이 '자치조례' 제6조에서는 "각 민족은

---

5) 이른바 '75년 헌법'이란 1975년 1월 17일 전국인민대표대회 제4기 제1차 회의에서 통과된 '헌법'을 가리키는데 총 30조로 구성되었으며 엄중한 결함을 갖고 있는 착오적인 헌법이다. 민족 어문 정책과 관련된 규정은 단 한 개 조항에서만 찾아볼 수 있다. 이른바 '78년 헌법'이란 1978년 3월 5일 전국인민대표대회 제5기 제1차 회의에서 통과된 '헌법'을 가리키는데 총 4장 60조로 구성되어 있으며 3개 조항이 민족 어문 정책과 관련된 규정이다. 이른바 '82년 헌법'이란 1982년 12월 4일 전국인민대표대회 제5기 제5차 회의에서 통과된 '헌법'을 가리키는데 총 4장 138조로 구성되어 있으며 4개 조항이 민족 어문 정책과 관련된 규정이다.

6) 이 '자치법'은 1984년 5월 31일 전국인민대표대회 제6기 제2차 회의에서 통과하고 2001년 2월 28일 제9기 전국인민대표대회 상무위원회 제20차 회의의 "〈중화인민공화국 민족 구역 자치법〉 개정에 관한 결정"에 근거하여 수정된 법령이다. 이 법령은 총 7장 74조로 되어 있는데 9개 조항이 민족 어문 정책과 관련된 규정이다.

7) 이 '자치 조례'는 1985년 4월 24일 연변조선족자치주 제8기 인민대표대회 제3차 회의에서 통과, 1985년 7월 31일 길림성 제6기 인민대표대회 상무위원회 제14차 회의에서

자기의 말과 글을 사용하고 발전시킬 자유를 가지며 자기의 풍속과 습관을 보존 또는 개혁할 자유를 가진다."라고 규정하고 있다.

이렇게 중앙 법규나 지방 법규에서 모두 각 민족은 자기의 언어와 문자를 사용하고 발전시킬 자유를 가진다고 규정하고 있을 뿐만 아니라 보다 구체적인 규정으로 국민의 언어 사용의 자유를 보장하고 있다.

헌법 제121조에서는 "민족자치지방의 자치기관은 직무를 집행할 때 해당 민족자치지방 자치조례의 규정에 따라 당지에서 통용하는 한 가지 또는 몇 가지 언어와 문자를 사용한다."라고 규정하였으며, '54년 헌법'의 제71조, '78년 헌법'의 제39조, '82년 헌법'의 제121조에서도 이와 꼭 같은 내용의 규정을 하고 있다.

'자치법' 제21조에서는 "민족자치지방의 자치기관은 직무를 수행할 때 해당 민족자치지방의 자치조례가 정한 데 따라 현지에서 통용되는 한 가지 또는 몇 가지 언어와 문자를 사용하며 통용되는 몇 가지 언어와 문자를 동시에 사용하여 직무를 수행하는 곳에서는 구역자치를 실시하는 민족의 언어와 문자를 위주로 할 수 있다"라고 '헌법'의 규정을 보다 구체화하고 있다.

연변조선족자치주에서는 '헌법'과 '자치법'의 규정, 그리고 자치주의 실정에 근거하여 '자치 조례' 제18조에서 "자치주 자치기관은 직무를 이행할 때 조선문과 한문, 두 가지 언어 문자를 통용하는데 조선 언어 문자를 위주로 해야 한다"라고 명확히 규정하고 있고 '자치법'과 '자치 조례'의 해당 규정에 근거하여 제정된 〈연변조선족자치주 조선 언어 문자 사업조례〉(이하 '사업 조례'로 약기로 함)[8] 제2조에서는 "조선 언어 문자는 조선족 공민

비준, 2003년 1월 6일 길림성 제9기 인민대표대회 상무위원회 제35차 회의에서 비준한 "연변조선족자치주 인민대표대회 '자치주 조례 수정'에 관한 결정"에 따라 수정되었다. 이 '자치 조례'는 1985년 10월 1일부터 시행하기 시작했으며 총 7장 75조로 구성되어 있는데 9개 조항이 민족 어문 정책, 구체적으로는 조선어문 정책과 관련된 규정이다.

8) 본 '사업 조례'는 1988년 1월 11일 연변조선족자치주 제9기 인민대표대회 제1차 회의에

들이 자치권리를 행사하는 주요한 언어 문자 도구이다. 자치주 자치 기관은 직무를 이행할 때 조선어와 조선문, 한어와 한문을 통용하되 조선 언어 문자를 위주로 한다."라고 규정하고 있다.

이와 같은 관련 법규가 구체적으로 관철되고 있는 대표적인 실례로 우선 인민법원과 인민검찰원에서 "사건을 심리할 때 각 민족 공민에게 자기 민족의 언어와 문자로 소송할 권리"를 부여하고 "당지에서 통용하는 말과 글을 모르는 소송 관계자에게 번역을 해 주며", "소수 민족이 집거하거나 여러 민족이 함께 거주하고 있는 지구에서는 당지에서 통용하는 말로 심리를 하며", "기소장, 판결서, 포고 및 기타 문서에는 실지 수요에 따라 당지에서 통용하는 한 가지 또는 몇 가지 글을 사용하고 있다."[9]라는 사실을 들 수 있을 것이다.

다음으로 국가에서는 소수민족 언어 문자 사업 기구와 번역 기구를 설립하여 정부 기관의 각종 문건을 한어와 소수 민족어로 번역하여 발급하고 각종 회의에서는 소수 민족 언어 문자 번역을 제공하고 있는데, 중화인민공화국 전국인민대표대회, 중국공산당 전국인민대표대회, 중국 인민정치협상회의 등과 같은 중요한 회의에서도 소수 민족 대표들을 위해 몽고

서 통과, 1988년 7월 21일 길림성 제7기 인민대표대회 상무위원회 제4차 회의에서 비준, 1997년 8월 20일 연변조선족자치주 제10기 인민대표대회 상무위원회 제33차 회의에서 통과한 "〈연변조선족자치주 조선언어문자사업조례〉 수정에 관한 결정"과 1997년 9월 26일 길림성 제8기 인민대표대회 상무위원회 제33차 회의에서 통과한 "〈연변조선족자치주 조선언어문자사업조례〉 수정에 대한 연변조선족자치주 인대 상무위원회의 결정을 비준함에 관한 결정"에 근거하여 수정, 2004년 1월 14일 연변조선족자치주 제12기 인민대표대회 제2차 회의에서 통과한 "〈연변조선족자치주 조선언어문자사업조례〉수정에 관한 결정"과 2004년 5월 28일 길림성 제10기 인민대표대회 상무위원회 제10차 회의에서 비준한 "〈연변조선족자치주 조선언어문자사업조례〉 수정에 관한 연변조선족자치주 인민대표대회의 결정"에 근거하여 수정하였다. 본 조례는 총 25조로 구성되어 있다.

9) 헌법 제134조에서는 "각 민족의 공민은 자기 민족의 말과 글로 소송할 권리를 가진다"라고 규정했으며 자치법 제47조와 자치 조례 제27조에서도 동일한 규정을 하고 있다.

어(蒙古語), 티베트 언어[藏語], 위구르어[維吾爾語], 카자흐스탄어[哈薩克語], 조선어(朝鮮語), 이족 언어[黎語], 장족 언어[壯語] 등 7종의 소수 민족 문자로 번역된 문건과 동시통역을 제공하고 있다는 사실을 들 수 있을 것이다.

그다음으로 각 민족 자치 지방 정부의 모든 문서나 서류는 소수 민족의 문자와 한자를 병용하고 모든 회의에 소수 민족 언어 문자 번역을 제공하며, 정부 기관, 사회단체, 기업과 사업단위의 공인, 간판 등에 모두 소수 민족 문자와 한자를 병용하는데 그 서식 표준에 대해서는 〈연변조선족자치주 조선 언어 문자 사업 조례 실시 세칙〉(이하 '실시 세칙'이라 약칭하기로 함)[10]

제7조에 "조선문과 한문 두 가지 문자를 사용할 경우 응당 아래의 원칙을 준수해야 한나. ① 글자체가 규범적이고 글자의 크기가 같아야 한다. ② 가로 배열할 경우 조선문이 앞에, 한문이 뒤에 또는 조선문이 위에, 한문이 아래에 있어야 한다. ③ 세로로 배열할 경우(마주설 경우), 조선문이 오른쪽에, 한문이 왼쪽에 있어야 한다. ④ 환상적으로 배열할 경우, 왼쪽에서 오른쪽으로 조선문이 외환에, 한문이 내환에 또는 조선문이 좌반환에, 한문이 우반환에 있어야 한다."라고 규정되어 있다는 사실을 들 수 있을 것이다.

- 민족교육을 발전시키고 민족학교에서는 자기의 민족문자로 된 교과서를 사용하며 자기의 민족어로 수업을 진행할 수 있다.

'자치법' 제36조에서는 "민족 자치 지방의 자치 기관은 국가의 교육방침에 근거하고 법률이 정한 데 따라 본 지방의 교육계획, 여러 가지 유형의 각급 학교 설립, 학제, 학교 운영 방식, 교수 내용, 교수 용어 및 학생모집 방법을 결정한다."라고 규정하였으며 제37조에서는 "민족 자치 지방의 자

---

10) 이 '실시 세칙'은 2005년 2월 24일 연변조선족자치주 인민정부 제27차 상무위원회의에서 통과한 것인데 총 19조로 구성되어 있다.

강은국 선생 한국어 연구와 한국어 교육 논총

치 기관은 문맹을 퇴치하며 여러 부류의 학교를 설립하여 9년제 의무 교육을 보급시키며 여러 가지 형태를 취하여 일반 고급 중등 교육과 중등 직업 기술 교육을 발전시키며 조건과 필요에 따라 고등 교육[11]을 발전시키는 등 민족 교육을 자주적으로 발전시켜 각 소수 민족의 전문 인재를 양성한다.", "소수 민족 학생을 위주로 모집하는 학교(학급)와 기타 교육 기구는 조건이 허용하는 한 소수 민족 문자로 된 교과서를 사용하고 소수 민족 언어로 수업해야 하며 상황에 따라 소학교 저급 학년 또는 고급 학년부터 한어문(漢語文) 과목을 설치하고 전국적으로 통용되는 표준어와 규범화된 한자를 보급해야 한다.", "각급 인민정부는 소수 민족 문자로 된 교재와 출판물의 편집, 번역, 출판 사업을 재정적으로 도와주어야 한다."라고 규정하고 있다. 그리고 제71조에서는 "국가는 민족 대학교를 설립, 운영하며 대학교에 민족반과 민족예과반을 설치하여 소수 민족 학생만을 전적으로 모집하거나 주로 모집한다."[12]라고 규정하고 있다.

연변조선족자치주 인민정부에서는 국가의 이런 관련 법규를 연변의 구체적인 실정에 맞추어 조선족 교육을 자주적으로 발전시킬 문제를 여러 조목으로 나누어 '자치 조례'에 반영하고 있다.

'자치 조례' 제53조에서는 "자치주 자치 기관은 조선족 교육을 자주적으로 발전시킨다. 조선족 교육을 우선적으로 발전시키는 문제를 전략적 지위에 놓고 조선족 교육의 개혁과 발전을 온당하게 추진시켜야 한다.", "자치 기관은 국가의 통일적인 교육 제도에 따라 조선족 교육의 특성과 결부하여 조선족 중소학교의 학제, 교육 계획과 관련 학과의 과정표준(課程標准)

---

11) 여기서 말하는 일반 고급 중등 교육이란 한국의 고등학교 교육을 가리키는 것이고 고등 교육이란 대학교 교육을 가리킨다.

12) 여기서 말하는 이른바 '민족예과반'이란 서남민족대학 등에서 신장웨이우얼자치주 등 소수 민족 자치 지구에서 수요로 하는 의학이나 사범 등에 종사할 전문 인재의 양성을 위해 이런 지역의 소수 민족을 따로 모집하여 대학 입학 후 2년 정도의 시간을 할애하여 전문 한어(漢語), 즉 통용어를 학습시킨 후 타 대학에 보내는 교육 제도를 가리킨다.

을 확정하고 조선 언어 문자로 된 각종 교과서, 참고서 및 과외서적을 편역하거나 출판해야 한다."라고 규정하고 있다.

그리고 제54조에서는 "자치주 자치 기관은 실제 상황에 따라 자치주 내에 조선 언어 문자로 수업을 진행하는 중소학교와 한어와 한문으로 수업을 진행하는 중소학교를 따로 설립하거나 조선 언어 문자로 수업을 진행하는 학급과 한어 한문으로 수업을 진행하는 학급이 따로 나뉜 중소학교를 설치하여야 한다."라고 규정하고 있고 제55조에서는 "조선족 학교들에서는 조선족 역사 교육과 조선족 전통 미덕 교육을 진행해야 한다.", "자치주 내 조선족 중소학교에서는 조선어문 교육과 한어문 교육 및 외국어 교육을 강화하여 여러 가지 언어 문자를 학습하고 사용하는 기초를 마련해야 한다."라고 규정하고 있다.

국가의 이런 관련 법규에 따라 각 민족 자치 구역에서는 자기 자치 구역의 구체적인 실정에 따라 부동한 소수민족 학교를 꾸리고 각 소수민족이 자기의 언어 문자로 수업을 할 수 있도록 보장하고 있다.

그리고 경제가 발달한 일부 지역에서도 '자치법' 제71조의 "국가는 발달한 지역에 민족중학교를 설립하거나 일반중학교에 민족반을 설치하고 소수민족학생들을 모집하여 그들에게 중등교육을 준다."라는 규정에 따라 민족 학교를 꾸리고 있는데 북경이나 상해와 같은 특대도시에도 민족 학교가 설립되어 있다.[13]

민족 자치 구역에서의 민족 교육을 부흥시키는 다른 한 구체적인 조치로 "민족 구역 자치법 부가 규정"(이하 '자치법 부가 규정'이라 약칭하기로 함)[14] 제21조에서는 "국가는 민족 자치 지방의 고등 교육의 발전을 방조하

---

13) 그 일례로 북경시에만 해도 43개소의 민족 소학교와 10개소의 민족 중학교가 지금 운영되고 있으며 상해시에도 '상해시회민중학교(上海市回民中学)'와 같은 민족 중학교가 운영되고 있다.

14) "민족 구역 자치법 부가 규정"은 2005년 11월 국무원 제89차 상무회의에서 통과되어 2005년 5월 31일부터 시행하기로 되어 있는 "〈중화인민공화국 민족 구역 자치법〉 실시에 관한 국무원의 약간 규정"을 가리키는데 총 35조로 구성되었다.

고 지지해야 하며 민족 고등학교와 전국 보통고등학교의 민족예과반과 민족반을 잘 꾸려야 한다. 민족 자치 지방의 고등학교 및 민족 대학의 학과 건설과 대학원생 모집에 대해서는 특수한 정책적 특혜를 주어야 한다."라고 규정하고 있다.

'자치 조례' 제56조에서는 "자치주 내 고등학교, 중등 전문학교의 입시에서 각 민족 수험생은 자기의 민족 언어 문자로 답안을 작성할 수 있다. 조선 언어 문자로 답안을 작성하는 수험생은 어문 시험에 조선어문과 한어문을 포함해야 한다."라고 국가의 관련 법규를 연변조선족자치주의 실정에 비추어 좀 더 구체화하고 있다.

대학교와 중등 전문학교에서 신입생을 모집할 경우 소수 민족 수험생들에게만은 특혜를 주고 있는데 '자치법' 제71조에 "대학교와 중등 전문학교에서 신입생을 모집할 때에는 소수 민족 수험생들의 합격 기준과 조건을 적당히 낮추며 인구가 특별히 적은 소수 민족 수험생들에게는 특혜를 준다."라는 규정이 있다.

국가의 이러한 정책적 혜택으로 조선족을 포함한 민족 자치 구역 내 소수 민족들은 자기의 언어와 문자로 전국 통일 대학 입시에 참가할 수 있을 뿐만 아니라 주체 민족인 한족 수험생들보다 좀 낮은 점수로 대학에 입학할 수 있었다.

• 민족 문화 사업을 자주적으로 발전시킨다.

헌법 제119조에서는 "민족 자치 지방의 자치 기관은 해당 지방의 교육, 과학, 문화, 보건 위생, 체육 사업을 자주적으로 관리하며 민족 문화유산을 보호 정리하며 민족 문화를 발전, 번영시킨다."라고 규정하고 있고 자치법에서는 헌법의 이 조항의 내용을 분야별로 세분하여 구체적으로 제시하고 있는데 민족 문화 사업의 발전과 관련된 내용은 제38조에서 "민족 자치 지방의 자치 기관은 민족적 형식과 민족적 특성을 띤 문학, 예술, 신문 보도, 출판, 방송, 영화, 텔레비전 방송 등 민족 문화 사업을 자주적으로 발전시킨다."라고 규정하고 있다.

자치조례 제50조에서는 "자치주 자치 기관은 민족적 특성과 지방적 특성에 따라 교육, 과학, 문학, 예술, 신문, 출판, 방송, 텔레비전, 영화, 위생 및 체육 사업을 적극적으로 발전시켜 조선족과 기타 민족의 과학 문화 수준과 건강 수준을 부단히 제고시켜야 한다."라고 규정하고 있으며 제62조에서는 "자치주 자치 기관은 조선문 신문, 출판, 방송, 영화 사업을 적극적으로 발전시킴과 동시에 한문 신문, 방송과 텔레비전 프로그램도 잘 꾸려야 한다."라고 규정하고 있다.

'사업 조례'에서는 이와 관련된 규정을 3개 조항으로 나누어 좀 더 구체화하고 있는데 제15조에서 "자치주 자치 기관은 조선문 도서, 신문, 잡지의 편집, 출판, 발행 사업을 강화하고 조선문 도서, 신문, 잡지의 종류를 점차 늘이고 조선문 교과서, 교수 참고 자료, 과외 독물 및 과학 기술 도서, 과학 보급류 독물의 편역과 출판을 보장해 주어야 한다."라고 규정하고 있고 제16조에서 "자치주 자치 기관은 조선말을 위주로 하는 라디오, 텔레비전, 방송 프로그램을 중요시하고 영화와 텔레비전 드라마의 조선말 역제 사업을 강화한다."라고 규정하고 있으며 제17조에서 "자치주 자치 기관은 조선 언어문자로 문학 작품과 문예 프로그램을 창작하고 공연하는 것을 제창, 고무한다."라고 규정하고 있다.

이러한 정책적 보증으로 중국의 민족 문화 사업은 놀라운 속도로 발전하고 있다. 불완전한 통계에 의하더라도 지금 전국적으로 30여 곳의 소수 민족 출판사가 연 20여 종의 언어로 5,900여 종의 창작·번역한 도서를 출판하고 있으며, 17종의 소수 민족 문자로 77종의 신문이 발행된다. 11종의 소수 민족문자로 153종의 간행물이 출간되며, 30여 개소의 방송국이 소수 민족의 언어로 방송을 한다. 지금까지 20여 종의 언어로 3,400여 편의 영화가 제작되었고 소수 민족 문자로 번역된 영화가 1,400여 편이다.

- 전국적으로 푸퉁화를 보급하고 민족 자치 지방에서 이중 언어 교육을 통한 이중 언어 사용 정책을 실시한다.

중국은 56개의 민족으로 구성된 다민족, 다언어, 다문화의 국가일 뿐만 아니라 주체민족인 한족이 사용하는 한어도 천차만별의 차이를 갖고 있다. 이러한 사정을 감안하여 '82년 헌법'에서부터는 민족 어문 정책에 "국가는 전국적으로 통용되는 푸통화(普通話)[15]를 보급한다."라는 조항을 더 첨부하기 시작했다.

자치법 제36조에서는 "상황에 따라 소학교 저급 학년 또는 고급 학년부터 한어문(漢語文) 과목을 설치하고 전국적으로 통용되는 푸통화와 규범화된 한자를 보급해야 한다."라고 규정하고 있으며 제49조에서는 "민족 자치 지방의 자치 기관은 각 민족 간부들이 서로 상대방 민족의 언어와 문자를 배우도록 교육하고 권장한다. 한족 간부는 현지 소수 민족의 언어와 문자를 배워야 하며 소수 민족 간부는 자기 민족의 언어와 문자를 학습하고 사용하는 동시에 전국적으로 통용되는 표준어와 규범화된 한자도 배워야 한다."라고 규정하고 있다. '자치법 부가 규정' 제22조에서도 "국가는 전국적으로 통용되는 푸통화와 규범화된 한자를 보급하며 민족 자치 지방의 각 민족 공민은 서로 상대방의 언어와 문자를 배우도록 권장한다.", "국가는 민족 자치 지방에서 소수 민족 어문과 한어문(漢語文)으로 수업하는 '이중 언어 교육'을 점차 추진시키도록 권장해야 한다."라고 규정하고 있다.

2000년 10월 31일, 〈중화인민공화국 국가 통용 언어 문자법〉[16]의 통과로 이중 언어 교육과 이중 언어 사용이 전국적으로 법률화, 의무화되었다.

---

15) '푸통화(普通話)'란 1955년 10월 전국 문자 개혁 회의 및 현대 한어(漢語) 규범화 학술 대회에서 확정한 현대 한족(漢族)의 공통어를 가리키는데 교육부는 1956년 2월 6일 국무위의 "푸통화 보급에 관한 지시"에서 '북경음을 표준음으로 하고 북방말을 기초 방언으로 하며 전범적인 현대백화문 저작을 문법 규범으로 한 말'로 푸통화(普通話)의 개념을 정립하고 있다. 지금 적지 않은 번역서들에서는 '표준어'로 번역하고 있는데 엄격한 의미에서는 푸통화(普通話)와 표준어는 서로 구별되는 개념이다. 부동한 민족어마다 자체의 표준어가 있기에 어떠한 공문서에서나 규범화된 현대 한어를 지칭할 경우 '표준어'란 용어를 쓰지 않고 '푸통화'란 용어를 사용한다.

16) 〈중화인민공화국 국가 통용 언어 문자법〉은 2000년 10월 31일 중화인민공화국 제9기 전국인민대표대회 상무위원회 제18차 회의에서 통과되었다.

III. 중국의 조선어문 교육[17]

여기서는 먼저 중국에서 제정한 조선어문 교육 과정에 대한 검토를 통해 중국의 조선어문 교육의 목표와 내용을 살펴보고 이 교육 과정 시행에서 존재하는 문제들을 살펴보기로 한다.

조선어문 교육 과정에 대한 검토는 중화인민공화국 교육부 제정《조선어문 과정 표준》과 연변교육출판사에서 출판한《조선어문》교과서를 중심으로 살펴보기로 한다.

《조선어문 과정 표준》은 서언, 과정 목표, 학년별 교육 내용, 과정 방법, 과정 평가 등 5개 부분으로 구성되었는데 이 글에서는 조선어문 교육 과정의 성격, 목표, 내용 등을 중심으로 고찰하기로 한다.

1. 성격

《조선어문 과정 표준》에서는 조선어문 교육 과정의 성격을 다음과 같이 규명하고 있다. "어문은 가장 중요한 교제 도구이고 인류 문화의 중요한 조성 부분이다. 조선어문과는 우리 민족의 삶이 배어 있는 조선말과 글을 사용하는 능력과 태도를 길러 정보화 사회에서 조선어문 생활을 바르게 해 나가고 미래 지향적인 올바른 민족의식과 건전한 공민 정서를 함양하며 민족 문화를 이어 가려는 뜻을 갖게 하는 학과목이다."

"조선어문 과정의 기본 특징은 도구성과 인문성의 통일이다. 조선어문 과정에서 힘을 들여 길러 주는 조선어문 소양은 학생들이 기타 과정을 잘

---

17) 중국에서는 '어문(語文)'이란 용어가 "말과 글"이란 개념으로 사용되기도 하지만 학과 목의 명칭으로 사용될 경우에는 보통 '어문학' 즉 언어학과 문학을 아울러 이르는 개념으로 이해되고 있다. 그러므로 중국에서의 '조선어문' 교육에 대한 고찰은 언어 교육과 문학 교육 두 방면의 내용을 모두 망라해야 할 것이지만 본 논문에서는 '말과 글'이라는 일반적인 개념에 입각하여 교육 과정의 검토에서는 언어 교육과 관련되는 내용들에 대해서만 다루기로 한다.

배우는 기초이고 또 학생들의 전면 발전과 평생 발전의 기초이며 조선 민족의 일원으로 살아가는 데 반드시 갖추어야 할 기본적인 자질이다. 이러한 역할로 하여 조선어문 과정은 의무 교육 단계에서 중요한 지위를 차지한다."

2. 목표

《조선어문 과정 표준》에서는 조선어문 교육 과정의 목표를 다음과 같이 규명하고 있다.

"언어 활동과 언어, 문학의 본질을 총체적으로 이해하고 언어 활동의 상황에 맞게 조선어문을 사용하는 능력을 기르며 조선어문 가운데서 애국주의 사상 감정과 사회주의 도덕 품성을 기르고 기본적인 인문 소양을 갖추며 평생 학습과 발전을 위한 조선어문의 토대를 마련하고 민족 문화를 이어가는 조선 민족의 일원으로 되는 능력과 태도를 기른다.

① 언어 활동과 언어와 문학에 대한 기본적인 지식을 익혀 다양한 조선어문 사용 상황에서 활용하는 능력을 기른다.

② 정확하고 효과적인 조선어문 사용의 원리를 익혀 다양한 조선어문 자료를 이해하고 사상과 정서를 바르게 표현하는 능력을 기른다.

③ 중화 민족의 우수한 문화와 외국의 진보 문화의 영양을 섭취하여 기본적인 인문 소양을 갖추고 점차 양호한 개성과 건전한 인격을 형성한다.

④ 조선말과 글을 소중히 여기고 언어 문자 능력을 발전시킴과 동시에 사유 능력을 발전시키고 조선어문 학습의 양호한 습관과 기본적인 학습 방법을 갖추어 평생 학습과 발전의 조선어문 토대를 마련한다."

3. 내용

《조선어문 과정 표준》은 9년제 의무 교육을 하나의 총체적 단계로 보고 소학교, 중학교에 그 단계적 차이를 두지 않고 교육 과정 내용을 제시하며 민족 어문 학과의 개념, 특징과 지위 및 학습의 강조점이 포함되는 구조로 제시한다.

과정 내용은 1학년부터 6학년까지는 읽기, 듣기와 말하기, 쓰기, 종합성 학습 등 4개 영역으로, 7학년부터 9학년까지는 열독, 입말 교제, 습작, 종합성 학습 등 4개 영역으로 나누어 학년별로 '목표'를 제시하고 해당 목표의 실현과 관련된 '수업 활동 내용의 예'를 제시하고 있다. 1학년의 교육 내용은 다음과 같다.

−읽기−

목 표	수업활동내용의 예
1) 글자의 짜임을 알고 음절을 읽는다	· 기본모음의 모양과 이름, 발음을 바르게 알기 · 기본자음의 모양과 차례를 바르게 알기 · 자음과 모음을 합한 글자를 바르게 알기
2) 바른 자세로 음절을 정확하게 소리 내어 읽는다	· 바른 자세로 음절을 읽기 · 여러 가지 모양의 음절을 정확하게 읽기 · 여러 가지 모양의 음절을 정확하게 발음하며 글 읽기
3) 문장부호의 쓰임에 유의하며 글을 읽는다	· 문장부호 점(.)과 물음표(?)에 대하여 알아보기 · 문장부호에 주의하며 글을 읽기
4) 글을 읽고 대체적인 내용을 파악한다	· 글을 읽고 내용 알기 · 글을 읽고 인물의 마음 알기 · 동시를 읊고 글쓴이의 생각 알기
5) 글에 표현된 말에서 재미를 느낀다	· 글을 읽고 재미있는 말 찾기 · 말의 재미를 느끼며 동시 읊기 · 글에서 재미있는 대목을 찾아 말하기
6) 글을 즐겨 읽는 습관을 지니며 우수한 시문 20여 편을 외우고 과외로 10만자 이상 열독한다	· 우수한 시문을 찾아 외우기 · 과외로 재미나는 만화책 읽기 · 제목, 작가와 주인공의 이름을 적어 두기 · 자기가 읽은 만화책을 소개하기

−듣기·말하기−

목 표	수업활동내용의 예
1) 들었거나 책에서 읽은 이야기를 말한다	• 다른 사람의 말을 바른 자세로 귀담아 듣기 • 말할 때에 주의할 점 알아보기 • 바른 자세로 말하기 • 전화할 때의 인사말을 바르게 하기
2) 말의 재미를 느끼면서 듣고 말한다	• 서로 묻고 대답하며 알아맞히기 • 그림을 보며 들은 이야기 말하기 • 들었거나 읽은 이야기 말하기
3) 또렷한 목소리로 구체적으로 말한다	• 여러 사람 앞에서 또렷한 목소리로 말하기 • 한 일, 본 일을 똑똑하게 말하기 • 한 일, 본 일을 구체적으로 말하기
4) 자기가 한 일이나 겪은 일을 말한다	• 친구사이에 있었던 일 말하기 • 친구를 칭찬하는 말하기 • 저절로 할 수 있는 일 찾아 말하기 • 자기가 잘한 일과 잘하지 못한 일 말하기
5) 자기의 생각을 바르게 말한다	• 자기의 꿈, 자기의 생각 말하기 • 보고 느끼고 생각한 것 말하기 • 친구와 생각이 다를 때 주의할 점 알아보기 • 생각이 다른 친구에게 자기의 생각 말하기

−쓰기−

목 표	수업활동내용의 예
1) 바른 자세로 연필을 바르게 잡고 점선에 따라 글씨를 쓴다	• 글씨를 쓰는 자세를 바르게 하기 • 연필을 잡는 자세를 바르게 하기 • 바른 자세로 연필을 바르게 잡고 점선에 따라 글씨 쓰기
2) 네모 칸에 바른 순서, 바른 모양으로 글씨를 쓴다	• 획의 이름을 알고 글씨 쓰기 • 필순에 맞게 기본모음(음절자)을 바르게 쓰기 • 글자를 쓸 때의 순서와 글자의 모양에 주의하며 글씨 쓰기

3) 배운 단어와 토를 활용하여 짧은 글을 짓는다	• 알맞은 말을 넣어 문장을 만들기(짧은 글 짓기) • 소리나 모양을 본딴 말을 넣어 문장 만들기 • 때와 곳을 나타내는 말을 넣어 문장 만들기 • 말을 바꾸어 문장을 만들기(상용 토를 활용하여 문장 만들기)
4) 단어나 문장을 바르게 쓴다	• 단어를 읽으며 바르게 쓰기 • 불러주는 말을 바르게 받아쓰기 • 뜻이 잘 통하게 문장 만들기 • 문장부호 점(.)과 물음표(?)를 바르게 쓰기 • 틀린 철자를 바르게 고쳐 쓰기
5) 전하고 싶은 내용이 알리게 쪽지 글을 쓴다	• 쪽지 글에 대하여 알아보기 • 전하고 싶은 내용이 잘 알리게 쪽지 글쓰기
6) 재미있는 내용, 쓰고 싶은 내용을 선정하여 글을 쓴다	• 친구에게 전하고 싶은 말을 글로 쓰기 • 일기 쓰기 • 새 학기의 결심, 자기의 꿈을 글로 쓰기 • 하고 싶은 일 글로 쓰기

-종합성학습-

목 표	학습활동내용의 예
1) 동화나 동시로 역할놀이를 한다.	• 극 놀이(역할놀이)에 즐겨 참여하기 • 좋아하는 동시를 찾아 외우고 동시 읊기 모임 가지기
2) 첫소리 같은 말, 끝소리 같은 말 찾기, 말꼬리잡기 등 말놀이에 즐겨 참여한다.	• 첫소리 같은 말 찾기 놀이 하기 • 끝소리 같은 말 찾기 놀이 하기 • 말꼬리잡기 놀이 하기

여기서 볼 수 있는 바와 같이 조선어문 교육 과정의 목표와 내용은 언어 지식과 문학 지식으로 나뉘어 설계되었던 지난날의 교육 과정과는 달리 학습 단계에 따라 학생들이 반드시 알아야 할 여러 가지 내용을 통합적으로 제시하는 체계로 구성되어 있다.

이런 구성 체계에 대해 집필진은 "학년별 학습 내용은 학생들이 반드시 알아야 할 것으로서의 학습 요소와 그 요소를 학습함으로써 할 수 있어야 할 것의 수행 차원에서 선정하며 지식과 능력, 과정과 방법, 정감 태도와 가치관에 따른 내용이 호상 침투되고 통합되도록 영역별로 제시한다.", "과정 표준의 방법에서는 교수-학습 방법과 교수, 학습 자료를 제시하는데 교수-학습 방법은 과정의 기본 이념에 따른 일반적인 지도 방법과 글자 학습, 열독(읽기), 습작(쓰기), 입말 교제(듣기, 말하기), 종합성 학습, 조선어문 지식과 문학에 대한 학습 활동에서의 강조점을 알도록 제시하고 교수-학습 자료에는 기본 학습 자료인 교과서 편찬에서 주의해야 할 사항을 제시한다."라고 설명하고 있다.

아래 《조선어문 과정 표준》에서 제시된 언어 교육과 관련된 내용들을 1~6학년(소학교)과 7~9학년(중학교) 두 단계로 나누어 살펴보기로 한다.

• 1~6학년

1~6학년에서는 주로 언어 능력 신장을 주목표로 다음과 같은 언어 교육 내용이 제시되어 있다.

첫째, 음운론과 관련된 내용으로 자모음, 음절, 어음의 변화(된소리화, 사잇소리, 'ㄴ'의 첨가 등), 운율과 억양 등이 제시되어 있다.

둘째, 어휘론과 관련된 내용으로는 의성의태어, 동의어, 반의어, 동음이의어, 성구, 속담, 고유어, 한자어, 외래어 등이 제시되어 있다.

셋째, 문체론과 관련된 내용으로는 비유법, 반복법, 의인법, 예시법 등이 제시되어 있다.

넷째, 서사 규범과 관련된 내용으로 문장 부호, 띄어쓰기 등이 제시되어 있다.

다섯째, 문법론과 관련된 내용으로 문장 성분의 차례 바꾸기, 문장 유형 바꾸기, 토의 사용 등이 제시되어 있다.

• 7~9학년

7~9학년에서는 언어 지식 전수와 관련된 내용들이 교과서에 부록 형

식으로 집중적으로 제시되어 있는데 그 상황을 좀 더 구체적으로 살펴보면 다음과 같다.

《7학년 조선어문(상)》에서는 품사에 관한 지식과 문장 부호에 관한 지식을 제시하고 있다.

품사에 관한 지식 부분에서는 '품사'의 개념을 정립한 다음 품사를 명사, 수사, 대명사, 동사, 형용사, 관형사, 부사, 감동사 등 8품사로 분류하고 명사는 완전 명사와 불완전 명사, 보통 명사와 고유 명사, 활동체 명사와 비활동체 명사로, 수사는 수량 수사와 순서 수사로, 대명사는 인칭 대명사, 지시 대명사, 의문 대명사로, 관형사는 분량 관형사, 성질 관형사, 의문 관형사로, 부사는 상황 부사, 양태 부사, 접속 부사, 상징 부사, 부정 부사로, 감동사는 감정을 나타내는 감동사, 의지·요구 등을 나타내는 감동사, 태도를 나타내는 감동사로 하위분류하고 그 예시를 보이고 있다. 그런데 유독 동사와 형용사만은 하위분류를 하지 않고 예시만 보이고 있다.

문장 부호와 관련된 지식 부분에서는 점(.), 두점(:), 반점(,), 물음표(?), 느낌표(!), 이음표(–), 풀이표(―), 줄임표(……), 인용표(" ", ' '), 묶음표(( ), [ ]) 등을 제시하고 그 개념과 예시를 보이고 있다.

《7학년 조선어문(하)》에서는 어휘론과 관련된 지식, 형태론과 관련된 지식, 조어법과 관련된 지식을 제시하고 있다.

어휘론과 관련된 지식 부분에서는 고유어와 한자어 및 외래어, 표준어와 사투리를 다루고 있다.

형태론과 관련된 지식으로는 형태부의 개념과 분류, 접사와 어간에 대해 다루고 있다.

단어 조성법과 관련된 지식 부분에서는 합성법, 접사법, 어음교체법을 다루고 있다.

《8학년 조선어문(상)》에서는 격토(격 조사)의 갈래와 그 뜻, 도움토(보조사)의 갈래와 그 뜻, 일부 단어와 표현들의 맞물림 관계 등을 제시하고 있다.

격토의 갈래와 그 뜻 부분에서는 먼저 격토의 개념을 정립하고 격토를 주격토, 대격토, 속격토, 여격토, 위격토, 조격토, 구격토, 호격토로 분류해 그 의미를 설명하고 예시를 제시한다.

도움토의 갈래와 그 뜻 부분에서는 도움토의 개념을 정립한 다음, 1차적으로 기능에 따라 격토처럼 쓰이는 토와 보충적 의미를 더해 주는 토로 분류하고, 2차적으로 그 의미에 따라 주격토와 비슷한 뜻을 나타내는 도움토, 여격토와 비슷한 뜻을 나타내는 도움토, 구격토와 비슷한 뜻을 나타내는 도움토, 비교의 뜻을 나타내는 도움토, 망라의 뜻을 나타내는 도움토, 지정의 뜻을 나타내는 도움토, 포함의 뜻을 나타내는 도움토, 제한·강조의 뜻을 나타내는 도움토, 시작·마감·포함·강조의 뜻을 나타내는 도움토, 양보의 뜻을 나타내는 도움토, 선택·양보·추정·강조의 뜻을 나타내는 도움토, 강조의 뜻을 나타내는 도움토, 부정의 뜻을 나타내는 도움토로 분류하고 있다. 일부 단어와 표현들의 맞물림 관계(공기 관계) 부분에서는 부정 표현의 맞물림, 가능성 표현의 맞물림, 요구성 표현의 맞물림, 가정적 표현의 맞물림, 양보적 표현의 맞물림, 추측성 표현의 맞물림, 제한하는 표현의 맞물림, 첨가 표현의 맞물림, 반문 표현의 맞물림, 강한 의지 표현의 맞물림, 당위성(의무성) 표현의 맞물림, 물음과 관련한 맞물림, '마치', '흡사'에 대한 맞물림으로 나누어 설명하고 있다.

《8학년 조선어문(하)》에서는 접속토(연결 어미), 규정토(관형형 어미)와 관련된 지식에 대해 제시하고 있다.

접속토 부분에서는 접속토의 개념을 정립한 다음 접속토를 우선 그 기능에 따라 병렬 접속토와 종속 접속토로 나누고 그 의미에 따라 병렬 접속토는 다시 합동, 분리, 대립으로 하위분류하고, 종속 접속토는 원인, 조건과 양보, 목적과 의도, 부정, 방식과 수단으로 하위분류하고 '접속토를 바르게 쓰기'에서 일부 접속토들의 구별에 대해 설명하고 있다.

규정토 부분에서는 규정토의 개념을 정립한 다음 규정토 '-는', '-ㄴ/-은', '-ㄹ/-을', '-던'의 의미 용법과 그 예시를 보이고 규정토의 바로 쓰기도 간단히 언급한다.

《9학년 조선어문》에서는 상권에서 통사론의 한 부분으로서 문장 성분에 대해 개괄적으로 서술하고 있는데 먼저 문장 성분의 개념을 정립하고, 문장 성분을 크게 상관적 문장 성분과 독립적 문장 성분으로 나눈다. 상관적 문장 성분은 다시 주어, 술어, 보어, 상황어, 규정어로 분류하고 독립적 문장 성분은 다시 호칭어, 감동어, 삽입어, 접속어로 분류하고 마지막으로 각이한 문장 성분 표현을 간략히 설명하고 있다.

* 이 논문은 국립국어원 「새국어생활」 제23권 제4호(2013년, 19~41쪽)에 실려 있음.

다문화의 시각으로부터 본
중국조선어의 발전

서론

아마 2년 전의 일로 기억된다. 어느 날 한국 모 대학교의 총장님께서 저녁식사를 하는 자리에서 우연히 지나치는 말투로 지금 연변텔레비전 방송국의 아나운서들이 연변의 말투도, 한국의 말투도 아닌 말투로 방송을 하고 있는데 너무 어색해서 듣지 못하겠다는 것이었다. 우연히 지나치는 한마디 말이었지만 그 충격은 참으로 컸다.

우리는 지금 다문화사회에서 생활하고 있지 않는가? 다문화란 언어와 문화의 다양성을 존중하고 나아가서 각이한 민족, 각이한 인종, 각이한 종교 등을 존중하는 것을 그 기본특징으로 하는 것이 아닌가? 그럼에도 불구하고 우리 연변의 언론매체들에서 획일적으로 "한국화"의 물결을 타기에 급급해하는 원인은 무엇일까? 또 그 후과는 어떠할까?

이 문제는 우리 모두가 반드시 고민해야 할 문제라 생각된다. 주지하다시피 각 민족, 각 지역의 언어문화는 그 민족, 그 지역 성원 전체에 의해

독자적으로 창조된 것으로서 모두 인류문화에 대한 하나의 공헌이다. 따라서 한 민족, 한 지역사회가 자기의 언어문화를 상실한다는 것은 그 구성원들의 각도에서 볼 때는 자신의 언어문화를 상실하고, 자신의 개성, 나아가서는 일종의 정신을 상실하는 것으로 되며, 인류문화는 정체성의 각도에서 볼 때는 독특한 일종의 언어문화 개성을 잃는 것으로 된다.

언어문화의 평등은 국가와 민족 평등의 초석(基石)으로서 국가주권, 민족존엄과 밀접하게 관련되어 있다. 바로 이런 이유로 세계화의 오늘 언어문화의 다양화는 세계적인 관심을 모으고 있는 중대한 화제로 되고 있는 것이다. 일찍 2004년 북경에서 개최된 "제89회 국제 세계어대회"[1]에서는 "언어문화의 평등과 다양화"가 중요한 주제로 다루어졌으며, 각이한 민족어는 물론 한 민족어의 지역 방언도 적극 살려야 한다는 목소리가 높았다는 사실이 이 점을 잘 설명해준다.

그럼에도 불구하고 다문화사회에서의 우리 중국조선어의 이와 같은 급속한 변이에 대해서는 고민하는 사람들이 별로 많지 않은 것 같다. 이리하여 본 논문에서는 문화언어학의 이론과 연구방법으로 중국조선어의 "한국화"에서 존재하는 문제점을 분석하면서 앞으로의 발전방향을 모색하는 것을 주요과업으로 삼는다.

1. 다문화사회와 세계화

앞에서도 언급했다시피 우리는 지금 다문화사회에서 살고 있다. 다문화사회에서의 언어의 발전을 연구하기 위해서는 이런 다문화사회는 어떻게 형성되었으며 그 기본특징은 무엇이고 지금의 상황은 어떠한가를 살펴볼 필요가 있다.

---

1) 제89회 국제 세계어대회는 2004년 7월 24일-31일 북경에서 개최되었는데 52개 국가의 2,000여 명의 학자들이 참석했었다.

다문화에 대한 간단한 사전 해석은 "한나라 안에 몇 가지 문화가 공존하는 것"과 같은 내용으로 규정되어 있다. 그러나 오늘날 우리가 말하는 다문화의 공존지역은 한 나라의 범위를 훨씬 초월하는 지구적 개념으로 이해되고 있다.

이런 다문화는 역사적으로 고대제국에서도 나타났었다. 그러나 우리가 오늘 말하는 다문화현상은 근대화 이후 서구에서 나타난 다문화를 가리킨다. 근대화 이후 비서구지역에서 사람들이 서구로 몰려들어 자기의 문화를 유지하면서 생활하고, 또 서로 다른 문화를 가진 종족이나 민족들이 하나의 국민국가를 이루게 되면서 서로 다른 문화를 존중하고 서로 다른 문화가 공생하는 다문화를 추구하기에 이른 것이다. 한마디로 다문화는 사회경제발전에 따른 인구의 이동과 관련되는 문화적인 현상이다. 근대화 이후에 본격적으로 형성되기 시작한 다문화의 발전단계를 학계에서는 흔히 첫째, 19세기 초에서 2차 세계대전에 이르는 시기, 둘째, 2차 세계대전에서 탈냉전에 이르는 시기, 셋째, 탈냉전 이후 세계화의 시기로 나누어 설명하는데 셋째 단계인 세계화의 시기가 인구의 이동이 역사상 가장 강화된 시기이다. 순리대로라면 다문화가 인구의 이동과 직결되는 문화적 현상이라고 할 때, 세계화의 시기는 다문화가 가장 발달한 시기라고 해야 할 것이다. 그러나 현실은 사람들의 의지와는 상반되는 방향으로 발전하기도 한다. 언어와 문화의 다양성을 존중하고 나아가서 각이한 민족, 각이한 종족, 각이한 종교 등을 존중하는 것을 기본특징으로 하는 다문화사회가 단일문화사회로 급변해가고 있는 것이 오늘의 현실이다.

여기서 많은 실례를 들 것 없이 언어의 사용상황만 살펴보기로 한다. 연구에 따르면 지금 세계상에 남아있는 언어는 6,000여 종에 달한다. (선사시대 우리 인류는 12,000여 종의 언어를 갖고 있었다고 한다.) 그런데 지금 세계적으로 영향력이 있는 주류매체의 80% 이상이 하나의 동일한 언어를 사용하고 있으며 또 하나의 동일한 문화가치관만을 전파하고 있다. 영어가 세계 전파매체에서 강세를 점하고 있기에 기타의 언어문화에 주어진 화어(话语)공간은 얼마 되지 않으며 일부 약세 언어문화는 실어(失语)의 위험에 처해 있다.[2] 이리하여 세계화시대에서의 다문화문제는 지금 지구적 차원에서 심각한 정책적 과제로까지 떠오르게 되었다.

그렇다면 왜 이런 심각한 문제가 발생하게 되는 것일까? 앞에서 우리는 다문화는 사회경제의 발전에 따른 인구이동의 결과적 산물이며 오늘의 다문화는 인구이동이 가장 강화된 세계화와 관련된다는 데 대해 살펴본 바 있다. 그러니 다문화사회가 단일문화사회로 급변하는 심각한 문제가 발생하는 것도 이 세계화와 관련된다고 보아야 할 것이다.

세계화란 한마디로 국가경제가 세계경제로 통합되는 것을 의미하는데 국가와 지역 간에 존재하던 상품, 서비스, 자본, 노동, 정보 등에 대한 인위적인 장벽이 제거되면서 세계가 일종의 거대한 단일시장으로 통합되는 추세를 밀한다. 세계화는 인류문명사에 풍부한 물질적 재부와 정신적 재부를 창조해 줌으로써 인류사회의 발전을 가속화하고 있다. 하지만 세계화는 무한경쟁의 극대화, 그리고 거대기업의 독점 등 문제로 단일시장화, 단일문화사회 등의 문제점들도 산생시키고 있다. 지금의 세계화는 미국을 비롯한 경제 강대국들이 주도하면서 힘의 논리로 모든 이익과 언어사용권을 분배하면서 단일 언어문화를 주장하고 강요하고 있다. 그 결과 통일되고 조화롭게 발전하던 세계화와 다문화사회가 단일문화사회로 급변하기에 이른 것이다.

다문화사회가 단일문화사회로 급변하기에 이른 것은 순 경제적인 힘의 논리의 결과로 민족이나 종족 성원의 다소와는 큰 관계가 없다. 이 점은 중국이 지금 자기의 문화를 상실하면서 서구화되어 가고 있다는 사실에서 잘 알 수 있다. 중국은 13억이 넘는 인구를 가진 대국이고 중화민족은 또 반만년의 역사와 문화를 자랑하고 있는 민족이다. 그럼에도 불구하고 지금 중국의 전통문화는 젊은이들 속에서 점차 잊혀져 가고 있고 그 자리를 서양의 문화가 메우고 있다. 지금의 젊은이들은 춘절(春节)과 같은 전통명

---

2) 杨光, "언어문화의 평등과 다양화"(2004년 제89회 국제 세계어대회 발표문) 참조.

394

강은국 선생 한국어 연구와 한국어 교육 논총

절에 대해서는 별로 흥미를 느끼지 않다가도 크리스마스(圣诞节), 연인절(情人节), 만우절(愚人节)만 되면 날 새는 줄도 모른다. 또 많은 젊은이들, 심지어 젊은 가정주부들까지도 자기의 검은 머리카락을 증오하고 학대하며, 눈동자를 황갈색으로 바꾸지 못하는 것을 한탄한다. 중국이나 한국에서 전통 혼례식을 거의 구경하기조차 어려운 것이 바로 오늘의 현실이다.

이렇게 다문화사회는 몇몇 강자들이 주도하는 세계화에 의해 산산히 부서져가고 있다. 그러므로 일부 서방 경제학자들은 다음번의 세계대전은 문화전쟁이라고까지 말하고 있다.

그러나 세계화, 세계 각국의 경제의 발전은 서로 의존해야 하며 그 강도는 점점 더 높아지게 될 것이다. 그러므로 경제의 세계화와 문화의 다양화는 반드시 통일적으로 조화롭게 발전해야 한다. 완벽하게 단일문화적인 사회, 단일한 정체성을 갖는 사회는 오직 강자들이 강요하는 틀에 맞추어 인간 모두를 획일적으로 키워낼 때만 존재할 수 있는 사회이다. 하지만 이러한 사회는 사회생활이라는 원칙 자체에 반하는 것이기 때문에 결코 오래 지속될 수 없다.

언어문화의 평등과 다양화 그리고 서로 다른 문화의 공생을 추구하는 다문화는 인류양지의 문화이념이며 가치의 목표이다. 다언어여야 비로소 다시각적일 수 있으며, 다문화여야 비로소 다채로운 발전을 기대할 수 있을 것이다. 때문에 우리는 민주, 평등, 공존, 공영의 새 국제 정치, 경제 질서를 세우기에 주력해야 하며, 세계화의 조건하에서 언어문화의 평등과 다양화를 추진해야 한다. 이래야만 세계화도 정상적인 질서에서 건전히 발전할 수 있을 것이다.

2. 다문화와 언어

그렇다면 다문화와 언어는 어떤 관계를 갖고 있을까? 이 문제를 옳게 규명하기 위해서는 먼저 문화와 언어의 관계에 대해 살펴볼 필요가 있다.

문화란 비교적 복잡한 현상이다. 따라서 문화에 대한 정의도 학자들에 따라 부동한 각도에서 내려지고 있다. 문화에 대해 처음으로 비교적 과학적인 정의를 내린 학자는 아마 타이로(Tylor)일 것이다. 타이로는 《원시문화》라는 책에서 문화란 "지식, 신앙, 예술, 법률, 습관 및 사회성원으로서의 사람들이 획득한 기타의 모든 능력과 습관을 포함한 복잡한 정체"라고 정의한 바 있다. 지금 국내 학자들이 비교적 경전적인 정의로 보고 있는 것은 《쏘련백과전서》의 정의이다. 이 사전에서는 "협의적 의미에서의 문화는 사람들의 정신생활을 가리키고 광의적 의미에서의 문화는 자연계와 구별되는 사람들이 창조한 모든 것"을 가리킨다고 했다.

언어에 대한 정의는 문화의 경우와는 달리 비교적 일치된 견해를 보이는데 흔히 교제의 도구, 사유의 도구로 정의되고 있다.[3]

그렇다면 문화와 언어, 또는 언어와 문화의 관계는 어떠할까? 문화와 언어의 관계는 일찍 19세기 말부터 인류학자들과 언어학자들의 관심을 모은 매우 복잡한 현상이다. 우리 중국에서 언어와 문화의 관계에 대해 제일 처음으로 체계적으로 연구하고 논술한 학자는 라상배(罗常培)이다.[4] 라상배를 비롯한 언어학자들과 기타 인류학자들이 제출한 견해를 종합하면 언어와 문화의 관계는 다음과 같은 두 가지 측면으로 묘사할 수 있을 것이다.

첫째, 언어는 문화를 구성하는 4대 기본요소의 하나이며 문화를 기록하고 문화를 반영하며, 문화를 표현하고 문화를 전파하는 중요한 수단이며 도구이다.

둘째, 문화는 사회실천과 사회역사의 산물로서 수동적으로 언어에 의해 기록, 보존되고 표현되기만 하는 것이 아니라 언어의 생성, 변화, 발전에 직접적인 영향을 주면서 언어의 변화발전의 중요한 요인으로 작용하기

---

3) 夏征农, 《大辞海 (语言学卷) 》(上海辞书出版社), 2003:1 참조.

4) 라상배, 《언어와 문화》, 1951년 참조.

도 한다.

이렇게 문화와 언어는 비록 서로 다른 범주에 속하지만 서로 불가분리의 밀접한 관계를 갖고 있다. 이러한 관계는 중국의 음양오행설에서의 "九"와 "五"라는 수자의 민족문화의미로부터 "九五之尊 ➡ 黄帝 ➡ 皇帝"라는 어휘가 만들어졌다는 사실만으로도 그 설명이 충분하리라 생각된다.[5]

언어와 문화의 관계가 이렇듯 밀접한 불가분리의 관계에 놓여 있다고 하면, 다문화는 다언어를 뜻하게 되며 다문화사회는 다양한 민족언어의 공존사회를 뜻하게 될 것이다. 이리하여 다양한 언어의 공존을 떠나서는 다문화사회란 운운할 수도 없게 된다. 세계화의 참된 함의도 모든 사람들이 동일한 하나의 언어만을 사용할 것을 요구하는 것이 아니다. 사람마다 동일한 하나의 언어를 사용하고 단일한 생활방식으로 생활한다는 것은 전혀 불가능한 일이다.

사회의 진보와 발전은 다문화, 다언어의 공존 속에서만 가능하게 된다. 그 가장 좋은 실례가 오스트랄리아(澳大利亚) 다문화사회의 발전이다. 주지하다시피 오스트랄리아가 오늘날처럼 발달할 수 있는 것은 1973년부터 종족기시의 "백오정책(白澳政策)"을 폐지하고 다문화정책을 실시했기 때문이다.

통계에 의하면 오스트랄리아의 현재 인구는 2,200만 명에 불과하지만 사용되고 있는 부동한 언어(민족어), 방언은 200여 종에 달한다. 관방언어인 영어가 비록 가장 중요한 언어이기는 하지만 가장 보편적으로 사용되는 언어는 이딸리아어, 그리스어(希腊语), 중국어이다. 2006년의 인구보편조사에 의하면 오스트랄리아에서 가장 광범위하게 쓰이는 5종의 언어로 그리스어, 베트남어, 중국어, 독일어와 중국 광동방언으로 집계되었다.[6] 이렇게 오스트랄리아에서는 다문화정신을 발양할 것을 대폭 고무 격려하면

---

5) 강은국, 「한중 민족문화의미 비교연구」, 『우리 민족어의 연구와 전파』(2003:405-415) 참조.

6) 구체 통계수치는 李南方의 "다문화와 언어의 관계"(2010:4)에서 재인용.

서 각종 언어학교를 세우고 이민들에게 자기 민족의 언어문화 학습에 중시를 돌려 자기의 언어와 문화를 상실하지 않도록 함과 동시에 제2, 제3의 기타 언어를 학습하게끔 장려하고 있다. 오스트랄리아 사람들은 다문화특징이야말로 가장 보귀한 인문 및 경제 재부라고 자신하고 있다.

그런데 오스트랄리아의 경험에서 우리가 반드시 잊지 말아야 할 문제는 다문화사회에서의 다양한 언어란 민족어만을 염두에 두는 것이 아니라 각종 토착민들이 사용하는 방언까지를 포괄하는 개념이라는 것이다.

북경대학교의 장유가(張維佳) 교수는 일찍 2009년 "다문화 접촉과 언어변이"라는 화제로 인민망(人民网) 기자와의 인터뷰에서 "다문화접촉은 언어에 중대한 영향을 주고 있다. 예를 들면 옛 북경말 중의 일부 특징이 이미 소실되어 가는 것과 같은 것이다." 그는 또 "지금 남방방언이 급속하게 위축되고 소실되어 가고 있는네 반드시 주의를 불러일으켜야 하며 반드시 잘 보호해야 한다"고 지적했다.[7]

국가어문사업위원회 부주임이며, 교육부 언어문자정보관리사 사장 리우명(李宇明)도 보통말(普通话)과 방언의 관계를 논하는 자리에서 "보통말과 방언은 종래로 대립되는 것이 아니다. 일부 위기에 처한 방언에 대해서는 반드시 조사하고, 정리하고, 연구하고, 보존해야 한다."고 지적했다.[8]

이상의 제 사실에서 우리는 다문화사회에서 다양한 언어, 다시 말하면 부동한 민족, 부동한 지역의 모든 언어들은 반드시 평등하게 공존해야 하며 조화롭게 발전해야 한다는 것을 알 수 있다.

3. 다문화사회에서의 중국조선어의 발전

앞에서 우리는 다문화사회에서 지역방언을 포함한 다양한 언어는 공생

---

7) "人民网", 2009년 8월 4일 12:10 참조.
8) 新闻网, 2011년 5월 12일 23:09 참조.

속에서 조화롭게 발전되어야 한다는 데 대해 살펴보았다.

그렇다면 중국조선어의 현실은 어떠한가? 중국조선어는 오스트랄리아의 다양한 언어의 발전과는 달리 세계화로 인한 단일언어 문화사상의 영향으로 점차 위축되어 가고 있는데 그 상황을 다음과 같은 두 가지 측면으로 나누어 살펴볼 수 있다. 그 하나는 중국의 주류문화로부터 오는 영향, 즉 한어문화의 영향이다. 아는바와 같이 중국의 개혁개방은 중국 조선족사회로 하여금 민족대이동을 시작하게 했는바 그 결과 북경, 상해, 청도, 광주 등 경제가 발달된 지역에 새롭게 형성된 40-50만 명에 달하는 우리 조선족사회에서는 자기의 문화와 언어사용의 기회를 상실하게 되었고 그 후예들은 자기 고유의 언어마저 상실해 가는 비참한 역사를 기록하고 있다. 다른 하나는 한국언어문화의 영향이다. 중국의 언론매체들이 자체의 언어규범이 있음에도 불구하고 한국어의 어휘를 그대로 남용하거나 억양까지도 한국투를 모방하려 애쓰고 있다. 대학교육에서도 한국의 언어, 문학에 대한 교육은 날로 강화되고 있지만 중국의 조선어 그리고 조선족의 문학에 대한 교육과 연구는 점점 약화되고 있다. 더욱 가슴 아픈 일은 이런 "한국화"를 "시대발전의 대세로 보아야 한다"는 우리 국내 일부 학자, 교수분들의 태도이다. 학자, 교수분들이 그러니 일반대중은 중국의 조선어는 반드시 한국어로 통일되어야 한다고 생각하기에 이른 것이다.

물론 한국은 그 경제발전에서 아시아의 앞자리에 서있는 것만은 사실이다. 그러니 경제적으로 낙후한 우리 중국 조선족사회가 한국의 언어문화의 영향을 받는 것은 경제 강대국인 미국의 영향으로 세계 주류 매체의 80%가 영어를 사용하는 것처럼 어떻게 보면 매우 자연스러운 현상이라고 할 수도 있을 것이다. 그런데 우리가 반드시 잊지 말아야 할 것은 이런 언어변이는 모국어화자의 모국어학습의 경우와는 완전히 다른 언어학적 현상이라는 것이다. 모국어화자의 모국어학습은 주어진 언어환경에서 자연스럽게 이루어지는 것이지만 중국조선어의 "한국화"는 일종의 언어간섭에 의해 이루어지는 것이라고 보는 것이 보다 타당할 것이다.

지금 세계 각국은 날로 가속화되는 다문화사회에서 자체의 언어문화를 주류 언어문화의 하나로 만들기 위해 많은 인력과 재력을 투입하면서 각고의 노력을 경주하고 있다. 중국의 "공자학원", 한국의 "세종학당" 등이 모두 이를 위한 정부사업의 중요한 일환이다. 그러니 중국조선어의 변이를 어떻게 시대발전에 따른 자연스러운 현상이라고만 하겠는가? 이보다 더 심한 것은 한국정부에서 강요한 "무연고 동포방문취업 한국어능력시험"이 중국에서 우리말을 아는 조선족들을 대상으로 7회나 이어져 왔다는 사실이다.[9] 이 문제에 대한 분석은 학자마다 다를 것이지만 언어학의 각도에서는 "언어간섭"으로밖에는 그 해석이 불가능하다고 본다.

그렇다면 다문화사회에서의 중국조선어는 어떻게 발전해야 하는가? 이를 위해서는 대한민국의 한국어, 조선민주주의인민공화국의 문화어, 중국의 조선어 이 3자의 관계에 대해 좀 더 토론해 볼 필요가 있다.

일반적으로 하나의 민족어는 그 민족성원 전체에 의해 창조되는 것만큼 그 형성에 있어서는 단일한 민족어의 특징을 띤다. 그러나 이렇게 형성된 민족의 단일공통어도 그 발달과정에 있어서는 변화하는 역사성을 띤다. 그런데 이러한 변화는 주로 언어의 내적 요인에 의해 일어나는 것이지만 때로는 언어의 외적 요인, 즉 언어외부의 사회적 요인에 의해 일어나기도 한다. 이처럼 서로 다른 요인에 의해 일어나는 민족어의 변화는 그 과정이나 결과의 성격도 달라지게 한다. 우리 민족의 언어가 고대, 중세를 거쳐 어음, 어휘, 문법 등의 체계가 현대어의 모습으로 변화된 것이 바로 언어의 내적 요인에 의한 변화이고 단일민족어가 한국어, 문화어, 조선어로 이질화된 것이 바로 언어의 외적 요인에 의한 변화이다. 여기서 특히 지적할 것은 언어의 외적 요인에 의한 변화는 기존의 언어질서에 부정적으로 작용하여 부당한 간섭과 충돌을 빚게도 한다는 것이다.

그렇다면 우리의 단일민족어가 한국어, 문화어, 조선어로 이질화된데 대해서는 어떻게 보아야 하는가? 우리는 이 세 부동한 지역의 언어를 한

---

9)　한중동포신문, 재한외국인방송, 2010/10/02 참조.

민족어의 부동한 지역사회의 "대표방언"(잠정명)으로 보아야 한다고 생각한다. 그것은 방언이란 부동한 지역에서 사용되는 단일민족어로 특징지어지기 때문이다. 그런데 이 3자의 관계에서는 우리가 일반언어학에서 늘 사용하던 방언과 기초방언의 개념이 적용되지 않는다. 그것은 우리 민족어는 아직 지역사회 표준어의 형성단계에 머물러 있기 때문이다. 통일된 하나의 민족표준어의 제정은 필요하나 이는 앞으로의 일이다. 물론 일부 어용언어학자들은 언어도 선진적인 것과 낙후한 것, 시체적인 것과 촌스러운 것이 있다고 보면서 선진적이고 시체적인 언어로 낙후하고 촌스러운 언어를 대체해야 한다고 주장하고 있다. 그러나 언어는 다양성으로 특징지어질 뿐 선진과 낙후로 구별되는 것이 아니다. 중국의 한 언어학자는 이 현상을 "언어는 종래로 텔레비가 "狗不理包子"[10]와 구별되는 그런 것이 아니다"라고 아주 형상적으로 지적한바 있다.

우리가 오늘날의 다문화사회에서는 한국어, 문화어, 조선어가 반드시 지역사회의 대표방언으로 공생해야 하며 조화롭게 발전해야 한다고 주장하는 것은 이런 지역사회의 방언이 우리 전체 민족문화의 징표이지 어느 한 지방 문화의 징표가 아니기 때문이다.

유네스코(联合国教科文组织)에서는 "모든 민족으로 하여금 각자 모국어의 중요성을 인식하게 하고 국제사회로 하여금 언어의 다양성과 다양한 언어의 사용에 관심을 불러일으키도록 하려는데" 그 목적을 두고 매년 2월 21일을 "국제모어일"로 정하기까지 했다. 그렇다면 여기서 말하는 이른바 "모어"란 무엇일까? 모어는 방언 그리고 표준어와는 어떤 관계를 가지고 있을까? 이 문제와 관련하여 중국의 언어학자들은 중국의 표준어(보통말)역사는 1955년부터 시작되지만 이른바 한어는 그 역사가 상당히 오래다는 실례를 들면서 일반적으로 모어라고 한다면 그것은 방언을 가리키는 것이지 표준어를 가리키는 것이 아니라고 했다. 우리 민족의 경우에도 사정은 마찬가지이다. 그러므로 한국, 조선, 중국에서 자체의 언어표준을 정

---

10) 한국의 만두와 비슷한 중국 요리의 일종으로서 천진의 전통요리이다.

하고 표준어를 널리 보급하는 것은 마땅하지만 이와 동시에 반드시 지역사회의 방언교육과 문화건설도 적극 추진시켜야 한다. 한어의 경우만 보더라도 중국 대륙의 경우 실생활에서의 언어사용 상황을 보면 이른바 보통말(표준어)을 쓰는 인구는 17. 85%밖에 되지 않는다고 한다. 그러니 인위적으로 모든 사람들로 하여금 하나의 목소리를 내게 한다는 것은 전혀 불가능한 일이며 또 그렇게 할 필요도 없다.

우리는 반드시 모든 면에서 조화롭게 발전하는 지역사회, 즉 앞에서 예를 들었던 오스트랄리아나 홍콩과 같은 지역사회의 언어정책을 잘 배울 필요가 있다. 다 아는 바와 같이 홍콩은 다종 언어정책을 실시하고 있다. 정부가 정한 관방어는 중문과 영어인데 광동말도 홍콩의 구두어로 매우 활발히 쓰이고 있다. 한 지역이나 국가에서 두 가지 이상의 언어 또는 지역방언을 관방어로 지정한 국가나 지역은 이외에도 더 들 수 있다.

한마디로 다문화사회에서 우리의 사회를 더 높은 단계로 발전시키기 위해서는 반드시 언어의 다양화를 제창해야 한다. 중국에서의 조선어는 반드시 언어발전법칙에 따라 더 발전되어야 하며, 이를 위해서는 언어패권주의 그리고 강자의 언어를 그대로 모방하려는 사대주의에 물젖은 그릇된 경향은 반드시 바로잡아야 할 것이다.

4. 결론

지금까지 토론된 내용을 요약하면 다음과 같다.

첫째, 세계화는 인류문명사에 풍부한 물질적 재부와 정신적 재부를 창조해줌으로써 인류사회의 발전을 가속화하고 있다. 하지만 세계화는 무한경쟁의 극대화, 그리고 거대기업의 독점 등 문제로 단일시장화, 단일문화사회 등의 문제점들도 산생시키고 있다. 지금의 세계화는 미국을 비롯한 경제 강대국들이 주도하면서 힘의 논리로 모든 이익과 언어사용권을 분배하면서 단일언어문화를 주장하고 강요하고 있다. 그 결과 통일되고 조화롭게 발전하던 세계화와 다문화사회가 단일문화사회로 급변해 가기에 이른 것이다.

둘째, 언어문화의 평등과 다양화 그리고 서로 다른 문화의 공생을 추구하는 다문화는 인류양지의 문화이념이며 가치의 목표이다. 때문에 우리는 민주, 평등, 공존, 공영의 새 국제 정치, 경제 질서를 세우기에 주력해야 하며, 세계화의 조건하에서 언어문화의 평등과 다양화를 추진해야 한다. 이래야만 세계화도 정상적인 질서에서 건전히 발전할 수 있을 것이다.

셋째, 대한민국의 한국어, 조선민주주의인민공화국의 문화어, 중국의 조선어는 통일된 한 민족어의 부동한 지역사회의 대표방언이다. 그러므로 우리 민족의 언어라 할 경우에는 한국어, 문화어, 조선어를 아울러 이르는 것이지 이 셋 중의 어느 하나를 가리키는 것이 아니라는 것이다. 따라서 어느 한 언어로 다른 언어를 대체해서는 안 된다. 이 세 지역사회의 민족어는 공생 속에서 조화롭게 발전해야 한다.

* 이 논문은 「중국조선어문」 제1호(2013년, 5~12쪽)에 실려 있음.

중국조선어의
규범화에 대하여

1. 서론

언어규범화란 모종의 언어를 사용하는 사람들이 공동으로 준수해야 할 어음, 어휘, 문법 등 방면의 표준과 전범을 가리킨다.

언어규범화는 언어발전의 법칙에 근거하여 어느 한 언어의 어음, 어휘, 문법 등 면에서 출현된 분기나 혼란된 현상들 가운데서 많은 사람들이 반드시 지켜야 할 규범을 확정하여 명문으로 규정한 다음 교육기관, 언론기관, 정부 등을 통하여 그 규범적인 것을 보급하고 사람들로 하여금 다 같이 언어규범에 따라 교제를 진행하게 함을 그 목적으로 하고 있다.

바꾸어 말하면 언어규범화는 정보전달의 효과성을 추구하기 위한 일종의 주동적인 행위로서 인간이(정확하게는 국가) 언어사용과 언어발전에 인위적인 간섭을 가하여 언어라는 이 중요한 교제의 도구가 사람들의 의도에 따라 그 작용을 최대한으로 발휘하게 하는 것을 그 목적으로 하고 있다.

언어규범화는 국가의 안정, 민족의 단결, 경제의 발전과 직결되는 사회언어학의 주관심사로 되는 분야이기에 거의 모든 국가에서 국가사업의 중요한 일환으로 되고 있다.

언어규범화 사업은 우리 민족어의 경우에는 다른 그 어떤 언어의 경우에서보다 더 중요한 정책적 과제로 떠오르고 있다. 그것은 우리의 민족공통어가 한반도(조선반도)의 분단에 따라 주권국가의 경우에도 두 개의 국어 또는 공용어, 즉 한국의 한국어와 조선의 문화어(또는 조선어)로 분리되면서 맞춤법에서부터 어휘, 문법 등에 이르기까지 서로 다른 규범을 적용하지 않으면 안 될 운명에 처해 있기 때문이다.

언어규범화사업이 이렇듯 중요한 사회적 의의를 갖고 있음에도 불구하고 지금 중국에서의 조선어규범화의 경우를 보면 중국 언어학계의 영향으로 규범화 사업을 반대하는 사람들이 있는가 하면 규범화사업을 찬성하는 학자들 사이에도 규범화의 원칙과 방향문제를 둘러싸고 서로 다른 견해를 보이고 있다.

김영수(2012)에 따르면 중국에서의 조선어규범화는 그 표준을 어떻게 설정하는가 하는 문제를 둘러싸고 첫째, 한국의 규범을 그대로 적용해야 한다는 견해. 둘째, 조선과 한국에서 통일된 규범이 제정되기 전까지는 중국조선어규범을, 통일규범이 제정된 뒤에는 그 통일규범을 따라야 한다는 견해. 셋째, 중국 자체의 규범을 부단히 완벽하게 하여 조선과 한국에서 통일규범을 제정한 뒤에도 여전히 중국의 국정에 맞추어 중국규범을 보존해야 한다는 견해가 서로 대립되고 있다.[1)]

이런 견해상의 차이는 중국조선어의 규범화사업과 중국조선어의 사용에 직접적인 영향을 미치고 있다.

이리하여 본 논문에서는 언어학의 기본 이론, 즉 "언어"와 "언어행위" 이론, 중국의 언어정책, 언어규범화의 기본원칙, 즉 "이성원칙"과 "습성원

---

1) 김영수: 《中国朝鲜语规范原则与规范细则研究》, 인민출판사, 2012년. 20페이지, 26페이지 참조.

칙"의 이론 등 다각적인 시각에서 언어규범화와 중국조선어규범화 문제를 둘러싸고 논의되는 이상의 문제들에 대해 좀 더 구체적으로 검토해 보기로 한다.

2. 언어학의 이론, "언어와 언어행위"이론으로부터 본 언어규범화의 당위성

앞에서 우리는 중국의 언어학계에서는 적지 않은 학자들이 "언어규범화"의 제기는 언어의 본질에 부합되지 않고 언어학의 이론에도 위배되는 것이라고 비판하면서 언어규범화를 반대하고 있다는 데 대해 지적한 바 있다.

아래 钱乃荣(2005)을 일례로 이들의 견해를 좀 더 구체적으로 살펴보기로 한다.[2]

钱乃荣(2005)에서는 우선 "'언어규범화'의 제기는 언어의 본질에 부합되지 않고, 언어학이론의 abc에도 위배된다. 《언어학개론》에서는 "언어는 사회적 현상으로 사회의 발전에 따라 발전한다."고 그 첫머리에서 벌써 명확히 지적하고 있다. 인간의 언어체계는 개방적 집합이지 동물의 울부짖음 소리가 아니다. 세계상에서 무릇 개방적인 것은 규범화 혹은 표준화할 수 없다. 언어의 발전과 변화는 낡은 "규범"에 대한 타파를 의미한다. 새로운 것은 언제나 비규범적인 것들 가운데서 산생된다. 만약 "규범"만 고수한다면 단어의 의미는 더 변화하지 말아야 할 것이며, 언어도 새롭게 발전변화하지 말아야 할 것이다." "'언어'에서의 '화(化)'의 방향은 '규범'이 아니라 반대로 '변화(变化)'이다. 변화는 절대적인 것이다."라고 주장하면서 "언어규범화"란 제법의 부당성을 "언어규범화"에서의 "언어"에 대한 이해를 중심으

---

2) "언어규범화"에 대한 钱乃荣의 견해는 钱乃荣: "论语言的多样性和规范化", 《语言教学与研究》2005年, 2期)의 제3절 "언어규범화문제" 부분을 참조하라.

로 다음과 같이 지적하고 있다.

첫째, 만약 "언어규범화"에서의 "언어"가 "한국의 언어"("국어")를 지칭한다고 할 경우, 스위스와 같은 나라에서는 독일어, 프랑스어, 이딸리아어, 라틴어 4종의 언어가 통용되는데 이 4종의 언어는 모두 평등하기에 "규범화"할 수 없는 것이다. 같은 도리로 중국의 경우에도 56개 민족이 수십 종의 언어를 갖고 있는데 매 언어마다 모두 평등한 권리를 갖고 있기에 그 어느 한 언어로 이들을 대체할 수는 없다.

둘째, "언어규범화"에서의 "언어"가 한어(汉语)의 각종 "방언"을 지칭한다고 할 경우, 다시 말하면 "규범화"의 대상이 "한어방언"이라고 할 경우, 한어방언어휘 모두를 한어표준어의 어휘로 바꾸어야 하는데 이렇게 된다면 방언은 없어지고 말 것인 바, 이는 언어변화의 다양성을 부정하는 것으로 된다.

셋째, 만약 "언어규범화"에서의 "언어"가 "사람들이 하는 말"(언어행위)을 지칭한다고 할 경우, "언어란 사상의 직접적인 표현"이란 관점에 입각하면 자유로운 사상의 표현인 언어를 어떻게 "규범화" 할 수 있느냐 하는 것이다. 그리고 또 일상생활에서 사람들이 어떤 언어를 선택해 사용하느냐, 즉 어떤 민족어 또는 어떤 지역방언을 사용하느냐 하는 것은 화자의 자유이기에 강압적인 수단으로 어느 한 언어를 사용해야 한다고 규정할 수 없다.

넷째, 만약 "언어규범화"에서의 "언어"가 "보통말(普通话)"을 지칭한다고 할 경우, "보통말"도 개방적인 언어체계로서 그 어음, 어휘, 문법은 모두 발전변화하기 때문에 규범화할 수 없다.

이상의 고찰에서 볼 수 있는 바와 같이 钱乃荣(2005)에서는 "국어", "한어방언", "언어행위", "보통말" 등이 "언어규범화"에서의 "언어"가 지칭하는 대상으로 된다고 하면서 이런 것들은 규범화할 수 없다고 했다. 만약 "언어규범화"에서의 "언어"에 대한 이해를 이렇게도 할 수 있다면, 다시 말하면 "언어규범화"에서의 "언어"를 구체적인 "개별언어"로 이해할 수 있다면 언어규범화의 부당성에 대한 이상의 논증은 거의 완벽에 가까운 것이라 하지 않을 수 없다.

그런데 문제는 "언어규범화"에서의 "언어"에 대한 이해를 이렇게 하는 것이 과연 정확한 것이냐 하는 것이다. 钱乃荣(2005)의 "언어"에 대한 이해는 앞의 고찰에서 볼 수 있는 바와 같이 언어 자체의 속성으로부터가 아니라 "규범화"를 그 전제로 "규범화"와의 관계 속에서 설명하고 있는데, 언어학의 기본 이론에 입각하면 "언어"에 대한 이런 이해에는 문제가 있다.

저명한 언어학자 소쉬르는 《일반언어학 강의》에서 언어학에서는 "언어"와 "언어행위"란 부동한 성질의 대상을 반드시 구별해야 한다고 지적한 바 있다.

소쉬르는 "언어는 본질적으로 사회적인 현상으로서 개인에 의거하지 않는다." "그러나 언어행위는 개인적인 것이며 일시적인 것이다."라고 "언어"와 "언어행위"의 본질적 차이에 대해 지적하고, "언어"와 "언어행위"의 관계에 대해서는 "의심할 바 없이 이 양자는 긴밀하게 연계되어 있으며 또 서로를 전제로 하고 있다." "언어와 언어행위는 서로 의존하고 있다. 언어는 언어행위의 도구이자 언어행위의 산물이다."[3]라고 지적하였다. 다시 말하면 "언어행위"가 진행되기 위해서는 반드시 "언어"가 있어야 하며 "언어"가 존재하기 위해서는 반드시 "언어행위"가 있어야 한다는 것이다.

소쉬르의 "언어"와 "언어행위" 이론에는 주요하게 다음과 같은 두 가지 사상이 담겨져 있는데 그 하나는 "언어행위"는 "언어"에 의거해 진행된다는 것이다. 다시 말하면 "언어는 언어행위의 도구"라는 것이다. 그러므로 사람들이 말을 하거나 글을 쓸 때에는 언제나 "언어"를 사용하게 되며, "언어"를 토대로 해서야만 "말"이나 "글"이 사람들로 하여금 이해의 목적에 도달하게 하고 교제의 효과를 높일 수 있게 한다. 따라서 "언어"를 떠나서는 "언어행위"가 절대 진행될 수 없다는 것이다. 그런데 여기서 이 "언어"는 "일련의 불가결의 규약"으로 특징지어지기에 우리가 말을 하거나 글을 쓸

---

[3] 동상서. 41페지 참조.

때에는 반드시 이 "규약"을 지켜야 하지 제멋대로 해서는 안 된다는 것이다.

다른 하나는 "언어는 언어행위의 산물"인데 "역사적으로 볼 때, 언어행위는 언제나 언어보다 앞선다."는 것이다. 다시 말하면 "역사내원"의 각도에서 관찰할 때, "언어행위"가 먼저이고, "언어"가 뒤에 놓이게 된다는 것이다. 따라서 "언어"에서의 일체 변화는 모두 "언어행위" 가운데서 먼저 싹트게 된다. 그러므로 "언어"에서의 그 어떤 변화를 막론하고 보편적으로 사용되기 이전에는 모두 개인적인 현상으로 존재하게 되는데 이런 변화가 일단 사회에 접수되면 언어적인 사실로 변하게 된다는 것이다.

소쉬르의 이러한 관점으로부터 출발한다면 언어행위 가운데서 출현된 새로운 형식, 새로운 현상에 대해 무조건 부정하는 태도를 취해서는 안 될 것이다. 그것은 무릇 언어행위 가운데서 출현된 새로운 것을 전부 부정해 버리는 입장을 취한다는 것은 언어의 발전을 저해하고 언어의 생명을 말살하는 것과 다를 바가 없기 때문이다.

그러나 그렇다 해서 언어행위 속에서 나타난 변화, 예컨대 새로운 단어, 새로운 문장형식 등에 대해 전부 긍정하는 태도를 취해서도 안 될 것이다. 그것은 언어행위 속에서 나타난 새로운 단어, 새로운 문장형식을 분별없이 받아들인다는 것은 언어의 본질적 속성의 하나인 "일련의 불가결의 규약"을 타파한다는 것을 의미하며 따라서 "언어"도 언어로서의 기능을 상실하게 되기 때문이다.

이상의 고찰을 통하여 우리는 다음과 같은 두 가지 중요한 정보를 얻게 된다.

첫째, "언어"와 "언어행위"는 비록 성질이 서로 다른 두 대상이기는 하지만 서로 불가분리의 관계에 놓여 있는 사회적 현상으로서 "언어"에 대한 논의에서 "언어행위"를 떠나서는 "언어"의 본질이 정확히 밝혀질 수 없다.

둘째, 우리가 만약 소쉬르가 내놓은 "언어는 언어행위의 도구이자 산물"이라는 명제를 그대로 받아들일 때, 언어규범화사업은 언어의 본질로부터 출발한, 언어의 발전에 유조한 필연적인 사업이라는 것을 인정하지 않을 수 없다.

소쉬르의 "언어"와 "언어행위" 이론은 언어규범화의 당위성을 잘 입증해 주고 있다.

3. 중국의 언어정책으로부터 본 조선어규범화사업의 필요성

앞에서 우리는 언어학의 기본 이론, "언어"와 "언어행위" 이론으로부터 언어규범화는 "당위성"의 특성을 띤다는 데 대해 살펴보았다.

언어규범화가 "당위성"의 특성을 띤다고 할 때, 중국 소수민족언어의 하나로 존재하는 조선어의 규범화도 당연히 당위성의 특성을 띤다고 할 수 있을까? 우리가 이런 질문을 제기하게 되는 것은 언어규범화의 사업은 일반적으로는 주권국가의 "국가언어", 즉 "국어" 혹은 "통용어"를 염두에 두는 것이지 민족어를 염두에 두는 것이 아니기 때문이다.

중국 소수민족언어의 하나인 조선어의 규범화의 당위성 또는 필요성에 대한 논의를 위해서는 먼저 중국의 언어정책에 대해 살펴볼 필요가 있다. 그것은 구체적인 언어(민족어)의 규범화는 해당 주권국가의 언어정책에 의해 좌우되기 때문이다.

그럼 "언어정책"이란 무엇인가? 언어정책(Language Policy)이란 보통 정부나 국가기구에서 자국의 언어교제문제를 해결하기 위해 제정한 필요한 방침, 정책 및 법규를 가리키는데,[4] 이 언어정책은 언어의 사회적 지위, 언어선택("통용어" 혹은 "공용어"의 선택), 언어규범화, 언어문자사용에 대한 요구와 규정 등을 그 기본내용으로 하고 있으며, 그 종국적인 목적은 조건을 창조하여 언어교제에서 나타나는 문제들을 해결하고 언어생활의 건전

---

4) 徐莉, 《论中国的语言政策对语言多样性及规范化的影响》《科技文汇》2008年. 3期) 참조.

한 발전을 추진하여 사회의 진보와 발전에서의 언어의 작용을 최대한으로 발휘하게 하려는 데 있다.

"언어정책"의 기본개념, 주요내용, 종국적 목적으로부터 우리는 한 민족어(예컨대 조선어)의 규범화문제는 해당 언어정책에서 그 언어의 지위, 언어사용에 대한 규정 등에 대해 어떻게 규정하고 있는가에 의해 결정되게 된다는 것을 알 수 있다.

그럼 아래 중국의 언어정책은 어떤 내용들로 구성되었는가를 살펴보기로 하자.

중국의 언어정책은 "헌법", "민족구역자치법", "국가통용언어문자법" 등 국가법률문서를 통해 제정 공포되었는데 다음과 같은 두 가지 내용을 그 핵으로 구성되어 있다.

첫째, "각 민족은 자기의 언어문자를 사용하고 발전시킬 자유를 가진다."

《중화인민공화국 헌법》제4조에는 "각 민족은 자기의 언어문자를 사용하고 발전시킬 자유를 가진다."라고 규정되어 있다. 《중화인민공화국 민족구역 자치법》제10조에도 "민족 자치지방의 자치기관은 본 지방의 각 민족이 자기의 언어와 문자를 사용하고 발전시킬 자유를 가지도록 보장한다."라고 규정되어 있으며, 제21조에는 "민족 자치지방의 자치기관은 직무를 수행할 때 해당 민족 자치지방의 자치조예가 정한 데 따라 현지에서 통용되는 한 가지 또는 몇 가지 언어와 문자를 사용하며 통용되는 몇 가지 언어와 문자를 동시에 사용하여 직무를 수행하는 곳에서는 구역자치를 실시하는 민족의 언어와 문자를 위주로 할 수 있다."라고 규정되어 있다. 《중화인민공화국 국가통용언어문자법》제8조에는 "각 민족은 자기의 언어문자를 사용하고 발전시킬 자유를 가진다. 소수민족언어문자의 사용은 헌법, 민족구역자치법 및 기타 법률의 상관 규정에 따른다."라고 규정되어 있다.

비록 아주 간단한 몇 마디 말로 구성된 규정들이기는 하지만 다음과 같은 중요한 정보를 전달해 준다. a, 각 민족의 언어문자(한어를 포함)는 평등한 법률적 지위를 갖고 있는바 각 민족어는 민족 자치구역에서 직무수행의 통용어로서의 자격을 가진다. b, 각 민족은 언어신앙과 언어사용의 자유를 가진다. c, 각 민족은 민족어의 사용과 발전에서 평등한 권리를 법적으로 보장 받는다.

둘째, "국가는 전국적으로 통용되는 '보통말[5]'을 보급한다."

《중화인민공화국 헌법》 제19조에는 "국가는 전국적으로 통용되는 보통말을 보급한다."라고 규정되어 있다. 《중화인민공화국 국가통용언어문자법》 제3조에도 "국가는 보통말과 규범한자를 보급한다."라고 규정되어 있으며, 제9조에는 "국가 기관에서는 보통말과 규범한자를 공무용 언어문자로 한다.(법률상 다른 규정이 있을 경우는 제외)"라고 규정되어 있다. 《중화인민공화국 민족구역 자치법》 제37조에는 "소수민족 학생을 위주로 모집하는 학교(학급)와 기타 교육기구는 … 상황에 따라 소학교 저학년 또는 고급학년부터 한어문(汉语文)과목을 설치하고 전국적으로 통용되는 보통말과 규범한자를 보급한다."라고 규정되어 있다.

이상의 규정은 다음과 같은 중요한 정보를 전달해준다. a, "보통말"을 국가통용어로 정하며, 한어의 제 대방언군 사이에서와 각 민족 서로 간에는 이 "보통말"을 공동의 교제의 도구로 한다. b, "보통말"은 비록 통용어이기는 하지만 "국어"의 경우와는 달리 기타 각 민족어와 평등한 법률적 지위를 갖기에 그 사용은 강제적 인것이 아니다. c, 국가사무에서는 "보통말"이 통용어로서의 기능을 수행하고 민족자치구역의 직무수행에서는 "민족어"가 통용어로서의 기능을 수행할 수 있다.

이상의 고찰에서 볼 수 있는바와 같이 중국의 언어정책에서는 각 민족

---

5) 중국어의 "普通话"를 "중국민족어문번역센터"에서는 "전국적으로 통용되는 표준어"에서와 같이 "표준어"로 번역하였는데. 이는 잘못된 번역이라 생각된다. 한어에서의 "普通话"란 평등한 법률적 지위를 갖고있는 중국의 여러 소수민족의 언어중에서 전국적으로 통용되는 언어인 "한어 표준어"를 가리키는것으로서 한어의 표준어가 중국의 통용어로는 될 수 있을망정 중국의 표준어로는 될수 없다. 그것은 표준어란 일정한 민족어를 상정했을 경우에만 성립될 수 있는 개념이기 때문이다.

의 언어문자(한어를 포함)는 평등한 법률적 지위를 가지고, 각 민족은 언어신앙과 언어사용에서 절대적인 자유를 가지며, "보통말"은 국가통용어로, 소수민족어는 민족자치구역통용어로 그 기능을 발휘한다고 명확히 규정하고 있다.

중국의 언어정책이 이렇게 각 민족어에 평등한 법률적 지위와 권리를 부여하고 있다는 사실은 조선어를 포함한 각 민족어의 규범화는 언어정책의 제정 및 시행에 따른 필연적인 추세로 되지 않을 수 없다는 것을 설명해준다.

4. 언어규범화의 기본원칙, "이성원칙"과 "습성원칙"으로부터 본 중국조선어 규범화의 방향

우리는 앞 절에서 중국에서의 조선어 규범화는 중국의 언어정책에 따른 필연적인 추세라는 데 대해 살펴보았다. 그렇다면 중국에서의 조선어 규범화는 어떤 방향에서 진행되어야 하는가? 이 문제를 옳게 해명하기 위해서는 언어규범화의 실질에 대해 좀 더 구체적으로 살펴볼 필요가 있다.

언어규범화의 실질은 언어변화에 대한 평가와 그 선택이라고 말할 수 있는데 여기서 "평가"가 토대로 되며 규범화 사업의 주제이자 중심으로 된다. 과학적이고 실제에 부합되는 평가는 언어변화의 선택에 믿음직한 의거를 제공하게 된다.

그런데 새롭게 출현된 언어현상에 대해 평가를 진행하여 그것의 "규범성" 여부를 판정하기 위해서는 무엇보다도 먼저 그 "표준"이 설정되어야 한다. 과학적이고 실제에 부합되는 판정표준이 있어야만 언어변화의 선택도 믿음직한 근거를 제공받을 수 있다. 이리하여 판정표준의 설정이 언어규범화에서 무엇보다 선차적인 주요한 과업의 하나로 나서지 않을 수 없다. 그런데 언어변화의 평가표준을 확립함에 있어서 우리가 반드시 고려해야 할 것은 언어의 발전은 "이성(理性)"과 "습성(习性)"의 두 측면을 갖고 있다는 점이다. 언어발전이 갖고 있는 "이성"과 "습성"을 언어변화의 평가측면에서는 "이성원칙(理性原則)"과 "습성원칙(习性原则)"[6]이라고 부를 수 있다.

여기서 말하는 "이성원칙"이란 언어규칙으로 새롭게 출현된 언어현상에 대해 평가를 진행하여 그 "규범성" 여부를 판정하는 언어규범화 원칙을 가리킨다. 다시 말하면 새롭게 출현된 언어현상이 해당 언어의 발전법칙에 부합되는지를 언어규칙으로 판정하여 이론적으로 설명하는 것을 가리킨다. 이성원칙은 언어규범화 사업에서 반드시 가장 중요한 원칙으로 강조되어야 할 부분이다. 그것은 이성원칙이 언어의 건전한 발전에 직접적인 영향을 주기 때문이다.

"습성원칙"이란 언어사회에서의 유행 정도를 위주로 새롭게 출현된 언어현상에 대해 평가를 진행하여 "규범성" 여부를 판정하는 언어규범화 원칙을 가리킨다. 이 습성원칙은 "비합리적인 습관성"이라 불리기도 하는데, 언어규범화 작업에서 대량의 언어작품을 처리할 때, 비록 엄격한 이성원칙에 따라 새롭게 출현된 언어현상들을 처리한다고는 하지만 이성원칙과 언어규범에 맞지 않는 언어형식들이 언어사용자들 속에서 매우 광범위하게 사용되는 경우에 늘 봉착하게 된다. 그런데 만약 이런 언어형식들이 해당 언어사회에 널리 퍼지기만 한다면 다시 되돌려 놓을 수 없게 된다. 이럴 경우에는 습성원칙에 따라 그것을 "습관적 규범"으로 받아들이는 것이 마땅할 것이다. 어떤 언어형식이 언어사회에서 이미 "약정속성"으로 된 이상에는 그것을 "유죄판결"한다는 것은 헛된 짓이다. 언어발전의 역사행정을 살펴보면 이러한 실례는 수없이 발견된다. 이리하여 습성원칙은 이성원칙과 함께 언어규범화의 기본 원칙의 하나로 된다.

이성원칙과 습성원칙은 서로 연관되어 있는 하나의 정체이며 대립통일체이다. 습성원칙을 견지한다는 것은 결코 언어에서 비규범적인 현상에 대해 자유 방임하거나 제멋대로 발전하게 한다는 것은 아니다. 습성원칙은

---

6)   施春宏,《语言规范化的基本原则及策略》(《汉语学报》2009年第2期) 등 참조.

이성원칙의 지도하에 있다. 그러나 그렇다 해서 이성원칙이 절대적이라는 것은 아니다. 언어 가운데서의 "약정속성"으로 되어 버린 "비합리적인" 현상에 대해 일률적으로 제거하거나 본래의 정확한 언어형식으로 고쳐 놓는 것이 아니라 잠정적으로 그것을 정확한 것으로 인정한다는 것이다. 중요한 것은 이성원칙으로 사람들의 "약정속성"을 정확한 방향으로 적극 인도하여 "약정속성"으로 하여금 최대한 이성원칙에 접근하게 하는 것이다.

이성원칙과 습성원칙은 상보적이다. 그러므로 언어규범화에서 새롭게 출현된 언어현상을 판정하고 규범적인 것을 선택할 경우 이 두 가지 원칙을 모두 고려하여야 하지 그 어느 하나만을 고집해서는 안 된다. 만약 이성원칙만 고집한다면 언어규범이 언어사회를 이탈하게 될 것이고, 습성원칙만 고집한다면 언어규범이 언어발전의 정상적인 궤도를 벗어나게 될 것이다.

예를 들면 어휘의 변화발전만 보더라도 중국조선어 어휘체계(구성)는 중국의 사회정치제도와 "보통말"의 영향으로 수많은 한자어 어휘들을 부단히 수입하는 방식으로 발전하고 있다. 사회의 발전에 따른 중국조선어 어휘구성 속에 새롭게 보충된 수많은 사회 정치 용어가 모두 한자어로 되어 있다는 사실에 대해서는 모두가 잘 알고 있는 사실이다. 이는 한국어의 어휘체계가 영어나 서구어휘의 직수입으로 발전하고 있다는 사실과는 대조적이다. 이렇게 중국조선어는 어휘체계의 변화에서만 한국어와 다른 양상을 보일 뿐만 아니라 그 의미체계의 변화발전에서도 서로 다른 양상을 보이고 있다. 예를 들면 "원예사"란 단어는 한국어에서는 "원예를 업으로 하거나 원예기술이 뛰어난 사람"이라는 하나의 뜻으로만 쓰이고 있지만 중국조선어에서는 이런 의미 외에 "'교육자'를 비겨 이르는 말"이란 의미를 더 갖고 쓰이고 있다.

중국조선어가 이렇게 한국어와는 다른 양상을 보이고 있다는 사실은 이성원칙의 측면에서만 보더라도 중국조선어 규범화는 자체의 길을 걸을 수밖에 없다는 것을 설명해 준다.

그런데 지금 일부 사람들은 중국의 조선어와 한국어는 동일한 하나의 민족어이기에 그 규범화도 하나로 통일되어야 한다고 주장하고 있다. 거시적으로 볼 때 이런 주장은 매우 타당한 이론적 근거를 갖고 있다고 해야 할 것이다. 동일한 하나의 민족어이니 하나의 규범으로 통일되는 것은 너무나도 당연한 이치가 아닌가?

그런데 여기서 우리가 잊지 말아야 할 것은 언어발전은 앞에서 이미 지적한 바와 같이 "이성"과 "습성"으로 특징지어지므로 언어규범화에서는 이성원칙과 습성원칙을 동시에 고려해야지 이성원칙만 고집할 수는 없다는 것이다. "이성"의 측면에서 한국의 언어규범을 그대로 따른다 해도 "습성" 측면에서는 언어사회에서(언중이) 그것을 따르지 않는다면 이렇게 규범화된 언어는 교제의 도구로서의 그 기능을 상실하게 될 것이다.

한국 언어사회에서의 한국어의 사용과 중국 언어사회에서의 조선어의 사용양상이 서로 다른데 어떻게 동일한 하나의 규범을 적용할 수 있겠는가? 예를 들어 "동무"라는 이 단어의 사용에 대해 한국사회에서는 상당한 거부감을 갖고 있지만 중국사회에서는 아무런 거부감도 없이 쓰고 있다. 또 예를 들어 요즘 한국 언어사회에서는 "여우 같다"란 표현이 "미인"을 비겨 이르는 새로운 표현으로 널리 쓰이고 있다. 그러나 중국의 언어사회에서는 이런 표현이 아직까지는 "교활한 사람"을 상징하는 표현측면에서 볼 때에는 더더욱 중국조선어 규범화가 한국의 규범을 그대로 따를 수 없다는 것을 설명해 준다.

또 예를 들면 지금 한국에서는 중국의 인명, 지명을 한자음으로 표기하던 데로부터 원음의 발음대로 표기한다고 규정하고 있는데 이런 규정은 한국의 상황에서 보면 "이성"의 측면에서나 "습성"의 측면에서나 다 외래어 표기법의 규범에 맞는 것이라고 해야 할 것이다. 그러나 그렇다 해서 중국 조선어의 경우에도 이런 규범을 그대로 따를 수 있다는 것은 아니다. 중국 조선어의 경우, 한어의 인명, 지명 표기를 외래어표기법으로 다루는 것이 이론적으로 타당한지는 나중에 더 논의하더라도 우선 대학가에서 생활하고 있는 필자 같은 사람들도 한국의 신문보도에 출현된 인명이나 지명 뒤에 한자가 표기되지 않으면 누구를, 어디를 가리키는지 한참씩 고민해야 겨우 깨칠 수 있으니 한자어 인명, 지명에 익숙한 중국의 언중들이 한국의 규범을 그대로 따를 수 없음은 너무나도 자명한 일이다.

이상의 사실은 중국에서의 조선어는 특정된 지리적, 사회적 요인에 의해 "한국어"나 "문화어"와는 다른 발전양상을 보이고 있다는 것을 설명해 준다. 물론 하나의 민족어는 그 민족성원 전체에 의해 창조되는 것만큼 그 형성에 있어서는 단일한 민족어의 성격을 띠지만 이렇게 형성된 한 민족의 단일공통어도 그 발달과정에 있어서는 변화하는 역사성을 띤다. 그런데 이러한 변화는 주로는 언어의 내적 요인에 의해 일어나는 것이지만 때로는 언어의 외적 요인, 즉 언어외부의 사회적 요인에 의해 일어나기도 한다. 이처럼 서로 다른 요인에 의해 일어나는 민족어의 변화는 그 과정이나 결과의 성격도 달라지게 한다. 우리의 민족어가 고대, 중세를 거쳐 어음, 어휘, 문법 등의 체계가 현대어의 모습으로 변화된 것이 바로 언어의 내적 요인에 의한 변화이고, 단일공통어가 "한국어", "문화어", "조선어" 등으로 이질화된 것이 바로 언어의 외적 요인에 의한 변화이다. 그런데 여기서 특별히 지적해 둘 것은 언어의 외적 요인에 의한 변화는 기존의 언어질서에 부정적으로 작용하여 부당한 간섭과 충돌을 빚게도 한다는 것이다.

그렇다면 우리의 단일공통어가 "한국어", "문화어", "조선어"로 이질화된 데 대해서는 어떻게 보아야 할 것인가? 필자는 이 부동한 세 지역의 언어를 한 민족어의 부동한 지역사회의 "대표방언"으로 보아야 한다고 지적한바 있다.[7] 그 이유는 방언이란 부동한 지역에서 사용되는 단일민족어로 특징지어지기 때문이다. 그런데 이 3자의 관계에서는 우리가 일반언어학에서 말하는 "방언"과 "기초방언"의 개념이 적용되지 않는다. 그것은 우리 민족어는 아직까지 지역사회 표준어의 형성단계에 머물러있기 때문이다. 통

---

7) 강은국, "다문화의 시각으로부터 본 중국조선어의 발전", 《중국조선어문》 2013년 2호 참조.

417

2부 | 중국조선어의 규범화에 대하여

일된 하나의 민족표준어의 제정은 필요하나 이는 앞으로의 일이다.

만약 "한국어", "문화어", "조선어"를 지역사회의 부동한 대표방언으로 인정할 수 있다면 이들은 반드시 공생해야 하며 조화롭게 발전해야 할 것이다. 그것은 이런 지역사회의 방언은 우리 전체 민족언어문화의 징표이지 어느 한 지역언어문화의 징표가 아니기 때문이다. 유네스코(联合国教科文组织)에서도 모든 민족으로 하여금 각자 모어(母语)의 중요성을 인식하게 하고, 국제사회로 하여금 언어의 다양성과 다양한 언어사용에 관심을 갖도록 하려는 데 그 목적을 두고 매년 2월 21일을 "국제모어일"로 정하기까지 했다. 여기서 우리가 반드시 잊지 말아야 할 것은 "모어"란 방언을 가리키는 것이지 표준어가 아니라는 것이다.

이와 같은 맥락 속에서 볼 때. 중국에서의 조선어는 대한민국의 한국어, 조선민주주의인민공화국의 문화어와의 공생 속에서 자체의 발전법칙에 따라 계속 발전해야 할 것이며, 중국에서의 조선어 규범화사업도 중국조선어의 발전법칙과 사용 상황에 부합되는 방향에서 진행되어야 할 것이다.

5. 결론

지금까지 논의된 내용을 요약하는 것으로 결론을 대신하고자 한다.

첫째, 언어와 언어행위 이론으로부터 볼 때, "언어"는 "언어행위의 도구이며, 언어행위의 산물"이기에 언어규범화는 당위성을 갖는다. "언어규범화는 언어의 본질에 부합되지 않고, 언어학 이론에도 위배된다."는 견해는 "언어"의 본질에 대한 잘못된 이해로부터 기인된 것이다.

둘째, 중국의 언어정책은 각 민족어(한어를 포함)에 평등한 법률적 지위와 권리를 부여하고 있기에 조선어를 포함한 각 민족어의 규범화는 언어정책의 제정 및 시행에 따른 필연적인 추세로 된다.

셋째, 언어규범화의 기본원칙에서 볼 때, 중국조선어 규범화사업은 중

국조선어의 발전법칙과 사용 상황에 부합되는 방향에서 자주적으로 발전
되어야 한다.

＊ 이 논문은 『중국조선어문』 제1호(2015년, 10~17쪽)에 실려 있음.

중국에서의
조선어문법 연구의 현황과 과제
-《중국조선어문》에 실린 논문을 중심으로-

1. 머리말

조선어(한국어)문법이 독자적인 언어학의 한 분과로 자리매김하고 본격적인 연구가 시작된 지도 110여 년의 역사를 기록하고 있다.[1] 중국에서의 조선어문법 연구도 비록 한국이나 조선에서의 연구에 비해 훨씬 뒤늦게 시작되기는 했지만 이미 60년 남짓한 역사를 기록하고 있다.[2] 이런 시점에서

---

[1] 우리 학계에서는 《대한문전(大韓文典)》을 우리말 최초의 문법서로 인정하고 있는데 《대한문전(大韓文典)》은 1908년 최광옥이 펴낸 것과 1909년 유길준이 펴낸 것이 있는 데 그 어느 것을 기준으로 하든 우리말 문법론이 언어학의 독자적인 분과로 자리매김하고 본격적인 연구가 시작된 력사는 110년이 된다.

[2] 1956년 리세룡·최윤갑·김학련이 펴낸 《현대조선어(등사본)》를 중국에서 간행된 첫 조선어문법서로 본다 해도 중국에서의 조선어문법 연구는 이미 63년의 역사를 기록하고 있다.

중국에서의 문법 연구에 대해 전면적인 총화를 하는 것은 무엇보다 필요한 작업의 하나로 나설 것이다. 그러나 필자가 알기로는 이에 대한 전면적인 연구가 아직까지 본격적으로 진행되지 못하고 있다. 그나마 다행스러운 것은 최윤갑(1992년)에서 지난 90년대 초반까지의 중국에서의 문법연구에 대한 거시적인 총화가 있었다는 것이다.[3]

이리하여 본고에서는 중국에서의 조선어문법연구에 대한 전면적인 총화의 일환으로 《중국조선어문》(창간호~2018년 제6호)에 실린 문법 관련 연구논문 180편을 중심으로 고찰하면서 중국에서의 문법 연구가 어디까지 왔으며 남은 과제는 무엇인가에 대해 나름대로 짚어보고자 한다.

2. 중국에서의 조선어문법 연구의 현황

본고의 목적이 《중국조선어문》(창간호~2018년 제6호)에 실린 조선어문법 관련 연구논문을 중심으로 고찰하면서 중국에서의 조선어문법연구의 현황을 살펴보는 것이기에 마땅히 개개의 논문을 일일이 분석, 검토해야할 것이나 그 양이 너무나도 방대하여 (《중국조선어문》에 실린 조선어문법 관련 연구논문만 해도 180편에 달한다.) 본고에서는 내용과 시대에 따라 거시적으로 분석, 검토하고자 한다.

1) 분야별 고찰

일반적으로 우리말 문법 연구에 있어서는 우리말의 특성에 따라 '문법론' 하면 '형태론'과 '문장론'으로 크게 둘로 나누어 기술하기도 하고[4] '형태

---

3) 최윤갑, 《중국에서의 조선어의 발전과 연구》, 연변대학출판사, 1992년 참조.

4) 한국에서의 문법론 기술에서와 같이 이른바 '조사'를 품사의 일종으로 보는 전제하에서는 이렇게 분류될 수밖에 없다.

론'을 다시 '품사론'과 '형태론'으로 세분하여 기술하기도 한다.[5]

본고에서는 고찰의 편의를 위하여《중국조선어문》에 실린 문법 관련 연구논문들을 우선 크게 '품사', '문법적 형태와 범주', '문장(통사)' 세 개 부분으로 나누고 각 부분을 다시 내용별로 세분하여 고찰하는 방식을 취하기로 한다.

이상의 분류법에 따라《중국조선어문》총서에 실린 180편의 논문을 분야별로 통계하여 도표로 보이면 다음과 같다.

<표 1> 분야별로 본《중국조선어문》에 실린 논문

문법론 일반		품사		문법적 형태와 범주		문장(통사)	
문법 리론	1	단어구성: 형태소	15	체계와 특성	15	단어결합	3
		단어구성: 결합음	2	격	10	문장성분과 단위	2
		단어구성: 조어	4	도움토	3	술어	2
		품사체계	4	수	4	주어	3
		명사	7	종결토	1	보어	0
		수사	0	계칭, 경어	8	상황어	1
		대명사	5	법	1	규정어	2
		동사	11	접속토	15	독립어	0
		형용사	4	시칭	4	의미적 련관	1
		관형사	2	상	7	어순	0
		부사	5	전성토	3	론리적 성분	1
		상징사	4	관용형	11	기능적 분류	4
		감탄사	0			구조적 분류	1
		관용어(련어)	4			구문분석법	7
						텍스트	3
	1		67		82		30

위의 도표에서 볼 수 있는 바와 같이《중국조선어문》에 실린 논문을 분야별로 살펴보면 '문법론 일반과 관련된 논문'이 1편, '품사와 관련된 논문'

5) 조선에서의 문법론 기술이 거의 이렇게 되어있는데 2005년에 출간된《조선어학전서》에서는 '품사론', '형태론', '문장론'을 하나의 독자적인 문법서로 기술하고 있다.

이 67편, '문법적 형태와 범주와 관련된 논문'이 82편, '문장(통사)와 관련된 논문'이 30편으로 집계되고 있다. 문법론을 '형태론'과 '문장론(통사론)'으로 대별하는 입장에서 볼 때에는 '형태론' 관련 연구가 '문장론(통사론)' 관련 연구의 5배도 더 되는 비중을 차지한다는 계산이 나온다. 그리고 형태론 관련 연구에서는 문법적 형태와 범주 관련 논문이 더 많은 비중을 차지하고 있다.

이와 같은 수치는 한 방면으로는 중국에서의 문법 연구가 우리말의 특성 즉 우리말은 문법적 형태가 발달된 교착어라는 특성을 살려 연구의 중점대상을 잘 선정했다고 할 수도 있고 다른 한 측면에서는 지금까지의 연구가 균형을 잃지 않았느냐 하는 반성을 해보게도 한다.

주지하는 바와 같이 우리말은 문법적 형태가 고도로 발달된 언어로서 우리말에서의 거의 모든 문법적 관계가 문법적 형태에 의해 이루어지는 것인 만큼 문법적 형태에 대한 연구가 당연히 그 어느 분야보다 중시를 받아야 되는 것만은 사실이다. 그러나 그렇다 해서 통사론에 대한 연구를 소홀히 해서도 된다는 말은 아니다.

우리가 문법을 연구하고 문법을 배우는 종국적 목적이 말과 글을 바르게 쓰기 위한 데 있다는 사정을 고려할 때, 문장을 연구의 기본단위로 하는 문장론 연구가 문법 연구의 주요한 과업의 하나로 되지 않을 수 없다. 그것은 언어행위의 기본단위가 문장으로 되기 때문이다.

일부에서 문장론 관련 연구가 이렇게 적은 것은 우리말 문법 연구에서 문장론(통사론)과 관련된 연구가 거의 완미하게 되어 더 연구할 과제가 없기 때문일 수도 있다고 할 수도 있는데 실은 문장론(통사론) 연구와 관련된 미해결 문제가 허다하게 남아있다. 예를 들면 문장성분을 기능적 단위로 보느냐 아니면 단순한 구조적 단위로 보느냐 하는 원론적인 문제를 중심으로 '보어'와 '상황어(부사어)'의 계선 문제,[6] '단일문(단문)'과 '복합문(복

---

6) 보어와 상황어의 계선 문제를 둘러싸고 문장구성에서 없어서는 안 될 필수적인 성분은 보어로, 수의적 성분은 상황어로 보는 견해(남기심·고영근, 1992년)와 대상성을 가

문, 겹문장)'의 계선[7] 등 허다한 문제들이 지금 학계에서 계속 쟁론되고 있지만 여전히 미해결 문제로 남아있다. 이와 같은 사실은 우리의 문법 연구가 아직까지도 일부 현상적인 문제에만 초점을 맞추고 원론적인 문제들에 대해서는 관심을 돌리지 못하고 있음을 단적으로 설명해 준다.

형태론 연구에서도 적지 않은 문제들이 존재하고 있다. 예를 들면 단어의 구성과 관련하여 지금 학계에서는 '어근'과 '어간' 문제를 둘러싸고도 쟁론이 분분하다.[8] 또 예를 들면 우리말에서 수를 나타내는 단어가 조사 없이 쓰일 경우 이것을 수사로 보아야 하는지 아니면 관형사로 보아야 하는지 하는 쟁의가 그칠 새 없고[9] 일부에서는 수량을 표시하는 단어만 수사

진 성분은 문장구성에서 수의적인 성분까지도 보어로 보는 견해(김옥희, 《조선어품사론》, 사회과학출판사, 2005년)가 서로 대립되고 있는데 그 주되는 원인은 문장성분을 기능적 단위로 보느냐 아니면 형태적 단위로 보느냐 하는 데 있다. 그런데 여기서 더 지적하고 넘어갈 것은 남기심·고영근(1992년)에서 기능적인 측면에서 보어와 부사어(상황어)를 갈라야 한다고 주장하면서도 "나는 그를 친구로 삼았다", "이것은 저것과 다르다", "명희가 순호에게 책을 주었다." 등의 실례를 들고 여기서 밑줄을 그은 말들도 문장성립에 없어서는 안 될 성분들이라고 하면서도 보어로 처리한 것이 아니라 부사어로 처리하고 있다는 사실이다.

7) 단일문(단문)과 복합문(복문)을 둘러싸고 진술어를 둘 또는 그 이상 가진 문장구조를 복합문으로 보는 견해(강은국, 1987년), 술어(서술어)를 둘 또는 그 이상 가진 문장구조 혹은 안긴문장(내포문)구조를 가진 문장구조를 복합문(복문, 겸문장)으로 보는 견해(최윤갑, 2000년; 남기심·고영근, 1992년), '주어+술어'식 구조가 둘 또는 그 이상 있는 문장구조를 복합문으로 보는 견해(조선의 적지 않은 문법서) 등이 대립되고 있다.

8) 어근과 어간 문제를 둘러싸고 지금 남기심·고영근(1992년) 등 한국의 일부 문법서들에서는 '어근은 단어형성시의 불변요소이고 어간은 활용시의 불변요소'라 하면서 용언의 경우에만 어근에 접사가 첨가된 형태를 어간이라 주장하고 있다. 그런데 이익섭의 《한국어문법》(서울대학교출판부, 2006년)에서는 "한국에서 어간이라 하면 일반적으로 동사와 형용사의 어간 및 계사 '이다'의 어간만을 가리킨다. 그러나 넓은 의미로 써서 단독으로 단어를 이루는 형태소도 어간의 범주에 넣을 수도 있다. 그러면 '코', '허리', '더'와 같은 것이 다 어간인 것이다."라고 주장하고 있으며 조선이나 중국의 문법서들에서는 어근에 접미사가 첨가된 모든 형태를 어간으로 처리하고 있다.

9) 남기심·고영근(1992년) 등 한국의 적지 않은 문법서들에서는 구체적인 수량을 나타내는 단어들을 수관형사로 보고 있는 데 반해 조선이나 중국의 문법서들에서는 수사로

로 보고 순서를 나타내는 단어는 수사로 볼 수 없다고 주장하고 있지만[10] 위의 도표에서 볼 수 있는 바와 같이 품사론 관련 연구에서 수사와 관련된 연구는 한 편도 찾아볼 수 없다. 또 예를 들면 지금 학계에서는 '이다'에서의 '이'의 성격문제를 둘러싸고 '서술격조사'라는 견해,[11] '계사'라는 견해,[12] '전성토(바꿈토)'라는 견해[13] 등이 서로 대립되고 있지만 이와 관련된 연구는 고작 1편에 불과하다.

지금까지 우리는 분야별로 《중국조선어문》에 실린 논문들을 거시적으로 살펴보면서 분야별 연구에서 존재하는 문제들도 나름대로 지적해 보았다.

그럼 이제부터는 연대별로 《중국조선어문》에 실린 논문들을 살펴보기로 하자.

2) 연대별 고찰

연대별 고찰에서는 《중국조선어문》에 실린 논문들을 80년대, 90년대, 00년대, 10년대 4개 단계로 나누어 살펴보기로 한다.

《중국조선어문》에 실린 논문들을 연대별로 보면 다음과 같다.

처리하고 있다.

10) 렴종률의 《문화어형태론》(김일성종합대학출판사, 1980년)에서는 "수사는 대상의 일정한 수량을 나타내는 품사이다."라고 정의를 내리면서 일정한 순서를 나타내는 단어들은 수사에서 제외하고 있다.

11) 남기심·고영근, 《표준국어문법론》, 탑출판사, 1992년 등 참조.

12) 이익섭, 《한국어문법》, 서울대학교출판부, 2006년 등 참조.

13) 조선의 문법서들과 중국의 일부 문법서 등 참조.

<표2> 연대별로 본 《중국조선어문》에 실린 논문

분야 \ 년대	80년대	90년대	00년대	10년대
문법론 일반				1편
품사	9편	14편	24편	20편
단어의 구성	6	7	4	4
품사 체계	1	1		2
명사		1	3	3
대명사			2	3
동사			8	3
형용사	1	1	2	
관형사		1		1
부사		1	2	2
상징사	1	1	1	1
관용어(련어)		1	2	1
형태와 범주	15편	22편	21편	24편
체계의 특성	7	4	2	2
격	2	3	2	3
도움토			3	
수	2	1		1
종결토		1		
계칭, 경어	1	3	2	2
법				1
접속토		6	4	5
시칭			2	2
상	3	2	2	
전성토		1	1	1
관용형		1	3	7
문장론	12편	7편	4편	7편
단어결합	1	1		1
성분과 단위		1	1	
술어	2			
주어	1	1	1	
상황어		1		
규정어	1		1	

의미적 련관		1		
론리적 성분		1		
기능적 분류	1	1	1	1
구조적 분류				1
텍스트	2			1
구조분석법	4			3
합계	36편	43편	40편	52편

위의 도표에서 볼 수 있는 바와 같이 연대별에 따른 논문의 총 편수는 별로 큰 차이를 보이지 않고 있는데 이는 아마도 잡지의 구성 즉 '고찰과 연구'에 할당된 논문의 편수가 일정하게 고정되어 있다는 사실과 관련되는 것 같다.

그러나 연대별 고찰에서 우리는 중국에서의 조선어문법 연구가 다음과 같은 두 가지 현저한 특점을 갖고 있음을 발견할 수 있다.

첫째, 조선어문법 연구의 중심이 연대별로 일정하게 변화되고 있다는 것이다. 품사와 관련된 연구가 비교적 활발히 진행된 시기는 00년대와 10년대로서 각각 전체 품사론 연구의 35.82%와 29.85%를 차지하는데 품사론 연구에서 보다 눈에 띄는 것은 동사와 관련된 연구가 그 어느 분야보다 더 활발히 진행되었다는 것이다.

문법적 형태와 범주와 관련된 연구는 90년대 이후부터 계속 활발히 진행되기 시작하는데 각각 26.83%, 25.61%, 29.27%를 차지하고 있다. 그리고 이 분야의 연구에서 눈에 띄는 것은 접속토(연결어미)와 관련된 연구가 비교적 활발히 진행되었다는 것이다.

문장과 관련된 연구가 비교적 활발히 진행된 시기는 80년대로서 전체 문장 연구의 40.00%를 차지한다. 문장 연구에서 보다 눈에 띄는 것은 문장구조분석법과 관련된 연구가 그 어느 분야보다도 더 활발히 진행되었다는 것이다.

둘째, 시간의 흐름에 따라 연구방법과 서술체계 등 면에서 현저한 진보를 보이고 있다는 것이다. 우선 '참고문헌'의 작성에서 90년대 이전에 발표된 논문들 중에는 '참고문헌'이 명시된 논문이 한 편도 없다. 조선어문법 연구 분야에서 '참고문헌'이 《중국조선어문》에 등장하기 시작한 것은 90년 대 중반 즉 1996년 제5호[14]에서부터이다. 지금의 시각으로 보면 90년대 중반 이전까지의 연구논문에 '참고문헌'이 명시되지 않았다는 것은 대단히 우스운 일이라고 할 수도 있을 것이다. 그러나 이는 논문 집필자들의 문제보다는 당시의 잡지의 편집 사상 또는 규정과 관련되는 것 같다. 그런데 문제시되는 것은 90년대 중반 이후에 발표된 논문에 '참고문헌'이 붙지 않은 논문이 3분의 1이나 된다는 사실이다. 이런 현상은 00년대까지 지속되는데 00년대에 발표된 논문 중에 '참고문헌'이 명시되지 않은 논문 역시 3분의 1이나 된다는 것이다. 여기서 한 가지 더 지적할 것은 우리 학계에서 태두로 불리는 최윤갑 선생님께서는 당신이 이 시기에 발표한 논문마다에 모두 '참고문헌'을 명시하셨는데[15] 젊은 학자들의 논문에 '참고문헌'이 붙지 않았다는(무려 10편이나 됨) 것은 가슴 아픈 사실이다. 논문마다 '참고문헌'이 원칙적으로 명시된 것은 10년대에 들어서면서부터이다.[16] 논문작성이 보다 정상적인 궤도에 들어섰음을 의미하는 것이 아닌가 생각된다.

시간의 흐름에 따라 우리의 논문들이 질적으로도 향상되고 있다. 그 일예로 00년대에 들어서면서부터 많은 학자들 특히는 젊은 학자들이 의미론, 화용론, 유형론, 계량언어학, 인지언어학 등 새로운 언어이론을 방법론으로 문제를 분석하고 연구하기 시작했다는 것이다. 지금의 논문들을 살펴보면 주제, 내용, 방법, 자료 그리고 그 체계 등 모든 면에서 모두 80년

---

14) 김기종, 〈조선어 결합모음의 형태와 그 기능적 특성〉, 《중국조선어문》, 1996년 제5호 참조.

15) 최윤갑 선생님께서는 2000년대에 〈조선어의 의지동사와 무의지동사〉(2003년 제1호), 〈조선어의 정태동사〉(2004년 제4호), 〈자리값에 따른 조선어동사의 분류〉(2005년 제2호), 〈형용사의 문법적 분류〉(2007년 제2호) 등 4편의 논문을 발표하셨는데 논문마다에 주요 참고서목이 다 질서정연하게 명시되어있다.

16) 10년대에 발표된 논문 중에 '참고문헌'이 명시되지 않은 논문이 몇 편 있는데 이는 논문의 저자가 조선의 학자라는 사정과 관련되는 것 같다. (문영호, 〈조선어품사에 대한 범주론적고찰에서 제기되는 몇가지 문제〉, 2012년 제3호 참조.)

대의 연구와는 비교도 안 될 만큼 진보했음을 쉽게 보아낼 수 있다.[17] 위에서 우리는 중국에서의 조선어문법 연구가 시대의 흐름에 따라 급속하게 진보하고 있다는 데 대해 살펴보았다. 그러나 그렇다 해서 문제가 전혀 없는 건 아니다.

앞에서 진행된 분야별 고찰에서 우리는 많은 미해결 과제를 안고 있는 문장(통사) 관련 연구가 상대적으로 적었음을 지적한 바 있는데 시대적으로 볼 때 이에 대한 연구가 12 ➡ 7 ➡ 4 ➡ 7로 위축되고 있음을 발견할 수 있다.

또 예를 들면 형태론 연구에 있어서도 '이다'에서의 '이'의 성격과 관련된 연구가 2000년 제3호에서 잠깐 얼굴을 보였다가 자취를 감추었고, 격의 체계와 관련하여서도 많은 문제가 존재하지만[18] '격' 관련 논문이 겨우 10편에 불과한데 그중 격의 체계와 관련된 연구는 80년대에 2편이 보이다가 90년대에는 공백기를 보이고, 00년에 다시 1편이 보이다가[19] 10년대에 들어서면서는 지금까지 한 편도 보이지 않는다.

3. 중국에서의 조선어문법 연구의 과제

지금까지 우리는 분야별과 시대별로 나누어 《중국조선어문》에 실린 논

---

17) 00년대 이후에 발표된 논문, 특히는 10년대부터 발표된 논문을 읽어보면 우리의 논문이 그 체계나 질적인 측면에서 얼마나 급성장했는가를 잘 알 수 있을 것이다.

18) 중국이나 조선의 많은 문법서들에서는 보통 격을 주격, 대격, 속격, 여격, 위격, 조격, 구격, 비교격, 호격, 절대격 등으로 분류하고 있지만 남기심·고영근(1992년)을 비롯한 한국의 적지 않은 문법서들에서는 주격, 서술격, 목적격, 보격, 관형격, 부사격, 호격 등으로 분류하면서 중국이나 조선에서 설정한 여격, 위격, 조격, 구격, 비교격 등을 모두 부사격으로 처리하고 있다.

19) 리귀배, 〈조선어의 격 체계와 격 형태에 대하여〉(1984년 제1호); 문창덕, 〈조선어 격 범주에서 나서는 몇가지 문제〉(1986년 특간호); 전학석, 〈조선어에서의 '격'의 하위분류에 대하여〉(2004년 제1호) 등 참조.

문들에 대해 거시적으로 분석, 검토해 보면서 거둔 성과와 존재하는 문제점도 나름대로 짚어보았다.

그럼 이제부터 중국에서의 조선어문법 연구의 비약적인 발전을 위해 앞으로 우리가 시급히 해결해야 할 과제들이 무엇인가에 대해 살펴보기로 하자.

첫째, 중국에서의 조선어문법 연구의 질적 향상을 위해서는 무엇보다도 다음과 같은 두 가지 문제가 시급히 해결되어야 하지 않을까 생각된다.

무엇보다도 먼저 학술 논문이 갖추어야 할 가장 기본적인 조건이 무엇인가를 똑똑히 알아두어야 보다 훌륭한 논문을 쓸 수 있을 것이다.

일반적으로 훌륭한 학술 논문이 갖추어야 할 조건으로 새로운 '주제(내용)', 새로운 '연구방법', 새로운 '자료' 이 세 가지를 든다. 그러나 실제 논문의 집필에서는 이 세 가지 조건을 완비하게 갖춘다는 것은 학위논문을 제외한 경우에는 거의 불가능하다고 해야 할 것이다. 그러나 자기가 집필하는 논문이 일반 학술논문의 수준에라도 도달하기 위해서는 이 세 가지 조건 중 어느 한 가지 조건만이라도 갖추기 위해 노력해야 할 것이다. 다시 말하면 지금까지 학계에서 쟁론중인 어느 한 문제를 분석, 연구하여 선행연구와는 완전히 다른 새로운 결론을 도출해 낸다든지 새로운 연구방법을 도입해서 새로운 시각으로 문제를 새롭게 분석한다든지 아니면 새로운 자료로 선행연구결과를 뒤엎거나 보충한다든지 해야 할 것이다. 예를 들면 지금까지 우리 학계에서 계속 쟁론중인 격의 체계 즉 격의 하위분류를 보다 과학적으로 하기 위해서 우리는 계량언어학의 연구방법으로 지금까지 나온 '세종말뭉치' 등을 이용하여 언어생활에서 출현된 격형태와 그 의미의 빈도를 계산하는 방식으로 분석, 연구를 진행하여 새로운 연구결과를 얻어내는 것 등이 바로 그러하다. 지금까지 적지 않은 학자들이 투고한 논문이 부결되는 가장 중요한 원인의 하나가 바로 논문이 갖추어야 할 가장 기본적인 이 세 가지 조건 중 그 어느 하나도 제대로 갖추지 못한 데 있다.

다음, 새로운 연구방법을 도입하여 새로운 시각으로 존재하는 문제들을 새롭게 분석, 연구해야 보다 질이 높은 논문을 쓸 수 있을 것이다.

주지하다시피 동일한 연구대상이라 할지라도 시각을 달리하면 새로운 결과를 얻을 수 있다. 지금까지 학계에서 계속 논의의 대상으로 되고 있는 적지 않은 문제들이 원만한 해결을 보지 못하는 원인의 하나가 동일한 시각으로 문제를 분석, 연구하기 때문이 아닐까 생각된다. 예를 들면 '이다'에서의 '이'의 성격문제를 둘러싸고 많은 학자들이 많은 지면을 할애하면서 각자의 관점을 피력했지만 아직까지도 원만한 답을 찾지 못하고 있는데 그 주되는 원인이 지금까지의 분석, 연구가 거의 이 형태소와 결합되는 전후의 구성소가 어떤 것들이냐, 형태 변화를 하느냐 하지 않느냐 하는 등의 형태 구조적 측면에서의 고찰과 분석에 집착하고 있기 때문이다. 만약 시각을 달리해서 범주화의 이론을 도입해 문제를 분석, 연구한다면 그 결과가 달라질 수도 있지 않을까 생각된다.

'이다'에서의 '이'를 서술격조사로 처리하고 있는 한국의 많은 문법서들을 살펴보면 '-ㅁ'과 '-기'를 '전성어미'의 일종인 '명사형 어미'로 처리하고 있는데 범주화의 이론에서 볼 때에는 이 '-ㅁ', '-기'가 '명사형 어미'로 되기 위해서는 무엇보다도 '전성(어미)'이라는 상위범주가 성립되어야 한다. 그런데 이 상위범주가 성립되기 위해서는 이른바 '명사형 어미'와 상대되는 둘 또는 그 이상의 하위범주가 있어야 함은 주지의 사실이다. 이러한 사정을 고려하였기에 이런 주장을 펴는 문법서들에서도 '전성어미'의 일종으로 '관형사형 어미'를 설정하고 있다. 그런데 여기서 문제시되는 것은 이른바 '관형사형 어미'가 '명사형 어미'에 상대되는 동질의 범주로 될 수 있느냐 하는 것이다. 다시 말하면 존칭이 비존칭과의 상호 관계 속에서 존칭범주를 이루고 수범주가 단수와 복수의 상호 관계 속에서 이루어지며 시칭이 현재, 과거, 미래라는 하위범주들의 상호 관계 속에서 이루어지는 것과 같은 그런 성질을 띤 한 쌍의 범주들이냐 하는 것이다. 일반적으로 언어학에서는 '명사'나 '명사화'와 상대되는 개념으로 '동사'나 '동사화'를 들고 있지 않는가? 그러니 '명사형'에 상대되는 개념은 '관형사형'이 아니라 '동사형'으로 되어야 할 것이다. 따라서 우리말에 '명사형 어미'가 엄연히 존재한다면 이와 상대되는 '동사형 어미'도 마땅히 존재해야 한다고 해야 할 것이 아닌 가? 이러한 맥락에서 '이다'에서의 '-이'를 '-ㅁ', '-기'와 상대되는 전성어미 의 일종인 '동사형 어미'(명칭은 별개의 문제)로 처리할 수도 있지 않을까 생각한다.

둘째, 중국에서의 조선어문법 연구가 세계로 진출하기 위해서는 당면한 주요한 연구과제가 무엇인가를 잘 포착할 필요가 있다. 다시 말하면 조선 어문법 연구에서 지금까지 조선과 한국에서 미해결문제로 남아있는 문제 가 무엇인가를 잘 알아야 한다는 것이다.

그런데 그 어떤 학술 연구거나를 물론하고 가치가 있는 새로운 연구대 상 또는 연구주제를 선정한다는 것은 상당히 어려운 작업으로서 수많은 양의 해당 분야의 문헌해독을 전제로 하는 것만큼 하루 이틀 사이에 완성 할 수 있는 작업이 아님은 모두가 공인하는 바이다. 이리하여 여기서는 여 러 학자들의 연구에 다소나마 도움을 주기 위해 필자가 공부한 내용을 종 합, 정리하여 지금 한국과 조선에서 조선어문법 연구를 둘러싸고 의연히 쟁론되고 있는 주요한 몇 가지 문제들을 요약하여 들어 보이기로 한다.

(1) 품사와 관련된 연구

① 이른바 '조사'와 '어미'의 처리 문제

남기심·고영근(1992년)을 비롯한 한국의 많은 문법서들에서는 중국이 나 조선에서와는 달리 어미는 순수한 문법적 형태로 다루지만 조사는 단 어로 처리하면서 그 이유로 다음의 몇 가지를 들고 있다.

첫째, '조사'와 '어미'는 다 같은 자립성이 없는 의존형태소지만 분리성의 측면에서 볼 때 '조사'는 자립형태소에 붙고 '어미'는 의존형태소에 붙기에 '조사'가 붙은 말은 그 자체로도 자립성을 발휘할 수 있으나 '어미'가 붙은 말은 그 자체로는 자립성을 발휘할 수 없다. 따라서 '조사'는 앞의 말과 쉽게 분리될 수 있지만 '어미'는 쉽게 분리될 수 없다.

이상의 이유가 성립되기 위해서는 다음과 같은 문제가 진일보 설명되어야 할 것이다.

첫째, 분리성의 측면에서 이들은 '어미'가 분리성이 결여되었다는 이유로 '읽었다'의 경우 '읽'은 '었다'와 결합되어야만 자립성을 발휘할 수 있다는 실례를 들고 있는데 그렇다면 이 경우의 분리성은 '읽'의 문제이지 '었다'의 문제라고는 할 수 없지 않는가?

둘째, 한어에서는 허사를 단어로 인정하고 있다는 사실이 조사만은 단어로 인정해야 할 중요한 이유의 하나로 될 수 있느냐 하는 것이다.

주지하는 바와 같이 한어에서는 이른바 '조사'를 '구조조사(结构助词)' (和, 跟, 同, 在), '동태조사(动态助词)'(了, 着, 过), '어기조사(语气助词)' (吗, 呢) 등으로 나누고 이것들을 모두 단어로 처리하고 있다. 여기서 '동태조사'와 '어기조사'는 한국어의 어미에 해당하는 것이다. 그렇다면 한어의 경우를 그대로 한국어에 적용한다면 '어미'도 단어의 테두리에 들어와야 마땅한 것이 아닌가?

② 대명사와 관련된 문제

대명사와 관련된 연구에서는 우리말에서 '삼인칭대명사'를 설정할 수 있는가가 좀 더 논의되어야 할 것이다.

우리 학계에서 많은 학자들이 다른 많은 언어들에 엄연히 존재하는 삼인칭이 한국어에서만 없어서야 되겠는가 하면서 '그'를 전형적인 삼인칭대명사라고 주장하고 있는데 이 '그'를 '삼인칭대명사'로 볼 수 있는가 하는 문제는 좀 더 논의되어야 할 것이다.

우선, '그'는 경우(문맥)에 따라 사람을 가리키기도 하나 사물 일반에 대한 '지시'를 나타내는 것이 전형적인 용법이라는 데 대해서는 모두가 공인하고 있다. 사실이 이러함에도 이 '그'를 삼인칭대명사로 설정하려면 무엇보다 먼저 인칭대명사의 정의에서 '사람만을 가리키는 대명사'를 '사람을 가리킬 수 있는 대명사로 바꾸어야 할 것이다. 그런데 만약 인칭대명사의 정의를 이렇게 바꾼다면 새롭게 제기되는 문제가 일인칭이나 이인칭에 속하는 대명사들은 언제나 '사람만을 가리키는 대명사'라는 사실과 모순된다. 이를 감안한 한국의 일부 문법서들에서는 '이, 그, 저'에 사람을 나타내는 명사(의존명사 포함)를 더 가첨한 '이 애, 그 애, 저 애, 이 사람, 그 사람, 저 사람, 이 분, 그 분, 저 분, 이 어른, 그 어른, 저 어른' 등을 삼인칭대명사의 예로 들고 있는데 문제는 이상에서 예시한 것들이 일인칭이나 이인칭의 '나, 우리, 저, 저희'나 '너, 너희'와 같은 하나의 단어가 아니라 단어들의 결합으로 되어 있다는 것이다. 단어들의 결합에 품사의 자격을 부여할 수 없다는 것은 너무나도 자명한 일이 아닌가?

다음, 우리말 인칭대명사에 '수'적 구분이 있다는 사실은 모두가 잘 알고 있는 사실이다. 그런데 만약 삼인칭대명사를 설정한다면 일인칭대명사와 이인칭대명사의 경우에서와는 달리 이른바 '수'적 구분이 없어지게 된다. 이러한 문제를 해결하기 위하여 일부 문법서들에서는 '이, 그, 저'에 복수토 '-들'을 첨가하여 삼인칭의 복수표지로 삼고 있다. 그런데 '이들, 그들, 저들'이 삼인칭대명사의 복수형으로 되기 위한 전제는 '-들'이 토가 아닌 접미사라는 것이 증명되어야 한다.

③ 수사와 관련된 문제

수사와 관련하여 제기되는 가장 큰 문제는 그 기본개념의 정립이다.

수사의 개념 정립을 둘러싸고는 우선 '대상의 일정한 수량이나 순서를 나타내는 품사'라는 견해와 '사물의 수량이나 순서를 가리키는 품사'라는 견해가 서로 대립되고 있다. 얼핏 보기에는 두 정의 사이에 별로 큰 차이가 없는 것 같지만 후자의 경우에는 '막연한 수량이나 순서'를 나타내는 단어 예컨대 '여럿, 몇, 모두' 등도 수사로 처리하고 있어 두 정의 사이에는 상당한 거리가 있음을 알 수 있다.

다음 조선의 일부 문법서에서는 수사를 '대상의 일정한 수량을 나타내는 품사로 정의하고 있다.(렴종률 1980:16) 이 견해에 따르면 한국어에서는 '첫째, 둘째', '제일, 제이' 등은 수사에서 제외된다. 이들은 '수사의 결합적 특성'을 논하면서 "수사는 특수한 덧붙이, 단위명사와 결합하여 여러 가지 의미를 나타낸다."고 하면서 '순서'의 의미를 나타내는 것들로 '첫째, 둘째, 제일, 제이' 등을 들고 있다.

그런데 이 견해를 그대로 받아들이기는 어렵다. '첫째, 둘째' 등의 경우에 출현된 '째'를 단위명사로 볼 수 있는가도 문제시 되지만 '제일, 제이' 등의 경우에 출현된 '제'는 이들의 견해에 따르더라도 특수한 덧붙이 즉 접두사이다. 그러니 이것들은 수사 어근에 접두사가 덧붙은 구조로 해석되기에 이런 구조는 하나의 단어로밖에 처리할 수 없는데 이런 단어를 수사가 아니면 무엇이라고 해야 하는가?

④ 관형사와 관련된 문제

관형사와 관련되어 제기되는 가장 주요한 문제는 '수관형사'의 처리이다.

중국이나 조선의 문법서들에서는 '포괄적인 양적 규정을 나타내는' '여러, 모든, 온갖' 등과 같은 단어들을 수관형사로 보고 있는데 남기심·고영근(1992:167)에서는 "수관형사는 수사와 대응되는 체계를 형성하고 있는데 수사와 형태가 같은 것이 대부분이지만 기본적 수관형사는 형태를 달리하는 일이 많다."고 하면서 '한, 두, 세, 네, 닷, 엿' 등과 같은 수사의 어음변종으로 볼 수 있는 단어는 물론 단위성 의존명사 앞에 놓이는 모든 수사를 수관형사로 처리하고 있다. 그 이유는 수사는 체언으로서 격변화를 할 수 있지만 단위성 의존명사 앞에 놓이는 단어들은 수사와 꼭 같은 의미를 나타내지만 형태 변화를 하지 못한다는 것이다.

그런데 이 이유가 성립되기 위해서는 다음과 같은 문제들이 이론적으로 천명되어야 한다.

첫째, 관형사라는 품사는 명사의 앞에 놓였기 때문에 관형사로 되느냐 아니면 명사의 앞에 놓일 수밖에 없는 품사이기에 관형사로 되느냐 하는 문제가 이론적으로 천명되어야 한다. 한국어에서는 이들이 말하는 수사와 대응체계를 형성하고 있는 수관형사를 제외한 기타의 관형사들은 '모든 사람'의 경우에서처럼 언제나 명사의 앞에 놓인다는 특성을 갖고 있다. 그런데 이들이 말하는 '수관형사'는 '다섯 사람'에서와 같이 명사의 앞에 놓인다는 조건하에서는 관형사로 되지만 '사람 다섯'에서처럼 그 위치가 뒤로 이동할 경우에는 관형사의 자격을 상실하고 수사로 된다. 결국 이들이 말하는 수사와 대응체계를 형성하고 있는 수관형사는 기타의 관형사들과는 본질적으로 서로 다른 특성을 갖고 있는데 이런 것들도 관형사에 소속시킬 수 있는가? 만약 이들의 논리에 따르면 '서울 사람'에서의 '서울'도 명사가 아닌 관형사로 되어야 할 것이다. 왜냐하면 이 '서울'도 그 위치를 옮기지 않은 상황에서는 아무런 문법적 형태도 취할 수 없기 때문이다. 그러나 '서울'을 관형사로 볼 사람은 아무도 없을 것이다.

둘째, 이들의 논리에 따르면 한국어의 단위성 의존명사는 관형사와의 결합을 위해 산생된 품사라고 해야 하는데 이렇게 되면 '단위성 의존명사는 수사의 뒤에서 그 단위를 명확히 해주는 품사'라는 일반 언어학의 이론에 위배되는 것이 아닌가?

셋째, 이른바 수사의 어음변종을 수관형사로 처리해야 한다면 수사 '셋'의 변종인 '세, 석, 서' 등은 수관형사로 처리될 것인데 이것들을 세 개의 부동한 단어로 처리해야 하느냐 아니면 어느 한 단어의 어음변종으로 처리해야 하느냐 하는 문제가 남게 된다. 만약 이것들을 세 개의 부동한 단어로 처리하려면 의미문법적 측면에서 서로 구별되는 어떤 다른 특성이 발견되어야 할 것이나 그렇지 못하니 세 개의 단어로 처리하기는 어렵다. 그렇다면 이것들을 어느 한 단어형태의 어음변종으로 처리할 수밖에 없는데 그 기본변종을 어느 것으로 정하느냐가 여전히 문제로 남게 된다. 그 누구도 '세, 석, 서' 중 그 어느 하나를 기본변종이라고 자신 있게 대답할 사람은 없을 것이다. 그것은 이것들이 모두 수사 '셋'의 부동한 변종이기 때문이다.

⑤ 부사와 관련된 문제

부사와 관련하여서는 이른바 '그' 계열의 접속부사 설정문제가 좀 더 논의되어야 할 것이다. 지금 한국의 적지 않은 문법서들에서 접속부사의 용례로 '그리고, 그러나, 그러면, 그뿐만 아니라, 그러므로, 그렇지만' 등을 들고 있는데 이상의 '그' 계열의 단어들이 문장접속의 기능을 수행하고 있는 것만은 사실이나 각자를 하나의 부동한 부사로 잡기에는 진일보 검토되어야 할 문제들이 적지 않다.

우선 검토되어야 할 문제가 '그' 계열의 접속부사의 경우에서와 같이 앞에 놓이는 어간의 의미는 아무런 변화도 가져오지 않고 다만 뒤에 놓이는 문법형태에 의해 그 문법적 의미만 변하는 경우 이것들을 각기 부동한 하나의 단어로 처리할 수 있는가 하는 문제이다.

다음으로 검토되어야 할 문제는 '그' 계열의 접속부사를 인정한다면 이와 유사한 구조로 형성된 '이' 계열(이러나, 이러면, 이래서, 이 뿐만 아니라)의 접속부사도 인정해야 할 것이며 나아가 '저' 계열의 접속부사도 인정해야 할 것이다.

(2) 문법적 형태와 문법적 범주와 관련된 연구

① 문법적 범주의 설정기준 문제

문법적 범주의 설정기준을 문법적 의미의 공통성에 둘 것인가 아니면 문법적 기능의 공통성에 둘 것인가 하는 문제가 좀 더 논의되어야 한다.

남기심·고영근(1992년)에서는 격 범주의 설정에서 "주격조사는 체언에 주어의 자격을 주는 조사이다."라는 식으로 주격, 목적격, 보격, 부사격 등을 설정하고 있는데 이는 기능에 의한 범주설정의 대표적인 예라고 할 수 있다. 이런 범주설정은 우선, 범주의 개념을 어떻게 정립하는가와 관계되는 문제로서 문법적 범주를 문법적 의미의 공통성에 의해 유형별로 귀납한 것으로 이해하는 것이 아니라 문법적 기능의 공통성에 의해 유형별로 귀납한 것으로 이해하는 데로부터 초래된 당연한 귀결인데 다음과 같은 문제점을 안고 있다.

우선, 만약 문법적 기능의 공통성에 따라 문법적 범주를 설정한다면 이른바 '종결어미'는 그 기능이 서술어로 되게 하는 것이니 이에 따라 '종결범주'가 설정되어야 할 것이며, '관형사형 어미'는 그 기능이 '관형어'로 되게 하는 것이니 '관형범주'라는 것도 설정되어야 할 것이다. 이와는 반대로 이들의 견해에 따라 문법적 기능을 기준으로 범주를 설정한다면 한국어의 많은 범주들이 설정될 수 없게 될 것이다. 예를 들면 '시칭', '존칭', '수' 등 범주들은 문법적 형태가 나타내는 문법적 기능에 의해 개괄될 수 있는 범주가 아니라 문법적 의미의 공통성에 의해서만 개괄될 수 있는 범주들이기 때문이다. 그러므로 이들도 이런 범주의 설정에서는 그 의미를 기준으로 삼고 있는 바 '시제', '주체높임', '상대높임' 등 범주는 그 용어만 보아도 문법적 의미를 기준으로 하고 있다는 것을 쉽게 보아낼 수 있다.

② 서술격의 설정 문제

앞에서도 이미 지적한 바와 같이 한국의 적지 않은 문법서에서는 '이(다)'를 서술격조사로 처리하고 있는데 이 견해가 성립되려면 다음과 같은 몇 가지 문제들이 천명되어야 할 것이다.

첫째로, 격이란 단어와 단어 사이의 관계를 나타내는데 이른바 이 서술격은 왜 그렇지 않은가? 단어와 단어 사이의 관계를 나타내지 않는 것도 격으로 볼 수 있는가?

둘째로, 만약 '이다' 전체를 서술격으로 본다면 이 서술격이 활용을 하게 되는데 문법적 형태도 용언처럼 활용할 수 있다는 것이 입증되어야 할 것이다.

셋째로, '이다'를 서술격조사로 본다면 그 기능이 무엇인가가 똑똑히 천명되어야 할 것이다. 만약 그 기능을 '주어의 내용을 지정, 서술하는 것'이라고 한다면 이런 기능이 과연 '이'에 의해 실현되는 것이냐 아니면 '다에 의해 실현되는 것이냐가 진일보 검토되어야 한다. 그렇지 않으면 "사촌동생인 영수가 오늘 도착한다."에서의 '이'에 대해서는 그 설명이 불가능하게 된다.

넷째로, 이른바 서술격조사 '이다'가 기능적 측면에서 전성토(전성어미) '-기, -ㅁ'과 어떤 본질적 차이를 갖고 있는가가 밝혀져야 한다.

③ 보격(-가/-이)의 설정

남기심·고영근(1992년)에서는 형용사 '아니다'와 동사 '되다'의 지배를 받는 '이/가'를 보격으로 설정하고 있는데 이들의 견해에 따르면 이 경우의 '이/가'는 그것이 붙는 단어에 보어의 자격을 부여하기에 보어라는 것이다. 물론 이 경우의 '이/가'가 붙은 단어는 보어로 되는 것만은 틀림없다. 그러나 그렇다 해서 이것을 보격으로 설정하자는 견해는 그대로 받아들이기 어렵다. 만약 이들의 논리에 따른다면 '물이 얼음으로 되었다', '영수가 반장으로 되었다', '영자를 며느리로 삼았다.' 등에서의 '-로'도 그것이 붙은 단어로 하여금 보어로 되게 하니 보격으로 되어야 할 것이며 나아가 '그도 이번 대회에 출석하였다', '그는 동생과 다투었다.' 등에서의 '-에'나 '-와/-과'도 그것들이 붙은 단어를 보어로 되게 하니 보격으로 보아야 할 것이다. 결론적으로 이 문제는 보어의 한계를 어떻게 잡는가와 관계되는 문제로서 기능 중심의 분류법에 따라 격을 설정한 필연적인 결과라 생각된다.

이와 관련하여 이익섭(2006년)에서도 보격의 설정을 부정하면서 "주격조사는 명사가 주어 일을 하지 않는 자리에 쓰이기도 한다. 즉 다음 예문 (5)에서처럼 보어의 자리에도 쓰이는 것이다. 그러나 보어자리에 주격이 쓰이는 것은 다른 언어에서도 볼 수 있는 보편적 현상이다."라고 하면서 "누나가 반장이 되었니?", "낙엽송은 상록수가 아니다."와 같은 예시를 보이고 있다.

④ 부사격의 설정

한국의 적지 않은 문법서들에서는 중국이나 조선의 많은 문법서들에서 설정한 격의 체계 중에서 주격, 대격(목적격), 속격(관형격), 호격을 제외한 나머지 격을 합쳐서 이것들은 "그것이 붙은 체언으로 하여금 부사어가 되도록 한다."라고 하면서 부사격으로 설정하고 있다.

그런데 이런 분류는 분류를 위한 하나의 방편에 지나지 않는다고 생각한다. 왜냐하면 이들도 조사 분류의 기준으로 그것이 문장구조 속에서 노는 기능을 전제로 내세우고 있기는 하지만 이들이 설정한 부사격조사가 그것이 붙은 체언을 언제나 부사어로만 되게 하는 것이 아님은 이미 앞의 보격을 논하는 자리에서 지적한 바 있다. 그러므로 한국의 일부 문법서들에서도 부사격의 설정을 부정하고 이 부사격에 속한 격조사들을 그 주되는 의미를 기준으로 처격조사, 구격조사, 공동격조사, 비교격조사 등으로 나누어 설정하고 있다.

⑤ 수와 관련된 문제

첫째, 남기심·고영근(1992년) 등 한국의 일부 문법서에서는 '-들'을 접미사로 처리하고 있는데 이런 견해를 그대로 받아들이기에는 어려운 문제가 적지 않다.

우선, 접미사와 조사의 구별적 표식을 단어형성시의 가변요소인가, 곡용시의 가변요소인가에 두고 있는 이들의 견해에 따르더라도 이 '-들'은 어디까지나 곡용시의 가변요소에 속하지 단어형성시의 가변요소에 속하지 않는다. 그것은 이 '-들'이 접미사로 되기 위해서는 일정한 어근이나 어간에 붙어야 할 것인데 동사나 형용사의 일정한 문법적 형태 뒤에도 붙을 수 있으니(일어들 나세요. 곱게들 단장했구만.) 단어형성시의 가변요소가 아님은 너무나도 명백하다.

다음, 이 '-들'은 대명사는 물론 명사들 가운데서도 비가산성 명사를 제외한 모든 명사에 다 붙을 수 있다. 이런 상황에서도 이 '-들'을 접미사로 처리한다면 한국어의 단어 수는 배 이상으로 늘어나게 될 것이다. 사전에 서도 이 '-들'이 붙은 단어를 올림말로 올린 경우는 없지 않은가?

둘째, 일부 문법서에서는 이와는 반대로 지금까지 거의 절대부분의 학 자들이 접미사로 처리하고 있는 '-희'를 복수토로 처리해야 한다고 주장하 고 있다.[20]

'-희'가 복수표지의 형태소인 것만은 틀림없으나 그렇다 해서 이것을 토 라고 하는 것은 무리가 아닐 수 없다. 그것은 우선 이 '-희'는 대명사의 조 성에서 '나, 너'에만 붙는 아주 협소한 분포를 보이고 있고 또 한국어에서 는 접사도 문법적 의미의 표현수단으로 쓰일 수 있기 때문이다.

⑥ 이른바 일부 '선어말어미'와 관련된 문제

한국의 많은 문법서들에서는 '-ㅂ/습니다, -ㅂ/습디다'를 하나의 종결 어미로 설정하는 것이 아니라 '-ㅂ-/-습-'은 상대높임법 선어말어미로, '-니-, -디-'는 서법표시의 선어말어미로 처리하고 있다. 물론 이 '-ㅂ-/ -습-'이나 '-니-, -디-'가 역사적으로 하나의 독립적인 문법적 형태였고 또 지금도 자체의 고유한 문법적 의미를 갖고 쓰이고 있는 것만은 사실이 다. 그러나 그렇다 해서 이것들을 독자적인 문법적 형태로 처리하기에는 적지 않은 문제가 좀 더 논의되어야 한다.

우선, 오늘의 언어의식에서 볼 때 '습니다'의 경우에는 그래도 '-습-(상 대높임 선어말어미) + -니-(서법 선어말어미) + -다(종결어미)'로 분리될 수 있어 그 설정이 가능한 것 같지만 '습니까'의 경우, '-습-'과 '-니-'를 선 어말어미로 설정하려면 남은 '-까'가 종결어미로 되어야 할 것이나 한국어 에서는 '-까'가 홀로 종결어미로 쓰이는 경우가 없다. 이런 경우에도 '-습 니까'를 세 개의 독립적인 문법적 형태가 합성된 것으로 처리해야 하는가?

다음, 예를 들어 '-ㅂ-/-습-'을 독립적인 '상대높임법'의 선어말어미로

---

20)   정순기, 《조선어형태론》, 2005년, 178페이지 참조.

설정한다면 범주적 개념에서 이 선어말어미가 붙지 않은 것은 '상대높임'과 상대되는 '상대낮춤'이라고 해야 할 것인데 이렇게 되면 한국어 상대높임법은 '높임'과 '낮춤'의 두 체계로 구성된다고 해야 할 것이다. 그러나 실제 언어생활에서는 '해라체, 하게체, 하오체, 합쇼체, 해체, 해요체'가 엄연히 구별되어 쓰이고 있다. 그러기에 상대높임법의 선어말어미를 설정하는 학자들도 종결어미를 논하는 자리에서 한국어의 종결어미는 상대높임법의 차이에 따라 위의 여섯 가지로 나뉜다고 했다.

그 다음으로, 상대높임법의 선어말어미를 설정하는 문법서들에서도 문장종결법의 차이에 따른 종결어미의 설정에서 앞뒤가 서로 모순되는 설명을 하고 있다. 예를 들면 남기심·고영근(1992:153)에서는 "합쇼체의 감탄형 어미는 고유한 형식이 없고 합쇼체의 평서형 어미에 조사 '그려'가 붙은 '-ㅂ니다그려'가 감탄의 의미를 표시하는 일이 있다. 하오체의 청유형 어미도 고유한 형식이 없고 오히려 합쇼체의 청유형 어미 '-ㅂ시다'가 대신 쓰이고 있다."라고 설명하고 있다.

⑦ 접속토(연결어미)와 관련된 문제

접속토와 관련된 연구에서는 다음과 같은 두 가지 문제가 좀 더 논의되어야 할 것 같다.

첫째, 접속토에 의해 표현되는 문법적 의미를 어떤 문법적 범주로 개괄할 것인가가 깊이 있게 논의되어야 할 것이다. 일반 언어학의 측면에서 볼 때 일정한 문법적 형태에 의해 표현되는 문법적 의미는 일정한 범주로 개괄되기 마련인데 아직까지는 접속토에 의해 표현되는 문법적 의미를 그 어떤 문법적 범주로도 개괄하지 못하고 있다.

둘째, 남기심·고영근(1992년)에서는 "옷이며 신이며 죄다 흩어져 있었다."란 예를 들면서 이 문장에 쓰인 '-이며'를 '접속조사'로 보고 있는데 만약 이 경우의 '-이며'를 접속조사로 본다면 "그는 나의 친근한 벗이며 훌륭한 동지이다."의 경우에 출현된 '-이며'도 접속조사로 볼 수 있는가? 더 나아가 접속토가 전성토(이 문법서에서는 '서술격조사'라 했음) '-이'를 매개로 체언 뒤에 쓰일 경우 예컨대 '-이고, -이면, -이거나, -이지만' 등은 무엇이라고 해야 하는가?

(3) 문장(통사)과 관련된 연구

① 문장성분의 개념 정립과 관련된 문제

문장성분의 개념 정립과 관련하여 한국이나 조선의 일부 문법서들에서는 문장성분을 기능적 단위로 보는 것이 아니라 구조적 단위로 보면서 문장구조 속에서 다른 단어와 문법적 관계를 맺는 구조적 단위로서의 단어를 문장성분으로 보고 있다. 이들은 문장성분의 기본표식에 있어서는 그것이 하나의 '기능적 단위'로 되기에 앞서 우선, '구조적 단위'로 되어야 한다고 강조하고 있다. 이들의 견해를 알기 쉽게 도식으로 보이면 다음과 같다.

주어   주어   술어   보어   상황어   술어 (단어를 문장성분으로 보는 견해)
· 나는 영수가 귀국했다는 소식을 어제야 들었다.
주어   규정어_____   보어   상황어   술어

그런데 이런 견해를 그대로 받아들이기는 어려울 것 같다. 그것은 우선 문장성분이란 다른 성분과의 상호 관계 속에서 얻어지는 언어적 단위로서 주어는 술어와의 상호 관계 속에서, 보어와 상황어(부사어)는 술어(엄밀하게는 피보어, 피상황어)와의 상호 관계 속에서, 규정어는 피규정어와의 상호관계 속에서만 비로소 그런 자격을 획득하고 문장구성에 참여하게 된다. 이런 상관관계를 떠나서는 그 어떤 문장성분도 운운할 수 없게 된다. 아주 핍근한 실례로 가정생활에서 '부자' 관계란 '부친'과 '자식'의 상호 관계에서 논의되는 개념으로서 '자식'이 없다면 '부친'이란 영원히 존재할 수 없는 존재로 되는 것과 마찬가지이다. 그런데 위의 예시에서 볼 수 있는 바

와 같이 이들이 이른바 술어로 보고 있는 '귀국했다는'은 뒤에 놓이는 전체 문장구조와도 상관적 관계를 맺지 못할 뿐만 아니라 다른 그 어떤 성분과도 상관적 관계를 맺지 못하고 있다. 그러니 이런 언어적 단위를 어떻게 하나의 문장성분으로 보겠는가? 이 문장구조에서 '귀국했다는'은 앞에 놓인 '영수가'와 결합되어 '영수가 귀국했다는'이란 구조를 이룬 후에야 비로소 뒤에 놓이는 '소식을'과 상관적 관계를 맺으면서 규정어로서의 자격을 획득하게 된다.

다음, 문장구성요소들의 문법적 연결에서 내적 형태는 단순히 두 문장구성요소의 문법적 연결 관계만 표시할 뿐 그 기능은 외적 형태에 의해 결정된다는 사정을 고려할 때 규정형을 취한 '귀국했다는'이 어떻게 술어로 될 수 있겠는가?

② 문장성분의 단위설정과 관련하여

문장성분의 단위설정과 관련하여서는 다음과 같은 두 가지 문제가 좀 더 논의되어야 할 것이다.

그 하나는 남기심·고영근(1992년)을 비롯한 한국의 일부 문법서들에서는 문장구성에서 자립성이 없는 의존명사(불완전명사)도 하나의 문장성분으로 될 수 있다고 주장하고 있다. 이들은 "저 분이 우리 학교 교장선생님이시다."란 예문을 들고 이 문장구조에서 '저'는 관형어(규정어)로 되고 '분이'는 주어로 된다고 주장하고 있다.

그런데 문장성분이란 그 단독으로 일정한 문장론적 기능을 수행하는 의미의 담당자로 되어야 한다는 사정을 고려할 때 이런 주장을 그대로 받아들이기는 어렵다. 위의 예문에서 '저'와 '분이'가 그 각각으로 그 어떤 문장론적 기능을 수행하는 의미의 담당자로 된다고 보기가 어렵지 않은가? 바로 이러한 사정으로 품사론에서 의존명사는 언제나 그것을 한정해 주는 앞의 말과 어울려서만 쓰일 수 있다고 규정한 것이 아니겠는가?

문장성분의 단위와 관련되어 제기되는 다른 하나는 이른바 '구'나 '절'이

하나의 문장성분의 단위로 될 수 있는가 하는 문제이다. 이 문제와 관련하여서도 두 가지 부동한 견해가 서로 대립되고 있는데 김백련(2005년)을 비롯한 조선의 일부 문법서들에서는 자립적 단어보다 더 큰 '구'나 '절'에는 문장성분의 자격을 부여할 수 없다고 주장하고 있다. 만약 이들의 주장대로 '구'나 '절'에 문장성분의 자격을 부여할 수 없다면 "어떻게 하겠는가가 문제이다."라는 문장구조는 성분화를 진행할 수 없는 문장구조로 될 것이다. 그것은 술어(서술어)로 볼 수 있는 문장구성요소인 '문제이다'와 상관적 관계를 맺을 수 있는 문장구성요소는 '어떻게 하겠는가가'이지 '어떻게'나 '하겠는가가'가 아니기 때문이다. 그런데 문제는 '어떻게 하겠는가가'는 이른바 '구'로 되어 있는데 이런 '구'에는 문장성분의 자격을 부여할 수 없다고 하니 이것과 상관적 관계를 맺는 '문제이다'도 그 어떤 성분으로도 될 수 없지 않은가?

③ 술어와 관련된 문제

술어와 관련하여서는 다음과 같은 두 가지 문제가 좀 더 논의되어야 할 것이다.

첫째, 남기심·고영근(1992년)을 비롯한 한국의 일부 문법서들에서는 관형사형, 명사형에 의해서도 술어가 표현될 수 있다고 주장하면서 "저 분이 시인인 것을 오늘 비로소 알았다", "그가 문학에도 뛰어났음이 드러났다." 등의 예시를 보이고 있다. 다시 말하면 이들은 이른바 '내포문' 즉 '절'로 된 하나의 확대성분 속에서 다시 성분화를 진행해야 한다고 주장하고 있다.

그러나 이런 견해를 그대로 받아들이기 어려운 것은 우선, 문장성분이란 전일적인 문장구조 속에서 다른 성분과의 상관관계 속에서 얻어지는 언어적 단위를 가리키기에 하나의 성분 단위로 된 언어적 단위의 분석에서 얻어지는 언어적 단위는 문장성분으로 될 수 없기 때문이다. 다음, 만약 이들의 견해에 따라 위의 예문에서의 '시인인'이나 '뛰어났음이'를 술어라고 한다면 이 경우의 술어는 복합문(복문)에서의 접속술어라고 해야 할 것이다. 그런데 모두가 잘 알고 있는 바와 같이 접속술어는 그 앞에 놓인 문장성분들을 통솔하면서 뒤에 놓이는 전체 문장구조와 관계를 맺는데 위의 '시인인'이나 '뛰어났음이'는 모두 어느 한 문장성분과만 관계를 맺고 있다. 바꾸어 말하면 술어로서의 가장 기본적인 조건도 갖추지 못했다는 것이다.

둘째, 김백련(2005년)을 비롯한 조선의 일부 문법서에서는 술어의 일종으로 '접속술어'를 인정하지 않고 이런 성분단위를 '이음말'이라고 해야 한다고 주장하고 있는데 한국어의 중요한 특징의 하나인 종결형과 접속형(연결형)에서의 문법적 의미의 연관법칙 ["어제는 비가 오며(왔으며) 바람이 몹시 불었다."] 등의 측면에서 볼 때 접속형에 의해서도 문장의 '진술성'이 어느 정도 표현되면서 복합문(복문, 겹문장, 이어진 문장)을 구성하는 주요한 징표의 하나로 되고 있기에 접속형에 의해 이루어진 문장성분도 반드시 술어의 일종으로 보아야 마땅할 것이다.

④ 보어와 관련된 문제

보어와 관련하여서는 다음과 같은 문제들이 좀 더 논의되어야 할 것이다.

첫째, 보어의 개념 정립과 관련하여 남기심·고영근(1992년) 등 한국의 많은 문법서들에서는 보어를 문장구성에 없어서는 안 될 필수적인 성분으로 보고 있는 데 반해 김백련(2005년) 등 조선의 적지 않은 문법서들에서는 그것이 문장구성에서 노는 기능은 전혀 무시하고 대상성을 가진 성분은 수의적인 것들까지 모두 보어로 보고 있다.

그러나 우리가 문장성분을 문장구조분석에서 얻어지는 기능적 단위로 보는 입장에서 볼 때 보어는 그 이름 자체가 설명해주듯이 이런 성분의 보충으로 비로소 문장구조가 성립될 수 있기에 문장구성에서 수의적인 기능을 수행하는 성분은 보어에서 제외되어야 할 것이다. 사실상 대상성을 가진 성분을 모두 보어로 처리하는 견해는 문장성분을 기능적 단위로 보는 것이 아니라 형태-구조적 단위로 보는 데로부터 기인된 것이다.

둘째, 보어를 술어의 행동성립에서 필수적인 보충으로 되는 성분으로 그 개념을 정립할 경우 보어의 한계를 어떻게 그어야 하는가 하는 문제가 좀 더 논의되어야 할 것이다. 남기심 고영근(1992년)의 견해에 따르면 이른바 '목적어'와 동사 '되다'와 형용사 '아니다'가 서술어로 쓰일 때 이것들과 상관적 관계를 맺는 체언에 조사 '-이/-가'가 붙어 이루어진 성분만 보어의 테두리에 들어오게 된다. 이들은 "나는 그를 친구로 삼았다", "이것은 저것과 다르다", "명희가 순호에게 책을 주었다." 등의 예문을 들고 이런 예문들에서 '밑줄을 그은 말들도 문장성립에 없어서는 안될 성분들'이지만 이것들은 부사어(상황어)로 처리해야 한다고 주장하면서 그 이유를 "이들을 다 보어로 처리하려면 '-(으)로, -와/과, -에(게)…' 등을 보격조사로 규정해야 하는데 이들은 다른 서술어와 함께 부사격조사로서의 기능을 한다", "밑줄 그은 말들을 보어라 한다면 '-(으)로, -와/과, -에, -에게…' 등의 조사를 동시에 보격과 부사격 두 가지로 분류하는 바람직하지 않은 결과를 낳게 된다."라고 설명하고 있다.

그런데 이런 주장은 그대로 받아들이기 어렵다. 그것은 우선 위의 밑줄을 그은 말들을 보어로 볼 수 없는 이유가 '-(으)로, -와/과, -에(게)' 등의 조사를 동시에 보격과 부사격 두 가지로 분류하는 바람직하지 않은 결과를 낳게 되기 때문이라고 한다면 이들이 보어의 형태적 표식으로 들고 나온 '-이/가'도 주격과 보격 두 가지로 분류하는 결과를 낳게 되는데 이런 결과는 그래 바람직하단 말인가? 바로 이러한 사정을 감안하여 한국의 적지 않은 문법서들에서는 보어의 범위를 더 넓혀 '만들다, 삼다, 일컫다…' 등의 앞에 오는 '체언+(으)로, 라고' 등도 보어로 처리하기도 하였다. 지당한 처사라 생각된다. 그런데 이런 문법서들도 술어의 행동성립에 없어서는 안될 모든 문장성분을 다 보어로 처리하지는 못했다는 아쉬움을 남기고 있다.

다음, 남기심·고영근(1992년) 등 한국의 적지 않은 문법서들에서 '-와/

-과, -에, -에게' 등 부사격으로 표현된 문장성분을 보어로 볼 수 없다고 주장하는 이유로 '목적어'는 언제나 타동사와 결합되고 '보어'(체언+이/가)는 언제나 동사 '되다'와 형용사 '아니다'와 결합된다는 통사적 특징을 갖고 있지만 위의 부사격으로 표현된 문장성분들은 그 통사적 특징을 한 가지로 묶을 수 없다는 것을 들고 있는데 이는 한국어 문장구조의 특성에 대한 그릇된 해석이라 생각된다. 그것은 한국어 문장구조에서는 이른바 '목적어'가 언제나 타동사 서술어를 요구하듯이 기타의 보어들도 특정된 동사나 형용사 술어(서술어)와 공기할 것을 요구한다. 예를 들면 간접보어는 '미침동사'와 공기할 것을 요구하고(꽃에 물을 주었다), 상관의 보어는 '상대동사'와 공기할 것을 요구하고 있다.(그는 영수와 다투었다.) 문제는 그것을 파악하지 못했기에 이런 착오적인 결론을 도출해 내게 된 것이다.

⑤ 이른바 '무주어문'의 설정 문제

조선의 적지 않은 문법서들에서는 "안녕하십니까?"와 같은 문장을 실례로 이런 문장구조를 '무주어문'이라 하고 있는데 무주어문의 설정과 관련된 이들의 견해를 그대로 받아들이기는 어려울 것 같다.

첫째, 이들의 견해처럼 무주어문을 '본래부터 주어를 상정하기 어려운 문장'으로 정의하든 '주어가 생략된 문장'으로 정의하든 모두 주어가 문장에 나타나지 않은 문장을 무주어문으로 보고 있다는 측면에서는 공통성을 갖고 있는데 문장성분들의 상호 관계의 측면에서 볼 때 주어란 어디까지나 술어를 상대로 해서만 이루어질 수 있는 문장성분이며 같은 도리로 술어도 주어를 전제로 해야만 성립될 수 있는 문장성분이다. 그러니 이른바 무주어문 즉 주어를 상정할 수 없는 문장에 술어라는 성분이 어떻게 존재할 수 있겠는가?

둘째, 이들이 무주어문의 실례로 든 "안녕하십니까?"와 같은 문장구조가 과연 술어만으로 이루어진 문장구조냐 하는 것이다. 이 "안녕하십니까?"란 언어적 단위에서는 이들이 주장하는 것처럼 '문장의 진술이 충분히 표현되고 있으며' 또 이 언어적 단위는 '전달의 기능을 원만히 수행하고 있는' 것만은 사실이다. 그러나 그렇다 해서 이런 언어적 단위를 술어로 보는 데는 문제가 있다. 그것은 술어라는 언어적 단위는 진술성 표현의 물질적 담당자로 되기 때문에 술어로 되는 것이 아니라 주어와의 상관관계 속에서 존재하기 때문에 술어로 되는 것이다. '진술성의 표현'과 '전달의 기능'은 '진술어'의 표식이지 술어의 표식이 아니다. 만약 문제를 이렇게 인식하지 않는다면 "장백산!"과 같은 언어적 단위도 진술성을 충분히 표현하고 있으며 전달의 기능을 원만히 수행하고 있기에 술어만으로 구성된 무주어문으로 보아야 할 것이다.

셋째, 이른바 주어가 생략된 문장과 주어를 상정할 수 없는 문장은 구조적으로 볼 때 성질이 판이한 문장구조인데 문장의 구조적 분류에서 이것들을 어떻게 한 부류로 묶을 수 있겠는가?

⑥ 복합문의 설정과 관련된 문제

복합문(복문, 겹문장)의 설정과 관련하여서는 다음과 같은 세 가지 문제가 진일보 검토되어야 할 것이다.

첫째, '주어-술어'의 구조적 형식을 두 개 이상 가진 문장구조만을 복합문으로 보아야 한다는 견해가 진일보 검토되어야 할 것이다.

조선의 적지 않은 문법서들에서는 "꽃이 피고 새가 운다."와 같이 '주어-술어'의 구조적 형식을 두 개 이상 갖춘 문장구조만 복합문으로 보고 "나는 어제 그 책을 읽었고 오늘 그 요지를 베꼈다."와 같은 문장구조는 '읽었고'란 접속술어와 '베꼈다'란 종결술어가 동일한 주어 '나는'을 가지기에 복합문이 아닌 단일문(단문)으로 처리하고 있다. 이들의 견해에 따르면 "미안합니다. 말씀 좀 물읍시다."와 같은 문장구조는 주어와 술어 중 그어느 한 성분도 갖추지 않은 문장구조이기에 단일문(단문)으로 되어야 할 것이다. 그러나 이 문장구조는 전달의 억양만 바꾸면 "미안합니다", "말씀 좀 물읍시다."와 같은 두 개의 자립적인 문장으로 분리될 수 있다. 그 어떤 언어에서 하나의 단일문(단문)이 두개의 단일문(단문)으로 다시 분리될 수 있는가? 단일문(단문)과 복합문의 구분은 전일적인 문장구조 속에 진술의 단위가 몇 개나 들어있느냐에 의해 결정된다는 사정을 고려할 때 이 견해를 그대로 받아들이기 어렵다.

둘째, 이른바 '안은 문장' 혹은 '내포문'이 들어있는 문장구조를 복합문으로 볼 수 있느냐 하는 문제가 진일보 검토되어야 할 것이다.

남기심·고영근(1992년) 등에서는 "그도 내일 시험이 있다는 얘기를 들었겠지."(밑줄은 필자의 것임)라는 예문을 들고 "전체적으로 보면 큰 문장이 그 속에 또 하나의 문장을 한 성분으로서 안고 있는 것이다. 이렇게 한 문장이 그 속에 다른 문장을 한 성분으로 안고 있을 때 그것을 안은 문장이라 한다. 안은 문장은 겹문장의 한 가지이다."라고 설명하고 있다.

그런데 이런 견해를 그대로 받아들이기는 어려울 것 같다. 우선 이 주장은 이들이 정립한 겹문장의 개념과도 모순된다. 만약 이들의 견해대로 '주술 관계가 한 번 이상 이루어져 있는 문장'을 겹문장이라고 한다면 '안은 문장'은 반드시 주술관계로 이루어진 문장론적 단위로 처리되어야 할 것인바 적어도 '있다는'이 서술어로 되어야 할 것이다. 그런데 이것은 서술어로서의 그 어떤 형태적 표식도 갖고 있지 않으며 또 이 '안은 문장'이란 문장론적 단위가 뒤에 놓이는 '얘기를 들었겠지'와 상관적 관계를 맺는 것이 아니라 '얘기를'과만 상관적 관계를 맺을 수 있다. 이러한 사실은 이 '안은 문장'에서 제일 마지막에 놓인 문장구성요소가 서술어가 아니라는 것을 설명해 준다. 따라서 이 문장구조에서는 주술 관계가 단 한 번만 나타나기에 겹문장으로 보기 어렵다. 다음 '안은 문장'이란 문장론적 단위와 이들이 겹문장으로 처리한 기타의 주술관계의 문장론적 단위는 동일한 성질의 문장론적 단위가 아니라는 것이다. 예를 들면 이들이 겹문장의 예시로 든 "그는 네가 여기 있는 것도 모르고 산속을 헤매겠구나."란 문장구조에서 앞에 놓인 주술관계로 이루어진 문장론적 단위는 뒤에 놓이는 '산속을 헤매겠구나.'란 전체 구조와 상관적 관계를 맺는다. 그러나 '안은 문장'으로 된 문장론적 단위는 언제나 뒤에 놓이는 어느 한 문장성분과만 상관적 관계를 맺는다. 그러니 서로 다른 질서의 문장론적 단위를 어떻게 동질의 것으로 처리할 수 있겠는가? 사실상 이른바 '안은 문장' 혹은 '내포문'은 문장성분의 한 단위로 될 뿐 복합문의 구성요소로는 되지 않는다.

셋째, '와/과'에 의해 이어진 문장구조도 겹문장(복합문)으로 볼 수 있느냐 하는 문제가 좀 더 검토되어야 한다.

남기심·고영근(1992년)에서는 "이어진 문장 중에는 주어만 여러 개가 접속조사 '-와/과'에 의해서 이어져 있고 서술어는 하나뿐이어서 마치 홑문장처럼 보이는 것이 있다."라고 하면서 그 일례로 "승철이와 순호가 어제 부산으로 떠났다."란 문장을 들고 이것들을 겹문장의 일종으로 처리하고 있다. 이 문제와 관련하여서는 무엇보다도 '-와/과'에 의해 이어진 문장을 두 개의 문장으로 분석하는 작업 다시 말하면 두 개의 심층구조로 분석하는 작업과 연결어미에 의해 이루어진 문장을 두 개의 문장구조로 분석하는 작업이 과연 동일한 질서에서 논의되는 문장구조분석인가가 진일보 논의되어야 할 것이다.

4. 맺는말

지금까지 우리는 주로 《중국조선어문》(창간호-2018년 제6호)에 실린 180편의 문법 관련 연구논문들에 대해 주제별, 연대별로 나누어 고찰하면서 60여 년간 중국에서의 조선어문법 연구에서 취득한 성과와 존재하는 문제들에 대해서도 나름대로 짚어보고 앞으로의 연구과제로 문법론 연구를 둘러싸고 학계에서 지금까지 계속 쟁론되고 있는 주요한 문제들을 분석, 정리하면서 문제의 해결을 위한 필자의 생각도 나름대로 제기해 보았다.

그런데 본고가 《중국조선어문》 창간 40주년을 기리는 글이라는 엄청 큰 모자를 쓰고 집필된 것이기는 하지만 시간의 촉박, 더 주요하게는 필자의 수준 제한으로 많은 착오들이 있음을 자인하지 않을 수 없다. 아무튼 이 졸작이 중국에서의 조선어문법 연구에 자료적인 측면에서나마 일정한 도움이 되었으면 하는 바람이다.

* 이 논문은 중국조선어문잡지사 편 『개혁개방이래 중국 조선어 연구』(연변인민출판사, 2020년, 1~33쪽)에 실려 있음.

참고 문헌

강보유(2012), 「한국어 언어지식 교육과정 및 교수요목」, 『중국한국(조선)어교육연구학회 2012년 연례국제학술대회 논문집』, 북경대학.

강은국(1987), 『현대조선어』, 연변대학출판사.

강은국(1987), 『조선어의 민족적특성 2』, 흑룡강조선민족출판사.

강은국(1993), 『조선어 문형연구』, 서광학술자료사.

강은국(2008), 『남북한의 문법 연구』, 도서출판 박이정.

강은국 외(2015), 『한국 언어학 연구와 한국어 교육』, 도서출판 하우.

강은국(1982), 「동사술어와 단일문의 기본 문장구조 유형」, 연변대학 석사학위논문.

강은국(1984), 「불완전명사의 특성에 대하여」, 『조선어학론문집』, 중국조선어학회, 민족출판사.

강은국(1986), 「현대조선어의 형용사와 명사 술어 문형」, 『연변대학학보』 1986년 증간호.

강은국(1987), 「동사술어와 단일문의 문장구조류형」, 『조선어문석사론문집』, 료녕민족출판사.

강은국(1987), 「조선어 어순의 특성」, 『조선어학론문집』, 연변대학출판사.

강은국(1990), 「조선어 동사의 의미론적 특성과 문장론적 기능에 대하여」, 『조선학연구』 제3권, 연변대학출판사.

강은국(1991), 「문형 연구에서 제기되는 몇 가지 문제에 대하여」, 『언어문학학술론문집』, 연변인민출판사.

강은국(2001), 「한중 기본수사의 민족문화의미 비교연구」, 『세계속의 조선어(한국어) 대비연구』, 료녕민족출판사.

강은국(2002), 「한국어 교육에서의 문법교육의 과업에 대하여」, 『중국에서의 한국어 교육 Ⅲ』, 연변과학기술대학 한국학연구소, 태학사.

강은국(2002), 「한중 조류명칭의 민족문화의미 비교연구」, 『중국조선어문』 제2호.

강은국(2003), 「남과 북의 어휘사용의 이질화에 대한 소고」, 『세계속의 조선어(한국어) 어휘구성의 특징과 어휘사용 실태에 관한 연구』, 민족출판사.

강은국(2003), 「문법교과서 편찬에서 제기되는 리론 및 실천적 문제에 대하여」, 『세계속의 한국(조선)언어문학 교양과 교재편찬 연구』, 민족출판사.

강은국(2003), 「한중 민족문화의미 비교연구」, 『우리 民族語의 硏究와 傳播』, 도서출판 역락.

강은국(2003), 「한중 숫자어의 민족문화의미 비교 연구」, 『중국어권 학습자를 위한 한국어 교육의 언어문화적 접근』, 국제한국언어문화학회 제3차 해외 한국언어문화 워크숍 논문집.

강은국(2004), 「《한국어》(연세대 편)를 교과서로 문법지식을 전수할 때 유의하여야 할 문제」, 『한국(조선)어교육연구』 제2호. 중국한국(조선)어교육연구학회.

강은국(2006), 「품사 분류에서 제기되는 이중적 성격을 띠고 있는 단어들에 대하여」, 『조선-한국학연구』, 중앙민족대학교 조선-한국학연구소, 민족출판사.

강은국(2007), 「국속의미론 연구와 한국어 교육」, 『국어교육연구』 제20집, 서울대학교 국어교육연구소.

강은국(2009), 「중국 상해 지역 동포 사회에서의 한국어 교육의 현황과 과제」, 『외국에서의 한국어교육 I』, 이화여자대학교 다문화연구소.

강은국(2012), 「한국어문법교육의 리론과 실제」, 『조선어연구』 제6호, 연변언어연구소, 연변대학교언어연구소, 흑룡강조선민족출판사.

강은국(2012), 「중국에서의 한국어 문법교육의 특성과 과업」, 『국어교육연구』 제30집, 서울대학교 국어교육연구소.

강은국(2013), 「새로운 목표, 새로운 과업-대학교 본과 학과소개 解讀」, 『한국(조선)어교육연구』 제8호, 중국한국(조선)어교육연구학회.

강은국(2013), 「중국 민족어문 정책과 조선어문 교육」, 『새국어 생활』, 2013년 제23-4호.

강은국(2013), 「다문화의 시각으로부터 본 중국조선어의 발전」, 『중국조선어문』 제2호.

강은국(2015) 「한국어 어휘체계에 관한 연구」, 강은국 외 『한국 언어학 연구와 한국어 교육』, 도서출판 하우.

강은국(2015), 「중국 조선어문 규범화에 대하여」, 『중국조선어문』 제1호.

강은국(2017), 「언어학의 새로운 분과 국속의미론 연구」, 『중국조선어문』 제1호.

강은국(2017), 「조선어 전공 4·8급(TKM4·8) 시험 실행 상황에 대한 고찰-2015년에 실시된 조선어 전공시험을 중심으로」, 『한국(조선)어교육연구』 제12호, 중국한국(조선)어교육연구학회.

강은국(2020), 「중국에서의 조선어문법 연구의 현황과 과제」, 『개혁개방이래 중국 조선어

연구』, 중국조선어문잡지사, 연변인민출판사.

고려대학교 민족문화연구소(1995), 『한국민속대관』, 고려대학교출판사.

고신숙(1987), 『조선어리론문법(품사론)』, 조선: 과학,백과사전출판사.

고영근(1969), 「국어의 문형연구시론」, 『언어교육』, 제1권 제1호.

고영근(1983), 『국어문법의 연구』, 탑출판사.

고홍희(2012), 「한국어 문법 교육연구에 대한 회고 및 전망」, 『한국어교육 연구에 대한 회고와 과제』, 중국한국(조선)어교육연구학회, 한국문화사.

교육부 고등학교 외국어 전공교육 지도위원회 비통용어종 분과위원회(2009), 『高等学校本科外语非通用语种类专业规范』.

교육부 고등학교 외국어 전공교육 지도위원회 조선어 시험소조(2012), 『전국 고등학교 조선어 전공 4급 시험요강』, 연변대학출판사.

교육부 고등학교 외국어 전공교육 지도위원회(2004), 『高等学校外语专业本科教学评估方案（试行）』.

김갑준(1988), 『조선어문장론연구』, 조선: 사회과학출판사.

김광해(1993), 『국어 어휘론 개설』, 집문당.

김금석 · 김수경 · 김영황(1964), 『조선어 어휘론 및 어음론』, 조선: 고등교육도서출판사.

김길성(1992), 『조선어 어휘론』, 조선: 김일성종합대학출판사.

김동찬(2005), 『조선어실용문법』, 조선: 사회과학출판사.

김민수(1971), 『국어문법론』, 일조각.

김민수(1981), 『국어의미론』, 일조각.

김백련(2005), 『조선어문장론』, 조선:사회과학출판사.

김병운(2005), 「중국의 한국어 문법 교육」, 『한국어교육론 2』, 한국문화사.

김병운 엮음(2012), 『중국대학 한국어교육 실태 조사』, 중국한국(조선)어교육연구학회, 한국문화사.

김수경 외(1961), 『현대조선어 1』, 조선: 교육도서출판사.

김영금(2002), 「한국어문법교육의 실제와 전망」, 『중국에서의 한국어교육 Ⅲ』, 연변과학기술대학 한국학연구소, 태학사.

김영황(1978), 『조선민족어 발전 력사 연구』, 조선: 과학,백과사전출판사.

김영황(1983), 『문화어문장론』, 조선: 김일성종합대학출판사.

김영황 외(1996), 『주체의 조선어연구 50년사』, 조선: 김일성종합대학 조선어문학부.

김옥희(2005), 『조선어품사론』, 조선: 사회과학출판사.

김용구(1986), 『조선어리론문법(문장론)』, 조선: 과학,백과사전출판사.

김용구(1989), 『조선어문법』, 조선: 사회과학출판사.

김일성종합대학조선어학강좌(1981), 『문화어어휘론』, 조선: 김일성종합대학출판사.

김종택(1992), 『국어 어휘론』, 탑출판사.

김종택 · 남성우(1983), 『國語意味論』, 한국방송통신대 출판부.

김종학(2001), 『韓國語基礎語彙論』, 도서출판 박이정.

남기심 · 고영근(1992), 『표준국어문법론』, 탑출판사.

동북조선민족교육과학연구소 편(1998), 『중국조선족학교지』, 동북조선민족교육출판사.

렴종률(1980), 『문화어형태론』, 조선: 김일성종합대학출판사.

리근영(1985), 『조선어리론문법(형태론)』, 조선: 과학,백과사전출판사.

리기만(2005), 『조선어문장성분론』, 조선: 사회과학출판사.

목정수(2003), 『한국어문법론』, 한국문화사.

민영란(2012), 「한국어 어미 교육 연구의 현황과 과제」, 『한국어교육 연구에 대한 회고와
        과제』, 중국한국(조선)어교육연구학회, 한국문화사.

민현식(1999), 『국어문법연구』, 역락.

박영순(1998), 『한국어문법 교육론』, 도서출판 박이정.

박영순(2002), 『외국어로서의 한국어 교육론』, 월인.

방성원(2005), 『문법 교수 학습의 내용과 방법』, 한국문화사.

사회과학원 언어학연구소(1992), 『조선말대사전』, 조선: 사회과학출판사.

서영섭(1981), 『조선어실용문법』, 료녕인민출판사.

서정수(1996), 『국어문법』, 한양대학교출판부.

선덕오(1994), 『조선어기초문법』, 상무인서관.

심재기(1982), 『국어어휘론』, 집문당.

심재기(2000), 『국어어휘론신강』, 태학사.

심재기 외(2011), 『국어 어휘론 개설』, 지식과 교양.

양태식(1984), 『국어 구조의미론』, 태화출판사.

유창돈(1992), 『李朝語辭典』, 연세대학교출판부.

윤평현(2008), 『국어의미론』, 역락.

이관규(2008), 『학교 문법 교육론』, 고려대학교 민족문화연구원.

이기문(1995), 『동아새국어사전』, 동아출판사.

이기문 감수(2001), 『동아새국어사전』, 두산동아.

이미혜(2005), 「문법 교육의 연구사와 변천사」, 『한국어교육론 2』, 한국문화사.

이성도(2002), 「한국어 능력 향상을 위한 문법 교육에 대하여」, 『중국에서의 한국어교육 Ⅲ』, 연변과학기술대학 한국학연구소, 태학사.

이성범(2002), 『화용론연구』, 태학사.

이을환 · 이용주(1964), 『國語意味論』, 현문사.

이을환 · 이철수(1981), 『한국어문법』, 개문사.

이익섭(2006), 『한국어문법』, 서울대학교출판부.

이희승(1955), 『國語學槪說』, 민중서관.

임지룡(1992), 『國語意味論』, 탑출판사.

전정례(1999), 『언어와 문화』, 도서출판 박이정.

정교환(1974), 「국어문형고」, 『국어국문학』 제15호, 국어국문학회.

정순기(1963), 「문법화과정에 있는 불완전명사적 단어들에 대하여」, 『조선어학』 제2호.

정순기(2005), 『조선어형태론』, 조선: 사회과학출판사.

조선문화어문법편찬위원회(1979), 『조선문화어문법』, 조선: 과학,백과사전출판사.

조선민주주의인민공화국 과학원 언어문학연구소 사전연구실 편찬(1960-1962), 『조선말 사전』(6권), 조선: 과학원 출판사.

조선사회과학원 언어학연구소(1973), 『조선문화어사전』, 조선: 사회과학출판사.

조재수(1995), 『남북한말 비교사전』, 출판회사 토담.

중국조선어문잡지사 편(2020), 『개혁개방이래 중국 조선어 연구』, 연변인민출판사.

중국한국(조선)어교육연구학회(2003), 『한국(조선)어 교육연구』 창간호, 한국문화사.

중국한국(조선)어교육연구학회(2009), 『전국 한국(조선)어 학과 실태조사 보고』.

중국한국(조선)어교육연구학회(2009), 『2009년도 연례학술대회논문집』.

최완호(2005), 『조선어어휘론』, 조선: 사회과학출판사.

최완호 외(1980), 『조선어 어휘론 연구』, 조선: 과학,백과사전출판사.

최윤갑(1980), 『조선어문법』, 료녕인민출판사.

최윤갑(1992), 『중국에서의 조선어 발전과 연구』, 연변대학출판사.

최윤갑(2009), 『한국어 문법 신강』, 흑룡강조선민족출판사.

한국문화상징사전편집위원회(1992), 『한국문화상징사전』, 동아출판사(두산).

홍사만(1985), 『國語語彙意味研究』, 학문사.

车载喜(1981), 『现代汉语句型讲析』, 延边教育出版社.

辞源编辑委员会(1980), 『辞源』, 商务印书馆.

辞海编辑委员会(1999),『辞海』,上海辞书出版社.

费尔迪南. 德. 索绪尔(1980),『普通语言学教程』,商务印书馆.

冯辉(2011),「外语专业教学测试二十载风雨路」,『外语测试与教学』第2期.

冯建军(2012),『教育学基础』,中国人民大学出版社.

国立国语研究所(1960, 1963),『話しことばの文型』①②, 国立国语研究所

汉语大词典编辑委员会(2000),『汉语大词典』,汉语大词典出版社.

商务印书馆编辑部(1980),『辞源』,商务印书馆.

金永寿(2012),『中国朝鲜语规范原则与规范细则研究』,人民出版社.

李南方(2010),『多元文化与语言的关系』第4号.

李宇明(2010),「我国目前的语言政策与语言教育」,『中华读书报』.

罗常培(1989),『语言与文化』,语文出版社.

纽马克(2000),『论翻译』,外语教学与研究出版社.

潘海英·张凌坤(2010),「全球化语境下美国语言政策对我国语言教育的启示」,『东北
　　师大学报』(哲学社会科学版).

钱乃荣(2005),「论语言的多样性和规范化」,『语言教学与研究』第2期.

申小龙(1990),『中国文化语言学』,吉林教育出版社.

苏新春(1995),『世界汉语教学』.

施春宏(2009),「语言规范化的基本塬则及策略」,『汉语学报』第2期.

土居淳二(1971),『英语文型』,『辞书研究』.

唐枢主编(1995),『中华成语熟语辞海』,学苑出版社.

王德春(1980),「论词典的类型」,『辞书研究』第1期.

王德春(1990),『汉语国俗词典』,河海大学出版社.

王德春(1991),「国俗语义研究和＜汉语国俗词典＞」,『辞书研究』第6期.

王德春·王建华(1998),「论双语国俗语义的差异模式」,吴友富『国俗语义研究』,上海
　　外语教育出版社.

王德春 外(2003),『大辞海』(语言学卷),上海辞书出版社.

王胜香,王艳玲(2000),「从两个塬则看语言规范化工作」,『新世纪论丛』第3期.

吴友富(1998),『国俗语义研究』,上海外语教育出版社.

夏征农(1999),『辞海』,上海辞书出版社.

夏征农(2003),『大辞海』(语言学卷).

徐莉(2008),「论中国的语言政策对语言多样性及规范化的影响」,『科技文匯』第3期.

杨光(2004),「语言文化的平等与多样化」,『2004年第89届国际世界语大会』.

张清常(1990),「汉语1〔个数词」,『语言教学与研究』第四期.

张小克(2003),「语言和言语的区分与言语文字规范化」,『广西民族学院学报』(哲学社 会科学版) 第2〔卷第〔期.

赵爱国・姜雅明(2003),『应用语言文化学概论』,上海外语教育出版社.

周光庆(1990),『文化语言学』,湖北教育出版社.

中国教育部高等学校外语教育指导委员会(2011),『普通高等学校外语非通用语种本 科专业介绍』.

中国教育部高等学校外语教育指导委员会朝鲜语测试组(2012),『全国高校朝鲜语专 业四级考试大纲』,延边大学出版社.

中国教育部高等学校外语教育指导委员会朝鲜语测试组(2014),『全国高校朝鲜语专 业八级考试大纲』,延边大学出版社.

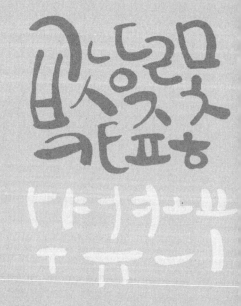